权威·前沿·原创

皮书系列为
"十二五""十三五"国家重点图书出版规划项目

BLUE BOOK

智 库 成 果 出 版 与 传 播 平 台

商务中心区蓝皮书
BLUE BOOK OF CBD

中国商务中心区发展报告 *No.7* （2021）

ANNUAL REPORT ON THE DEVELOPMENT OF CHINA'S CENTRAL
BUSINESS DISTRICT No.7 (2021)

CBD：打造国内国际双循环相互促进的战略枢纽

名誉主编 / 龙永图　崔小浩
主　编 / 郭　亮　单菁菁
副主编 / 周　颖　武占云

社会科学文献出版社
SOCIAL SCIENCES ACADEMIC PRESS（CHINA）

图书在版编目（CIP）数据

中国商务中心区发展报告 . No. 7，2021：CBD：打
造国内国际双循环相互促进的战略枢纽／郭亮，单菁菁
主编. -- 北京：社会科学文献出版社，2021.10
（商务中心区蓝皮书）
ISBN 978 - 7 - 5201 - 9145 - 6

Ⅰ.①中… Ⅱ.①郭… ②单… Ⅲ.①中央商业区 -
研究报告 - 中国 - 2021 Ⅳ.①F72

中国版本图书馆 CIP 数据核字（2021）第 198139 号

商务中心区蓝皮书

中国商务中心区发展报告 No. 7（2021）
　　——CBD：打造国内国际双循环相互促进的战略枢纽

名誉主编／龙永图　崔小浩
主　　编／郭　亮　单菁菁
副 主 编／周　颖　武占云

出 版 人／王利民
责任编辑／薛铭洁　陈　颖
责任印制／王京美

出　　版／社会科学文献出版社·皮书出版分社 （010）59367127
　　　　　地址：北京市北三环中路甲 29 号院华龙大厦　邮编：100029
　　　　　网址：www. ssap. com. cn
发　　行／市场营销中心（010）59367081　59367083
印　　装／三河市东方印刷有限公司

规　　格／开 本：787mm × 1092mm　1/16
　　　　　印 张：24.5　字 数：367 千字
版　　次／2021 年 10 月第 1 版　2021 年 10 月第 1 次印刷
书　　号／ISBN 978 - 7 - 5201 - 9145 - 6
定　　价／158.00 元

《中国商务中心区发展报告》
编　委　会

重庆解放碑中央商务区

大连市人民路中央商务区

广州市天河中央商务区

广州市琶洲商务区

杭州钱江新城

杭州市拱墅区运河财富小镇

杭州武林中央商务区

济南中央商务区

南宁市青秀区金湖中央商务区

南京河西中央商务区

宁波南部商务区

上海虹桥国际中央商务区

上海陆家嘴金融城

深圳福田中央商务区

四川天府总部商务区

天津河西商务中心区

天津市意风区中央商务区

武汉中央商务区

西安市碑林区长安路中央商务区

银川阅海湾中央商务区

郑州郑东新区中央商务区

珠海十字门中央商务区

主要编撰者介绍

郭　亮　北京商务中心区管理委员会常务副主任，曾担任北京奥运森林公园建设管委会、北京市朝阳区发展和改革委员会领导职务，长期从事城市与区域经济发展研究，具有丰富的实践管理经验。

单菁菁　中国社会科学院生态文明研究所研究员、博士生导师，中国城市经济学会常务副秘书长。主要从事城市与区域可持续发展、国土空间开发与治理、城市与区域经济、城市与区域管理等研究。先后主持国家社会科学基金项目、中国社会科学院重大课题、国际合作课题、国家各部委课题等60多项，出版专著3部、主编著作13部，参与14部学术著作和《城市学概论》《环境经济学》等研究生重点教材的撰写工作，先后在国内外学术期刊和《人民日报》《光明日报》《经济日报》等发表论文或理论文章100多篇，向党中央、国务院提交的政策建议多次得到国家领导人的批示，获得各类科研成果奖15项。

周　颖　北京商务中心区管理委员会发展处处长，先后从事金融产业发展和商务区发展研究工作，具有丰富的实践经验。

武占云　中国社会科学院生态文明研究所国土空间与生态安全室副主任，博士，主要从事城市与区域经济、国土空间开发与治理研究。在国内外核心期刊发表中英文学术论文40余篇，撰写研究报告20余篇。先后主持或参与完成十多项科研项目，包括国家社科基金 4 项、国家自然基金 3 项、教育部人文社科项目 1 项、博士后基金 1 项、中国社会科学院中英研究项目 1 项、中国社会科学院青年中心基金 1 项。

摘　要

《中共中央关于制定国民经济和社会发展第十四个五年规划和二○三五年远景目标的建议》明确提出："加快构建以国内大循环为主体、国内国际双循环相互促进的新发展格局。"加快构建新发展格局已成为中国应对新发展阶段的机遇和挑战、贯彻新发展理念、建设社会主义现代化国家的路径选择。如何积极主动融入新发展格局、提升中国服务业国际竞争力成为 CBD 新时期发展的重要任务。

《中国商务中心区发展报告 No. 7（2021）》（以下简称《报告》）以"CBD：打造国内国际双循环相互促进的战略枢纽"为主题，深刻把握构建"双循环"新发展格局的科学内涵，准确研判国际经贸形势和规则演变态势，梳理总结各地 CBD 在畅通国内大循环、参与国际经济循环方面的优势基础、发展成效和面临的问题，研究提出将 CBD 打造为国内国际双循环相互促进战略枢纽的总体思路、重点任务及对策建议。《报告》总体框架包括总报告、国内循环篇、国际循环篇、国内案例篇、国际经验篇和大事记 6 个部分。

《报告》指出，随着中国改革开放的发展进程，中国 CBD 持续深化制度创新和改革集成，已发展成国际高端资源集聚、要素枢纽功能突出、现代流通体系完善、营商环境接轨国际的特殊经济功能区，发挥着联系国内国际经济活动的战略枢纽作用，形成了畅通国内经济循环、参与国际经济循环的基础与优势，在构建"双循环"新发展格局中具有特殊地位。然而，由于受对外开放壁垒相对较高、市场化配置的体制机制不完善、服务业对内管制

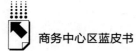

过多等因素制约，CBD仍面临着畅通国内国际双循环的体制机制羁绊，以及国际经贸规则重构带来的风险与挑战。面对新形势和新挑战，《报告》提出，CBD应继续扩大制度型开放，增强国际开放枢纽功能；加大服务业对内开放，促进国内国际市场深度融合；加强产业协同创新，提升中国服务在全球价值链中的地位；培育公平竞争环境，畅通市场体系和供求循环，进一步发挥在国内国际双循环相互促进新发展格局中的战略枢纽作用。

关键词： CBD　双循环　新发展格局　全球价值链　战略枢纽

目 录

I 总报告

II 国内循环篇

III 国际循环篇

Ⅳ　国内案例篇

Ⅴ　国际经验篇

Ⅵ　大事记

┌ 皮书数据库阅读 **使用指南** ┐

总 报 告
General Reports

B.1

CBD：打造国内国际双循环
相互促进的战略枢纽

总报告课题组*

摘　要：　随着中国改革开放的发展进程不断推进，中国 CBD 持续深化
　　　　　制度创新和改革集成，已发展成国际高端资源集聚、要素枢
　　　　　纽功能突出、现代流通体系完善、营商环境接轨国际的特殊
　　　　　经济功能区，发挥着联系国内国际经济活动的战略枢纽作
　　　　　用，形成了畅通国内经济循环、参与国际经济循环的优势基
　　　　　础，在构建"双循环"新发展格局中具有特殊地位。然而，
　　　　　由于对外开放壁垒相对较高、市场化配置的体制机制不完
　　　　　善、服务业对内管制过多等因素制约，CBD 仍面临着畅通国

＊　单菁菁，博士，中国社会科学院生态文明研究所研究员，主要研究方向为城市与区域可持续
　　发展、国土空间开发与治理、城市与区域经济等；武占云，博士，中国社会科学院生态文明
　　研究所国土空间与生态安全室副主任，主要研究方向为城市与区域经济；邬晓霞，博士，首
　　都经济贸易大学城市经济与公共管理学院副教授，硕士生导师，研究方向为区域政策、城市
　　与区域发展；高博，首都经济贸易大学硕士研究生，研究方向为城市与区域发展。

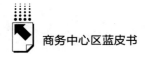

内国际双循环的体制和制度羁绊，以及国际经贸规则重构带来的风险与挑战。面对新形势和新挑战，报告提出，CBD 应继续扩大制度型开放，增强国际开放枢纽功能；加大服务业对内开放，促进国内国际市场深度融合；加强产业协同创新，提升中国服务在全球价值链中的地位；培育公平竞争环境，畅通市场体系和供求循环，进一步发挥在国内国际双循环相互促进新发展格局中的战略枢纽作用。

关键词： CBD 双循环 新发展格局 全球价值链 战略枢纽

　　面对当今世界"百年未有之大变局"，习近平总书记在 2020 年 5 月 23 日指出："逐步形成以国内大循环为主体、国内国际双循环相互促进的新发展格局。"《中共中央关于制定国民经济和社会发展第十四个五年规划和二〇三五年远景目标的建议》在关于"十四五"时期经济社会发展指导思想中明确提出："加快构建以国内大循环为主体、国内国际双循环相互促进的新发展格局。"加快构建新发展格局已经成为中国应对新发展阶段的机遇和挑战、贯彻新发展理念、建设社会主义现代化国家的路径选择。

　　商务中心区（CBD）既是中国服务业的重要承载区，也是全球跨国公司总部、国际组织等功能性机构的主要集聚区，既链接全球市场资源、深度参与国际经济循环，又服务于国内市场、畅通国内经济循环，发挥着联系国内国际经济活动的战略枢纽作用，在构建"双循环"新发展格局中具有特殊地位。然而，由于对外开放壁垒相对较高、市场化配置的体制机制不完善、服务业对内管制过多等因素制约，CBD 仍面临着畅通国内国际双循环的体制和制度羁绊。与此同时，国内外发展环境面临着深刻复杂的变化，中美经贸争端升级、全球价值链面临重构、新一轮技术革命蓄势待发，面对外部环境变化带来的新机遇和新挑战，CBD 必须顺势而为做出积极调整和应对，找准在国内国际双循环新发展格局中的比较优势和战略位置，充分依托国内大循环吸引全球高端资源要素，进一步发挥在国内国际双循环相互促进新发展格局中的战略枢纽作用。

一 CBD 融入国内国际"双循环"新发展格局的基础与成效

改革开放以来，中国经济发展取得巨大成就，要素禀赋持续改变、经济总量和国内需求规模持续扩大、与世界经济深度融合，在这一发展过程中，扩大服务业对外开放，充分利用国内国外两种资源、两个市场发挥了重要作用。CBD 作为中国服务业的重要承载区，以及全球跨国公司总部、研发等功能性机构的主要集聚区，在内循环中引领带动国内产业升级，在外循环中提升中国面向全球的资源配置能力，发挥着链接国内外市场、畅通国内外循环、提升国内外联通效率的枢纽作用，是国内市场和国际市场"双循环"的重要交汇点，在构建国内国际"双循环"新发展格局中发挥着战略支撑作用。

（一）优势基础

随着中国改革开放的发展进程，中国 CBD 始终坚持改革先行、开放先行和创新先行，已发展成市场潜力巨大、国际高端资源集聚、要素枢纽功能突出、营商环境接轨国际的特殊经济功能区，形成了畅通国内经济循环、参与国际经济循环的优势基础。

1. 位于城市区域中心，拥有广大市场腹地

从理论溯源来看，CBD 最早被定义为城市地理及功能的中心区，其形成是集聚经济、区位条件、市场需求等多种作用的结果。全球发展实践也表明，CBD 所在城市往往位于都市圈或城市群中心地带，具有优越的地理区位条件和广大市场腹地，拥有高度市场活力、开放和国际化的特质，在畅通国内外循环方面发挥着关键作用。北京 CBD 凭借位于首都的政治优势地位，集聚了第一、二、三使馆区，国际组织驻华机构，以及全球总部企业，与津冀两地形成了"总部＋基地""研发＋生产"的产业合作模式，引领着京津

冀城市群参与全球竞争。上海虹桥 CBD 依托长三角城市群的腹地空间，积极规划 G50 国际贸易走廊项目，正在成为联动长三角、服务全国、辐射亚太的进出口商品集散地。深圳福田 CBD、广州天河 CBD 和广州琶洲 CBD 依托粤港澳大湾区的建设契机，货物、资本、人才、信息等要素流动速度显著加快，持续融入全球市场。重庆江北嘴 CBD 所在的成渝经济圈是西部人口最为稠密、产业最为集中、城镇密度最高的区域，正在成为立足成渝经济圈、辐射西部、面向东盟的内陆国际金融中心。

2. 全球高端资源集聚，参与全球资源配置

根据联合国贸易和发展会议（United Nations Conference on Trade and Development，简称 UNCTAD）的估计，跨国公司通过股权投资和合同制造、服务外包、特许经营和许可以及其他类型合同关系深度参与和影响着全球价值链，并贡献了 80% 的全球贸易。经过改革开放四十多年的发展，中国 CBD 已经成为全球跨国公司及企业总部、金融机构、贸易机构以及引领新兴行业独角兽企业的主要汇聚地，这些国际机构和头部企业融通全球资金、信息、人才等资源要素，代表所在国家和地区参与全球资源配置。如图 1 所示，北京 CBD 是国际总部经济集聚高地，截至 2020 年 12 月，北京 CBD 功能区吸引了 455 家总部企业，105 家跨国公司地区总部，238 家高端领域龙头企业，是世界 500 强企业和跨国公司地区总部集中度最高的区域之一。上海陆家嘴金融城是国际金融机构集聚高地，截至 2020 年 12 月，陆家嘴金融城集聚了 12 家金融要素市场和基础设施，已成为国际金融要素市场体系最为完备、最为集中的区域之一；同时还集聚了超过 900 家持牌金融机构，其中外资法人银行、基金管理公司、保险资产管理公司数量约占全国 1/2。根据英国智库 Z/Yen 集团发布的 2021 年全球金融中心指数，上海位居全球第三，目前陆家嘴金融城正将打造全球资产管理中心作为"增强全球资源配置能力"的重要突破口。上海虹桥 CBD 是国际贸易机构集聚高地，截至 2020 年 12 月，已有来自西班牙、瑞士、新加坡等 40 余个国家和地区的贸易机构入驻或即将入驻，包括丝绸之路国际总商会、新加坡企业中心，以及多国驻中国的商会协会，并与全球超过 150 家贸易及投资促进机构建立了联

系，2018 年成立的虹桥海外贸易中心是上海乃至全国第一个专门为全球各地贸易机构服务的功能性平台。深圳福田 CBD 是金融科技头部机构集聚高地，根据英国智库 Z/Yen 集团发布的 2021 年全球金融中心指数（GFCI），深圳金融科技发展水平位居全球第四，已形成了较为完善的金融科技生态体系，截至 2020 年 12 月，福田中心区拥有国家级、省级及市级重点实验室、工程研究中心、技术研究中心等各类科技创新载体 182 家，其中国家级 11 家、省级 54 家、市级 117 家，聚集了全市近 70% 的持牌金融总部机构和 50% 以上的创投机构。

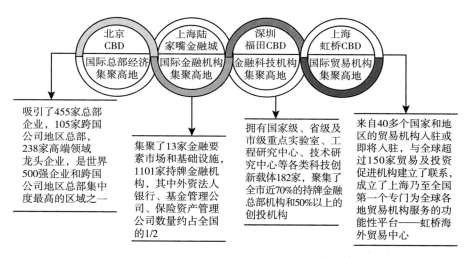

图 1　中国代表性 CBD 全球高端要素资源集聚情况

跨国公司作为全球价值链的重要推动者和主导者，对推进全球价值链向高端环节攀升具有重要的作用；CBD 则是跨国公司的重要集聚区，在吸引跨国公司总部方面形成了独特优势。然而，鉴于东部沿海地区和中西部地区在开放水平、经济能级方面的差异，各地 CBD 的总部经济呈现梯度差异特征。如表 1 所示，位于上海陆家嘴金融城、北京 CBD 和深圳福田 CBD 的总部企业数量均超过了 400 家，上海虹桥 CBD、重庆解放碑 CBD 和广州天河 CBD 的总部企业数量均超过 100 家，广州琶洲 CBD 和重庆江北嘴 CBD 的总部企业数量超过 70 家，其余 CBD 的总部企业则等于或少于 50 家。

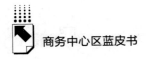

表1　2020 年中国 CBD 总部经济发展情况

CBD	总部企业数量(个)	世界 500 强企业数量(个)
上海陆家嘴金融城	600	340
北京 CBD	528	238
深圳福田 CBD	428	170
上海虹桥 CBD	289	20
重庆解放碑 CBD	145	78
广州天河 CBD	108	204
广州琶洲 CBD	71	—
重庆江北嘴 CBD	70	44
银川阅海湾 CBD	50	8
大连人民路 CBD	45	58
四川天府总部 CBD	39	11
郑东新区 CBD	34	55
西安长安路 CBD	33	31
宁波南部 CBD	30	—
南京河西 CBD	26	29
北京通州运河 CBD	18	—
广西南宁金湖 CBD	12	13
杭州拱墅区运河财富小镇	11	4

注：北京 CBD、广州琶洲 CBD、重庆江北嘴 CBD、大连人民路 CBD、郑东新区 CBD、宁波南部 CBD 为 2020 年数据，其余为 2019 年数据。

资料来源：中国商务区联盟提供的数据。

3. 国际交往平台多元，深度嵌入全球网络

各地 CBD 凭借涉外资源丰富、商务氛围浓厚等优势，积极打造国际会展贸易、国际文化交流、国际商务活动等多元化的国际高端交往平台，拓展对外交流渠道，构建多维度、全方位、链接全球的资源网络。例如，北京 CBD 功能区聚集了超过 9000 家外国驻京商社、境外驻京代表机构，与欧盟商会、中美商会、中日商会等国际组织及商会建立了常态化交流合作机制；结合首都对外交往窗口定位，连续 22 年举办北京 CBD 论坛，组织承办中外跨国公司 CEO 圆桌会议、世界城市建设国际论坛、跨国公司中国论坛、中

国特色世界城市论坛等高端国际性商务活动。上海虹桥 CBD 拥有虹桥海外贸易中心、虹桥进口商品展示交易中心等多个以国际商品贸易为主要业务的平台，截至 2020 年底，已有来自西班牙、瑞士、新加坡等 40 余个国家和地区的贸易机构入驻或即将入驻，包括丝绸之路国际总商会、新加坡企业中心以及多国驻中国的商会协会，并与全球超过 150 家贸易及投资促进机构建立了联系。郑东新区 CBD 则承办了上海合作组织成员国政府首脑（总理）理事会、中国（郑州）国际期货论坛、福布斯中国潜力企业创新峰会、国际城市设计大会、世界旅游城市市长论坛、全球跨境电商大会、国际民航货运发展论坛、世界传感器大会、金鸡百花电影节颁奖典礼等高规格会议和活动。济南中央商务区打造了促进中外文化贸易进出口的海外文化交流驿站，成功举办文化产品出口发布会，推动更多济南元素走出国门、进军海外。杭州武林中央商务区举办中国国际女装设计大奖赛，吸引来自全球 10 个不同国家和地区的近 700 份设计作品参赛，英国、比利时、加拿大等海内外专家参与评审。

4. 营商环境接轨国际，链接国内国际市场

市场化、法治化、国际化的营商环境是资源要素快速流通和高效配置的重要保障，各地 CBD 积极深化商事制度改革、加强知识产权保护、激发市场主体活力、营造创新创业氛围，营商环境、创新环境以及市场秩序得到前所未有的改善。

一是积极深化商事制度改革。各地 CBD 通过减少行政审批事项、深化商事登记制度改革、推动"互联网 + 政务服务"等措施，最大限度实现准入环节便利化。例如，上海虹桥 CBD 不断深化"开办企业一窗通"服务，可一次性填报申请营业执照、核制印章、申领发票、员工参保登记等，商标变更和企业登记变更可同步受理。重庆解放碑 CBD 所在的中国（重庆）自由贸易试验区探索形成成渝两地证照"互办互发互认"模式、建立"市场准入异地同标"便利化机制，极大地简化了两地企业设立流程，加快释放两地市场主体活力。广州琶洲 CBD 着力优化"市区联动审批"模式，通过委托授权、设立公章、部署系统，将涉及市级权限

的国土规划、消防、民防等领域的 31 项审批服务事项纳入广州市政务服务中心琶洲分中心受理，大幅提升了政务服务效率。广州天河 CBD 组建了粤港澳大湾区国际商务与数字经济仲裁中心，推动广州仲裁委员会参与的亚太经合组织企业间跨境商事争议在线解决机制建设项目落户，构筑国际商事纠纷协调解决体系。

二是加强知识产权保护力度。知识产权保护是外商进入投资并能够公平参与市场竞争的重要前提，严格知识产权保护是各地 CBD 优化营商环境的重要举措。上海虹桥 CBD 与上海市知识产权局合作成立"上海虹桥商务区知识产权服务窗口""中国（上海）知识产权维权援助中心虹桥商务区工作站"，开展知识产权事务咨询服务和维权受理工作，提升商务区知识产权服务能级。广州琶洲 CBD 成立广州市知识产权纠纷人民调解委员会全市首个调解室——琶洲调解室，建立海珠区重点产业知识产权维权援助和知识产权保护工作站，构建知识产权"大保护"工作格局及知识产权纠纷多元化解机制。重庆江北嘴 CBD 建立江北知识产权运营公共服务平台，该平台集展示、咨询、托管、评估、交易运营、行政管理与决策支撑等功能于一体，并积极推进与国家知识产权运营公共服务平台的数据资源、项目资源及交易功能的互联互通。

三是充分激发市场主体活力。北京 CBD 联合政、产、融、学、服等领域的企业成立北京国际 CBD 生态联盟、世界 500 强与跨国公司智库联盟、北京 CBD 高精尖产业促进会、北京 CBD 楼宇联盟等业界共治和社会参与的合作交流平台，充分调动各类市场主体的积极能动性。广州天河 CBD 与广东省服贸协会合作，建立广东省服务贸易协会天河 CBD 跨境并购专业委员会，已吸纳多家高端专业服务业企业和投资机构为主要会员单位。上海陆家嘴金融城依托金融城理事单位，成立了绿色金融专委会、品牌推广专委会、楼宇发展专委会、金融风险管理专委会，充分发挥"业界共治 + 法定机构"机制。

专栏 1　重庆解放碑 CBD 创新成渝两地证照"互办互发互认"模式

为加快营造法治化、国际化、便利化营商环境，重庆解放碑 CBD 所在的渝中区市场监管局联动成都市锦江区行政审批局协同社会商事制度改革，签订《推动成渝地区双城经济圈建设政务服务合作框架协议》，互设"锦江渝中企业开办通办窗口"，支持成渝企业自由选择注册地、名称，鼓励两地投资者、创业者到对方投资办企，允许企业开展集群注册或工位注册，探索形成成渝两地证照"互办互发互认"模式。同时，两地市场监管部门创新构建跨省跨区域"同一标准办一件事"的市场准入服务系统，建立两地"市场准入异地同标"便利化准入机制，包括统一身份实名认证互认、统一名称自主申报行业字词库、统一企业经营范围库，促进审批许可事项清单合一，实现两地注册登记无差别标准、零障碍准入。

（二）发展成效

CBD 的形成发展是国家改革开放进程、经济社会变迁的集中体现，CBD 通过持续深化制度创新、改革集成，不断增创国际开放合作和竞争新优势，建立了与国际通行规则相衔接的制度体系，既是国内国际双循环的重要动力源，也是连接和畅通国际循环和国内循环的关键枢纽。

1. 制度型开放取得显著成效，服务贸易竞争力持续提升

制度型开放是中国开放的新阶段，中国各地 CBD 依托中国自由贸易试验区、国家服务业扩大开放综合示范区、国家深化服务贸易创新发展试点、中国跨境电子商务综合试验区、中新战略性互联互通示范项目、国际开放枢纽等政策优势，聚焦制度型开放的内涵与要求，在探索制度型开放新模式、构建制度型开放新体制和打造制度型开放新高地方面取得积极成效，助推中国服务贸易的国际竞争力显著提升。如图 2 所示，2000～2017 年，全球贸易格局发生了显著的结构变化，无论是贸易规模还是与其他国家的紧密联系数量，中国已取代日本和美国的一部分成为全球价值链网络的第二大供应中心，形成"美国—德国—中国"三足鼎立的区块格局，成为全球服务贸易的重要参与者和重要的推动力量。

如表 2 所示，中国各地 CBD 多样化的开放模式探索也体现了国家推动

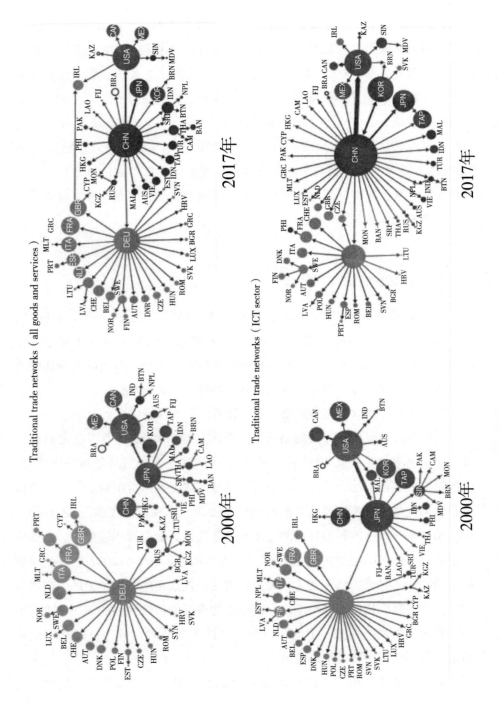

Traditional trade networks（all goods and services）

Traditional trade networks（ICT sector）

2017年

2017年

2000年

2000年

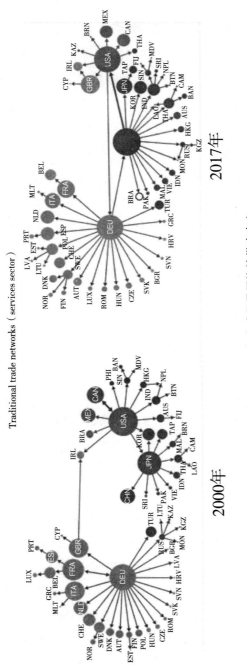

图 2　2000 年和 2017 年全球贸易网络的供应中心

注：圆圈大小代表贸易出口规模，线条宽度代表每对贸易伙伴之间的贸易流量。

资料来源：World Trade Organization, *Global Value Chain Development Report* 2019, 2019。

多层次、差异"单一窗口"等基础性的制度变革，也包括"海关通关一体化"运作模式和监管机制的系统性制度创新，还有税收制度、投资管理体制等方面的制度优化。同时，CBD 还积极开展应对国际经贸新规则的压力测试，形成了一系列可复制可推广的经验，复制推广的创新成果推动了各地 CBD 的改革意识、深化改革与开放探索的战略意图及实践思路。包括北京 CBD、上海陆家嘴金融城、重庆江北嘴 CBD、珠海十字门 CBD、郑东新区 CBD 等在内的十多家 CBD 已纳入中国自由贸易试验区，这些 CBD 依托自由贸易区的先行先试政策，持续探索规则、规制、管理、标准等制度型开放，包括外商投资准入负面清单、国际贸易开放水平和创新活力，既全面提升了中国服务业对外开放水平，也有力支撑了中国对外双边和多边经贸合作的深入开展。2020 年，在国际跨境投资整体震荡低迷的背景下，中国 CBD 外资利用规模仍保持稳中有进的态势。如图 3 所示，北京 CBD 和广州天河 CBD 外资利用规模处于绝对领先地位，均超过了 10 亿美元；其次是深圳福田 CBD、杭州武林 CBD 和郑东新区 CBD，外资利用规模超过了 5 亿美元；上海虹桥 CBD、南京河西 CBD 和长沙芙蓉 CBD 外资利用规模则超过 2 亿美元。

北京 CBD 是目前全国唯一拥有国家现代服务业扩大开放综合示范区政策的 CBD，同时享受北京自贸区政策，不仅可以通过"两区"政策在重点领域进行先行先试，甚至还有些政策是全国唯一试点，例如，允许外商投资音像制品制作业务的地区，在全国率先取消外商投资性公司在中国投资企业数量的限制，允许外国专利代理机构开展试点等。

2019 年 11 月上海市发布的《关于加快虹桥商务区建设打造国际开放枢纽的实施方案》提出了"国际开放枢纽"这一全新的制度型开放模式，上海虹桥 CBD 重点围绕建设开放共享的国际贸易中心新平台、增强联通国际国内的开放枢纽功能开展全方位创新和高水平开放。截至 2020 年底，上海虹桥 CBD 已建成长三角电商中心、上海阿里中心智慧产业园等 8 大全球数字贸易港承载平台，其中的绿地全球商品贸易港已设立 46 个国家馆，吸引了来自 70 个国家和地区的 176 家企业和组织入驻。"国

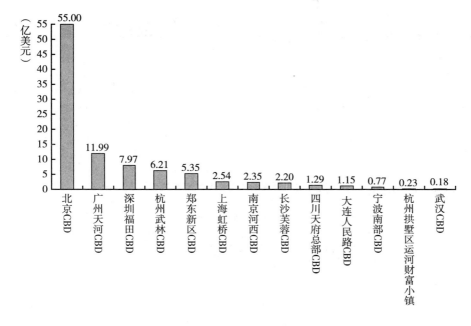

图3　2020年中国部分CBD外资利用规模

注：北京CBD为2018年1～10月数据、广州天河CBD、深圳福田CBD、上海虹桥CBD、长沙芙蓉CBD为2019年数据，上海虹桥CBD为原核心区3.7平方公里范围统计数据。

资料来源：中国商务区联盟提供的数据。

际开放枢纽"的新模式也为各地CBD深化改革开放、加快形成"双循环"新发展格局提供了有益借鉴。

广州天河CBD依托粤港澳服务贸易自由化重点示范基地，积极探索粤港澳三地在商务服务、金融服务方面的合作。在商务服务领域，支持港澳会计、律师事务所与内地会计、律师事务所设立合伙联营会计、律师事务所，扩大联营事务所在广州天河CBD的准许经营范围，深化与港澳建筑及相关工程专业服务合作；在金融服务领域，扩大银行业对外开放，支持港澳资银行积极参与境内市场、提供金融服务。目前，落户广州天河CBD的港澳企业超过1300家。

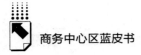

表2　中国 CBD 制度型开放的经验探索（部分 CBD）

开放模式	重点内容	代表 CBD
中国自由贸易试验区	探索服务业开放、投资管理、贸易便利化、事中事后监管、海关特殊监管等领域的制度创新实践，形成自贸试验区改革试点经验，并逐步在全国范围内复制推广	北京 CBD、北京通州运河 CBD、上海陆家嘴金融城、重庆江北嘴 CBD、重庆解放碑 CBD、深圳前海 CBD、珠海十字门 CBD、郑东新区 CBD、四川天府总部 CBD、济南 CBD
国家服务业扩大开放综合示范区	重点探索服务业开放发展的新业态、新模式、新路径，形成一些可复制可推广的经验，为综合示范区之外的其他地区提供借鉴	北京 CBD
国家深化服务贸易创新发展试点	深入探索服务贸易创新发展体制机制，打造服务贸易发展高地，充分发挥服务贸易对稳外贸稳外资的支撑作用，推动外贸转型升级和高质量发展	重庆江北嘴 CBD、重庆解放碑 CBD
中国跨境电子商务综合试验区	在跨境电子商务交易、支付、物流、通关、退税、结汇等环节的技术标准、业务流程、监管模式和信息化建设等方面先行先试，为推动中国跨境电子商务健康发展提供可复制可推广的经验	西安碑林 CBD、杭州武林 CBD、郑东新区 CBD、银川阅海湾 CBD、西安碑林路 CBD、武汉 CBD
中新（重庆）战略性互联互通示范项目	围绕"现代互联互通和现代服务经济"主题，在金融服务、航空产业、交通物流和信息通信四大重点合作领域，高起点、高水平、创新性地推动项目合作	重庆江北嘴 CBD、重庆解放碑 CBD
粤港澳服务贸易自由化重点示范基地	强化与中国香港、中国澳门在专业服务、商业服务、信息服务等领域的全面对接，为内地与港澳基本实现服务贸易自由化提供经验借鉴	广州天河 CBD
国际开放枢纽	国际开放枢纽以复合、高效的多式联运为枢纽，以开放型、流量型、服务型、创新型、总部型的"五型经济"为特征，面向国际与国内两个扇面配置资源、聚合要素、引领产业	上海虹桥 CBD

资料来源：根据国家相关政策文件整理。

2. 产业创新能力显著提升，积极畅通产业链供应链

从全球范围来看，以新一代技术革命为代表的创新催生了全新的贸易模式和产业业态。中国 CBD 紧抓新一代技术革命的契机，瞄准占据全球先导性产业前沿、拥有前瞻性和强大覆盖能力的革命性技术和服务模式创新，加大推动创新链、产业链和供应链的精准对接、深度融合，既有效带动了区域各种生产要素的再配置，又为稳定畅通产业链供应链做出了积极贡献。

一是数字化提升产业链供应链科技化水平。数字化是产业革命和商业模式创新的重要途径。上海虹桥 CBD 的上海国际技术交易中心以"国际技术网络、国际人才网络、国际技术价值评估网络"的"三维国际网络"建设为抓手，集聚了多家国内外知名技术转移服务机构，积极推进科技成果转化。重庆江北嘴 CBD 成立了西部首家金融科技认证机构——重庆国家金融科技认证中心，中心将检测、认证、研究、服务融为一体，提供专业、权威的金融科技检测认证及标准化综合服务，全面推动金融科技及创新业态的标准化、规范化。济南 CBD 提升"一物一码"核心技术，加大5G 饱和投入，推动跨境电商和产业链供应链融合发展，探索对跨境电商商品、保税艺术品、智能制造产业零部件商品赋码上链。同时，积极培育新业态，建立"制度链＋产业链"创新发展模式，推动高端产业、开放平台等要素资源集聚。西安碑林 CBD 是西安市首家科技成果转化示范基地，吸引的国家级高新技术企业达 286 家，其中，中国高校知识产权运营交易（西安）平台累计上线专利 440 万件，技术合同交易额达到 540 亿元。银川阅海湾中央商务区采用市场化运作机制积极构建数字经济和科技产业服务生态，建成科技服务孵化基地、科技要素服务平台、科技要素交易（展示）中心。

二是数字经济引领作用彰显。CBD 拥有完善的信息通信基础设施，在培育数据要素市场、发展数字贸易、推进数字化应用场景等方面进行了积极有益探索。例如，北京 CBD 依照《朝阳区打造数字经济示范区实施方案》，结合自身区域内的资源优势及发展目标，重点围绕数字商务、数字金融、数字文化、数字贸易等领域打造数字经济产业生态圈，并出台了针对数字技术领域专利、标准和企业数字化场景应用的支持政策。广州天河CBD被认定为首批国家数字服务出口基地，2020年，天河CBD数字服务出口额为10.19亿美元，同比增长35.3%。拥有数字服务类企业近2万家，数字服务出口企业近400家，电信、计算机和信息服务出口额达63亿元。广州琶洲CBD拥有人工智能与数字经济广东省实验室，2020年已成功引入脑机智能研究中心、智联网技术中心、智能感知与无线传输中心、人工智能模型与算法研究中心、脑情感认知研究中心、工业智能技术中心等多个科研专项团队，积极打造"头部企业+上下游配套项目+研发+场景应用+金融"的数字经济生态集群。上海虹桥CBD积极推进"全球数字贸易港"建设，已经建成上海阿里中心智慧产业园、长三角电子商务中心、虹桥硅谷人工智能中心等数字贸易港平台。银川阅海湾中央商务区实施了"智慧园区"项目、城市数据湖项目、人工智能体验中心项目和互联网数字经济产业园项目，其中互联网数字经济产业园引入互联网+、大数据、5G、人工智能等领域企业及项目，签约近60家数字经济企业。CBD数字经济的快速蓬勃发展促进了供应链、产业链与服务链的相互衔接，打通了各环节、各链条之间的信息节点，既促进了资源要素的快速流动，又提高了资源配置的效率。

三是畅通金融和实体经济联系。金融与实体经济循环通畅是国内大循环的重要保障，各地CBD积极响应中央、省、市全会关于金融服务实体经济的精神要求，有序引导金融机构加大对制造业、科技创新和中小微企业等重点领域的支持力度，畅通金融和实体经济联系，促进经济平稳发展。重庆江北嘴CBD设立重庆首贷续贷中心，提高了民营、小微企业的融资可获得性，并在全市率先推出"渝融通"，打造线上线下标准化服务，强化"渝融通"激励约束机制建设，督促督导普惠金融政策直达实体经济。郑东新区CBD通过举办各类论坛、投融资洽谈会和培训等活动，聚合银行、证券、保险等区内金融机构，在创新融资渠道、克服融资困难等方面给予企业信息交流，着力化解企业融资需求信息不对称、融资难、融资贵等问题，为辖区金融机构和优质企业搭建投融资平台。济南 CBD 开设全国首家自贸区金融商学院，为企业发展提供多样化、个性化培训课程，并依托全国首家科创板培育中心，搭建覆盖天使投资、风险投资（VC）、私募股权投资（PE）的融资体系，为科创企业提供全生命周期金融服务。上海虹桥 CBD 与上海股权托管交易中心合作，推进长三角资本市场服务基地虹桥分公司的项目建设，该基地旨在为中小企业就资本市场的基本知识、如何在资本市场获取长期收益等进行综合培训，并在此基础上探索与资本精准对接的创新路径，以期对企业的融资融智进行创新。

专栏2　重庆江北嘴 CBD 设立重庆首贷续贷中心，畅通金融和实体经济循环

重庆江北嘴 CBD 积极配合人民银行重庆营业管理部民营小微企业首贷续贷中心建设，在全市率先推出"渝融通"，打造线上线下标准化服务，并强化"渝融通"激励约束机制建设，督促督导普惠金融政策直达实体经济。金融机构在首贷续贷中心集中办公，入驻金融机构在人民银行等部门的统一指导下，比学赶超，在良性竞争中持续提升小微民营企业金融服务能力和水平。中心多个部门合力，集中金融资源，以服务民营、中小微企业办理首贷和续贷为重点，同时提供融资性担保、转贷应急周转资金申请等融资相关服务，有效破解了首贷难题、降低了续贷成本，打通了民营、中小微企业、个体工商户融资痛点堵点难点，推动实现了小微企业金融服务"增量、降价、提质、扩面"。

3. 现代流通体系日趋完善，要素枢纽功能逐步强化

在双循环新发展格局中，人流、物流、资金流、数据流等要素流动的速度与有序程度直接决定双循环的质量与效率，CBD 往往拥有高效便捷的现代化交通物流体系和强大的要素集聚能力，具有各类要素快速集散和流通的交易成本优势（见图4）。

·上海虹桥CBD：全国最大的现代化综合交通枢纽，率先建设国际互联网专用通道 ·郑东新区CBD：中部地区国际交通枢纽门户 ·重庆江北嘴CBD：国际陆海贸易新通道，实现国际铁海联运、跨境公路班车和国际铁路联运	·上海陆家嘴金融：拥有13家金融要素市场和金融基础设施机构 ·深圳福田CBD：拥有全国最大的证券交易所之一 ·郑东新区CBD：拥有全国五家期货交易所之一 ·重庆解放碑CBD：拥有重庆四大金融要素市场	·上海虹桥CBD：拥有长三角电商中心、京东跨境贸易数字经济中心等9大全球数字贸易港承载平台·广州琶洲CBD：开展数据生产要素统计核算试点工作，积极培育数据要素市场	·北京CBD：建立CBD国际人才港 ·上海虹桥CBD：开展国际人才服务管理改革试点 ·北京通州运河CBD：建立中国北京人力资源服务产业园 ·武汉CBD：建立国家级人力资源服务产业园
交通要素枢纽功能	金融要素枢纽功能	数据要素枢纽功能	人才要素枢纽功能

完善的信息通信基础设施
光纤宽带、5G网络、物联网、人工智能、大数据、5G场景应用

图4 中国CBD要素枢纽功能示意

资料来源：根据中国商务区联盟提供的资料整理。

一是交通要素枢纽功能突出。上海虹桥CBD拥有全国最大的现代化综合交通枢纽，形成了涵盖长三角、辐射全国、联通国际的综合交通门户。郑东新区CBD所在的郑州市拥有国际航空运输网、"米"字形高铁网、城市轨道和快速交通网联动的综合交通优势，新郑国际机场客货吞吐量常年保持中部双第一，建立了连接郑州至卢森堡的"空中丝绸之路"，正在成为中部地区的国际交通枢纽门户。重庆解放碑CBD和重庆江北嘴CBD依托中新（重庆）战略性互联互通示范项目建成的国际陆海贸易新通道，实现了国际铁海联运、跨境公路班车、国际铁路联运三种运输方式的常态化运行，使东盟及"一带一路"沿线国家的贸易量持续上升。

二是金融要素枢纽功能突出。上海陆家嘴金融城集聚了上海证券交易所、上海期货交易所和中国金融期货交易所等10余家金融要素市场和金融基础设施机构，基本形成由股票、债券、货币、外汇、商品期货、金融期货、黄金、保险等构成的全国性金融市场体系，并集中了众多跨国银行的大中华区及东亚总部，是中国金融业对外开放最重要的窗口。深圳福田CBD

拥有中国最大证券交易所之一——深圳证券交易所，在服务深圳金融业发展、促进科学技术创新等方面发挥了重要作用。广州天河 CBD 拥有全国性资本市场"两所、两系统"中的两家南方总部——上交所南方中心和中证报价南方总部，并于 2021 年吸引了广州期货交易所落户。郑东新区 CBD 的郑州商品交易所是全国五家期货交易所之一，截至 2020 年底上市交易品种数量已达 29 个，并与国外多家期货交易所签订了友好合作协议，国际影响力不断提升。重庆解放碑 CBD 集聚了重庆农村土地交易所、重庆联合产权交易所、重庆非上市股份公司股权场外交易市场和重庆农畜产品交易所等四大金融要素市场。

三是数据要素枢纽功能突出。上海虹桥 CBD 拥有长三角电商中心、上海阿里中心智慧产业园等 8 大全球数字贸易港承载平台，正在成为联通全球的数字贸易枢纽。广州琶洲 CBD 积极培育数据要素市场，正在开展数据生产要素统计核算试点工作，在数据要素市场流通的运营模式、交易模式和技术支撑等方面发挥先行先试作用，促进数据要素在生产、分配、流通、消费各环节循环畅通。

四是人才要素枢纽功能突出。北京 CBD 集聚了大量国际人才服务机构，深度参与全球人才资源的配置，依托中国（北京）自由贸易试验区 CBD 国际人才港，形成了全链条人才服务体系，正在积极打造全球商务人才首选地。上海虹桥 CBD 筹建了虹桥国际人才港，并获批国际人才服务管理改革试点，为境外高层次专业服务人才来华执业及学术交流合作提供签证、居留等便利服务。北京通州运河 CBD 依托中国北京人力资源服务产业园，开通了外国人工作居留许可业务窗口。武汉 CBD 申报建立了国家级人力资源服务产业园，形成了多位一体的综合人力资源服务产业链。

五是拥有完善的信息通信基础设施。各地 CBD 加快推进光纤宽带和 5G 网络建设，5G＋等新应用在 CBD 楼宇、商场等场景率先落地。例如，上海虹桥 CBD 在全国率先开通了国际互联网专用通道，该通道是基于基础运营企业优质网络资源，快速直达国际通信出入口局的专用数据链路，专用通道的建成夯实了上海虹桥 CBD 联动长三角、辐射亚太的数字贸易枢纽节点的作用。广州天河 CBD 实现了 5G 和光纤宽带全覆盖，交通、教育、医疗、楼宇、警务、商场等场景已实现"5G＋应用"，"5G＋智慧楼宇"实现了 AI 客流分析、AI 人面寻车、LBS 地磁导航、3D 建模应用、智慧门店等功能。广州琶洲 CBD 实现了 5G 智慧医疗、5G 智慧政务、"AI＋社区养老"解决方案等多项人工智能应用场景。银川阅海湾中央商务区建成了全区第一个区域级的 5G 网络全覆盖智慧园区，人工智能体验中心是全区第一个"5G＋AI"全场景商用示范展示平台。目前累计完成的 5G 物理站与宏基站占规划总量的 85%，率先建成 5G 网络基本覆盖。

4. 消费转型升级成效明显，新型消费模式不断涌现

激活内需市场、拓展新消费空间是构建"双循环"新发展格局的关键环节。各地 CBD 通过打造数字消费新业态、促进商圈提档升级、丰富消费场景、发展智慧商圈等做法，有效推动新型消费加快发展，为形成以国内大循环为主体、国内国际双循环相互促进的新发展格局提供了坚实支撑。

一是推出首店经济、夜间经济、网红经济、体验经济等新型消费业态（见图5）。北京 CBD 持续加大汇聚全球高端知名品牌，支持国内外一线品牌总部机构在区域落地，大力引进高端品牌"首店"、旗舰店、概念店、主力店，建立"首店"优势，成为北京市首店引入最多的区域。重庆解放碑 CBD 聚焦发展区域首店、行业首牌、品牌首秀、新品首发"四首经济"，提高新消费供给质量，依托"街区、小巷、天台、江岸、步道"五大资源要素，构建多元化消费场景。宁波南部 CBD 采用政企合作模式成功打造"鄞州之夜"夜市，形成了一个集美食、文创、音乐、艺术于一身的市集综合体，夜市由专业商业运营团队负责策划及运营，政府则强化政策支持、基础设施服务和监管保障。上海虹桥 CBD 积极打造以松下居住体验中心等为代表的形象店、体验店，同时支持设立市场化运作的零售创新孵化平台和商业技术应用服务平台，促进智慧零售、跨界零售及绿色零售等新零售、新业态、新模式发展。杭州武林 CBD 打造了"延安路武林商圈"和"新天地活力 PARK"两大夜地标，杭州武林 CBD 所在的下城区获评浙江省夜间经济

试点城区。

二是借助数字经济丰富消费场景、促进商圈提档升级。北京 CBD 探索建设"数字货币应用消费示范街区"，打造汇集 5G 应用、刷脸支付、网红直播为一体的新消费商圈，推动无接触服务向住宿、生鲜零售、物流、金融等应用场景延伸，激发民众的数字消费潜力。杭州武林 CBD 配套设施保障消费新环境，通过"通停通付深度通融""商圈环境大幅提升""智慧布局迭代跃进""便民服务不断细化"等做法，开展智慧化改造试点，鼓励发展数字商业、智慧商业、数字市场，在全国商圈首推停车通停通付。四川天府总部 CBD 积极打造国际潮流的消费场景，以西部国际博览城商圈为核心，加快国内外高端旗舰型商业项目落地，引进一批品牌首店、旗舰店、体验店，打造世界级消费商圈样本和城市商业会客厅。上海虹桥 CBD 积极发展"互联网＋新消费"，深入开展体验消费、展览展示、智慧新零售等新型业态，逐步形成了地区集中消费功能区、会展消费功能区、枢纽消费功能区，以及高端商务消费功能区，共涉及包括会展中心在内的各类商圈 17 个。

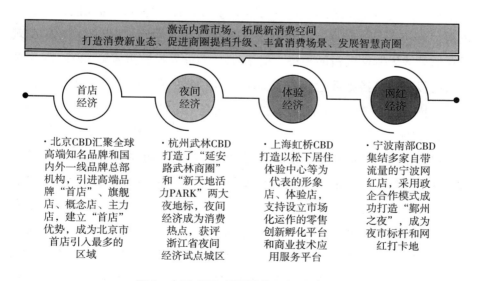

图 5　中国 CBD 新型消费业态发展情况

资料来源：根据中国商务区联盟提供的资料整理。

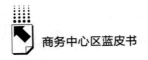

二 CBD融入国际国内双循环新发展格局面临的问题与挑战

在百年未有之大变局下，中国面临国际经贸争端升级、多边经贸合作趋向停滞、传统全球价值链面临破裂风险的新挑战，国际形势正在发生深刻复杂的变化。未来，CBD在促进国际国内双循环新发展格局中承担着更加艰巨的责任与使命。

（一）国际经贸规则重构带来的风险与挑战

当今世界正面临百年未有之大变局，国际贸易保护主义抬头，国际经贸规则发生深刻变化，并引发全球产业链体系的分化与重构，加之新冠肺炎疫情在全球范围的蔓延，全球经济发展放缓、国际投资低迷，全球外商直接投资（FDI）由2019年的1.5万亿美元降至2020年的1万亿美元，降幅达到约35%，超过2009年全球金融危机后的降幅。与此同时，全球正由"经济之争"转向"规则之争"和"制度之争"，国际投资政策呈现强化监管或限制性政策的趋势。根据《2021世界投资报告》，2020年全球通过的投资政策措施数量相较于2019年增加了40%以上，其中限制性或监管性措施达到50项，占全部投资措施的比例达到41%的历史最高点（不考虑中性或不确定的措施）。这些措施中的绝大部分由发达经济体引入，措施都直接或间接地涉及对外国投资者拥有关键基础设施、核心技术或其他敏感国内资产的所有权所激发的国家安全关切（如表2所示）。此外，国际贸易规则重构的焦点集中于服务业领域，无论是《国际服务贸易协定》《跨太平洋伙伴关系全面进步协定》，还是《区域全面经济伙伴关系协议》，各方博弈的焦点都集中在服务业和服务贸易领域。CBD作为中国服务业最为集中、开放强度最高的区域之一，如何加快适应全球新一轮国际经贸规则变革重构的大趋势，积极代表中国参与全球经贸秩序重塑，则面临着严峻的挑战。

表3　2008～2020年国别投资政策变化（措施数量）

类别	2008年	2009年	2010年	2011年	2012年	2013年	2014年	2015年	2016年	2017年	2018年	2019年	2020年
引入政策变化的国家数量	40	46	54	51	57	60	41	49	59	65	55	54	67
监管变化数量	68	89	116	86	92	87	74	100	125	144	112	107	152
自由化/促进	51	61	77	62	65	63	52	75	84	98	65	66	72
限制/监管	15	24	33	21	21	21	12	14	22	23	31	21	50
中性/待定	2	4	6	3	6	3	10	11	19	23	16	20	50

注："限制"是指对一项政策措施引入外国投资设立的限制；"监管"是指对已设立的投资（无论是国内控股还是国外控股）引入相关义务的政策措施。

资料来源：联合国贸易和发展组织（UNCTAD）投资政策数据库。

（二）服务业对内管制过多影响国际竞争力

CBD内聚集的商务服务、金融服务、科技服务、文化传媒等各类服务业市场主体深度参与生产、分配、消费和流通等重点环节，在促进国际发展格局中发挥着重要作用，这些市场主体既有外资企业、国资企业，也包括众多具有创新活力的民营企业。然而，由于历史、现实等诸多因素，与制造业相比，我国服务业的总体市场化程度仍处于相对偏低的地位。市场竞争环境在不同类型企业之间则存在较大差异，尤其服务业领域长期存在对内开放不足和管制过多的现象，一些技术门槛较高、风险控制复杂的行业存在对内开放与对外开放方式、内容和业务的不对等现象，各类市场主体无法平等进入开放领域，尤其是民营企业在要素获取、市场准入和对外开放方面受到较多限制，进而造成服务业难以形成合理的市场结构，阻碍了市场的有效竞争和创新的市场激励。因此，加快服务业对内开放，发挥竞争政策的基础性作用，培育有利于服务业发展的公平竞争环境，是中国CBD提升国际竞争力的必然选择。

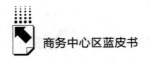

（三）创新能力支撑不足掣肘价值链的提升

作为要素跨境流动的主要载体，基于全球价值链的一体化生产体系已成为世界经济大循环的显著特征。从全球范围来看，全球价值链的提升遵循初级产品—初级制造业—先进制造业和服务业——创新活动的一般性规律。近年来，新一轮科技革命促使全球价值链演进的动力机制由资本、成本驱动转向创新和知识驱动，全球产业链的布局从成本主导转向成本、市场和技术多因素共同作用。根据2020年世界发展报告《全球价值链时代——以贸易促发展》，中国正处于由先进制造业和服务业转向创新活动的全球价值链攀升过程，在这一过程中，中国需要克服技术和制度上的诸多障碍，尤其是一些重点领域和关键环节还存在"卡脖子"问题。CBD是中国企业参与全球价值链分工的重要载体和平台，但相比国际一流CBD，中国CBD在原始创新能力、创新体系效能、激励人才的体制机制等方面还存在较大差距，如何紧抓新一轮技术革命的发展契机，通过强化科技创新、营造创新环境、吸引创新人才支撑中国价值链向高端环节攀升是CBD发展面临的紧迫任务。

（四）要素市场化配置的体制机制有待完善

长期以来，政府主导的资源配置方式为中国城镇化、工业化快速发展提供了强有力的支撑，但由此带来的要素资源配置扭曲不仅制约中国全要素生产率的提升，还制约着中国参与全球价值链分工的深度和广度，尤其是服务业领域受要素市场扭曲的抑制现象更为严重。充分竞争的市场化配置可以引导生产要素组合更有效匹配，进而改善资源配置效率、释放经济增长潜能。CBD是资本、人才、技术、数据等各类高端要素高度集聚的区域，同时拥有参与全球价值链分工和全球资源配置能力的大型跨国企业，尤其是以北京CBD、上海陆家嘴金融城、上海虹桥CBD、广州天河CBD和深圳福田CBD为代表的部分CBD凭借较为成熟的市场环境，在要素市场化配置改革方面进行了卓有成效的探索，但位于西部地区的CBD在要素市场化配置方面还存在诸多的体制机制障碍以及客观条件约束。此外，随着新一代技术革命的兴起，技术、数据等新型生产要素的高效配置与快速流通成为全球价值链提升的关键，而中国在新型生产要素的市场化配置方面与国际还有较大差距。2020年中共中央、国务院发布《关于构建更加完善的要素市场化配置体制机制的意见》，首次明确提出将数据纳入新型生产要素，加快培育数据要素市场。未来加大市场化配置改革力度，尤其是提升新型生产要素的市场化配置水平是中国 CBD 实现高质量内循环和高水平外循环的关键。

三　国内外典型经验与借鉴

美国、英国、日本、新加坡和中国香港在金融服务实体经济、参与全球价值链、打造优质市场竞争环境等方面的经验，为中国内地 CBD 参与国际竞争，打造成"双循环"新发展格局战略枢纽提供了有益借鉴。

（一）依托数字贸易参与全球价值链

作为数字技术与全球贸易深度融合的新型贸易模式，数字贸易在降低成本、创新商业模式、扩大开放等方面起着重要作用。在当前全球经贸形势日趋严峻的背景下，数据贸易填补了传统产业链"断裂"的鸿沟。全球先进中央商务区以数字贸易为突破，围绕数字贸易规则制定、高端数字服务及科技创新推动数字贸易参与全球价值链，提升对外开放水平。

1. 美国纽约：率先制定数字贸易规则

当前美国在互联网及数字技术方面处于领先地位，《数字贸易发展白皮书（2020年）》显示，美国数字服务出口排名世界首位。美国率先参与全球数字贸易规则的制定，并将数字贸易战略上升到国家战略。2013年美国国际贸易委员会发布《美国和全球经济中的数字贸易》，详细界定了数字贸易的概念；2016年美国启动"数字专员"行动，分析评估数字贸易谈判处境以应对其他国家的数字贸易壁垒。同时颁布多项法律政策，研究确定数字贸易发展方向及贸易安全保障制度。在全球领域，美国持续推进全球贸易自由化，推广其利益主张，在世界贸易组织和二十国集团等国际合作交流中倡议加快数据流动、开放贸易市场。作为数字贸易领域的先行者，美国通过引导全球数字贸易规则的制定，实行了多项本地化保护措施，提高了数字贸易的资源配置效率，进一步巩固了在全球数字服务市场的主导地位。

2. 英国伦敦：突出服务贸易专业化

以人力资源为基础的知识技术以及商务服务作为产业链的高端部分在空间上呈现高度集聚的特征。CBD 作为一个国家或地区知识、人力和市场创新最有活力的区域，主要集中了高附加值的生产性服务业。英国伦敦紧抓数字化发展趋势，发挥 CBD 人才、专业服务集聚优势，重点聚焦资本、技术密集型的高收益数字服务，打造价值链高端优势。近年来，英国正式启动数字英国计划，在微观层面保护数字创新者的著作权，避免要素价格趋"零"化，为创新者营造良好的数字发展制度环境。同时大力推进区域保险服务业、金融服务业、知识产权服务业和信息与通信技术服务业建设，在招商引资、人才引进、产业发展等方面充分发挥英国在数字贸易中的比较优势，带动数字服务纵深发展。2019 年英国数字服务出口排名全球第二，达到3072.7 亿美元，进出口总额为4707.1 亿美元。

3. 日本新宿：推动数字贸易科技创新

日本新宿 CBD 数字贸易发展形成了"三步走"战略：从 E-Japan 到 U-Japan 再到 I-Japan。其中，第一阶段以建设信息产业基础设施为重点，第二阶段进一步扩大数字技术服务范围，第三阶段进一步深化信息技术在电子政务、医疗健康及教育人才领域的应用。在发展数字贸易新业态过程中，日本新宿重点突出数字技术科技人才建设，积极推动高等教育与数字技术的融合衔接，完善数字技术创新体系。在纵向维度上，打造上至政府下至企业的数字化体系，构建完善的"官产学研"一体化平台，确保科研成果向数字价值链的快速转化。在横向维度上，加快 CBD 区域内新一代信息基础设施建设，大力培育在线服务、远程咨询、移动金融业等新业态，同时加快金融业、商务会展、批发零售业等传统产业的数字化升级。

（二）金融服务实体经济

金融业脱离实体经济造成了 2008 年的美国次贷危机，国际金融秩序受到极大破坏。金融和实体经济的协同发展对于经济发展至关重要。提升金融服务实体经济的能力已成为全球共识，国外中央商务区在金融服务实体经济过程中形成了一套规范有效且可借鉴的运行模式。

1. 美国纽约：完善互联网金融制度建设

互联网金融有效利用了社会闲置资金，集聚更多渠道的资金支持经济发展，有效破解了资本的自由流动和高效利用困境。同时互联网金融是对现有金融体系的修补和完善，为实体经济发展提供多元化的金融支持。作为最早发展互联网金融的国家，美国在互联网金融领域通过实行严格的市场准入和监管制度，制定健全的法律体系和信用体系，为推动互联网金融良性发展发挥了重要作用。在纽约曼哈顿 CBD，互联网金融企业需要跨过投入大、法律严两方面的准入障碍，严格的准入原则很大程度避免了金融市场参差不齐的局面。同时，完善的法律体系和有效的监管手段为互联网金融保驾护航。《金融服务现代化法案》《多德—弗兰克华尔街改革和消费者保护法案》等相关法案对金融企业不良行为进行有效约束。联邦政府和各州政府均对第三方金融支付平台实行动态监测，可以对 CBD 区域内不合规、高风险的企业及时进行淘汰，进而有效地防范金融风险。此外，美国完善的信用体系在很大程度上提高了互联网金融审核与放贷的效率，从而提供更高效便捷的金融服务。

2. 法国巴黎：重点服务中小微企业

作为全球经济发达国家，法国具有坚实的金融发展基础和市场环境。其中拉德芳斯 CBD 作为法国最具活力的区域，在金融服务实体经济过程中呈现为中小微企业服务的突出特征。拉德芳斯 CBD 允许融资困难的小微企业和个人通过众筹模式筹集资金，对中小微企业的发展具有重要的支持和鼓励作用。据统计，区域内 P2P 借贷和众筹互联网金融平台在 2014 年为 700 多家中小企业提供了超过 1 亿英镑的融资支持，极大地推动了创新型企业的发展。

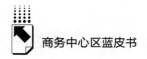
3. 新加坡：提升金融服务能力

在金融服务实体经济方面，新加坡 CBD 依托高效的金融服务水平，形成了涵盖金融市场、金融机构、金融产品和金融服务的体系，实现金融服务广覆盖、深层次的效果，为实体经济发展提供动力。一是通过整合政府部门、金融机构、证券交易机构以及相关中介服务机构，新加坡 CBD 为企业提供涵盖政策传递、服务引导、意见反馈的服务闭环。二是搭建融资平台，清理不必要的中间业务环节，提高政务服务效率，积极引导文化传媒业、高端会展商贸业等入驻 CBD。三是积极吸引专业金融市场中介机构入驻，这些机构涵盖法律、会计、咨询、知识产权、市场调研等领域，为区域内企业提供了专业化的优质金融服务。新加坡 CBD 凭借完善的金融配套服务，极大地提高了金融供给效率和服务水平。

4. 英国伦敦：深化金融业对外开放

作为最早开发出利率定价体系、AIM 市场、私募基金平台和场外离岸交易等多种金融创新模式的区域，英国伦敦坚持以金融创新为突破，充分发挥港口贸易的区位优势，注重高科技技术手段的应用，将高端海运服务贸易与金融结合，拓宽投资银行对海运业的服务范围，探索船舶融资、海事保险及资金结算模式。此外，还大力放开金融市场、金融机构以及跨境资本在交易、汇率兑换中的限制；积极引导区域内银行业金融机构增加对科技创新企业的贷款额度，加速技术信息流动和知识外溢，促进金融资源快速向实体经济集聚。

（三）培育市场竞争环境

市场竞争环境作为一个区域内影响市场主体活动的综合环境，对吸引国内外资本流入具有重要影响。良好的市场环境，能够显著降低市场中的制度性成本，促进不同市场主体公平地获取生产要素，进而实现生产要素的优化配置，是促进创新创业、吸引外商直接投资的关键因素。根据世界银行发布的《2020 年营商环境报告》，2019 年中国营商环境在全球 190 个经济体中列第 31 位，相较于 2018 年（第 46 位）和 2017 年

（第78位），排名有了提升，但仍与新西兰、新加坡等国家存在较大差距（见表4）。

表4　全球营商环境便利度排名

年份	1	2	3	4	5	6	7	8
2018	新西兰	新加坡	丹麦	中国香港	韩国	挪威	美国	英国
2019	新西兰	新加坡	中国香港	丹麦	韩国	美国	英国	挪威

资料来源：世界银行：《2020年营商环境报告》。

1. 英国伦敦：互联网＋政务服务

在完善营商环境、提升服务水平方面，英国伦敦创新服务模式，通过搭建在线服务平台，积极推行"互联网＋政务服务"，为区域内企业和个人提供全方位、深层次的服务。2012年，英国政府数字服务局研究制定了《政府服务设计手册》，从用户需求、点对点服务、效果反馈等角度对部级机构和其他组织机构近2000个网站进行整合，将政府在线服务统一为一个服务平台，为企业和个人提供涵盖招商咨询、产业培训、公平审查等全方位高效便捷的在线服务。此外，伦敦政府还搭建了伦敦城市开放数据库（London Data Store），通过城市大数据可视化定期监测并公布办公空间、住宅与人口、零售与商业、公共空间等8个维度的指标，实现精细化管理，为制定持续性、整合性的发展战略提供数据支撑。

2. 中国香港中环：公共服务＋专业服务

完善的服务业集群体现了城市国际分工的层次和水平，能够提升对高端产业和国际投资的吸引力。中国香港中环凭借完善的公共服务及专业高效的配套服务，成为跨国金融机构、外国领事馆等机构的集聚地。在公共服务领域，一是围绕区域人才需求，开展多层次的培训服务；二是不断完善住房保障，为国际顶尖人才提供政策倾斜，导入优质国际教育资源、提升国际医疗服务水平；三是积极引进云技术、物联网、大数据等先进技术，开展城市管理智慧化提升，进一步提升了区域的精细化管理水平。上述举措为高端人才的多元化需求提供了优质、便捷、高效的公共服务。在专业化服务领域，香港中环拥有完备的司法审判体系和知识产权保护体系，同时区域内集聚大量的专业化服务机构，能够满足商业活动的法律、会计、咨询、审计等专业服务需求。与此同时，完善的金融基础设施为投资者在全球市场进行全天候持续交易提供了可能。

3. 新加坡：宽松准入＋高效监管

作为以现代服务业为导向的开放型经济体，新加坡通过推行宽松的市场准入环境及高效的市场监管，在国际服务贸易领域取得显著成就，并发展成集国际航运中心、国际金融中心、国际贸易中心和国际旅游会展为一体的国际服务经济中心。在市场准入领域，新加坡设立贸易与工业部、经济发展局和贸易发展局三个部门，将最惠国待遇扩展至所有贸易伙伴，取消对服务和投资的多种限制，同时推动"互联网＋审批"建设，简化企业进入的行政审批，精简流程。在市场监管领域，新加坡不断创新监管方式，依托大数据、人工智能等数字技术，实行"互联网＋监管"。通过搭建大数据监管平台，实现各部门信息通畅，对于不合规的企业及时进行警告处罚，在区域内营造"守信奖励、失信惩戒"的市场信用体系，极大地提高了监管效率。

（四）提升城市品质吸引力

全球一流 CBD 坚持以人为本，围绕空间布局、城市配套、互联互通、文化艺术等领域，打造融合、富有活力的中央商务区，提升城市魅力与居民获得感。

1. 英国伦敦：联通全球金融网络

伦敦金融城内集聚着超过 500 家银行机构，拥有国际最顶尖的保险市场。作为国际一流金融中心，伦敦金融城的成功离不开良好的区位条件，更得益于形成了以纽约—伦敦为轴心的金融网络体系。首先，共同的语言、法律体系以及相似的金融商业监管体制使两个城市的互动成为可能。其次，专业人才、金融资本与信息知识在本地市场与国外市场的自由流动，增强了城市间的互补性，降低了交易与沟通成本，加速了以纽约—伦敦为核心的金融网络体系的形成。经历了两次世界大战、资本主义金融危机以及欧盟一体化进程后，以纽约—伦敦为轴心的金融网络体系发展越来越紧密，伦敦金融城继续深化对外开放联通，不断发展成国际金融中心。然而在2020年2月英国正式退出欧盟后，破坏了伦敦作为金融网络体系节点的功能，切断了金融城内部资本、人才和信息知识与外界的联系，众多就业岗位被转移至其他欧洲城市，给伦敦金融业带来极大冲击。伦敦金融城的经验与教训表明，以CBD为平台提升城市在全球金融网络中的节点地位，提高开放能级，构建畅通有序的金融网络，是CBD提升全球资源配置能力和国际竞争力的关键。未来应增强中国CBD与境外金融中心的联通性，不断提升CBD金融集聚的能力，从而更好地发挥战略枢纽功能。

2. 美国纽约：完善配套设施建设

在曼哈顿华尔街建设阶段，商业活动不断抬高地价，导致该区域的餐饮业、零售业逐渐衰败，街道的功能趋于单一，面临沦为"空城"的危机。纽约市政府通过地域扩展，在曼哈顿中城和下城的传统边界开发规划了布鲁克林城区、长岛市和远西三个新的CBD分区，着力分担曼哈顿CBD中心区压力。与此同时，扩大住房建设，增加对中等收入的中低层住宅供给，推进区域内交通网络建设，提高交通可达性。积极完善核心区域配套设施建设，鼓励和支持文化教育、休闲娱乐、商业会展、观光旅游等产业发展，实现了CBD由单一功能向多元化发展，有效缓解了CBD核心区域"空城化"现象，办公、居住、商业、公共空间及城市配套极大地提升了CBD的服务品质。

3. 日本新宿：提升要素流通效率

强大的交通网络是东京新宿国际金融产业集聚的重要基础条件，新宿CBD区域内交通和通信条件十分便利，新宿站每日使用人次排名全日本第1位，有超过200个出口，是世界上最高使用人次的铁路车站。与成田国际机场、千叶港口等众多国际知名空港和港湾有便捷的交通连接，周边同时拥有便捷的公交线路和高速线路。区域内采用智能化的交通管理系统，通过超声波、光源感知器、摄像头等手段，收集车辆信息，保证在交通高峰时段，车辆有序通行。此外，日本新宿高效的交通网络还得益于立体化开发。人车分离的设计提高了新宿站的交通效率。地下二层为停车场，实现停车位的高效利用；地下一层被规划为地铁及铁道线路，地面层主要为公交枢纽和私人汽车，在地面 7 层高处设立高架步道系统。便捷的交通网络大大降低了经济往来的商务成本和运输成本，有利于加强人流、物流、资金流的流通与集聚。完善的交通网络和智能化的交通系统以及人车分离的立体化设计为新宿发展成国际金融中心奠定了坚实的基础。

4. 中国香港中环：聚焦消费带动经济循环

中国香港中环 CBD 作为连接内地与其他国家和地区的门户，已发展成国际消费中心，借助"一国两制"的制度优势，中国香港中环 CBD 通过以下途径加快国际消费中心建设。一是在区域内实行低税率的自由港政策，保证了货物、无形资产和资本在区域内自由流动，从而成为外资流入内地的跳板，极大地刺激外地游客赴港消费，间接推动了当地旅游业的发展。二是成立香港贸易发展局，依托中国香港独特的城市文化魅力和人文精神，树立优质消费品牌形象，发挥品牌效应，拓宽消费市场。三是在区域内打造便捷畅通的交通网络体系，提升顾客消费体验，进一步刺激消费。中国香港中环 CBD 发挥自身地理优势，通过打造国际消费中心参与国际大循环的先进经验做法，对中国 CBD 建设具有较强的借鉴作用。中国作为全球第二大消费市场、全球第一贸易大国，在国际环境和外需增长面临较大不确定性的形势下，应积极发挥消费对畅通国内大循环、拉动经济增长的作用。CBD 作为城市内部资本、人才与创新的集聚地，应加快培育新型消费模式，优化升级传统消费模式，抓住中国自由贸易试验区建设的机遇，以贸易促进消费，发挥消费在畅通国内大循环中的作用。

四　将 CBD 打造为"双循环"新发展格局战略枢纽的思路与对策

经过改革开放四十多年的发展，CBD 形成了高度开放的经济体系、较强的全球资源配置能力、高效畅通的现代流通体系、雄厚的创新研发资源、规模庞大的消费市场和多元的国际交往平台。在加快构建以国内大循环为主体、国内国际双循环相互促进的新发展格局中，CBD 的功能和作用将愈加凸显。未来，CBD 应充分发挥自身的开放平台、创新平台、产业平台和交往平台等突出优势，继续扩大制度型开放，增强国际开放枢纽功能；加大服务业对内开放，促进国内国际市场融合；加强产业协同创新，提升中国服务在全球价值链中的地位；培育公平竞争环境，畅通市场体系和供求循环，进一步发挥在国内国际双循环相互促进新发展格局中的战略枢纽作用。

（一）继续扩大制度型开放，增强国际开放枢纽功能

当前，全球价值链分工更加细化、要素跨境流动更加频繁，国际经贸规则必然适应性地随之向高标准和高度自由化方向发展，鉴于国际经贸环境的深刻变化，中国 CBD 在继续推动商品和要素流动型开放的同时，要更加注重规则、规制、管理、标准等制度型开放，形成国际合作和竞争新优势，增强 CBD 国际开放枢纽功能。

1. 加快推进重点领域开放

一是全面实施市场准入负面清单制度，大幅放宽服务业准入限制，聚焦科技服务、数字经济、金融服务、商贸文旅、教育服务、健康医疗等重点行业领域，积极争取要素供给、市场准入、跨境服务等方面的开放政策在 CBD 先行先试。二是鉴于当前服务贸易、投资、知识产权、数字经济等越来越多议题被纳入全球自由贸易协定谈判的趋势，中国 CBD 应积极借助中国自由贸易试验区、国家服务业扩大开放综合示范区、国家深化服务贸易创新发展试点等制度型开放优势，加强对竞争中立、劳工标准、跨境商务、数据流动等国际经贸新规则的压力测试和适应，并率先探索适应新形势新需要的风险防范机制，为提升中国参与全球价值链竞争积累经验。

2. 深化服务贸易创新发展

当前，服务贸易在国际分工中的地位不断提升，服务环节的价值创造能

力显著增强，与此同时，全球经贸格局的不确定性和复杂性加速了新一轮经贸规则的调整，持续深化服务贸易创新发展尤为重要和紧迫。作为深度参与全球服务价值链的CBD，一是要着眼于国际经贸体系和贸易投资规则的调整，加快探索知识产权、跨境贸易、政府采购、竞争政策等规则的改革创新，进一步降低服务贸易的制度性成本。二是基于CBD自身优势和需求，加快培育高能级贸易主体，引进具有影响力的国际经贸组织、贸易促进机构、贸易型总部、商会协会等入驻，实施更开放的总部政策，推动跨国公司地区总部向亚太总部、全球总部升级，提升CBD服务贸易竞争力。三是加快在跨境电商、数字贸易、供应链管理等领域引进和培育一批独角兽企业和行业龙头企业，创新发展数字贸易、技术贸易、电子商务、市场采购贸易等新型贸易业态。

3. 积极参与区域经贸合作

从全球范围来看，地区经贸合作多边机制正在不断加强，中国CBD应紧跟地区经济一体化的发展趋势，把握《中欧全面投资协定》和《区域全面经济伙伴关系》的签署机遇[①]，加快适应全球新一轮国际经贸规则的变化重构，积极拓展与欧洲国家、"一带一路"沿线国家、新兴经济体的贸易合作。一是积极促进外资企业融入国内市场体系，帮助外资企业了解和熟悉国内营商环境和标准体系，依法保护外资企业合法权益，提升产业链根植性，更好地发挥外资企业"外引内联"的独特作用。二是鼓励区域内优势产业在"一带一路"沿线国家及新兴市场布局，整合海外投资促进机构资源，设立企业"走出去"综合服务中心，建设境外销售渠道和网络，实现生产与消费更加均衡的国际化。三是依托CBD国际化人文氛围浓厚、国际商务活动活跃的优势，对接"一带一路"倡议，积极推进和"一带一路"沿线国家在市场、规则、标准等方面的"软联通"，多渠道促进贸易、技术和文化等方面的互联互通，强化合作机制建设。

---

① 15个签署国包括澳大利亚、文莱、柬埔寨、中国、印度尼西亚、日本、老挝、马来西亚、缅甸、新西兰、菲律宾、新加坡、越南、韩国和泰国。

（二）加大服务业对内开放力度，促进国内国际市场融合

当前是国际生产体系大转型和全球价值链重构的关键时期，本土服务企业的国际竞争力直接影响着"中国服务"在全球价值链中的地位。CBD 在对外开放的基础上，应注重服务领域对内开放，坚持竞争中性原则，从培育公平的国内服务业市场、加大服务业对内开放和改革创新着手，释放服务业市场活力、增强服务业国际竞争力，以促进国内国际市场深度融合。

1. 培育公平的服务业市场

当前，用竞争中立原则规制国际经济竞争秩序已成为经贸规则关注的重点之一，中国 CBD 应强化竞争政策基础性地位，对市场最大限度赋予配置资源的能力，培育各类市场主体一视同仁、平等对待、统一监管的服务业市场环境，加快取消对民营资本投资的各种限制，打破行政性垄断、防止市场垄断，消除各种隐性壁垒，凡是法律法规未明令禁止进入的服务业领域，全部向社会资本开放。大幅减少前置审批和资质认定项目，使 CBD 内的国有、民营和外资企业等各类市场主体能够自由公平地参与市场竞争、依法平等进入和退出，取缔区别性、歧视性的优惠政策及不正当市场干预措施，培育公平的国内服务业市场，大幅推进服务业对内开放。

2. 畅通金融与实体经济循环

一是提升 CBD 服务内外双循环的金融供给能力。加快拓宽服务进出口企业的多元融资渠道，支持金融机构创新适应全球服务贸易新特点的金融服务；加强 CBD 内企业与多层次资本市场、产权交易市场对接，推动企业上市、国际并购等功能落地。二是强化高质量金融基础设施建设。推动包括交易系统、支付清算系统、征信评级系统、会计审计系统等在内的金融基础设施体系的数字化、智能化建设；积极争取中央银行法定数字货币的研发和可控在 CBD 先行先试，推动征信市场和信用评级规范发展；加强金融科技创新研究及其在金融基础设施建设中的应用，提升运行效率与监管效能，重视金融的短期风险与实体经济长期风险的平衡。三是发展适应"双循环"新发展格局的产业链金融。支持金融机构通过产品创新、内外联动提供全产业

链金融服务，向产业链核心企业和上下游企业提供集成化金融解决方案，提供更多直达各流通环节经营主体的金融产品，疏通金融和实体经济的传导机制。

3. 着力塑造新型消费体系

一是培育新型消费业态。积极引导 CBD 区域内的企业适应消费升级新趋势，支持企业借助 5G 技术、互联网、智慧基础设施，加快开发新的网络消费形态和服务场景，增加高端优质服务供给，满足国内高端消费市场的需求。二是完善新型消费体系建设的体制机制。CBD 应联合相关主管部门和行业协会，加快完善首店经济、网红经济、体验经济、共享经济等新型业态发展的配套制度，制定支持新型消费业态发展的审批便利化改革措施，创新监管方式方法，构建规范的消费市场环境。三是打造全球新产品新业态的首创地。着力引进国内外品牌首店企业，吸引企业新品在 CBD 全球首发和品牌企业开设首店，积极争取政策支持企业搭建品牌研究、技术研发平台，加快对中国本土企业设计、创造和制造高端品牌产品自主能力的培育和集聚，尤其是位于京津冀、长三角、珠三角的 CBD，要充分依托世界级城市群和国际一流湾区的建设，积极打造全球新产品、新业态的首创地，提升中国品牌的国际影响力和竞争力。

（三）加强产业协同创新，畅通产业链和创新链

产业链和供应链畅通是高质量国民经济循环的基础，新一轮科技与产业革命变革深刻影响着全球产业链供应链布局，尤其是数字技术加速推动产业链向创新链扩展延伸。中国 CBD 应积极把握全球科技革命变化趋势，通过提升产业创新能力、加快完善区域创新网络、强化信息化基础设施建设畅通产业链和创新链，提升"双循环"的速率与效率。

1. 着力提升产业创新能力

一是准确把握全球科技创新前沿趋势，围绕国家重大战略和产业发展需求，支持区域内的创新主体开展基础研究、共性技术、前瞻技术和战略性技术的研究，尤其要在"卡脖子"关键技术问题上集中攻关；积极吸引新一

代信息技术人才、科创资金和全球高端制造业总部落户，鼓励跨国公司设立研发中心，提升 CBD 对全球创新资源的集聚能力。二是加强众创空间、创新孵化器、创新扶持计划、知识产权保护等软硬环境建设，积极促进高等院校、科研院所与高新企业之间形成紧密的科技创新联盟，共同建设技术转移、成果转化、技术交易及产业化等协同创新服务平台，提升 CBD 协同创新服务能力。三是包容审慎支持数字经济、科技金融、供应链金融等新业态新模式发展，积极推进数字技术对产业链价值链的协同与整合。

2. 加快完善区域创新网络

一是增强 CBD 创新辐射能级。充分发挥 CBD 链接全球市场、高端资源集聚、创新氛围浓厚的优势，加强与周边地区的资源要素交换和流动，加快推进 CBD 集聚与创新功能的外溢，与周边地区形成"总部 + 基地""研发 + 生产"的产业合作模式，进而形成以 CBD 为核心促进周边地区融入"双循环"新发展格局。二是加快构建区域创新网络。结合 CBD 所在都市圈、城市群的创新基础和现状格局，加快建立集技术研发、标准制定、检测认证、成果转化、人才集聚及行业资源融合为一体的共性技术平台，促进区域创新资源开放共享，建立创新链和产业链有效衔接的体制机制，提高创新生态系统的开放协同性。

3. 加强新型基础设施建设

一是推进智慧基础设施建设。加快推进公共区域和商务楼宇的 5G 基础设施布局及 5G 商用，推动光纤宽带网、无线宽带网、移动物联网深度覆盖，率先推动 5G 网络技术融合应用升级。二是加快推进智慧应用场景建设。鼓励新一代通信技术在智慧交通、智慧楼宇、商贸、会展服务等领域深度渗透和应用推广，围绕精细化管理、产业转型升级和民生改善等重点领域，加快应用场景建设。三是加快申请开通国际互联网数据专用通道，探索制定信息技术安全、数据隐私保护、跨境数据流动等重点领域规则；积极引进通信服务业务领域独角兽企业，推动云计算龙头企业落地重大项目，支撑 CBD 数字经济、电子商务、跨境物流等外向型产业的聚集发展。四是加快发展流通新技术、新业态、新模式，促进 CBD 形成分工深化、交易扩大、效率提升的经济循环。

（四）优化国际化营商环境，建设高标准市场体系

营商环境直接影响着国内外各类生产要素的配置效率、流通速度以及市场主体的创新活力，CBD 应积极对接高标准高水平经贸规则，构建国际化、法制化、便利化营商环境，推动贸易和投资自由便利；着力推进要素市场化改革，消除制约全球高端要素配置的体制机制障碍；加强知识产权保护和服务，全面畅通市场循环，率先建成高效规范、竞争有序、治理完善的高标准市场体系。

1. 着重提升贸易便利化水平

一是坚持包容审慎原则，构建有利于服务贸易自由化、便利化的营商环境，积极促进资金、技术、人才、商品、数据等要素跨境流动。加快推进通关一体化制度改革，进一步加强国际贸易"单一窗口"建设，将"单一窗口"功能由口岸执法环节向前置和后续环节拓展，推行通关无纸化作业，压缩通关时间，提升跨境贸易时效。二是加速智能化通关一体化系统的改革力度，运用大数据、云计算、区块链等技术搭建跨境贸易大数据平台，推动跨部门数据与平台对接，构建多部门协同的跨境贸易监测和综合监管制度。三是健全境外专业人才流动机制，畅通外籍高层次人才来华创新创业渠道，探索与数字经济、数字贸易等新兴服务业态发展相适应的灵活就业制度与政策。

2. 积极推进要素市场改革

2020 年 11 月中共中央、国务院发布《关于构建更加完善的要素市场化配置体制机制的意见》，明确提出"推进土地、劳动力、资本、技术、数据等要素市场化改革，健全要素市场运行机制，完善要素交易规则和服务体系"，这为中国 CBD 推进要素市场化配置改革指明了方向。首先，CBD 应加快探索破除扭曲要素市场价格和阻碍要素流动的各种机制与障碍，充分发挥竞争政策的基础性作用，降低要素使用和流通成本，健全要素交易规则和服务体系，优化各类生产要素的配置方式，打通生产、分配、流通、消费各个环节，提高要素流动效率。其次，CBD 应率先探索新型生产要素的市场

化改革，尤其是东部沿海地区的 CBD 应在技术要素市场和数据要素市场等新型生产要素的市场化改革方面率先探索，探索完善数据权属界定、开放共享、交易流通等标准，加快培育数据要素市场，及时总结评估各项改革方案的效果，在中西部地区 CBD 以及更广范围复制推广改革成果，通过要素市场改革大幅推进服务业对内开放。

3. 持续加强知识产权保护

一是积极争取国家政策支持，在 CBD 开展知识产权保护制度和知识产权服务的体制机制创新，探索国际数字产品专利、版权、商业秘密等知识产权保护制度建设，争取在 CBD 设立知识产权专项合议庭，探索研究鼓励技术转移的税收政策，拓展境内外知识产权合作新空间。二是支持知识产权服务机构集聚发展，开展外国专利代理机构设立常驻代表机构试点工作，引进知识产权代理、法律服务和信息检索分析等领域的国际知名服务机构，提升 CBD 知识产权服务国际化水平。三是实施内外一致的知识产权保护，坚持依法平等保护及妥善审理因国际贸易、外商投资等引发的涉外知识产权纠纷，积极吸引国际仲裁机构落户 CBD，支持国际商事争端预防与解决组织落地运营，提升 CBD 的国际商事纠纷解决能力。四是健全企业海外知识产权维权体系，支持企业建立海外知识产权保护联盟，开展所在国知识产权保护状况观察、重大事件快速响应和纠纷信息通报研判协调联动，完善海外知识产权维权援助机制。

参考文献

习近平：《坚持用全面辩证长远眼光分析经济形势　努力在危机中育新机于变局中开新局》，《人民日报》2020 年 5 月 24 日。

鞠建东等：《全球价值链网络中的"三足鼎立"格局分析》，《经济学报》2020 年第4 期。

商务部：《自贸试验区累计 202 项制度创新成果得以复制推广》，央广网，2019 年 7月 23 日。

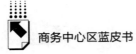
余森杰：《"大变局"与中国经济"双循环"发展新格局》，《上海对外经贸大学学报》2020 年第 6 期。

武占云、单菁菁：《中央商务区的功能演进及中国发展实践》，《中州学刊》2018 年第 8 期。

夏杰长、姚战琪：《中国服务业开放 40 年——渐进历程、开放度评估和经验总结》，《财经问题研究》2018 年第 4 期。

谭洪波：《中国要素市场扭曲存在工业偏向吗？——基于中国省级面板数据的实证研究》，《管理世界》2015 年第 12 期。

江小涓、孟丽君：《内循环为主、外循环赋能与更高水平双循环——国际经验与中国实践》，《管理世界》2021 年第 1 期。

王一鸣：《百年大变局、高质量发展与构建新发展格局》，《管理世界》2020 年第 12 期。

杨丹辉、渠慎宁：《百年未有之大变局下全球价值链重构及国际生产体系调整方向》，《经济纵横》2021 年第 3 期。

顾学明：《推动服务业扩大开放　汇聚开放新动能》，《光明日报》2020 年 9 月 7 日。

张茉楠：《中国应加快适应新一轮国际经贸规则演变》，《中国经济时报》2020 年 7 月 27 日。

马春梅：《创新对外开放新机制新模式》，《中国社会科学报》2020 年 9 月 23 日。

杨汝岱：《竞争中性与中国对外贸易发展》，《第一财经日报》2020 年 6 月 15 日。

黄群慧：《"双循环"新发展格局：深刻内涵、时代背景与形成建议》，《北京工业大学学报》（社会科学版）2021 年第 1 期。

陈雨露：《"双循环"新发展格局与金融改革发展》，《中国金融》2020 年第 1 期。

刘元春、张杰：《聚焦国际消费中心城市建设》，《前线》2021 年第 5 期。

中国信息通信研究院：《数字贸易发展白皮书（2020 年）》，2020。

于凤霞：《i-Japan 战略 2015》，《中国信息化》2014 年第 13 期。

李志军、张世国、牛志伟等：《中国城市营商环境评价的理论逻辑、比较分析及对策建议》，《管理世界》2021 年第 5 期。

李颖、张玲：《国外优化营商环境政府在线服务的启示》，《中国行政管理》2020 年第 8 期。

UNCTAD. World Investment Report 2011. Geneva, 2013.

World Trade Organization，*Global Value Chain Development Report* 2019，2019.

B.2
2020年中国 CBD 发展评价

总报告课题组*

摘　要：　本文围绕新发展格局的核心要义，对标国际一流 CBD，从对
　　　　外开放体系、要素流通体系、新型消费体系、市场环境体系
　　　　和创新发展体系5个维度对中国商务区联盟26个 CBD 进行量
　　　　化评估。评价结果显示，2020年中国 CBD 对外开放大幅推
　　　　进、现代流通体系日趋完善、消费转型升级成效明显、创新
　　　　生态和市场环境显著优化。展望未来，CBD 既要加快结构优
　　　　化和动能转换，推动高精尖产业发展，也应协调好产业政策
　　　　与竞争政策的关系，通过更大范围、更高水平、更有秩序的
　　　　市场开放融入全球经济。

关键词：　CBD　双循环　对外开放　发展评价

中国 CBD 的形成和发展得益于国家改革开放政策的实施，近年来在对
外开放水平、服务贸易能级、经济贡献度和新业态创新发展方面取得了显著
成效，已发展成国际国内高端要素资源最为集聚、与全球经济链接最为紧密
的特殊经济功能区。CBD 既是国家改革开放的试验田，也是全球化进程的
重要参与者，如何发挥特色与优势主动融入国内国际双循环新发展格局是

* 武占云，博士，中国社会科学院生态文明研究所国土空间与生态安全室副主任，主要研究方
　向为城市与区域经济；单菁菁，博士，中国社会科学院生态文明研究所研究员，主要研究方
　向为城市与区域可持续发展、国土空间开发与治理、城市与区域经济等。

CBD 当前面临的重大课题。因此，本文围绕"双循环"发展的核心要义，构建"开放体系（O）—消费体系（C）—流通体系（T）—市场体系（M）—创新体系（I）"五维评价体系，对中国 CBD 融入"双循环"新发展格局的基础与成效进行系统评价，以期为 CBD 实现更高质量发展和更高水平开放提供借鉴参考。

一 引言

结合"双循环"新发展格局的内涵特征与时代要求，借鉴国际一流 CBD 发展经验，本文认为 CBD 应通过高水平开放体系、高效率流通体系、新型消费体系、活跃创新体系和公平市场体系的建设，积极主动融入国内国际双循环新发展格局。

一是高水平开放体系。全球价值链已成为世界经济大循环的显著特征，作为对外开放程度最高、与全球价值链连接最为紧密的区域，CBD 由一般商业中心向世界一流商务区的演进是在高度开放的全球化过程中实现的。如何加快制度型开放和规则、标准对接是 CBD 参与世界经济大循环的重要路径。

二是高效率流通体系。资源要素的快速集散和高效配置的流通体系是经济高效循环的基础保障。CBD 是资本、人才、技术和数据等国际高端要素集聚与配置的枢纽，如何通过流通新技术新模式的推广和应用，实现分工深化、配置高效、供需互促的经济循环是全球 CBD 发展的重要趋势。

三是新型的消费体系。畅通国内经济循环需要加快释放内需活力、扩大内需市场，消费体系对于扩大内需、畅通经济循环具有最终的牵引效应。如何通过消费转型升级、塑造新型消费体系、畅通供需大循环是 CBD 参与"双循环"的重要任务。

四是活跃的创新体系。蓬勃成长的创新活力是 CBD 区别于一般经济功能区的显著特征。未来，通过提高原始创新能力、聚集创新资源、提供创新供给、畅通产业链创新链是CBD融入双循环新发展格局的重要途径。从全球视野来看，除了人才、技术、管理和服务的创新，产业业态的创新也是全球CBD竞相发展的重点领域。

五是公平的市场体系。畅通国内国际经济循环的关键因素之一是统一开放、竞争有序的现代化市场体系。CBD作为外资、国有和民营企业等多元市场主体高度集聚的区域，如何厘清各类市场主体进入与退出障碍、完善市场主体参与市场竞争的规则、激发市场主体活力是其充分参与双循环的关键。

基于上述内涵和原则，在借鉴国内外相关评价指标体系的基础上，本文构建中国CBD发展的"开放体系（O）—消费体系（C）—流通体系（T）—市场体系（M）—创新体系（I）"五维评价体系（见图1）。鉴于CBD边界范围往往与所在行政区不完全一致，CBD管理机构尚未建立系统性的经济社会统计制度，故本文基于CBD现行的核算统计口径，遵循前瞻性、代表性和动态性等原则，充分考虑数据的可获取性、可靠性和可比性，选取以下代表性指标对中国CBD的发展质量进行综合评价，所有资料来源由中国商务区联盟成员单位提供。

开放体系（O）反映CBD参与国际经济大循环的情况，选取外资利用规模、跨国公司地区总部、国际交往平台建设等开放指标，以及地均生产总值、税收总额、楼宇经济等反映经济发展质量和效益的指标进行评价；消费体系（C）反映CBD促进消费转型升级的情况，选取新型消费模式、新型消费场景和智慧商圈建设等指标进行定量和定性评价；流通体系（T）反映CBD作为高端要素枢纽在畅通国内国际经济循环方面的情况，选取交通要素、金融要素、数据要素和人才要素等指标进行评价；市场体系（M）反映CBD培育公平有序的市场体系方面的情况，选取商事制度改革、知识产权保护、企业信用体系建设以及贸易投资便利化等指标进行评价；创新体系（I）反映CBD在促进产业创新、畅通产业链创新链方面的情况，选取创新业态、众创空间和独角兽企业等指标进行评价。

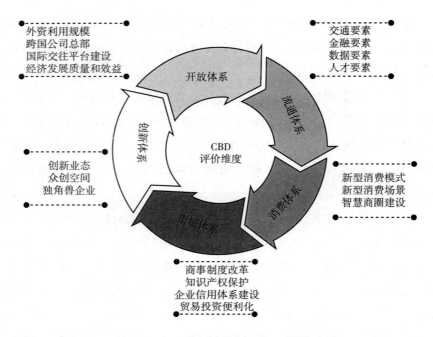

图1　CBD 融入"双循环"新发展格局的五维评价体系

资料来源：作者自绘。

二　2020年中国 CBD 发展评价

（一）对外开放维度：对外开放大幅推进，经济效益持续提升

1. 外资利用规模

中国各地 CBD 依托中国自由贸易试验区、国家服务业扩大开放综合示范区、国家深化服务贸易创新发展试点、中国跨境电子商务综合试验区、中新战略性互联互通示范项目、国际开放枢纽等政策优势，积极推进服务业扩大开放，吸引外资企业落户。如图2所示，截至2020年，包括北京 CBD、上海陆家嘴金融城、重庆江北嘴 CBD、珠海十字门 CBD、郑东新区 CBD 等在内的十家 CBD 已纳入中国自由贸易试验区。

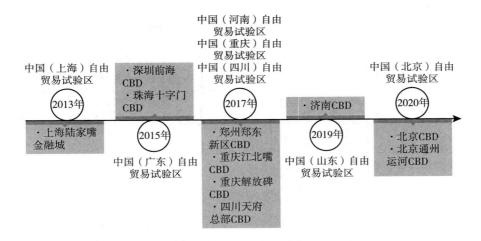

图2　中国 CBD 加入自由贸易试验区情况

资料来源：根据商务部公布资料整理。

2020 年，在国际跨境投资整体震荡低迷的背景下，各地 CBD 外资利用规模仍保持稳中有进的态势。北京 CBD 和广州天河 CBD 外资利用规模处于绝对领先地位，均超过了 10 亿美元；其次是深圳福田、杭州武林 CBD 和郑东新区 CBD，外资利用规模超过了 5 亿美元；上海虹桥 CBD、南京河西 CBD 和长沙芙蓉 CBD 外资利用规模则超过 2 亿美元（如图3 所示）。从外资利用增速来看，郑东新区 CBD 外资利用总额由 2019 年的 1.28 亿美元上升到 2020 年的 5.35 亿美元，强劲的增长态势既得益于郑东新区 CBD 坚实的产业发展基础和优良的营商环境，更是得益于中国（河南）自由贸易试验区政策的实施。杭州武林 CBD 的外资利用规模也位居前列，达到 6.21 亿美元，进出口形势不断向好，2020 年货物进出口总额达到 513.8 亿元，同比增长 22.3%。

2. 总部经济发展

当前，供应链韧性已成为政策制定者和企业的首要任务。跨国公司可以通过国际生产网络重组（包括投资和撤资决策）、供应链管理方案以及可持续性措施来增强供应链韧性。因此，聚焦产业链关键环节，吸引各类跨国公

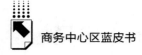

低于1亿美元		1亿~5亿美元		5亿~10亿美元		高于10亿美元	
宁波南部CBD	0.77	上海虹桥CBD	2.54	深圳福田CBD	7.97	北京CBD	55.00
杭州拱墅区运河小镇	0.23	南京河西CBD	2.35	杭州武林CBD	6.21	广州天河CBD	11.99
武汉CBD	0.18	长沙芙蓉CBD	2.20	郑东新区CBD	5.35		
		四川天府总部CBD	1.29				
		大连人民路CBD	1.15				

图3　2020年中国部分CBD外资利用规模

注：北京CBD、广州天河CBD、深圳福田CBD、上海虹桥CBD、长沙芙蓉CBD为2019年数据，上海虹桥CBD为原核心区3.7平方公里范围统计数据。

资料来源：根据中国商务区联盟提供资料整理，部分CBD未提供外资利用数据，故暂未纳入本年度评价。

司地区总部、民营企业总部、贸易型总部成为各地CBD竞相发展的重点。鉴于各地CBD对外开放水平和经济发展能级的差异，目前中国CBD的总部经济呈现梯度发展格局。位于第一梯队的是上海陆家嘴金融城、北京CBD和深圳福田CBD，总部企业数量均超过了400家。其中，上海陆家嘴金融城的跨国公司总部达到600家，世界500强企业达到340家；北京CBD功能区吸引了455家总部企业，105家跨国公司地区总部，238家高端领域龙头企业，是世界500强企业和跨国公司地区总部集中度最高的区域之一。位于第二梯队的是上海虹桥CBD、重庆解放碑CBD和广州天河CBD，总部企业数量均超过了100家。广州琶洲CBD、重庆江北嘴CBD和银川阅海湾CBD位于第三梯队，总部企业数量超过50家。其余CBD则位于第四梯队，总部企业数量为50家以下（见图4）。

跨国公司是全球价值链的重要推动者、主导者和有效治理者，对推进全球价值链向高端环节攀升具有重要的作用。CBD虽然是跨国公司的重要集聚区，吸引跨国公司总部方面具有绝对优势，但与国际一流CBD相比，总部经

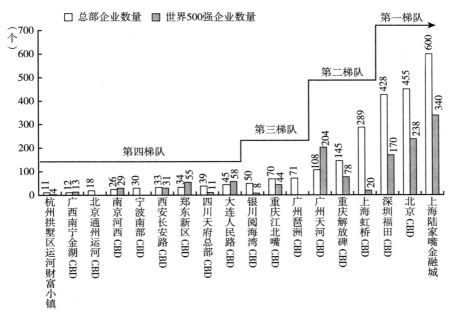

图 4　2020 年中国 CBD 总部经济发展情况

注：北京 CBD、广州琶洲 CBD、重庆江北嘴 CBD、大连人民路 CBD、郑东新区 CBD、宁波南部 CBD 为 2020 年数据，其余 CBD 为 2019 年数据。

资料来源：根据中国商务区联盟提供资料整理，部分 CBD 未提供总部企业数据，故暂未纳入本年度评价。

济能级还有待进一步提升。根据《2021 世界投资报告》，中国企业的跨国指数仍低于世界水平。如表 1 所示，2020 年全球前 100 强大型跨国公司的平均跨国指数达到 60，而包括中国在内的发展中经济体和转型经济体前 100 强大型跨国公司平均跨国指数仅为 47。未来，中国 CBD 应着力引导总部企业向价值链、产业链、创新链高端发展，推动跨国公司地区总部向亚太总部、全球总部升级。

表 1　前 100 强非金融跨国公司的国际化统计：全球以及发展中国家和转型经济体

变量	全球前 100 强大型跨国公司			发展中国家和转型经济体前 100 强大型跨国公司	
	2018 年	2019 年	2020 年	2018 年	2019 年
外国资产占比（%）	58	54	54	31	31
国外销售占比（%）	60	57	56	46	42

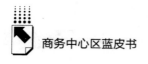

续表

变量	全球前100强大型跨国公司			发展中国家和转型经济体前100强大型跨国公司	
	2018年	2019年	2020年	2018年	2019年
国外受雇员工占比(%)	53	47	46	37	33
跨国指数的中位数	63	61	60	45	47

注:(1)跨国指数是衡量全球化程度的一个指标,由3个指标构成,第一个指标是海外资产比重,即跨国公司在海外的资产占其全部资产的比重;第二个指标是海外市场比重,即海外市场占跨国公司全部市场的比重;第三个指标是海外雇员比重,即跨国公司在海外的雇员占其全部雇员的比重。这3个指标的平均数即为跨国指数。(2)来自发展中国家和转型经济体的100家大型跨国公司2020年的完整数据尚无法统计。

资料来源:《2021世界投资报告》。

3. 国际交往功能

跨国家、跨地区之间的交流合作能够有效推动科技发展、促进应用场景不断创新,积极开展国际交流与合作是CBD快速链接全球市场、提升创新能力和国际影响力的重要举措。无论是位于东部沿海一线城市的CBD,还是中西部地区的CBD,要紧紧抓住中国国际服务贸易交易会(服贸会)、中国进出口商品交易会(广交会)、中国国际进口博览会(进博会)国家三大展会,积极推进国际会议会展、国际商务对话、国际文化交流等高能级的交往平台建设(见图5)。例如,上海陆家嘴金融城搭建了"国际金融城圆桌会"的有效机制,与伦敦金融城、巴黎、米兰、新加坡、中国香港等区域建立了常态化的交流平台。北京CBD功能区聚集了超过9000家外国驻京商社、境外驻京代表机构及众多国际交往活动场所,并建成招商服务中心全球连线厅,在重要国家及全国重要省份铺设联络网点,不断拓宽高质量、高层次的对外交流渠道。上海虹桥CBD拥有虹桥海外贸易中心、虹桥进口商品展示交易中心等多个以国际商品贸易为主要业务的平台,并与全球超过150家贸易及投资促进机构建立了联系。郑东新区CBD则承办了上海合作组织成员国政府首脑(总理)理事会、中国(郑州)国际期货论坛、福布斯中国潜力企业创新峰会、国际城市设计大会、世界旅游城市市长论坛、全球跨境电商大会、国际民航货运发展论坛、世界传感器大会、金鸡百花电影节颁奖典礼等高规格会议和活动。

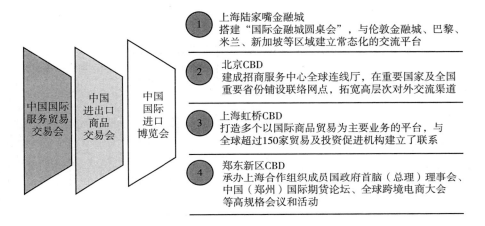

图5中几项内容：

上海陆家嘴金融城
搭建"国际金融城圆桌会"，与伦敦金融城、巴黎、米兰、新加坡等区域建立常态化的交流平台

北京CBD
建成招商服务中心全球连线厅，在重要国家及全国重要省份铺设联络网点，拓宽高层次对外交流渠道

上海虹桥CBD
打造多个以国际商品贸易为主要业务的平台，与全球超过150家贸易及投资促进机构建立了联系

郑东新区CBD
承办上海合作组织成员国政府首脑（总理）理事会、中国（郑州）国际期货论坛、全球跨境电商大会等高规格会议和活动

左侧：中国国际服务贸易交易会　中国进出口商品交易会　中国国际进口博览会

图5　2020 年中国部分 CBD 国际合作交流平台建设情况

资料来源：根据中国商务区联盟提供资料整理。

4. 经济发展效益

2020 年，中国 CBD 的地区生产总值呈现明显的梯度差异。如图 5 所示，位居第一梯队的分别是广州天河 CBD、深圳福田 CBD 和北京 CBD，地区生产总值均超过了 1500 亿元，其中广州天河 CBD 的 GDP 达到 3328 亿元，位居全国 CBD 首位。武汉 CBD、上海虹桥 CBD、杭州武林 CBD 位居第二梯队，GDP 均超过了 1000 亿元。重庆解放碑 CBD、大连人民路 CBD、广州琶洲 CBD 位于第三梯队，GDP 均超过 500 亿元。郑东新区 CBD、重庆江北嘴 CBD、银川阅海湾 CBD、南京河西 CBD 则位居第四梯队，GDP 均低于 500 亿元。从地均 GDP 来看，重庆解放碑 CBD 位居全国 CBD 首位，达到 445 亿元/平方公里，深圳福田 CBD、北京 CBD 和广州天河 CBD 则均超过了 200 亿元/平方公里，这些 CBD 在经济产出效益方面具有绝对领先优势。

从楼宇数量来看，2020 年上海虹桥 CBD 和上海陆家嘴金融城的楼宇数量最多，均超过了 300 座；北京 CBD、大连人民路 CBD、深圳福田 CBD、

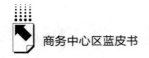

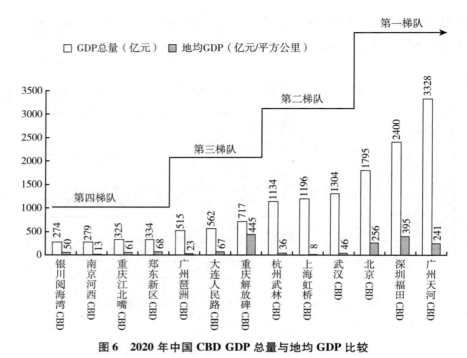

图6　2020年中国CBD GDP总量与地均GDP比较

注：广州天河CBD、深圳福田CBD为2019年数据，银川阅海湾CBD、重庆解放碑CBD、武汉CBD为2018年数据，其他CBD为2020年数据。

资料来源：根据中国商务区联盟提供资料整理，部分CBD未提供GDP数据，暂未纳入本年度评价。

广州天河CBD和杭州武林CBD的楼宇数量均超过了120座。从楼宇纳税贡献来看，众多CBD的单座楼宇税收超过1亿元甚至10亿元（如图7、图8所示）。其中，上海陆家嘴金融城纳税过亿楼宇达到110座，纳税过10亿楼宇达到30座，楼宇经济效益位居全国CBD首位。广州天河CBD和深圳福田CBD的纳税过亿楼宇占比分别居第一位和第二位，都超过了50%。北京CBD纳税过1亿元、过10亿元楼宇数量分别为49座和10座，楼宇纳税贡献率达87.92%，单体楼宇最高纳税额达到57亿元，楼宇经济的集约性和高效性日益凸显。值得关注的是，位于中部地区的郑东新区CBD拥有超亿元楼宇19栋、超20亿元楼宇1栋、超10亿元楼宇5栋、超5亿元楼宇10栋，亿元楼宇数量占整个郑东新区的41%，全口径纳税额占整个郑东新区亿元楼总纳税额的76%，每平方米税收产出约15000元。

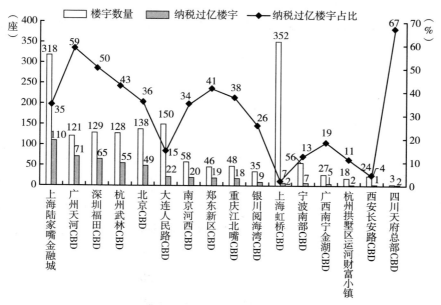

图7 2020 年中国部分 CBD 楼宇经济情况

注：北京 CBD、上海陆家嘴金融城、杭州武林 CBD、大连人民路 CBD、郑东新区 CBD、重庆江北嘴 CBD、宁波南部 CBD、广西南宁金湖 CBD、西安长安路 CBD、四川天府总部 CBD、南京河西 CBD 为 2020 年数据，其余 CBD 为 2019 年数据。

资料来源：根据中国商务区联盟成员提供数据整理，部分 CBD 由于数据缺乏未纳入评价。

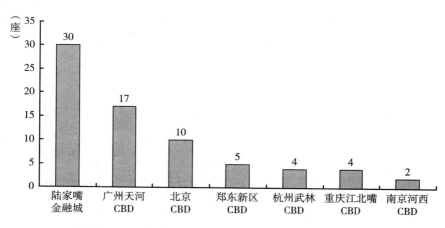

图8 2020 年中国部分 CBD 纳税过 10 亿元楼宇数量

资料来源：根据中国商务区联盟成员提供数据整理，部分 CBD 由于数据缺乏未纳入评价。

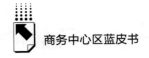
（二）要素流通维度：现代流通体系日趋完善，要素枢纽功能显著增强

1. 交通要素枢纽

2021年2月国务院印发《国家综合立体交通网规划纲要》，明确提出"更加突出高水平对外开放，注重对外互联互通和国际供应链开放、安全、稳定""发挥交通运输在国民经济扩大循环规模、提高循环效率、增强循环动能、降低循环成本、保障循环安全中的重要作用"，由此可见，高效便捷的现代化交通网络是CBD融入新发展格局的重要基础。CBD所在的城市往往具有国际航空枢纽和发达的公路、铁路交通网络，为世界各地人员交流、信息交流和国际贸易提供了极大地便利。

例如，位于东部地区的上海虹桥CBD拥有全国最大的现代化综合交通枢纽，形成了涵盖长三角、辐射全国、联通国际的综合交通门户。《虹桥国际开放枢纽中央商务区"十四五"规划》更是进一步强调了交通枢纽功能，即"高水平建设交通基础设施，全面强化虹桥综合交通枢纽核心功能"。位于西北地区的银川阅海湾CBD，历史上是古丝绸之路商贸重镇，目前已经发展成中蒙俄、新亚欧大陆桥经济走廊核心城市和丝绸之路经济带的重要节点城市，拥有银川河东国际机场、银川空港口岸，"一带一路"国际卡车班列和中欧班列都实现了常态化运行，银威海铁联运集装箱班列开通，加强了银川与天津港、青岛港等沿海港口的无缝对接。

2. 金融要素枢纽

上海陆家嘴金融城集聚了上海证券交易所、上海期货交易所和中国金融期货交易所等12家金融要素市场和金融基础设施机构。深圳福田CBD拥有中国最大证券交易所之一——深圳证券交易所，其在服务深圳金融业发展、促进科学技术创新等方面发挥了重要作用。广州天河CBD的持牌金融机构达到236家，占全市比重的70%以上，并吸引了广州期货交易所落户，目前正在积极打造粤港澳大湾区金融合作示范区。郑东新区CBD的郑州商品交易所是全国五家期货交易所之一，2020年，郑州商品交易所新上市动力煤、花生等 4 个期权期货品种，市场规模和全球影响力进一步提升，新增中原股权交易中心挂牌企业 59 家，全区企业资本市场融资达 280 亿元。凭借着各类金融要素市场和金融基础设施的高度集聚，CBD 已成为本国金融开放和金融服务贸易发展的重要先锋利量。

3. 数据要素枢纽

上海虹桥 CBD 拥有长三角电商中心、上海阿里中心智慧产业园等 8 大全球数字贸易港承载平台，正在成为联通全球的数字贸易枢纽。广州琶洲 CBD 积极培育数据要素市场，正在开展数据生产要素统计核算试点工作，在数据要素市场流通的运营模式、交易模式和技术支撑等方面发挥先行先试作用，促进数据要素在生产、分配、流通、消费各环节循环畅通。北京 CBD 正在深入实施《朝阳区打造数字经济示范区实施方案》，加快培育数字经济新业态，并积极探索数据流通、数据安全监管等方面的监管体系和管理机制创新。

4. 人才要素枢纽

北京 CBD 集聚了大量国际人才服务机构，深度参与全球人才资源的配置，依托中国（北京）自由贸易试验区 CBD 国际人才港，重点围绕人才集聚、人才交流、发展培育、综合服务，构建"引用育留"全链条服务体系。上海虹桥 CBD 筹建了虹桥国际人才港，并获批国际人才服务管理改革试点，为境外高层次专业服务人才来华执业及学术交流合作提供签证、居留等便利服务。北京通州运河 CBD 在依托中国北京人力资源服务产业园，开通了外国人工作居留许可业务窗口。

（三）消费升级维度：消费转型升级成效明显，新型消费模式不断涌现

各地 CBD 通过打造数字消费新业态、促进商圈提档升级、丰富消费场景、发展智慧商圈等做法，有效推动新型消费加快发展，社会消费品零售总额持续上升。如图 9 所示，2020 年北京 CBD、上海虹桥 CBD 和杭州武林 CBD 的社会消费品零售总额均超过了 250 亿元，成为所在地市的核心商圈。

根据《北京市商圈活力研究报告》，北京 CBD 商圈活力居全市第一位，仅 2021 年上半年，北京市发布的 434 家新引入首店中北京 CBD 有 175 家，占全市 40%，在各大商圈中遥遥领先。杭州武林 CBD 则建设了"潮武林不夜城""运河湾国际风情港"，打造了"延安路武林商圈"和"新天地活力 PARK"两大夜地标。西安碑林 CBD 依托西安城墙、永宁门、小雁塔等历史文化遗迹，智慧化改造商圈设施和配套公共服务，积极打造"文化＋商业＋旅游"的商圈发展新模式。上海虹桥 CBD 积极打造联动长三角、服务全国、辐射亚太的进出口商品集散地，其中，绿地全球数字贸易港已设立 46 个国家馆，引进进口商品 8 万余件，并开通了线上平台，与直播经济结合，不断扩大溢出效应。

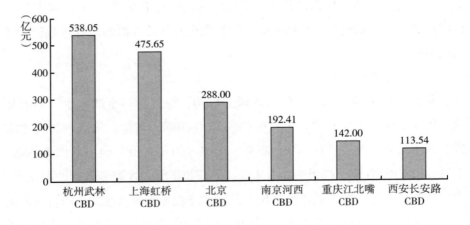

图 9　2020 年中国部分 CBD 社会消费品零售总额

资料来源：根据中国商务区联盟成员提供数据整理，部分 CBD 由于数据缺乏未纳入评价。

专栏 1　杭州武林 CBD 新型消费业态培育情况

一是夜间经济引爆消费新亮点。获评省夜间经济试点城市（区），建设"潮武林不夜城"，启动"运河湾国际风情港"建设，打造了"延安路武林商圈"和"新天地活力 PARK"两大夜地标。二是特色街区打造消费新品牌。商务区以"省级高品质步行街创建"和"双街示范工程"为抓手，统筹推进延安路国际化商业大街、武林路国际商业街区、杭州中国丝绸城、绍兴路汽车精品街等特色街区建设。三是数字赋能提升消费新体验。开发云上消费体系，建设"云 mall"平台，开启"云直播""云海淘""云拍卖""云抽奖""云闪送""云点单"等各类"云购模式"。四是配套设施保障消费新环境。开展智慧化改造试点，鼓励通过发展数字商业、智慧商业、数字市场，统筹改造提升商圈相关设施。开发武林商圈公共服务支付宝小程序，在全国商圈首推停车通停通付，做到智慧服务、智慧引导。

（四）创新发展维度：创新生态体系显著优化，数字经济引领作用彰显

1. 创新创业生态

蓬勃成长的创新生态是 CBD 服务业高水平开放和创新发展的重要保障，通过提高原始创新能力、聚集创新资源、提供创新供给是 CBD 提升全球竞争力的重要路径。各地 CBD 基于全球技术变革和创新人才竞争的新形势，通过减负降税、优化产业生态圈、打造众创空间等措施，最大限度激发创新创业活力。其中，通过市场化机制、专业化服务和资本化途径构建低成本、便利化、全要素、开放式的新型创业空间是各地 CBD 优化创新创业生态的普遍做法。如表 2 所示，北京 CBD、杭州武林 CBD、广州琶洲 CBD、大连人民路 CBD、西安长安路 CBD、上海陆家嘴金融城、宁波南部 CBD 均拥有国家级的众创空间。南京河西 CBD 则拥有 3 家省级和 8 家市级众创空间。近年来，南京河西 CBD 着力推进创新资源集聚，建立高新技术企业梯度发展推进机制，大力引进和培育独角兽、准独角兽、潜在独角兽及瞪羚企业，并整合 CBD 科技企业孵化器、C＋＋青年创业中心、奇思汇创新创业中心资源，构建"众创空间—孵化器—加速器"的双创孵化链条，大力支持企业加快新产品研发。2020 年，南京河西 CBD 新引入高新技术企业 27 家，高新技术企业数量达到 72 家，实现高新技术产业产值到 52 亿元，新增工程技术

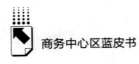

中心 1 家，区域内有效发明专利拥有量 271 件，近 3 年来新增独角兽企业 2 家，培育独角兽企业 4 家，瞪羚企业 3 家，在营造创新生态、推进科技成果转化方面取得了显著成效。

表 2　2020 年中国部分 CBD 众创空间建设情况

CBD	国家级众创空间数量（个）	省级众创空间数量（个）	市级众创空间数量（个）
北京 CBD	9	—	—
杭州武林 CBD	2	6	13
广州琶洲 CBD	2	—	—
大连人民路 CBD	1	—	—
西安长安路 CBD	1	2	2
上海陆家嘴金融城	1	—	—
宁波南部 CBD	1	1	3
郑东新区 CBD	—	1	1
南京河西 CBD	—	3	8
杭州拱墅区运河财富小镇	—	—	1
广西南宁金湖 CBD	—	—	—
上海虹桥 CBD	—	—	1

资料来源：根据中国商务区联盟提供资料整理。

2. 新型业态发展

中国 CBD 瞄准占据全球先导性产业前沿、拥有前瞻性和强大覆盖能力的革命性技术和服务模式创新，不断提升创新能力。尤其是以技术创新和模式创新为核心的"四新经济"——新技术、新产业、新业态、新模式蓬勃发展，共享经济、数字经济、跨境电商、金融科技等新产业、新业态不断涌现。值得关注的是，中国 CBD 拥有完善的信息通信基础设施，在培育数据要素市场、发展数字贸易、推进数字化应用场景等方面进行了积极有益探索，数字经济引领作用逐渐彰显。例如，广州天河 CBD 被认定为首批国家数字服务出口基地，2020 年，天河 CBD 数字服务出口额为 10.19 亿美元，同比增长 35.3%。拥有数字服务类企业近 2 万家，数字服务出口企业近 400 家，电信、计算机和信息服务出口额达 63 亿元。广州琶洲 CBD 拥有人工智能与数字经济广东省实验室，2020年已成功引入脑机智能研究中心、智联网技术中心、智能感知与无线传输中心、人工智能模型与算法研究中心、脑情感认知研究中心、工业智能技术中心等多个科研专项团队，积极打造"头部企业＋上下游配套项目＋研发＋场景应用＋金融"的数字经济生态集群。上海虹桥CBD积极推进"全球数字贸易港"建设，已经建设上海阿里中心智慧产业园、长三角电子商务中心、虹桥硅谷人工智能中心等数字贸易港平台。

（五）市场建设维度：市场环境显著优化，进一步接轨国际规则

1. 市场主体快速增长

随着"放管服"改革的深入推进，CBD积极落实国家和省区市各项减税政策，扩大小微企业税收优惠范围，取消或减免部分政府性基金，企业的制度性交易成本和生产经营成本明显降低，激发了企业内部动能和市场活力，各类市场主体快速增长。如图10所示，广州天河CBD、杭州武林CBD和北京CBD的企业总量均超过了5万家。例如，自中国（北京）自由贸易试验区设立以来，北京CBD吸引了大量境内外市场主体入驻，仅2021年第一季度，北京CBD新落地了"多个首"项目，即积极推动了CBD首个全球招商联络站中国上海分站的设立；成立全国首家另类投资保险资管公司——国寿投资保险资产管理有限公司；成立全市首家外资基金管理人——科勒（北京）私募基金管理有限公司；全国首批跨境资金池本外币一体化试点，CBD区域内壳牌集团、中粮财务、中航工业财务三家公司成功获批；中金公司完成国内券商首单代客结售汇业务，不断强化北京CBD金融开放发展的示范效应。广州天河CBD的企业总量为7万家，仅2020年新增科技类企业2.6万家，占全市的32.2%。杭州武林CBD的企业总量仅低于广州天河CBD，达到6.57万家。2020年杭州武林CBD共签约项目75个，总投资达651.81亿元；共引进项目1724家，注册资金490.27亿元，其中亿元以上企业72家，市场主体快速增长，企业活力持续增强。

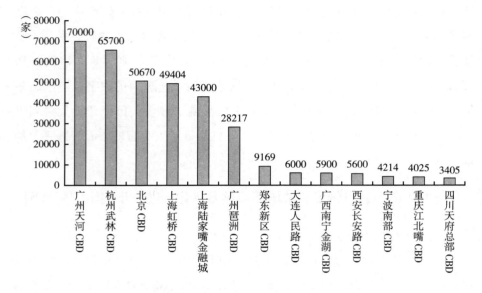

图10　2020年中国部分CBD集聚企业总量情况

资料来源：根据中国商务区联盟成员提供数据整理，部分CBD由于数据缺乏未纳入评价。

2. 国际营商环境优化

各地CBD通过减少行政审批事项、深化商事登记制度改革、推动"互联网＋政务服务"等，最大限度实现准入环节便利化。例如，上海虹桥CBD不断深化企业"一窗通"服务功能，设立全国第一个企业办理营业执照变更与商标注册证变更联动工作的虹桥商务区商标受理示范窗口。重庆解放碑CBD所在的中国（重庆）自由贸易试验区探索形成成渝两地证照"互办互发互认"模式、建立"市场准入异地同标"便利化机制，极大地简化了两地企业设立流程，加快释放两地市场主体活力。广州琶洲CBD着力优化"市区联动审批"模式，通过委托授权、设立公章、部署系统，将涉及市级权限的土地规划、消防、民防等领域的31项审批服务事项纳入广州市政务服务中心琶洲分中心受理，大幅提升了政务服务效率。广州天河CBD组建了粤港澳大湾区国际商务与数字经济仲裁中心，推动广州仲裁委员会参与的亚太经合组织企业间跨境商事争议在线解决机制建设项目落户，构筑国际商事纠纷协调解决体系。如图11所示，银川阅海湾CBD、杭州拱墅区运河小镇和四川天府总部CBD的开办企业耗时已压缩至1天，广西南宁金湖CBD则只需0.5天，这些CBD在建设内陆型开放高地中发挥着示范引领作用。

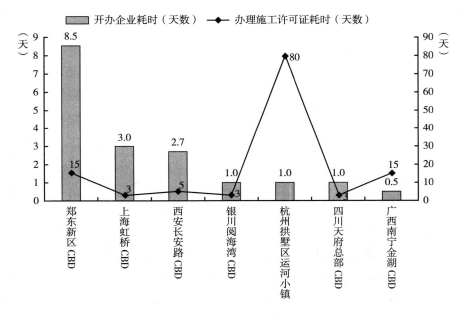

图11 2020年中国部分CBD营商便利度情况

资料来源：根据中国商务区联盟成员提供数据整理，部分CBD由于数据缺乏未纳入评价。

专栏2 郑东新区CBD商事制度改革经验

在实施商事登记方面，落实多项政务服务体制改革，在区块内推行"一件事秒批"服务，落实"证照分离"改革全覆盖试点，简化涉企事项的程序。便利化服务方面，制定出台《企业集群注册登记管理办法》，在郑东区块开展商事登记创新，试行无地址办公的"集群注册"模式；制定出台《中国（河南）自由贸易试验区郑州片区郑东区块金融服务业对外开放清单指引（2019年版）》，提升外资进入金融领域便利性和可操作性。在制度创新方面，郑东新区 CBD 所在的中国（河南）自由贸易试验区郑东片区已累计上报"保险＋期货"试点、PTA 期货引入境外交易者、中瑞集团供应链金融业务创新、建设项目"服务八同步""拿地即开工"模式等 40 余例创新案例。

三　趋势与展望

当前，世界处于百年未有之大变局，国际贸易保护主义抬头，国际经贸规则发生深刻变化，并引发全球产业链体系的分化与重构，中国 CBD 的发展迎来了全新机遇，亦面临严峻挑战。面对新机遇与新挑战，CBD 积极承担服务业扩大开放、参与国际竞争的重要使命，主动融入国内国际双循环相互促进的新发展格局中。在这一过程中，如何适应国际经贸形势新变化和国际经贸新规则尤为重要。

实际上，改革开放以来，中国 CBD 获得了对外开放、市场准入、外资利用、商事制度改革等国家层面的先行先试政策，与此同时，CBD 所在的市、区两级政府也出台了包括土地、人才、资本、税收等多方面的产业扶持政策，改革开放以来各项产业政策的实施有效支撑了高端要素和重大项目在 CBD 落地，加之市场有效配置资源的能力逐步增强，二者共同推动了 CBD 快速融入全球价值链分工体系。然而，由于历史和现实等诸多因素，中国服务业领域的市场化改革滞后于制造业领域，竞争政策在服务业领域仍受到较多限制。尽管产业政策与竞争政策两者在促进发展目标上是一致的，但前者更强调政府作用，后者更强调市场作用。中国 CBD 若要参与更高水平的全球价值链分工，必须妥善处理好产业政策与竞争政策的关系，既要发挥竞争政策的基础性作用，加快落实公平竞争审查制度，营造尊重竞争的软环境，也要大力推动产业政策向中性化和公平化转型，通过更大范围、更高水平、更有秩序的市场开放积极融入新的多边贸易投资规则。

参考文献

世界商务区联盟:《全球商务区吸引力报告》,2017。

江小涓、孟丽君:《内循环为主、外循环赋能与更高水平双循环——国际经验与中国实践》,《管理世界》2021 年第 1 期。

武占云、单菁菁:《中央商务区的功能演进及中国发展实践》,《中州学刊》2018 年第 8 期。

UNCTAD. *World Investment Report* 2011. Geneva, 2013.

World Trade Organization, *Global Value Chain Development Report* 2019, 2019.

国内循环篇

Domestic Circulation Chapters

B.3
以提升 CBD 科技创新能力促进
"双循环"发展的主要经验和思路对策

张卓群*

摘　要：　加快构建以国内大循环为主体、国内国际双循环相互促进的新
　　　　　发展格局，是我国进入新发展阶段之后的重大战略部署。我国
　　　　　CBD 以其突出的科技创新优势，成为支持"双循环"发展的
　　　　　"桥头堡"，在强化科技自主创新能力、提升科技服务产业水
　　　　　平、构筑科技人才聚集高地、优化企业营商发展环境、广泛开
　　　　　展国际交流合作等方面取得重要经验。与此同时，在"十四
　　　　　五"和未来更长时期，CBD 的科技创新能力提升仍然面临一系
　　　　　列挑战，亟须在深化体制机制改革、打通创新链条瓶颈、加强
　　　　　人才队伍建设、提升政府治理能力、增强创新辐射能级等方面
　　　　　进一步开拓创新，努力促进高质量的"双循环"发展。

* 张卓群，中国社会科学院生态文明研究所助理研究员，经济学博士，研究方向为城市与环境
经济学、数量经济与大数据科学。

关键词： 自主创新 科技服务 人才建设 营商环境 国际交流

一 引言

改革开放之后，经过四十余年的砥砺奋进和开拓创新，我国经济社会已经进入新发展阶段。在新的历史时期，需要深入贯彻"创新、协调、绿色、开放、共享"的新发展理念，加快构建以国内大循环为主体、国内国际双循环相互促进的新发展格局。"双循环"新发展格局的确立反映了国内外政治经济形势变化的时代潮流，是党中央对"十四五"和未来更长时期我国经济发展战略、路径做出的重大调整完善，是着眼于我国长远发展和长治久安做出的重大战略部署。

在"双循环"新发展格局的构建过程之中，创新始终是发展的第一生产力。党的十九届五中全会提出，坚持创新在我国现代化建设全局中的核心地位，把科技自立自强作为国家发展的战略支撑，面向世界科技前沿、面向经济主战场、面向国家重大需求、面向人民生命健康，深入实施科教兴国战略、人才强国战略、创新驱动发展战略，完善国家创新体系，加快建设科技强国。要强化国家战略科技力量，提升企业技术创新能力，激发人才创新活力，完善科技创新体制机制。

CBD 作为现代服务产业的高地，在我国构建"双循环"新发展格局的过程中，以其突出的科技创新优势，成为支持"双循环"发展的"桥头堡"。本文立足于国家构建"双循环"新发展格局的宏观背景，全面总结 CBD 以提升科技创新能力促进"双循环"发展的主要经验，重点探讨现阶段 CBD 科技创新能力提升面临的机遇与挑战。在此基础上，提出增强 CBD 科技创新能力的对策建议，为提升 CBD 科技创新能力，促进"双循环"发展建言献策。

二 我国 CBD 以提升科技创新能力促进"双循环"发展的主要经验

自 20 世纪 90 年代我国主要城市探索 CBD 建设以来，提升科技创新能力成为各地 CBD 关注的重点工作之一。经过 30 多年的发展，已经形成一批区域创新高地，在强化科技自主创新能力、提升科技服务产业水平、构筑科技人才聚集高地、优化企业营商发展环境、广泛开展国际交流合作等方面取得重要经验，对我国"十四五"和未来更长时期构建"双循环"新发展格局形成有力支撑。

（一）强化科技自主创新能力

强化科技自主创新能力是我国实现高质量发展的战略基点。特别是在西方部分国家企图遏制我国崛起、对我国开展技术封锁的大环境下，只有依靠科技自主创新，才能在国际产业升级的浪潮中走在时代前沿，才能实现中华民族的伟大复兴。在此方面，广州琶洲 CBD、四川天府总部 CBD 的经验值得借鉴。

广州琶洲 CBD 积极打造广州人工智能与数字经济试验区。2020 年 2 月，广东省推进粤港澳大湾区建设领导小组印发《广州人工智能与数字经济试验区建设总体方案》，提出"一江两岸三片区"的功能布局，琶洲以其优越的地理位置、便捷的交通网络和深厚的产业发展基础，被确定为广州人工智能与数字经济试验区的核心片区。为了促进人工智能与数字经济产业发展，琶洲核心片区特别重视与高校、科研院所的科技合作，着力加强区域自主创新能力。例如，琶洲核心片区正在大力推进人工智能与数字经济广东省实验室（广州）的建设。实验室依托华南理工大学，联合清华大学、北京大学、西安交通大学、中科院自动化所等优势科研机构，聚焦人工智能基础理论、核心算法和关键技术，致力于为粤港澳大湾区数字经济发展提供技术支撑。成立一年以来，实验室已经引入脑机智能研究中心、智联网技术中心、智能感知与无线传输中心、人工智能模型与算法研究中心、脑情感认知研究中心、工业智能技术中心等 12 个科研专项团队，研究人员超过 200 名。此外，琶洲核心片区的企业孵化器和众创空间建设取得显著进展，2020 年，"M＋创工场"晋升为省级孵化器，七客联创（琶洲）国际社区、至新空间晋升为省级众创空间。

四川天府总部 CBD 积极探索"总部＋基地""研发＋生产"的科技创

新模式。一方面，为了吸引总部企业聚集，加快天府新区核心区总部基地建设进度，天府新区成都管理委员会出台《天府新区核心区加快总部经济发展的若干政策》，确定发展科技创新、高新技术服务、国际会展、文创旅游四类总部企业经济，并从企业开办、企业场地建设、企业经营、企业融资、企业高管服务和企业引进等方面给予全方位支持。2020 年，通过探索"总部＋基地"发展模式，已与 18 个市（区）州开展战略合作，62 家企业明确总部落户意愿。另一方面，四川天府总部 CBD 积极打造"研发＋生产"的产业合作模式，根据企业发展需求将相关生产制造基地布局在成、德、眉、资同城化区域，促进成都平原经济区和成渝地区双城经济圈内资源要素的加速集聚和有效整合，形成研发在内、生产在外的协同发展格局。

（二）提升科技服务产业水平

提升科技服务产业水平是促进科技成果转化落地的重要支撑。科技服务产业是 CBD 的主导产业，从国际经验来看，全球一流 CBD 均拥有专业化、国际化的科技服务业，且这些国际一流 CBD 科技服务业的发展代表国际科技服务业发展方向，促进全球科技融合创新。在此方面，上海陆家嘴金融城以其具有明显特色的金融科技服务业领先全国，银川阅海湾 CBD 形成后发地区发展科技服务业的新模式。

上海陆家嘴金融城积极培育金融特色科技服务业。上海陆家嘴金融城是全国唯一以金融贸易为功能特色的国家级开发区，新兴金融机构数量超过 6000 家，围绕金融特色构建起的专业服务机构超过 3000 家。自 2015 年 4 月上海陆家嘴金融片区被明确划入上海自贸区范围之后，金融改革的力度持续加大，金融科技服务业的发展进入黄金期。2018 年 5 月，上海陆家嘴金融城召开"陆家嘴金融科技服务业发展大会"，继 2014 年针对金融科技领域推出"陆九条"1.0 版之后，升级推出"陆九条"2.0 版，从打造中国首个金融科技垂直领域的孵化器和加速器，更进一步打造全球最优金融科技生态圈。2019 年 6 月，上海陆家嘴金融城、Plug and Play 中国与陆家嘴滨江中心签署三方合作协议，开启共建陆家嘴金融科技产业园。产业园致力于引进国内外知名研究团队，建设金融科技各细分领域的孵化器和加速器，通过运用新一代信息技术，不断丰富金融科技的应用场景，不断提升金融科技的服务水平。通过多年的发展，以上海陆家嘴金融城为核心，浦东新区逐步建立起国际化的金融科技生态优势。2021年7月，中共中央、国务院发布的《关于支持浦东新区高水平改革开放打造社会主义现代化建设引领区的意见》指出，"构建贸易金融区块链标准体系，开展法定数字货币试点……支持在浦东设立国家级金融科技研究机构、金融市场学院"。在国家政策的大力支持下，上海陆家嘴金融城金融特色科技服务产业发展将迎来新的高峰。

银川阅海湾CBD着力建设科技创新服务产业园。受经济发展水平的制约，长期以来，宁夏回族自治区在科技创新服务方面存在明显短板。银川阅海湾CBD作为全自治区唯一的CBD，承担着发展现代科技服务业的重任。因此，在2020年，银川阅海湾CBD率先提出建设全区首个科技创新服务产业园计划。经过一年紧张筹备，2021年1月，科技创新服务产业园正式揭牌运营，已入驻国信（宁夏）智库咨询有限公司等4家科技服务机构和宁夏万界科技有限责任公司等6家科技企业。下一步，科技创新服务产业园将聚焦知识产权、金融投资、检验检测、技术转移等高端科技服务领域，重点打造科技服务孵化基地、科技要素服务平台、科技要素交易（展示）中心，着力构建数字经济和科技产业服务生态。虽然目前产业园建设发展的各项工作处于起步阶段，但银川阅海湾CBD打造科技创新服务产业园的模式为后发地区CBD发展科技服务产业提供了探索与经验借鉴。

（三）构筑科技人才聚集高地

构筑科技人才聚集高地是全面提升科技创新能力的必然要求。如果说创新是发展的第一生产力，那么人才就是第一资源。2002年，中共中央、国务院制定下发《2002~2005年全国人才队伍建设规划纲要》，首次提出实施人才强国战略，加快中国从人口大国向人力资源强国转变的进程。对于CBD来说，提升科技创新能力的前提与条件就是聚集大批的科技创新人才。在此方面，北京CBD、宁波南部CBD的人才建设和服务保障工作经验，在国内一线 CBD 和区域性 CBD 中具有典型代表性。

北京 CBD 着力建设全球商务人才首选地。"十三五"时期，为了提高发展核心竞争力，北京 CBD 提出构建"一城四体系"的重点工作任务，CBD 人才服务体系建设成为重要组成部分。在人才引进方面，北京 CBD 依托北京市朝阳区出台的"凤凰计划"，制定急需紧缺人才目录，实施分层分类人才引进政策。以 2019 年为例，北京 CBD 为 13 家重点企业申报 171 个非京生源应届毕业生进京指标，面向海外留学生开展"青年精英见习计划"；举办 CBD 专场人才政策解读会，对高层次人才申请永居、外籍人才引进、高端商务人才认定等进行政策解读；开展第十批朝阳区"凤凰计划"海外高层次人才和第五批国际高端商务人才评定政策宣讲、组织申报等相关工作，推荐 8 家企业 14 名人才参加申报高端商务人才。在人才服务方面，北京 CBD 以多种形式服务人才安居，完成共有产权房面向园区非京籍优先配售相关工作，满足区域人才家庭住房需求；对接集租房等社会化项目，创新职住对接机制，促进职住平衡；提升国际医疗服务水平，在部分地区试点开展国际化社区医疗服务。在人才培训方面，与耶鲁北京中心、宾大沃顿中心、香港大学 SPACE 中国商业学院开展合作，免费为区内跨国公司及优质企业提供讲座、高端培训等服务，提升国际化人才培训水平。此外，2020年 10 月，北京 CBD 国际人才一站式服务中心正式揭牌，中国（北京）自由贸易试验区 CBD 国际人才港正式启动。通过"一站一港"建设，全面打造人才集聚平台、综合服务平台、发展培育平台和交流互动平台，促进北京 CBD 建设国际一流人才高地。

宁波南部 CBD 打造人才集聚"强磁场"。相较于国内一线城市 CBD，宁波南部 CBD 启动时间较晚，于 2010 年 11 月正式开园。经过十年的发展，已经成为浙江地区最具活力的高端商务经济集聚区之一。由于宁波南部 CBD 属于地区性的新兴 CBD，其正处于快速发展阶段，各类科技人才的缺口较大。因此，一方面，宁波南部 CBD 重视吸引应届毕业生来区工作。例如，2020 年举办第十届春季人才招聘会，提供岗位近 3000 个；深入 5 所高校开展招聘活动，推出职位需求 4000 多个，通过搭建高校与企业互动平台，不断满足区内企业的人才需求。另一方面，宁波南部 CBD 对高层次人才的需求十分迫切。2019 年，鄞州区出台《关于实施"泛创业鄞州·精英引领计划"引进支持急需紧缺高层次人才的意见（试行）》，提出重点引进和支持电子商务、港航物流、金融保险、教文卫体、专业服务、规划设计、时尚创意、科技服务、现代农业 9 大领域人才，为海外高层次人才创业提供一系列便利条件，并在住房保障、子女就学、工作津贴、编制挂靠等方面给予配套保障。宁波南部 CBD 以平台吸引人才，以环境打动人才，以服务温暖人才，不断提升科技创新能力、加快产业转型升级步伐。

（四）优化企业营商发展环境

优化企业营商发展环境为企业开展科技创新工作免除了后顾之忧。党的十九届四中全会提出，坚持和完善中国特色社会主义行政体制，构建职责明确、依法行政的政府治理体系。建设服务型政府、优化企业营商发展环境，正是治理体系和治理能力现代化的重要体现。在此方面，广州天河 CBD 和重庆江北嘴 CBD 代表创建国际化、区域化营商环境的两种模式。

广州天河 CBD 构建现代化、国际化营商环境。2018 年 10 月，广州市出台《广州市营商环境综合改革试点实施方案》，称为 1.0 改革；随后于 2019 年 3 月、2020 年 1 月和 2021 年 5 月，制定印发《广州市进一步优化营商环境的若干措施》、《广州市对标国际先进水平 全面优化营商环境的若干措施》和《广州市用绣花功夫建设更具国际竞争力营商环境若干措施》，称为 2.0 改革、3.0 改革和 4.0 改革。在三年的时间里，广州市优化营商环境政策的密集出台，为广州天河 CBD 优化营商环境工作提供强有力的制度支撑。具体来看，广州天河 CBD 在优化营商环境方面开展一系列探索与实践。第一，广州天河 CBD 与中国社会科学院合作，研究制定 CBD 高质量发展指标体系，为促进质量变革、效率变革和动力变革提供科学标准。第二，围绕粤港澳大湾区服务贸易自由化，广州天河 CBD 率先开展先行先试。积极探索粤港澳在商务服务、金融服务和旅行服务方面的合作，促进三地的资源和要素流动。第三，建立商务楼宇可持续发展指数，促进楼宇管理标准化、规范化发展；积极鼓励楼宇服务创新，提升楼宇服务便利化、国际化水平。第四，推出援企赋能计划、足金计划、抱团计划和归巢计划，降低企业财务成本、满足企业切实需求、帮助企业在疫情期间积极复工复产。

重庆江北嘴 CBD 聚焦营商环境优化提升。作为"3D 网红城市"——重庆市的商务中心区，重庆江北嘴 CBD 人气旺盛、产业云集，成为重庆市对外宣传的重要名片。近年来，重庆江北嘴 CBD 紧紧围绕建设全市"两高"示范区和争创成渝地区双城经济圈建设示范区，开展一系列优化营商环境行动，不断促进科技创新和产业发展。第一，加大招商引资力度。2020 年，协助区级相关部门开展招商 100 余次，配合推进全国唯一的金融科技认证机构"重庆国家金融科技认证中心"落户江北嘴，区域内办公企业超过 4000 家。第二，提高政府服务水平。通过开展自主申报、"多证合一"、"证照分离"、经营范围规范登记、企业简易注销等一系列改革，优化涉企业务办理流程，压缩行政许可事项办理时限 80.6%，办理平均环节数减少为 3.15 个。第三，强化信用监管力度。建立市场主体的基础信息数据库，制定企业严重失信违法名录，开展重合同守信用企业评选工作。第四，加强知识产权保护。依托江北区的区域资源、产业优势和政策支持，打造重庆首家国家知识产权示范城。

（五）广泛开展国际交流合作

广泛开展国际交流合作是构建"双循环"新发展格局的有力抓手。在经济全球化的今天，发展科技不能闭门造车，跨国家、跨地区之间的交流合作能够有效推动科技发展、促进应用场景不断创新，进而造福全球人类、构建相互依存的人类命运共同体。在此方面，上海虹桥 CBD 以其作为中国国际进口博览会举办地的独特优势，走在全国 CBD 的前列。

上海虹桥 CBD 依托进博会实现"保转展、展转保"的科技成果转化。中国国际进口博览会是中国着眼推进新一轮高水平对外开放做出的一项重大决策，是中国主动向世界开放市场的重大举措，目前已经成功举办三届。国家会展中心（上海）作为进博会举办的主场，其坐落于上海虹桥 CBD 之内，对当地科创和贸易发展产生巨大的溢出效应。在历次进博会的举办过程当中，"黑科技"不断涌现。例如，在第二届进博会中，首发的新产品、新技术、新服务达到391件，涉及领域包括工业机器人、工程机械、航天航空设备、集成电路、新能源、智能家居等多方面。上海虹桥CBD在做好历届进博会服务保障工作的同时，全力放大进博会技术和产品的溢出效应，推进进博会参展商品和企业在商务区进一步落地，加快形成进博会溢出效应转化中心。通过与进博会联动，已实现"保转展、展转保"业务案例企业53家。

三　CBD科技创新能力提升的机遇与挑战

当今世界正经历百年未有之大变局，我国发展的内部条件和外部环境发生深刻复杂变化，"十四五"时期和未来更长时期的发展对加快科技创新提出更高要求。CBD作为科技创新发展阵地和现代服务发展高地，科技创新能力提升面临一系列机遇与挑战。

（一）世界多极格局形成，加速科技革命变革

20世纪90年代之后，东欧剧变、苏联解体，美、苏两个超级大国垄断国际政治的局面被打破，形成"一超多强"的新局面。进入2000年之后，随着欧盟逐步扩张和"金砖国家"的快速崛起，全球多极化的趋势日益明显。与此同时，以大数据、人工智能、物联网为代表的新一轮信息技术革命蓄势待发，世界科技创新格局同样呈现多极化发展趋势，各个国家、地区之间的科技创新合作日趋紧密。随着我国"一带一路"倡议的稳步实施，国内一线城市CBD具有与沿线国家互联互通、加速国际创新合作变革的巨大潜力。

（二）美国遏制中国崛起，加强对华技术封锁

美国作为当今世界头号强国，为了遏制我国和平崛起，近年来不断制造

与我国的贸易摩擦，并且全面开展技术封锁。例如，2017 年 8 月，美国针对技术转让等知识产权领域正式对中国发起"301 调查"；2018 年 6 月，美国限制包括机器人制造、航天航空等部分 STEM 专业中国留学生签证；2019 年 4 月，美国商务部宣布将中国人民大学、同济大学等 37 家高校和企业列入美国企业应该谨慎对待的"未经审核"实体危险名单等。在此环境下，国内 CBD 打造跨国公司总部、开展对美贸易和科技合作交流均受到不同程度的影响。

（三）政策支持力度加强，创新发展氛围浓厚

作为世界第二大经济体、第一贸易大国和第一大外汇储备国，在广泛开展国际科技合作和协同创新的同时，只有依靠自主创新，才能不断增强综合国力，攀登世界科技高峰。2020 年 9 月，习近平总书记在科学家座谈会上的讲话提出，要把原始创新能力提升摆在更加突出的位置，努力实现更多"从 0 到 1"的突破。近年来，国家相关部门出台一系列支持和鼓励科技创新政策，各 CBD 及所在地政府纷纷响应，制定一系列具体措施。例如，北京 CBD 发布《北京商务中心区高精尖产业指导目录》，西安长安路 CBD 所在的碑林区制定《省区市联动建设"大学 +"全域人才创新创业平台实施方案》等，全国主要城市 CBD 的科技创新氛围日益浓厚。

（四）创新链条有待优化，辐射能力亟须增强

与世界一流 CBD 相比，我国 CBD 创新链条的完整性有待提升。一方面，我国新型基础设施建设处于起步阶段，对 CBD 的创新发展还未形成有力支撑。另一方面，除了一线城市 CBD 之外，国内大部分城市 CBD 的产、学、研、用链条并不完整，或是存在研发与产业结合不紧密的问题，或是存在人才短缺的问题，创新生态有待进一步优化。此外，我国一线城市 CBD 的国际辐射能力不强，二、三线城市 CBD 的区域带动作用不强，未能完全发挥 CBD 作为创新阵地的引领示范作用。

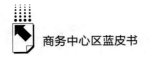

四 增强 CBD 科技创新能力的对策建议

2020 年，我国已经实现全面建成小康社会的第一个一百年奋斗目标，目前正在向建成富强民主文明和谐美丽的社会主义现代化强国的第二个一百年奋斗目标迈进。CBD 作为科技创新和成果转化的重要区域，需要在深化体制机制改革、打通创新链条瓶颈、加强人才队伍建设、提升政府治理能力、增强创新辐射能级等方面进一步开拓创新，高质量促进"双循环"发展。

（一）深化体制机制改革

首先，要协调上级政府对 CBD 管理机构和管理职能进行适时优化。例如，根据国家和省、自治区、直辖市确定的试验区及先行区等各类"帽子"，及时设立专门办公室，推进相关工作顺利开展。其次，要充分发挥 CBD 政策先行先试优势，结合 CBD 区域内发展的实际情况，在科技创新、产业升级、人才建设、涉企服务和开放发展等方方面面及时出台配套上级政府的落地政策，让企业和人才能够及时享有政策红利。最后，要不断加强党建工作，把加强党的政治建设作为 CBD 党工委的首要任务来抓，增强"四个意识"，坚定"四个自信"，坚决做到"两个维护"；要强化党组织的领导核心地位，加强企业党建和基层党建，坚持党建带团建、促群建，不断促进各方面工作取得新的突破。

（二）打通创新链条瓶颈

首先，要加强新型基础设施建设，可以采用主要发展 5G、物联网等信息技术设施和智能交通、智慧城市等融合基础设施，与区域外科研机构协同发展重大科技、重点实验室等创新基础设施的发展战略，弥补创新发展的硬件短板。其次，要针对 CBD 区域内创新发展的实际情况，精准识别其在产、学、研、用各环节存在的困难和短板。从科技研发来看，要促进高等院校、科研院所与高新企业之间形成紧密的科技创新联盟，形成分工合理、相互衔接的科技创新模式。从成果转化来看，要依托 CBD 丰富的应用场景，为科技成果转化落地提供土壤。最后，要大力发展科技服务业，促进科技服务业成为创新链条的"润滑剂"，不断提高科技创新水平，不断打造新业态、新模式。

（三）加强人才队伍建设

首先，一线城市 CBD 要特别注重建设国际化的人才队伍，根据本区域的重点科创领域和特色产业，吸引具有行业经验和国际视野的高端人才，以人才国际化带动科创国际化和产业国际化。其次，二、三线城市 CBD 要建立结构合理的人才梯队，重点吸引具备专业技能的骨干人才和具有扎实功底的基础人才，促进本区域的科技创新和产业升级进一步提速。最后，CBD 应该根据每一类人才的具体需求，加强公共服务配套能力。例如，为国际高端人才提供国际化的就医环境和充足的国际交流机会，为骨干人才提供住房配套保障、解决子女就学问题，为优秀应届毕业生解决户口问题等。

（四）提升政府治理能力

首先，要加快政府职能转变，构建服务型政府，持续开展简政放权，完善政务服务考核制度，优化涉企事务审批流程。其次，要加强金融服务保障，支持民营企业和小微企业以及有市场前景、技术竞争力的企业从多渠道获得资金，帮助企业渡过疫情难关。再次，要推进要素价格市场化改革，完善劳动、资本、土地、技术、管理等市场要素由市场评价贡献及按贡献决定报酬机制，引导市场主体依法合理行使要素定价自主权。最后，要持续提升区域环境品质，通过制定科学的城市规划，形成空间、产业、环境、服务相互配套的产城融合发展格局。此外，要建设全社会共同参与机制，通过建立专家咨询机制、政企交流机制，广泛听取各方意见，实现 CBD 共治共建共享。

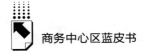
（五）增强创新辐射能级

一方面，CBD 作为区域科创中心和服务中心，要有力带动周边区域发展，通过加强与周边地区的资源要素交换，突出 CBD 的核心引领作用，形成"研发在内、生产在外""集聚总部、服务周边"的辐射网络，进而起到以提升科技创新能力促进周边地区融入国内经济大循环的重要作用。另一方面，国内一线城市 CBD 承担着融入全球创新网络、引领世界创新变革的重任，以"一带一路"倡议作为契机，广泛与世界其他国家和地区开展科技合作，促进先进技术"引进来"和"走出去"，不断提升我国 CBD 的国际影响力，加快形成国内国际双循环相互促进的新发展格局。

参考文献

王超：《美国对我国信息领域进行技术封锁的战略意图及应对之策》，《网络空间安全》2018 年第 11 期。

邬晓霞、黄艳：《CBD 创新型人才发展的对策研究》，载郭亮、单菁菁主编《中国商务中心区发展报告 No. 5（2019）》，社会科学文献出版社，2019。

武占云、杨阳：《广州市天河中央商务区在现代化国际化营商环境方面出新出彩的探索实践》，载郭亮、单菁菁主编《中国商务中心区发展报告 No. 5（2019）》，社会科学文献出版社，2019。

余运江：《进博会与上海科创中心建设联动发展研究》，载上海研究院项目组主编《中国国际进口博览会发展研究报告 No. 2》，社会科学文献出版社，2020。

张仁开：《贸易战背景下美国对华技术封锁与我国的应对策略》，《科技中国》2019 年第 8 期。

张卓群：《CBD 科技服务业开放的现状、问题与对策》，载郭亮、单菁菁主编《中国商务中心区发展报告 No. 6（2020）》，社会科学文献出版社，2020。

张卓群：《"新基建"高质量发展研究与实践》，《中国高新技术产业导报》2021 年 1 月 4 日。

B.4
促进 CBD 服务业对内开放的
思路与建议*

谭洪波**

摘　要： 我国服务业对内开放与对外开放不足已是学界和政策制定者
的共识，近年来关于扩大服务业对外开放的研究越来越多，
而关于服务业对内开放的思路和路径研究相对较少，考虑到
CBD 是现代服务业的重要承载区及其在对内、对外开放中的
特殊作用，本文以 CBD 为研究对象，分析 CBD 促进服务业
对内开放的战略意义、开放思路和开放路径，在构建"双循
环"新发展格局的大背景下，基于推动 CBD 成为服务业对内
开放的"开发区"思想，从市场一体化、开放与监管、开放
与安全、对内与对外协调开放等角度给出了加快我国服务业
对内开放的思路和具体路径。

关键词： CBD　服务业　对内开放

一　引言

改革与开放是我国经济长期处于中高速增长的主要原因，开放本质上是

　＊　本文为国家社会科学基金项目"要素市场扭曲影响我国服务业扩大对外开放的机制与对策研
　　　究"（项目编号：16BJY129）的成果之一。
＊＊　谭洪波，博士，中国社会科学院财经战略研究院副研究员，中国社会科学院大学商学院副教
　　　授，硕士生导师，研究方向为贸易经济、服务业经济。

一种改革，经过 40 多年的经济体制改革，我国成功克服了许多制约经济增长的因素，经济社会发展取得了举世瞩目的成就。然而在我国改革的道路上长期存在一些非均衡、非对称现象，这些非均衡现象有产业层面、区域层面、所有制层面、国内外层面、产品与要素市场层面等，不同层面的非均衡、非对称改革并不是单一存在的，它们往往又交织在一起相互影响、彼此深化。服务业开放问题就是一个典型的不同层面非均衡改革相互交织在一起的问题。在内外层面上，服务业对内开放与对外开放不均衡；在产业层面上，服务业市场开放程度远远低于制造业市场开放程度，并且服务业内部不同行业之间开放程度也存在巨大差异；在区域层面上，一些服务行业存在较为严重的市场区域分离；在要素市场层面上，生产要素流动的非市场化及其价格扭曲抑制了服务业的充分发展。因此，开放问题一直以来是制约我国服务业发展的重要因素。

在服务业的开放研究中，随着我国服务业对外开放力度不断加大，近年来关于服务业对外开放的研究显著增多。这些研究可以分为两大类，一类研究是对我国服务业对外开放水平进行测度；另一类则主要是研究服务业对外开放的经济效应，包括对一国制造业发展的影响、对产业结构的影响、对经济增长的影响等。虽然我国服务业对内开放和对外开放不足都已经是学界和政策制定者的基本共识，但相对于服务业的对外开放，针对服务业对内开放的研究则少得多，特别是缺乏关于服务业对内开放的整体思路及其具体开放路径的分析。

中央商务区（Central Business District，CBD）是一个国家和地区经济密度最高和现代服务业最为密集的区域，集聚了众多高级生产要素，在很大程度上发挥着对各类生产要素优化配置的重要作用，从而引领着一个国家乃至世界产业升级和创新活动的发展方向，比如作为重要生产性服务业的金融业、信息技术服务业、商务服务业、创意文化产业等。同时，我国 CBD 还集聚了大型国有服务企业、跨国服务企业和民营服务企业，CBD 任何开放政策的变化都会引起区内外众多企业的快速反应，其经济效应也会快速显现。鉴于此，本文以现代服务业高度集聚的 CBD 作为研究对象，分析促进我国 CBD 服务业对内开放的总体思路与具体路径。在分析 CBD 服务业对内开放的思路与路径之前，本文首先分析 CBD 服务业对内开放的重要战略意义。

二　CBD 服务业对内开放的战略意义

（一）CBD 服务业对内开放是提升我国服务贸易国际竞争力的必要条件

近年来，我国服务业在国民经济中的比重不断上升，但服务贸易国际竞争力仍明显不足，具体表现为，不管是国际收支平衡表（Balance of Payment，BOP）中的经常账户统计的服务业进出口，还是商业存在的外国附属机构（Foreign Affiliates Trade in Services，FATS）服务贸易，我国目前都是世界上最大的服务贸易逆差国，与作为世界上最大的货物贸易顺差国地位形成鲜明对比[①]。一方面，服务业在国民经济中的比重不断增加，而另一方面则是服务贸易的国际竞争力不足，其主要原因如下。一是贸易程度比较高的本土生产性服务业对我国制造业的支持不足，导致制造业的创新和增长乏力，比如知识产权服务业，长期以来知识产权服务业是我国服务贸易逆差第三大来源行业，这制约了我国制造业特别是高端制造业的发展。二是我国近年来推进的供给侧结构性改革，其中的去过剩产能主要集中在制造业。因此，服务业在国民经济中的比重增长并不意味着我国服务业特别是生产性服务业具有较强的国际竞争力。我国服务贸易国际竞争力不足的一个最重要原因是服务业对内开放不足，表现为许多服务行业存在诸多进入壁垒、服务业国内市场不统一和要素市场扭曲存在工业偏向等。长期以来，服务业对内开放不足造成服务业难以形成合理的市场结构，阻碍了市场的有效竞争和创新的市场激励。在对内开放不足和存在先天垄断的环境中成长起来的服务企业

---

① 2020 年至今，我国服务贸易逆差有所下降，主要原因是全球新冠肺炎疫情严重阻碍了跨国旅游和人员往来，而旅游业正是我国服务贸易逆差最大的行业。

因缺乏竞争的洗礼，当面对激烈的国际竞争时难以与之抗衡。随着我国服务业对外开放程度的不断提高，如果服务业不能有效实施对内开放，上述问题将进一步凸显。因此，加快 CBD 服务业对内开放，培育 CBD 更加开放竞争的服务业市场环境，是增强 CBD 和我国服务贸易国际竞争力的必要条件。

（二）CBD 服务业对内开放对服务业整体对内开放起到引领示范作用

从世界上众多著名 CBD 的发展历程来看，不论时代如何变迁，CBD 的形成与发展是具有时代引领作用的企业和产业不断集聚其中的过程，在这个过程中，企业的组织形态、经营业态不断创新发展，新的行业不断涌现，集聚效应逐渐累积，并且 CBD 凭借其在经济文化等方面的强大影响力将这些创新成果向更广的范围扩散。由于 CBD 的经济密度和产业现代化程度都非常高，CBD 的产业选择与发展、营商环境的优化等市场行为活动和政府的管理服务都会在全国甚至世界范围内发挥引领示范作用。服务本身的无形性、即时性和异质性决定了服务业市场会存在更强的信息不对称性，服务的这些特性决定了服务业是一种合同密集型行业，即为了减少信息不对称引发的逆向选择和道德风险，以及降低交易成本，服务交易双方往往会签订条款更为详尽的合同，而合同的签订和执行都需要良好的制度环境作为保障，因此合同密集型的服务业发展对所属地区的制度更加敏感。CBD 的各类企业组织和政府部门凭借其长期的制度探索和创新始终保持着高质量的制度环境，CBD 的大部分制度创新又会被其他地区所学习和效仿，服务业对内开放属于典型的制度改革与创新，因此以 CBD 为载体推动服务业对内开放对我国服务业整体对内开放将发挥重要的引领示范作用。

（三）CBD 服务业对内开放有利于产业结构升级和经济密度的进一步提高

首先，无论是 CBD 的三次产业结构，还是 CBD 服务业内部的行业结构，它们在技术、制度、环境等力量的推动下始终处于迭代更新中，世界著名的 CBD 产业结构变迁史表明，这种迭代更新的直接驱动力是技术进步与制度革新，根本驱动力则是有效竞争与持续开放的市场环境，对内开放是保证市场竞争性的重要条件，其中政府作用在于维护市场制度的有效性、扩大内外开放、发挥有效监管和提供完善的公共服务等。例如，在开放的环境下，近十年来伦敦金融城从一个以金融业为主的 CBD 成长为以金融服务和科技服务为主的 CBD。同样，在宽松的环境下，纽约曼哈顿 CBD 在经历了金融危机后，已经逐步从金融业向科技创新产业转型。其次，在开放的环境中，产业结构的自我升级代表着生产力的发展方向，是生产要素从低效率部门向高效率部门自我跃升的过程，因此一定空间内产业升级的过程同时也是这个空间经济密度提升的过程。目前我国 CBD 与国际著名 CBD 相比，不论是在高端产业占比方面还是在经济密度方面都还有较大差距，为进一步提升我国 CBD 服务业的高端化和专业化水平及其地均 GDP，需要进一步扩大CBD 服务业对内开放，促进不同规模、不同所有制的企业进入更广泛的服务行业，在这个过程中效率更高的现代服务企业以及许多企业总部也自然会更倾向于 CBD 集聚。

（四）CBD 服务业对内开放是构建"双循环"新发展格局的重要推动力

第一，CBD 是一个国家和地区国际化程度最高的区域，这主要表现在以下两个方面：一是 CBD 拥有众多的跨国公司，这些集聚在 CBD 的跨国公司主要从事生产性服务业，开展广泛而密集的服务贸易，同时它们也在相当程度上影响着规模庞大的国际货物贸易的流向，因此 CBD 是外循环中的重要组成环节；二是 CBD 所在的城市往往都具有国际航空枢纽功能，这些航空枢纽为世界各地人员交流、信息交流和国际贸易提供了极大的便利。第二，CBD 是服务国内市场的重要节点。CBD 总部经济的性质决定了它们对一个国家和地区的资源配置发挥着重要的支配作用，比如 CBD 的众多金融与保险机构、科技服务企业、商务服务企业、文化传媒集团等，它们在很大程度上控制着规模巨大的资金流、人才流、信息流和商品流的规模、结构和方向，同时 CBD 中大量现代服务企业往往服务于区域和全国市场，所以 CBD 在促进国内大循环方面发挥着重要作用。上述两点说明，CBD 是连接国际和国内市场的重要枢纽。第三，CBD 是一个国家和地区处于价值链高端的生产性服务业集聚度最高的地区。当前不同城市的 CBD 虽然在主导产业上有所差别，但这些产业绝大部分集中在服务行业，这些服务业一般具有三个特征，一是对全局产业布局有较强的影响力，比如金融业；二是创新性投入和产出较高，比如研发中心和科技服务等；三是它们是一般企业运行和发展不可或缺的重要中间投入，如商务服务业。综上所述，CBD 既是连接国际和国内市场的重要枢纽，又是处于价值链高端的生产性服务业的重要承载区，因此，扩大 CBD 服务业对内开放，将在很大程度上促进"双循环"新发展格局的构建。一方面，扩大服务业对内开放，将吸引我国更多优秀企业和优质资本进入更多的生产性服务行业，增强该行业的整体竞争力，在行业竞争力提高的同时更好地服务于国内外市场；另一方面，通过国内市场发展壮大后的服务企业借助于 CBD 的国际化又会更加顺利地进入国际市场，所以 CBD 服务业对内开放是构建双循环发展格局的重要推动力。

三　促进 CBD 服务业对内开放的思路

（一）推动 CBD 成为服务业对内开放的"开发区"

改革开放以来，我国长期经济中高速增长的一个重要原因是连续不断的各种机制体制改革，这些改革常常与划定的某些特定区域相联系，先在某些特定的区域内施行，成功后推向更广的区域，有的则始终在一定的区域内推行，这些区域既是具体的空间范围，同时又是抽象的空间范围——各种机制体制改革创新的集合体、前沿阵地和试验场，而这些特定区域中唯独缺乏专门针对服务业对内开放的区域，这主要表现在以下方面。首先，长期以来，上述机制体制改革及其试点主要集中在制造业领域，而且更多地面向国际市场，这使我国自 2013 年至今一直是世界上最大的货物出口国。以制造业为主的机制体制改革前沿阵地和试验区主要包括经济特区、沿海开放城市、经济技术开发区、出口加工区、工业园区、高新技术产业开发区、国家新区、保税区（港）等。其次，为进一步扩大我国服务业开放，促进我国服务业"走出去"与"引进来"，增强我国服务贸易国际竞争力，近年来我国开始增加了关于服务业开放的各类试验区和综合试点。2013 年我国设立第一个自贸试验区——中国（上海）自由贸易试验区，截至 2021 年国务院已经批准设立了 21 个自贸试验区。自贸试验区在保税区的基础上增加了服务业的开放政策，然而这些开放政策更多针对的是对外开放，对内开放虽然也涉及但相对较少。2015 年国务院批复了北京市服务业扩大开放综合试点总体方案，北京成为我国第一个服务业扩大开放的综合试点。2020 年 9 月，国务院又批复了《深化北京市新一轮服务业扩大开放综合试点建设国家服务业扩大开放综合示范区工作方案》，从而使北京进一步加强了服务业扩大开放的举措。2021 年 4 月，国务院印发了《关于同意在天津、上海、海南、重庆开展服务业扩大开放综合试点的批复》，服务业扩大开放综合试点进一步扩容，相对于自贸试验区，服务业扩大开放综合试点方案中放宽了某些服务行业的对内市场准入，但仍主要集中在对外开放方面。2016 年、2018 年和2020 年，国务院三次分别累计批复设立了 15 个、17 个和 28 个省区市全面深化服务贸易创新发展试点，这些试点仍然主要面向服务业的对外开放，并且主要是针对加快服务业"走出去"的贸易促进。最后，从已经设立自贸试验区和服务业扩大开放综合试点的城市来看，我国发展水平最高的 CBD基本都包含在自贸试验区和服务业扩大开放综合试点中，因此，自贸试验区和服务业扩大开放综合试点的一系列改革方案都会应用于 CBD，这无形中使 CBD 自动提高了服务业的对外开放水平。

从上述一系列机制体制改革的试点来看，长期以来，这些试点和试验区主要集中在制造业的内外开放方面，近年来又逐步扩展到服务业的对外开放方面，却一直缺乏专门针对服务业对内开放的试点区域。在这种格局下，为加快我国服务业对内开放步伐，可以进一步将 CBD 作为对内开放的试点区域，因为 CBD 是我国现代服务业密度最高的区域，在 CBD 中扩大服务业对内开放将获得更多的开放效应，在不同的 CBD 内可以试验不同的对内开放内容和形式，并及时总结试点效果，进一步将成功的改革经验推广至全国，通过 CBD 现代服务业的集聚优势发挥其试点的规模效应和示范效应，将 CBD 培育成为服务业对内开放的"开发区"。

（二）推动国内市场一体化发展，为 CBD 服务业提供巨大的国内市场

2020 年 11 月，党的十九届五中全会审议通过的《中共中央关于制定国民经济和社会发展第十四个五年规划和二〇三五年远景目标的建议》（以下简称《建议》）明确提出"建设高标准市场体系""形成高效规范、公平竞争的国内统一市场"。经济一体化不但是全国范围内市场化改革的目标，而且对 CBD 服务业扩大对内开放有更大的促进作用。首先，CBD 的服务业往往属于技术和知识密集型的生产性服务业，这些服务业投入更多的高级人力资本，高级人力资本的积累一般需要长期的教育、培训等方面的高投入，而一旦形成专业化的高级人力资本之后，其提供服务的边际成本又相对较低，因此这类生产性服务业天然具有规模报酬递增的性质，它们只有服务更多的客户才能收回高昂的初始投入并显著降低平均成本获得更高的收益率，同时其服务对象也能以较低价格获得良好的服务，从而使生产性服务业供需双方的福利都能得到增进。CBD 中高级生产性服务业这一特性和优势的充分发挥需要有高度一体化的市场作为支撑，市场分割将严重阻碍这类服务业优势的发挥。其次，CBD 中各类企业机构的国际和区域性总部在某一行业或领域支配着全国市场甚至国际市场，如果一个国家内部不同地区甚至几个国家能够实现市场一体化，那么 CBD 中的各类企业和机构总部就能在更大的空间范围内实现资源优化配置，从而实现总部与外围机构之间的生产协调，实现总部资源的规模经济，进而实现成本节约和更大范围内的市场渗透。基于以上两个方面，国内市场一体化是促进 CBD 服务业实现对内开放的重要推动力。

（三）协调 CBD 服务业对内开放与对外开放之间的关系

服务业对内开放与对外开放之间存在相互促进与制约的关系，研究发现我国服务业对内开放与对外开放之间存在长期的均衡关系[①]，因此在扩大 CBD 服务业开放过程中，应处理好对内开放与对外开放之间的关系，利用两者的联系促进服务业对内开放。第一，进一步加快服务业对外开放，通过对外开放倒逼对内开放，我国过去对外开放的发展实践表明，对外开放在相当程度上可以促进对内开放。第二，推动服务业对内开放先于对外开放，一方面在对内开放过程中主动对接国际经贸规则，为进一步对外开放做好准备；另一方面，在对外开放之前，通过对内放宽行业准入和统一国内市场培育具有强大国际竞争力的本土服务企业，以便在进一步的服务业对外开放过程中，能使我国更多的企业与国外优秀服务企业同台竞争。第三，CBD 实施扩大服务业对内开放的同时应考虑外资企业和潜在外资进入者的反应，CBD 内集聚了大量的外资企业，在扩大 CBD 服务业对内开放的过程中，较大程度上会引起 CBD 外资企业和潜在进入者的关注和反应，如果对内对外的限制程度和竞争过程中的歧视性待遇差距过大，会造成我国营商环境排名下降，例如，中国美国商会发布的《2020 中国商务环境调查报告》显示，2019 年受访的外资企业中，有 37% 的企业认为与本地企业相比受到不公平待遇，其中，市场准入、政府财政支持和公共采购是在华外企遭受不公平待遇最多的三大领域。因此，当在 CBD 内探索实施对内开放的各项改革时，需要考虑 CBD 外资服务企业和潜在入驻 CBD 外资服务企业的反应。

（四）平衡好开放和安全之间的关系

鉴于我国目前所处的国内外政治经济生态等环境，党的十九届五中全会审议通过的《建议》和十三届全国人民代表大会第四次会议审议通过的

[①] 郑巧丽：《我国服务业对外开放对其对内开放的影响研究》，湖南大学硕士学位论文，2010。

《中华人民共和国国民经济和社会发展第十四个五年规划和2035年远景目标纲要》明确提出"统筹发展和安全，建设更高水平的平安中国"，将安全要求提高到前所未有的高度。因此，基于服务业自身特点，在扩大服务业开放过程中同时加强安全防范意识，处理好开放与安全之间的关系。除了在对外开放中注重国家安全之外，在对内开放过程中同样要注重国家经济社会安全。第一，生产性服务业的许多行业本身对经济影响巨大，其安全发展本身是经济安全的重要组成部分，如金融业和信息技术服务业，而金融业和信息技术服务业往往又是各大CBD占比较高的行业。第二，随着新一代信息通信技术的快速发展和广泛应用，现代服务业数字化程度越来越高，它们在生产与使用过程中会以数据的形式存储、交易和传输，不仅含有服务本身的核心数据资源，而且含有众多用户的数据信息。第三，CBD内的各类现代服务业企业由于具有国际总部和区域总部的属性，它们在单位时间内产生的数据量大且机密性高。第四，CBD中有许多服务行业对社会价值观的形成和塑造具有较大影响，比如文化和传媒产业等。以上四个方面说明，在CBD扩大服务业对内开放的过程中，应处理好开放与安全之间的关系，既要做到扩大对内开放，同时又要保证开放过程中经济、社会和数据等方面的安全。

（五）运用"竞争中性"原则推动CBD服务业对内开放

服务业对内开放不足，很重要的一个表现是民间资本在某些行业的投资经营过程中遭遇"玻璃门"、"旋转门"和"弹簧门"，有些行业由于行政垄断而无法进入，有些行业虽然可以进入，但在进入之后面临与国有企业不同的市场待遇和环境，难以在竞争中生存。放宽服务业各细分行业对民间资本的准入是破除"玻璃门"，这仅仅是服务业对内开放的第一步，在民间资本获准进入某些服务行业之后能否进一步获得公平、透明和非歧视性的经营环境则是实现对内开放的第二步，也是关键一步，因此，除了放宽准入之外，还需要以"竞争中性"的原则维护市场主体的公平竞争。OECD竞争委员会与工作组秘书处将竞争中性分为八个维度，分别是国有企业组织合理化、成本确认、监管中性、税收中性、商业回报率、公共服务义务、债务中性与补贴约束、政府采购。CBD 作为现代服务业的重要集聚区，其管理服务机构应联合相关部门围绕上述八个方面根据自身特点积极探索，为不同规模、不同所有制的企业营造无差异的竞争环境，从而真正推动 CBD 服务业对内开放的大幅跃进。

四　促进 CBD 服务业对内开放的建议

根据上述 CBD 服务业对内开放的总体思路和原则，本部分给出促进 CBD 服务业对内开放的具体路径和政策建议。

（一）将 CBD 和自贸试验区的众多对外开放政策应用到对内开放方面

第一，我国越来越多的 CBD 逐渐被自贸试验区覆盖。随着自贸试验区和服务业扩大开放综合试点数量的增加及其面积的扩张，许多原本不属于自贸试验区和服务业扩大开放综合试点的 CBD 也逐渐被包含进来，比如，北京 CBD 包含在北京自贸试验区内，属于自贸试验区的国际商务服务片区，同时北京 CBD 也是服务业扩大开放综合试点区，上海陆家嘴金融城包含在上海自贸试验区金融片区内，天津滨海新区 CBD 是天津自贸试验区的重要组成部分，重庆江北嘴 CBD 位于重庆自贸试验区两江片区内，郑东新区CBD、四川天府总部 CBD、深圳前海 CBD 和珠海十字门 CBD 等也被纳入自贸试验区范围。第二，许多自贸试验区重点发展的产业特别是自贸试验区与 CBD 重合片区的产业正是 CBD 的优势产业，比如金融业、商务服务业、信息技术服务业和文化传媒业等。第三，自贸试验区在现代服务业对外开放方面已经走在全国最前列，探索出了诸多适合现代服务业开放发展的经验。以上三点为 CBD 扩大服务业对内开放提供了许多现实参考和可借鉴的经验，因此，CBD 相关管理部门和企业应积极主动研究自贸试验区扩大服务业对外开放政策的实施效果，及时总结取得的成果和经验，研究服务业对内开放与对外开放之间的区别与联系，在此基础上将 CBD 和自贸试验区的对外开放政策有针对性地应用到 CBD 服务业对内开放上来，检验自

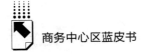

贸试验区对外开放政策的对内适用性，同时在这些政策迁移应用过程中及时发现并纠正它们的不足，以促进服务业更高水平的对内和对外开放。

（二）探索以 CBD 主导产业为引领的市场一体化建设

首先，CBD 集聚了国内外众多企业的国际和区域性总部，这些总部在不同地区又会设有下属分支机构，分支机构服务于地区市场，总部在服务标准、资源配置方面对分支机构进行指导和支配，在目前仍存在市场分割的情况下，可以利用 CBD 总部与分支机构之间的关系从服务标准、服务流程、关键资源等方面入手推动不同地区的市场一体化建设。其次，推动不同区域服务业市场相互开放，形成统一的服务业市场。市场一体化需要政府某些部门让渡一部分权力，可以先从省内城市群入手推进一体化，再到跨省城市群、跨区域城市群推进服务业市场一体化发展，也可以先从经济发展水平较高的长三角、粤港澳、京津冀、成渝、长江中游等城市群入手推进服务业市场一体化建设，然后再在全国范围内推动服务市场一体化发展。其次，建立不同 CBD 之间产业发展协调机制，通过 CBD 之间的协调，不同 CBD 根据自身产业优势、区位优势等实施差异化发展策略。由于 CBD 内的现代服务业一般属于高级生产性服务业，属于典型的知识和技术密集型行业，因此对行业内高级人才的依赖和需求较大，而差异化的产业发展策略可以降低同类人才的竞争，同时由于主导产业差异化和市场一体化发展，不同 CBD 的服务业可以在更大空间范围内为更多客户提供服务，从而有效发挥现代服务业的规模报酬递增特性。

（三）以产业数字化转型突破经济一体化发展中的各种障碍

近年来，全球服务业数字化转型步伐不断加快，服务业特别是生产性服务业的数字化转型在一定程度上推进了与之紧密相连的制造业的数字化转型，服务业的数字化显著降低了服务业的贸易成本，服务业原本面对面完成的生产与服务过程，借助于数字技术，服务供需双方可突破地理空间的限制，突破不同行政区域的限制，瞬间实现生产与使用过程在空间和时间上的分离与重新匹配，因此，推动了服务业与其上下游企业的集聚方式，各种以生产性服务业为中间投入的企业不再需要与生产性服务业近距离协同式集聚，而是可以根据自身产业和企业的特点以及各地区的优势以更加经济的方式选址和布局。因此，产业数字化转型，将促进同一行业具有竞争与合作关系的企业以及产业链上不同环节的企业由传统的相邻地理空间集聚转向线上虚拟空间集聚，有助于促进经济一体化发展。具体过程表现为：各类生产性服务业以及企业总部基于对制度和营商环境的敏感性更加趋向于大城市的CBD，发挥对资金流、信息流、人才流和技术流等的支配和服务功能，相对于生产性服务业，制造业往往需要更多的土地和环境资源，产业数字化可以帮助现代服务业向 CBD 集聚的同时驱使制造业为寻求更低的生产成本而向远离 CBD 的地区集聚，形成生产性服务业与制造业的"分离式集聚"，这种产业和环节上的分离促使处于不同地理空间和行政区域的企业加强合作与竞争，因此，产业数字化从技术上促进了区域经济一体化发展，从而为CBD 的现代服务业和总部企业提供更为广阔的市场。

（四）加快要素市场化改革

长期以来，我国要素市场化改革严重滞后于产品市场化改革，一是表现为要素市场价格的扭曲，相同的生产要素在不同地区、不同行业和不同所有制企业里有不同的价格。二是资本、劳动力、土地、技术和数据等生产要素跨区域、跨所有制、跨行业流动受到诸多限制。这些生产要素市场扭曲往往表现出工业偏向的特征，工业在要素市场扭曲中长期获得"扭曲租"，而服务业在一定程度上受到要素市场扭曲的抑制[1]，因此，为了促进 CBD 服务业对内开放发展，应加快要素市场化改革，消除要素市场的工业偏向性，为现代服务业发展提供有竞争力的要素供给。2020 年 11 月党的十九届五中全会审议通过的《建议》中明确提出"推进土地、劳动力、资本、技术、数据

---

[1] 谭洪波：《生产者服务业与制造业的空间集聚：基于贸易成本的研究》，《世界经济》2015年第 3 期。

等要素市场化改革。健全要素市场运行机制，完善要素交易规则和服务体系"，这为我国要素市场化改革坚定了方向。CBD作为一个国家和地区现代服务业的重要集聚区，应大胆探索破除扭曲要素市场价格和阻碍要素流动的各种机制和障碍，CBD管理部门可以联合区内外不同行业不同规模的企业、相关政策研究部门、行业协会等一起研究制定生产要素市场化的各项改革方案，并及时总结评估各项改革方案的效果，将效果良好的要素市场化改革方案向更广范围推广应用。

（五）强化CBD在服务业事中事后监管中的作用

扩大服务业对内开放必须辅以强化服务业事中事后监管。服务业的无形性、标准化程度低、易逝性和信息不对称性等特点增加了对其事中事后监管的难度和成本，因此，长期以来我国主要采用审批制的事前监管，相关部门基于责任意识和事中事后监管成本的考虑在审批阶段往往会持保守态度，这在一定程度上限制了某些服务企业的创新发展，并且基于诸多服务业具有专业化水平高的特点，长期的事前监管导致缺乏事中事后监管的经验和专业人才，因此在推动CBD成为服务业对内开放的"开发区"的过程中，不管是为了保证服务产品的质量，减少由服务业信息不对称性引起的服务市场逆向选择和道德风险问题，还是从经济、社会和数据安全考虑，都需要加强对服务业市场的事中事后监管，在更多服务业领域形成"前端放宽和放开，中端和后端加强监管"的管理模式。具体可以从以下几个方面探索实施。首先，对于公共性较强的行业实施行政管理与公众监督相结合的模式，对于非公共性以及专业性较强的行业实施市场主体相互监督、第三方专业化监管和政府购买监管服务的模式，并及时公开、传播各种监管过程和结果。其次，推动CBD服务业监管过程全面向数字化和智能化转型，目前现代服务业的最大发展趋势是数字化和智能化，而CBD中的服务业大部分属于知识和技术密集型行业，因此其数字化和智能化程度最高，数字化和智能化使服务变得有形和可存储，现代服务业的这一发展趋势为服务业事中事后监管提供了便利，降低了事中事后监管成本，因此CBD服务业监管部门应着力提高数字化和智能化监管技术。最后，在扩大服务业对内开放过程中加强社会信用体系建设、企业信息公示以及激励惩戒机制建设，对于严重扰乱市场秩序、违反市场竞争规则的行为和企业及时披露并处罚，提高企业失信成本，在扩大对内开放中构建健康的市场规则和秩序。

（六）以对接和引领服务业国际经贸规则为抓手推动 CBD 服务业对内开放

服务业的无形性、信息不对称性、难以储存性、标准化程度低等性质决定了服务贸易规则更加复杂，任何服务贸易规则往往都是经过艰难曲折的双边和多边谈判才能达成，从 WTO 成员方长达七年之久的乌拉圭回合到长达十二年之久的多哈回合，再到长达八年之久的《区域全面经济伙伴关系协定》（Regional Comprehensive Economic Partnership，RCEP），其中的服务贸易都是谈判的重要议题，因此，在 CBD 实施服务业对内开放的过程中，应积极发挥 CBD 国际化程度高的优势，以更高标准对接国际经贸规则。一是推动我国某些具有国际领先地位的行业积极主导国际经贸规则的制定与统一，比如在移动支付、电子商务、共享经济等领域，通过优势服务行业和企业"走出去"带动相关国际经贸规则"走出去"，以便使我国在这些领域的国际经贸规则谈判和制定中取得优势地位。二是深度研究并积极参与服务业现有国际经贸规则的制定，增强在国际经贸规则制定中的话语权和影响力，比如与数字贸易有关的数字确权、数字税等新的服务贸易问题。三是借鉴国际通行的服务贸易规则对国内一些不适合服务业发展的贸易规则进行修订和改革，从而促进国内服务业市场的统一和国内服务贸易的发展。

（七）积极探索 CBD 对内与对外协同开放机制

在扩大服务业开放的过程中，如果对内开放发展快于对外开放，会引发某些行业新的对外开放压力或贸易争端；反之，如果对内开放步伐慢于对外开放，则不利于我国服务业国际竞争力的提升，因此，促进服务业对内与对外协同开放是解决该问题的有效途径。近年来，一方面，一些国内重要 CBD 逐渐被包含进自贸试验区和服务业扩大开放综合试点；另一方面，这些自贸试验区和服务业扩大开放综合试点的服务业对外开放程度不断提高，因此，CBD 对外开放程度也将随之不断提高，为使 CBD 服务业对内开放能够跟随对外开放的步伐，负责服务业对外开放的部门应会同对内开放的监管部门一起研究制定相关开放政策，形成两者之间的协同开放机制，除了在对外开放方面继续实施"准入前国民待遇＋负面清单"之外，在对内开放方面，可以在 CBD 每一次扩大对外开放的过程中，同时推出相应的对内开放政策，将对内开放指标与对外开放指标挂钩，从而促进服务业对内开放。

参考文献

Arnold, J. M. , B. S. Javorcik, and M. Lipscomb, et al. Services Reform and Manufacturing Performance: Evidence from India. *Economic Journal*, 2016, 126（590）: 1 - 39.

陈万灵、冯峥:《中国服务贸易开放水平评估及开放格局演进研究》,《亚太经济》2020 年第 3 期。

程大中、虞丽、汪宁:《服务业对外开放与自由化:基本趋势、国际比较与中国对策》,《学术月刊》2019 年第 11 期。

顾乃华、朱文涛:《生产性服务业对外开放对产业融合的影响——基于行业面板数据的实证研究》,《北京工商大学学报》(社会科学版)2019 年第 7 期。

来有为、陈红娜:《以扩大开放提高我国服务业发展质量和国际竞争力》,《管理世界》2017 年第 5 期。

单菁菁、武占云、耿冰:《CBD:迈向高精尖的产业发展》,载龙永图等主编《中国商务中心区发展报告(No. 4)(2018)》,社会科学文献出版社,2018。

苏丹妮、邵朝对:《服务业开放、生产率异质性与制造业就业动态》,《财贸经济》2021 年第 1 期。

谭洪波:《中国要素市场扭曲存在工业偏向吗?——基于中国省级面板数据的实证研究》,《管理世界》2015 年第 12 期。

谭洪波:《我国服务业进出口:国际比较、阶段性与行业特征》,《学习与探索》2021 年第 3 期。

夏杰长、谭洪波：《服务贸易之商业存在：规模、竞争力和行业特征》，《财经问题研究》2019 年第 11 期。

夏杰长、姚战琪：《中国服务业开放 40 年——渐进历程、开放度评估和经验总结》，《财经问题研究》2018 年第 4 期。

姚战琪：《服务业对外开放对我国产业结构升级的影响》，《改革》2019 年第 1 期。

张丽、廖赛男、刘玉海：《服务业对外开放与中国制造业全球价值链升级》，《国际贸易问题》2021 年第 4 期。

B.5
以 CBD 为引领建设国际消费中心城市

郝　庆*

摘　要： 培育建设国际消费中心城市对于扩大引领消费、推动产业结构升级、形成强大国内市场、更好地满足人民需求具有重要意义。中央商务区（CBD）对消费服务的提供商和消费者具有较强的吸引能力，具备引领建设消费中心城市的天然优势。目前，我国各城市的 CBD 具有对外开放程度高、经济发展水平高、基础设施配套全、城市治理手段新、高端消费基础好、政策扶持力度大等优势，但也存在国际影响力有待提升、环境品质有待改善、新消费空间拓展受限、区域辐射带动能力弱等问题。需要进一步完善 CBD 的配套设施、优化用地布局和空间结构、增强城市治理能力，通过聚集优质消费资源、建设新型消费商圈、推动消费融合创新、完善消费促进机制等途径，优化消费环境，扩大消费市场，引领国际消费中心城市建设。

关键词： 国际消费中心城市　中央商务区　消费环境

一　培育建设国际消费中心城市进展

随着经济社会的发展，我国城乡居民的消费水平不断上升。社会消费品

---

* 郝庆，中国社会科学院生态文明研究所博士后、副研究员，研究方向为国土空间规划、国土空间治理、城市发展与区域管理。

零售总额由 2001 年的 4.22 万亿元，增加到 2020 年的约 40 万亿元。其中，2019 年为 40.80 万亿元；2020 年受疫情影响略微下降，减少到 39.20 万亿元（见图 1）。全国城乡居民的消费支出由 2001 年的年人均 3968 元，增加到 2020 年的 27438 元，增长了将近 6 倍（见图 2）。巨大的消费市场和消费潜力已成为拉动我国经济增长的重要动力。同时，也迫切需要通过培育建设国际消费中心城市等途径实现消费结构的转型升级，满足人民群众日益增长的物质文化需求，推动我国经济实现高质量发展。

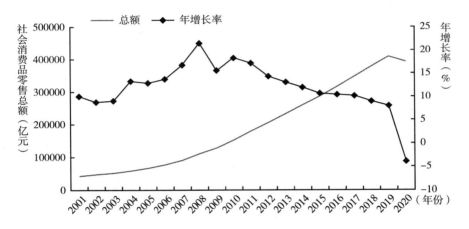

图 1　中国社会消费品零售总额及增长情况（2001～2020 年）

资料来源：国家统计局。

国际消费中心城市是高端消费资源的集聚地，是引领消费市场的制高点，是现代化大都市的核心功能之一。建设国际消费中心城市是实现大城市、特大城市从生产集聚到消费集聚转变，从以生产、工作和工作者为核心要素的传统城市向以消费、休闲、消费者等作为核心要素的现代化大都市转变的重要途径[①]。我国高度重视建设国际消费中心城市。2016 年 3 月，《国民经济和社会发展第十三个五年规划纲要》提出，"以重要旅游目的地城市为依托……培育发展国际消费中心"。2018 年 9 月，中共中央国务院印发的

---

① 周佳：《国际消费中心城市：构念、规律与对策》，《商业经济研究》2021 年第14 期。

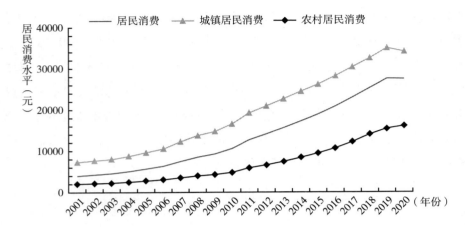

图 2　中国城乡居民消费支出情况（2001~2020 年）

资料来源：国家统计局。

《关于完善促进消费体制机制　进一步激发居民消费潜力的若干意见》提出，"建设若干国际消费中心城市，推进海南国际旅游消费中心建设"。2019 年 10 月，商务部等 14 部门印发的《关于培育建设国际消费中心城市的指导意见》提出，"加快培育建设具有国际水准和全球影响力的消费中心城市"。2021 年 3 月，《中华人民共和国国民经济和社会发展第十四个五年规划和 2035 年远景目标纲要》再次强调全面促进消费，"培育建设国际消费中心城市"。2021 年 7 月，经国务院批准，在上海、北京、广州、天津、重庆五个城市率先开展国际消费中心城市培育建设。这 5 个城市具有消费总量大、消费品质高等特征，2019 年社会消费品零售总额达 5.45 万亿元，约占全国的 13.36%，并呈现较好的增长态势（见图 3）。

各试点城市积极推进国际消费中心城市的培育建设工作。上海市政府常务会于已经于 2021 年 7 月原则同意《上海市建设国际消费中心城市实施方案》，并发布了《全力打响"上海购物"品牌加快建设国际消费中心城市三年行动计划（2021~2023 年)》，提出消费贡献度达到新水平、消费创新度实现新突破、品牌集聚度迈上新台阶、时尚引领度得到新提升、消费满意度取得新成效，逐步建成具有全球影响力、吸引力和竞争力的国际消费中心城

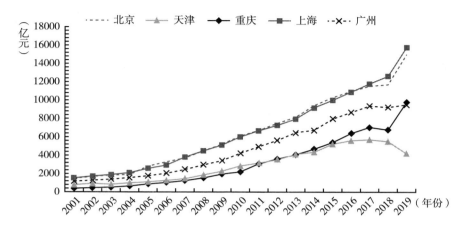

图 3　主要国际消费中心城市社会消费品零售总额情况（2001～2019 年）

资料来源：国家统计局。

市，部署了八大专项行动，包括消费地标打造、首发经济提质、品牌经济升级、夜间经济点亮、外来消费集聚、商业数字化转型、"上海购物"品牌推广、消费环境优化。北京市商务局于 2021 年 9 月在"2021 北京国际消费中心城市论坛"上正式发布《北京培育建设国际消费中心城市实施方案》，提出力争到 2025 年，率先建成具有全球影响力、竞争力和美誉度的国际消费中心城市，成为彰显时尚的购物之城、荟萃全球风味的美食之都、传统文化和现代文明交相辉映的全球旅游目的地、引领创新生态的数字消费和新型消费标杆城市，提出打造形成具有全球竞争力的体育、教育、医疗等一系列"城市名片"。部署了消费新地标打造、消费品牌矩阵培育、数字化消费创新引领、文旅消费潜力释放、体育消费质量提升、教育医疗消费能级提升、会展消费扩容提质、现代流通体系优化升级、消费环境新高地创建、消费促进机制协同保障十大专项行动。广州市部署实施"尚品"工程等四大工程，加快制造业向高品质化、时尚化、定制化、国际化转型升级，提升消费供给体系对国内外需求的适配性，打造国际时尚之都，建设产业与消费良性互促、国内国际双向消费协调发展的特色型国际消费中心城市。天津市通过打造国际一流亲海亲水生态休闲旅游目的地、体育赛事聚集地和天津不夜城，

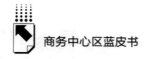

建设国家会展经济片区、高品质商圈等途径推进国际消费中心城市建设。重庆市发布了《2021 年重庆国际消费中心城市建设工作要点》，提出推进中央商务区建设、升级打造重点商圈、打造特色消费聚集区、发展首店经济等政策措施。

五个试点城市在培育建设国际消费中心城市的进程中，均将中央商务区（CBD）作为建设国际消费中心城市的重要载体。例如，北京市提出依托 CBD 的华贸购物中心、国贸商城、北京 SKP 等商业综合体，加快形成千亿级国际化商圈，提升中心城区消费集群国际竞争力。重庆市将推进 CBD 建设作为提升消费平台、打造国际消费集聚区的重要任务。广州提出重视天河 CBD 等的消费引领作用，作为建设国际消费中心城市的重要空间载体。

二　CBD 引领建设国际消费中心城市基础分析

（一）有利条件

1. 对外开放程度高，有利于引领国际消费时尚

国际化是 CBD 的重要特征，也是建设好 CBD 的一个重要先决条件。各个城市在推进 CBD 规划建设的过程中，也将 CBD 定位成连接区域经济与世界经济、推动对外开放和国际交往的重要窗口，以及推动高端商务、科技信息、文化时尚等交流的重要空间载体。CBD 优越的软硬件环境和国际化、现代化、高品质化等特征成为吸引国际时尚的良好平台、引领国际时尚的重要风向标。美国纽约曼哈顿与第五大道、中国香港中环等发展历程也都见证了 CBD 与时尚产业的相互促进。

2. 经济发展水平高，有利于聚集优质消费资源

中央商务区（CBD）往往是体现一个城市经济发展最高水平的区域，经济综合实力强、质量效益高、发展活力足，为引领建设国际消费中心城市奠定了坚实的经济基础，对高端消费具有较强的吸引力，有利于聚集优质消费资源。时尚行业等优质消费资源也正逐步形成以 CBD 区域为核心的分布

状态。例如，北京 CBD 推出首店经济、夜间经济、网红经济、体验经济等新型消费业态，持续加大汇聚全球高端知名品牌，支持国内外一线品牌总部机构在区域落地，大力引进高端品牌"首店"、旗舰店、概念店、主力店，建立"首店"优势，成为北京市首店引入最多的区域。重庆解放碑 CBD 聚焦发展区域首店、行业首牌、品牌首秀、新品首发"四首经济"，提高新消费供给质量，依托"街区、小巷、天台、江岸、步道"五大资源要素，构建多元化消费场景。

3. 基础设施配套全，有利于提供优越消费环境

中央商务区（CBD）一般位于城市或都会区的核心区域，各个城市也会高起点、高水平地推动 CBD 的规划建设，区域内交通、通信、供电、供水、物流等基础设施配套齐全，城市公共服务水平以及商务楼宇建设、城市街道景观设计等方面的水准较高，并且布局高端星级酒店、时尚传媒中心、会展中心、商场等优质便捷的商务环境，能够提供优越的消费环境。

4. 城市治理手段新，有利于推动消费融合创新

各个城市均重视 CBD 营商环境的优化完善和城市治理水平的持续提升。通过推进智慧城市建设，采用大数据、物联网等信息化手段，创新城市治理模式。并借助数字经济丰富消费场景、促进商圈提档升级、实现消费融合创新。如北京 CBD 探索建设"数字货币应用消费示范街区"，打造汇集 5G 应用、刷脸支付、网红直播为一体的新消费商圈，推动无接触服务向住宿、生鲜零售、物流、金融等应用场景延伸，激发民众的数字消费潜力。上海虹桥 CBD 运用发展"互联网 + 新消费"，深入开展体验消费、展览展示、智慧新零售等新型业态，逐步形成了地区集中消费功能区、会展消费功能区、枢纽消费功能区以及高端商务消费功能区，共涉及包括会展中心在内的各类商圈 17 个。

5. 高端消费基础好，有利于建设新型消费商圈

中央商务区（CBD）具有人口流动性大、外籍人口占比高、高端商务人士聚集、购买能力强、消费层次高等特征，具有较强的消费能力和消费潜力，商业也成为各个 CBD 的重要支柱性产业。例如，位于北京 CBD 的北京

SKP（北京华联百货有限公司）2020 年单店销售额达 177 亿元，成为高端百货单店销售额、每平方米销售产出全球"双第一"。依托 CBD 强大的消费潜力和较好的高端消费基础，可以不断拓展消费，形成新型消费商圈。

6. 改革创新活力足，有利于完善消费促进机制

各个城市在推动 CBD 规划建设初期，往往会在产业发展、城市管理、土地利用与城市更新、税收、监管执法等领域给予较强的政策扶持。CBD 在建设完善的过程中，依托信息、文化、科技、人才等资源高度聚集交流的优势，实现自我创新，在监管管理体制、政策措施等方面不断探索创新和优化提升，有利于健全和完善消费促进机制，促进消费中心城市建设。例如，北京 CBD 挂牌成立了中国（北京）自由贸易试验区国际商务服务片区，成为承接自由贸易区建设以及扩大服务业对外开放的重要区域。此外，各城市也积极在 CBD 开展推动消费转型升级的试点建设，涵盖金融、教育、医疗、文化、体育、艺术、休闲娱乐等领域，为新型消费的发展提供了政策保障。

（二）制约因素

1. 国际影响力有待提升

上海、北京等城市的 CBD 在国际交流合作、吸引国际优质资源、扩大服务业开放等方面取得了较大进展，国际影响力不断提升，但与建设国际一流商务中心区仍有较大差距。例如，根据安永会计师事务所（EY）和城市土地学会（ULI）联合发布的《2020 年全球商务区吸引力报告》，北京 CBD 和上海陆家嘴金融城虽然均位居全球中央商务区国际影响力前十位，但全球影响力指数分别为 44.2 和 44.0，与伦敦金融城（65.3）、东京丸之内（60.3）、纽约曼哈顿中城（60.2）等相比仍有较大差距。提升国际影响力是我国中央商务区建设的首要任务，需要通过提升对外开放水平、举办国际性商务活动等提升中央商务区的国际化水平。

2. 环境品质有明显短板

各地在 CBD 规划建设中不断提升环境品质，但仍存在一些明显的短板。一是多数城市的 CBD 存在交通拥堵及停车难等问题。中央商务区往往位于

城市的核心区域，近年来随着私家车数量的急剧增加，CBD 的道路及停车场等基础设施建设存在滞后性。若对中央商务区内人流、物流和车流疏导不力，就容易造成道路拥堵、停车不方便、通勤时间长等问题，降低商务活动效率，影响消费体验。二是优质配套服务设施欠缺。随着生活质量的提升，消费者对休闲娱乐空间的要求越来越高。除了优越的购物环境外，对高端的文化、休闲、娱乐，以及可供人们休憩的公共设施、公园和绿地等配套设施的需求也在提升。

3. 新消费空间拓展受限

空间是消费活动的载体，只有配备足量的消费场所，才能满足消费的需求。由于 CBD 多位于城市的核心区域，土地资源紧缺，可供新增开发建设的空间有限。在 CBD 已有的建设空间中，主要是以商务办公为主，服务于消费的建设空间不足。特别是中西部一些城市在 CBD 的建设中，为了快速回笼开发资金，规划建设了较高比例的住宅用地①，进一步压缩了承载消费活动的空间。

4. 区域辐射带动能力弱

培育建设国际消费中心城市的重要战略意图之一就是强化其集聚辐射和引领带动作用，促进国内消费大市场建设，实现区域联动发展。受区域协调联动机制不健全等因素的影响，当前部分城市的 CBD 仍处于对消费资源"虹吸"的阶段，对周边区域的辐射带动能力较弱。例如，北京 CBD 与通州副中心等区域在资源对接、产业联动和利益共享等方面的协调发展机制有待加强，特别是在京津冀协同发展中的辐射带动作用仍需要重点加强。

三 CBD 引领建设国际消费中心城市的对策建议

充分发挥 CBD 国际化、现代化、时尚化、数字智能化的特征，以扩大

---

① 武占云、单菁菁：《中央商务区的功能演进及中国发展实践》，《中州学刊》2018 年第 8 期。

消费规模、提升消费品质、引领消费趋势、吸引消费回流、促进消费升级为主要目的，着力提升消费供给水平，完善消费设施，改善消费环境，加快培育建设具有国际水准和全球影响力的消费中心城市。

（一）引领国际消费时尚，聚集优质消费资源

立足 CBD 以金融、信息、商务服务等现代服务业为主的特征，借助国家扩大服务业对外开放的契机，实施服务消费提质扩容行动，聚集全球优质消费资源。重点是顺应产业发展网络化、数字化、智能化的趋势，依托 CBD 已有的商业文化设施和消费服务平台，引领国际消费新潮流，拓展消费新空间新领域。一是依托各 CBD 现有的各类博览会、推介会和经济文化交流活动，培育发展面向高端消费的"博览会""购物节""时尚周""消费展""新品发布会"等消费服务新平台，吸引国内外知名品牌新品在 CBD 进行首发，通过发展品牌经济，打造时尚消费新地标。二是充分发挥 CBD 在文化传媒业的优势，及时发布和更新健康、旅游、娱乐、文化、体育等消费信息。促进时尚、创意等文化产业新业态发展，培育一批有国际影响力的时尚传媒品牌，打造引领国际时尚消费的风向标，提升消费服务的影响力和辐射力。

（二）提升消费环境品质，建设新型消费商圈

参照国际先进经验和标准，开展城市环境美化建设与环境质量提升工作，规范服务场所外文标识，提升交通出行便利程度和人居环境舒适度。注重加强商品质量、食品安全、市场秩序等综合监管和治理，健全市场监管和消费维权体系，畅通消费投诉举报渠道，营造安全放心的消费市场环境。强化面向国际国内的商业贸易功能，拓展新型消费产业和服务业发展空间，不断提升消费的品质化品牌化，营造优越的消费环境，形成有国际影响力的新型消费商圈，发挥国际消费城市的集聚示范作用，并注重将中国元素、地方文化融入新型消费商圈建设，充分彰显中国特色。

（三）培育新型消费载体，推动消费融合创新

依托 CBD 数字化建设平台，鼓励企业充分运用现代信息技术，推动线上线

下深入融合、商品和服务消费互动融合、流通和生产对接融合，推动实体商业转型升级，打造沉浸式、体验式消费场景，培育新型消费发展载体，发展新型消费业态，探索消费新模式，建设新型智慧商圈。结合各地 CBD 的建设布局，注重推动传统百货店、购物中心、闲置厂房等升级改造为消费体验中心、休闲娱乐中心、文化时尚中心等新型消费空间，拓宽消费新功能，丰富消费新内涵，实现消费融合创新，发挥国际消费中心城市在消费领域的创新引领作用。

（四）营造良好营商环境，完善消费促进机制

针对国内 CBD 普遍存在的交通拥堵、停车难等问题，通过建设慢行交通系统、实施末端物流配送、优化消费设施布局等措施，持续改善消费环境，提升消费便利度；注重美化净化市容市貌，强化 CBD 的人文品质，不断优化消费软环境，提升消费舒适度。针对消费空间不足等问题，在城市更新中探索创新土地制度，通过闲置厂房改造、用地性质变更等形式保障土地供给，增加商业综合体等消费空间。推进健康医疗、教育文化、休闲娱乐、体育健身等领域的对外开放力度，不断完善消费促进的政策机制。

（五）吸引高端消费人才，提升消费竞争能力

人才是建设国际消费中心城市的关键。通过不断提升城市文化氛围、宜居环境等，吸引高端消费行业的人才，提升国际消费中心城市建设的人才基础。注重加强人才公寓、特色化餐饮等配套服务设施建设，丰富文化艺术、国际交流、休闲娱乐、体育健身等活动，营造良好的人文环境，提升 CBD 的人文魅力和对人才的吸引力。并针对高端人才做好子女教育、医疗保险、税收、就业等方面的政务服务和支撑保障，优化人才发展环境。

参考文献

赖穗怡：《广州建设国际消费中心城市的思路与对策》，《城市观察》2021 年第

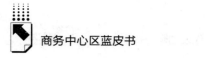

3 期。

王微：《从供给侧建设国际消费中心城市》，《经济》2021 年第 9 期。

王文博：《多重政策加持　中高端消费望加速释放》，《经济参考报》2021 年 4 月 27 日。

杨松：《北京建设国际消费中心城市的成效、问题与对策》，《中国经贸导刊（中）》2021 年第 6 期。

于苗：《CBD 零售业布局及消费者特征研究——以北京 CBD 为例》，《特区经济》2011 年第 4 期。

张军红：《高质量建设国际消费中心城市》，《经济》2021 年第 9 期。

B.6

数据流通与场景应用：CBD 的实践、进展与趋势展望

张 涛　侯宇恒　冯冬发*

摘　要： 新发展格局下，数据流通从供需两端赋能 CBD 的高质量发展，有利于发挥 CBD 扩大内需、促进产业升级、深化供给侧结构性改革的引擎作用。目前我国新一代信息技术还在快速发展中，相关配套政策还不够健全，因此，CBD 在依托数字经济转型升级中还存在诸多的机遇和挑战。随着技术和政策的不断完善，数据要素将从加快供需信息对接、促进实体经济融合、畅通产业转移渠道、扩大就业规模等方面给经济社会赋能，释放更大的经济效应。

关键词： CBD　国内大循环　数据流通　场景应用

　　党的十九届五中全会通过的《中共中央关于制定国民经济和社会发展第十四个五年规划和二〇三五年远景目标的建议》提出，要加快构建以国内大循环为主体、国内国际双循环相互促进的新发展格局。CBD 既是我国服务业的重要承载区，也是全球跨国公司总部、国际组织等功能性机构的主要集聚

---

　* 张涛，中国社会科学院数量经济与技术经济研究所研究员，经济学博士，博士研究生导师，研究方向为大数据与经济模型、宏观经济政策；侯宇恒，中国社会科学院大学博士研究生，研究方向为大数据与经济模型、资源与环境经济学；冯冬发，中国社会科学院大学博士研究生，研究方向为大数据与经济模型、数量经济学。

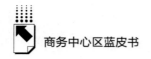

区，既链接全球市场资源又服务国内市场，是国内国际"双循环"的重要交汇点。数据要素与实体经济的融合对推动 CBD 高质量发展有重要作用，有利于充分发挥 CBD 的带动引领作用，促进畅通国内国际"双循环"。

一 新阶段 CBD 发展的新背景

当前，世界百年未有之大变局进入加速演变期，我国经济已转向高质量发展阶段，国内外环境的变化推动我国构建国内国际"双循环"新发展格局。同时，以 5G、大数据、物联网为代表的新一轮技术革命正在加速发展，为 CBD 的发展创造了更广阔的空间。

（一）"双循环"新发展格局强化 CBD 的引领作用

"双循环"新发展格局是我国经济迈向高质量发展的系统性趋势，是应对外部环境变化，推动经济向更高层次发展做出的重大战略部署。国内国际"双循环"有利于促进发挥我国国内超大市场优势，为世界各国提供更加广阔的市场空间。在"双循环"新发展格局下，应进一步加快提升全要素生产率，畅通国内国际产业链、供应链、需求链循环，使国内国际循环优势互补、相互促进。城市 CBD 位于市场环境相对成熟、创新氛围浓厚的区域，聚集科技研发、金融服务、国际组织等机构，既链接全球市场资源，又聚焦于服务国内市场，发挥着联系国内国际经济活动的枢纽作用。CBD 的发展深刻反映了当前和未来时期城市核心竞争力和发展潜力，对于持续推动区域经济高质量发展具有重要意义。因此，CBD 应着力增强国内国际两个市场，在促进形成以国内大循环为主体、国内国际双循环相互促进的新发展格局中发挥引领作用。

（二）数据要素助力"双循环"新发展格局

2020 年 4 月 9 日，中共中央、国务院发布《关于构建更加完善的要素市场化配置体制机制的意见》，明确将数据作为一种新型生产要素写入政策文件，提出加快培育数据要素市场，推进政府数据开放共享，提升社会数据资源价值，加强数据资源整合和安全保护。数据要素与实体经济的融合有利于推动数字经济新产业、新业态、新模式发展，有利于资源要素优化配置，有利于放大劳动力、资本等生产要素在社会各行业价值链流转中产生的价值。同时，信息技术的快速发展促进信息处理、数据传输方式的升级，使生产成本不断降低，加速资源要素类型发生替代和转换，经济社会活动突破了时间、空间障碍，更有力地促进国内国际双循环，推动经济高质量发展。

（三）数据流通赋能 CBD 高质量发展

随着信息系统、互联网技术的发展，人类社会活动以及各类信息大量地以数据形式保留下来，这些海量数据通过流通形式逐步地参与了社会生产实践，对人民生活的各个方面都产生了深刻的影响，同时，云计算、大数据技术的发展提升了对存量数据资源的加工效率，降低了处理成本。数据流通是按照某种规则，将各种信息系统中的数据从数据供应端流向数据需求端的过程，数据流通使数据脱离了原来的使用场景，数据的使用目的和使用方法也发生了改变，从数据的生产端转移到其他数据的应用端，优化了资源配置，成为释放数据价值的重要环节。数据的产生依托于应用场景，进一步驱动技术发展。随着 5G、大数据等新兴技术的应用，CBD 将为数据的产生提供更为丰富的应用场景，科技和数字技术作为连接器，将数字经济融入实体经济中，加快了数字化对各领域各方面的升级步伐，有利于强化产业竞争力、提升资源配置效率、降低资源消耗，不断推动 CBD 由增量发展向质量发展升级，由传统产业向高精尖产业转型升级，由设施建设向营商环境优化提质，形成技术进步和经济发展相互促进的良性循环。

二　数据流通促进 CBD 发展的机制与实践

CBD 是现代化中心城市的重要标志，对经济社会有较强的辐射效应。数据流通从供需两端助力 CBD 发展，为加快促进消费潜力释放、资源要素优化配置、产业链转型升级、内外循环效率提升提供重要的技术支撑。CBD的高质量发展进一步切实有效地扩大居民就业和提高居民收入，全方面多维度地带动城市及区域经济社会的高质量发展。

（一）数据流通推动需求侧转型升级

第一，数据流通从多维度释放消费潜力，CBD不断引领消费升级。随着大数据、云计算、人工智能等技术的蓬勃发展，企业数字化、智能化加速转型，带动了在线文娱、线上服务、网络零售等线上消费需求的快速增长，"线上＋线下"的新方式进一步打破传统消费市场的时间空间限制，促进消费规模与消费种类不断扩大，消费结构不断优化，多层次释放市场消费潜力。网络购物、网络教育、网络医疗、网络娱乐等数字消费领域成为当前创新最活跃、增长最迅速、辐射最广阔的新兴消费领域。杭州武林CBD通过数字赋能提升消费新体验，开发云上消费体系，建设"云mall"平台，开展"云直播""云海淘""云闪送""云点单"等各类无接触购物模式，推动商贸零售企业智能化、场景化改造，无人货柜、无人便利店等已逐步布局。武汉CBD利用5G、直播等新技术推动线上线下消费融合发展，促进消费产业数字化，针对商务区及周边个性化消费需求，增加优质消费品供给，创造高品质消费体验。上海虹桥CBD打造国际化数字化消费购物环境，满足不同层次的消费需求，形成枢纽消费功能区、会展消费功能区、高端商务消费功能区和地区集中消费功能区，共涉及包括会展中心在内的各类商圈17个，面积120余万平方米，年销售额成绩显著。西安长安路CBD大力开展全域旅游示范区建设，建立"智游"文旅大数据监测平台，旅游业总收入年均增长15.3%。

第二，数据要素融入实体经济，拓宽中小企业嵌入产业集群渠道。从投资需求来看，信息通信技术的融合应用降低了中小企业价值链连接的难度，拓宽了中小企业融入产业集群的渠道，有助于中小企业嵌入国内分工体系。通过数字技术的驱动以及数字化平台的支撑，逐渐形成了产业集群，容纳了大量的中小企业，填补了产业链中的投资空缺，成为拉动经济增长的新引擎。广州琶洲 CBD 高标准做强全价值产业链，吸引阿里巴巴、腾讯、小米、唯品会等 26 家互联网及科技创新企业，涉及大数据、云计算、人工智能等新一代信息技术的多个行业领域，推动了新兴产业的发展，实现营业收入同比增长 36.4%。自 2017 年以来，市场主体数量以每年 2000～3000 家的速度快速增长，大批高成长性、高附加值上下游企业不断进驻，实现产业发展质量与效益的提升，截至 2020 年底，广州琶洲 CBD 企业总数占全区比重达到30.2%。银川阅海湾 CBD 打造科技创新服务产业园，围绕科技服务孵化基地、科技要素服务平台、科技要素交易（展示）中心，构建数字经济和科技产业服务生态，已落地科技、知产、普惠金融等核心产业服务企业 10 家。济南 CBD 创新济南片区"平台支撑+产业培育"发展模式，按照"培育一批、提升一批、孵化一批"的思路，对片区内首批培育的自贸创新产业园、检验检测产业园、中日国际医疗科技园等 11 个产业促进平台，制订"一平台一方案"的提升计划，畅通企业投资渠道。

第三，5G、大数据交易中心等新基建为 CBD 高质量发展奠定基础。经济高质量发展离不开基础设施的支撑，CBD 拥有现代化的生产与办公场地、便捷的交通网络、发达的网络通信系统、优美的环境以及充足的公共服务资源等基础设施。基础设施与数据要素、数字技术融合，实现智能化升级，为企业赋能，拓宽投资新空间。短期而言，"新基建"能快速扩大投资，释放新岗位，缓解经济下行压力。长期而言，以人工智能、5G 等为主的新兴科技将有助于精准测度需求、在线智能决策、推动产业升级。广州天河 CBD 已实现 5G 全覆盖，截至 2020 年底，已开通 438 个 5G 基站，光纤宽带实现全覆盖，与中国移动、中国联通、中国电信签订战略合作协议，与华为等5G 技术龙头企业合作，推动 5G 应用加速向各行各业渗透，促进智能楼宇、物联网、虚拟现实等新兴产业的发展，交通、教育、医疗、楼宇、警务、商场等场景已实现"5G+应用"。上海虹桥 CBD 共完成 1593 座 5G 基站建设，其中核心区完成 355 个，基本实现全覆盖。同时积极推进核心区绿色低碳城区建设，启动交通中心、国展中心低碳能耗的平台接入。银川阅海湾 CBD打造互联网数字经济服务业产业园，其中智慧园区成为全区第一个区域级的

5G 网络全覆盖运营区，人工智能体验中心是全区第一个"5G + AI"全场景商用示范展示平台。成功举办首届数字经济发展高峰论坛，互联网数字经济产业园签约八戒科技、58 科创及华录集团、新浪宁夏、腾讯新闻等 100 家数字经济企业，推动全区互联网数字经济企业集聚。

（二）数据流通促进供给侧结构性改革

第一，数据流通促进要素优化配置，CBD 整体生产效率不断提升。数据要素向传统要素的渗透融合提高了要素质量，推动要素由低质低效领域向优质高效领域流动，改善传统要素市场中资源错配问题，驱动各类要素协同向先进生产力集聚，提高了市场资源配置效率。同时，基于数字化技术应用场景的不断拓展和丰富，从微观生产经营活动到宏观经济运行都可以实现数据的实时采集传输和处理分析，推动信息流、管理流有机融合，增强经济形势预测与研判的科学性和前瞻性，提升经济决策能力，提高经济的运行效率。上海虹桥 CBD 通过数字经济发展实现了新兴技术拓展与扩散并重，促进了技术创新和制度创新，有效解决了一些产业的准入壁垒高、要素流动不畅、创新激励不足等问题，推动高生产率企业的进入和低生产率企业的退出，促进全要素生产率的提高。

第二，数据流通与金融资本相结合，加速实体经济的创新发展。伴随全球数字经济的蓬勃发展，金融与科技的相互促进，将大数据、云计算、人工智能等与金融相结合，使金融服务更准确、更高效；充分发挥资本市场对于推动科技、资本和实体经济高效循环的枢纽作用，进一步提升金融科技水平。上海虹桥 CBD 利用数字平台对接多层次资本市场，与上海证券交易所和上海股权托管交易中心深入合作，设立长三角资本市场服务基地虹桥分中心，吸引投资机构和资本市场中介服务机构，围绕区域经济发展、产业发展、重点科创企业资本运作需求等开展合作，充分发挥资本市场的资源配置功能，进一步增强虹桥商务区总部及研发功能，提升区域竞争力能力。武汉 CBD 支持金融业与科技创新深度融合，推动区块链、大数据、人工智能等新技术在金融业的深入应用，引进产业投资基金、知识产权交易平台等，发挥深交所湖北资本市场培育基地平台优势，扩展科技企业股权融资渠道，为科技企业提供上市辅导和金融支持。郑州郑东新区 CBD 建立基金大数据服务平台，推动省、市、区三级政府平台公司共同参与，通过打通与企业相关联的电力、物流、税收、5G 通信、公共资源五大数据资源，为企业画像实现投资标的显性化，为基金管理人精准提供项目尽调等相关投资增值服务。银川阅海湾 CBD 积极搭建互联网平台，推动保险、证券、期货等金融企业集聚，吸引科创、电商、信息、知识产权等领域的优质企业入驻园区。

第三，数字化提升产业链供应链科技化水平，塑造产业发展新优势。数字化使产业发展实现万物互联，推动全要素、全产业链、全价值链的连接，实现产业数字化、网络化、智能化发展，大幅提升了生产效率，发挥了增值赋能功效。广州琶洲 CBD 打造"共享创新平台 + 企业社群 + 智能测试与展示体验平台"的数字经济创新基地，推动数字经济产业集群发展。建设数字创意创新基地，以国家数字出版基地琶洲园区与广州市国家文化与金融合作示范区为核心平台，携手港澳大力发展数字文创、数字出版、数字音乐、动漫游戏等数字内容产业。上海虹桥 CBD 大力发展基于互联网和移动互联网等信息技术的智慧医疗，通过物联网、云计算、移动互联网、智能终端、健康信息等技术在医疗健康领域应用，打造"医、教、研、养、康"一体化的高端服务平台，形成医疗服务产业和智慧医疗产业集群。郑州郑东新区 CBD 打造高端产业创新发展的新引擎，以支持中原科技城建设为导向，深入探索人工智能产业细分领域无人机、无人驾驶、智能机器人方向的产业延伸链条和产业生态，纵深分析生物医药、数字文创等业态项目层级和产业集聚态势，通过延链、补链、强链，提升产业能级，打造专属于中原科技城的产业 IP。

第四，数据流通赋能 CBD 发展，劳动力结构和高素质人才不断优化。数据流通加快企业升级以及创新步伐，CBD 是区域创新的策源地，人才是创新的主体和源泉。通过各项人才引进和激励政策汇集全球创新型人才，形成带动经济发展的良性循环。2020 年，人工智能与数字经济广东省实验室在广州琶洲 CBD 启动建设，已会集 200 多位科研人员，引入脑机智能研

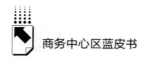

究中心、智联网技术中心、智能感知与无线传输中心、人工智能模型与算法研究中心、脑情感认知研究中心、工业智能技术中心等 12 个科研专项团队。

（三）数据流通支撑"双循环"新发展格局

第一，数据流通加快产业链循环，通过产业转移推动县域经济发展。城乡区域经济循环是国内大循环的重要方面，我国正处于城镇化快速发展时期，这个过程既创造巨大需求，也提升有效供给。新一代信息技术快速发展，围绕数字经济、人工智能以及分享经济、平台经济等新经济业态，培育县域经济发展的新动能，推动县域产业链、价值链和供应链的延链、补链和强链，为县域经济发展过程中产业动能、价值动能的培育提供了新契机，也为县域经济发展新动能的培育提供了新机会。上海虹桥 CBD 以数字平台建设为载体，强化服务辐射功能，引领和带动闵行、长宁、青浦、嘉定、松江等区加快产业转型升级和城市功能提升，加快改变城乡不均衡和二元结构，实现区域整体的跨越式发展。

第二，数据流通实现 CBD 规模经济和范围经济，助推国内市场建设。发挥超大规模市场优势和内需潜力是推动我国形成"双循环"新发展格局的必经之路，数字经济在充分发挥超大规模市场优势和内需潜力方面具有天然的技术优势。新一代数字技术以数据为关键生产要素，突破时空限制和传统产业边界，降低交易成本，逐步实现各类市场主体连接与密切协作，有利于超大规模市场优势的发挥，进一步促进内需潜力释放。同时，在数字科技的支持下，多品种协调以及企业之间的分工协作会提高产品多样化效率、降低差异化成本，通过范围经济加快新产品和新工艺的开发，进一步促进科技创新的良性循环。上海虹桥 CBD 依托新一代通信技术和各数字化服务平台，努力建设国家"一带一路"和"长江经济带"发展规划的重要节点和商务创新发展的引擎。搭建长三角一体化发展平台，服务长三角世界级城市群建设，促进区域网络化、开放型、一体化发展格局的形成。武汉 CBD 充分发挥商务区航空、铁路便利，地铁、快速路发达的交通区位优势以及园区内高端酒店密布的产业配套优势，积极承办国际性论坛、峰会、展会等活动，充分利用各类经济活动带来的信息流、资金流、物流、人流，推动关联产业跨越式发展。

第三，数据流通提升循环效率，从供需两端发力带动就业结构多样化。新一代信息技术从供需两侧赋能，畅通供需两侧信息流通渠道，逐步改变部分供需模式，充分利用市场这一最稀缺的资源，使规模效应和集聚效应充分发挥，推动形成更加具有交互性、开放性、共享性的经济系统。与此同时，移动支付不仅改变了人们的生活习惯，还积累了大量的数据，使得应用场景更加丰富全面，有利于扩大就业容量，促进更充分就业。西安长安路 CBD 积极搭建科技成果转化示范基地、陕西省军民融合创新示范基地、全国知识产权强县工程示范区，建立 13 个国家级、9 个省级、28 个市级众创载体，成立大学成果转化创投基金和校地融合种子基金，设立 3 个环大学产业发展基金，成立西安创新设计研究院、碑林海外人才工作站。在中国高校知识产权运营交易平台累计上线专利 440 万件，技术合同交易额突破 540 亿元，国家级高新技术企业达 286 家、省科技型中小企业达 201 家，"没有围墙的科技园"活力加速迸发。

第四，数据流通加快信息共享，CBD 总部经济和跨国经济吸引力增强。数据流通有利于国内外上下游企业资源要素融合，打通国内生产、分配、流通、消费各个环节，发挥国内超大规模市场优势。电子商务和远程服务的快速发展，促进数字贸易与国内产业发展的相互融合，进一步加快构建"一带一路"合作平台，为企业"走出去、引进来"提供强大的市场支撑。上海虹桥 CBD 着力低碳化和智慧化发展的特色，把最先进、最前沿的低碳化和智慧化技术及管理应用于上海虹桥 CBD 开发建设和运营管理的各个环节，推进星级绿色建筑、固碳技术措施、全覆盖屋顶绿化、绿色能源智慧交通、智能楼宇建设、智慧公共服务等项目在商务区应用，提升了对国际国内企业总部入驻的吸引力。宁波南部 CBD 以数字化为驱动力，现代贸易为主战场，产业平台化、企业总部化为主攻方向，加快构建内外贸并重、线上线下并举、to B to C 互融的现代贸易全产业链，打造现代化滨海大都市重要贸易窗

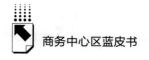

口。充分发挥开发商和龙头企业入驻楼宇的行业影响力，加快区外业务回流和上下游关联企业进驻，形成以产业链为特色的产业大楼。

三 CBD数据流通与场景应用发展面临挑战

新发展格局以及新一轮信息技术革命助力我国经济高质量发展，为CBD的发展带来爆发式的增长点。看到成绩的同时，我们也应该认识到新兴市场发展的诸多不足，数据流通赋能CBD还面临着诸多挑战。

第一，数据要素市场培育还不充分，供需两侧发力还有很大空间。自我国提出"国家大数据战略"以来，中央和地方层面推进数字经济发展和数字化转型的各类相关政策不断深化落地，数字经济在国民经济中的作用越来越重要。但是，面对一个快速发展的新生市场，数字经济与实体经济的融合还在探索实践中，新业态、新模式下消费还未形成较为成熟的市场，过去的惯性观念还没有立刻转变，新生事物在螺旋式发展过程中一定会面临各种客观存在的制度摩擦、安全隐患、产权归属等问题，数字化转型升级过程中也一定会存在技术层面、应用层面等各种各样的困难和障碍，相关政策制度的出台和修订完善也需要一个过程，不可能一蹴而就。诸多因素的叠加使我国数据要素市场还不够成熟，但也为进一步扩宽市场提供广阔的空间。

第二，数据要素发展不平衡，对畅通"双循环"产生制约。从算力资源的供需来看，随着5G、区块链等新技术的推广普及，算力资源需求快速增长，在应用端将大幅度增加算力和能源消耗。东部地区新技术的推广快，企业和个人应用范围广，算力需求增长比中西部地区快。但由于能耗等指标限制，算力资源分布出现结构性失衡，东部算力资源供给相对不足，而西部算力资源供给明显过剩。从各省数据中心利用率来看，北、上、广、深等一线城市数据中心已经处于饱和状态，而西部地区很多省份数据中心上架率较低，仍有很大的提升空间。从数字经济区域发展来看，东中西部、城市和农村、一二线与三四线城市之间在数字经济发展上存在较大差距，新一代信息通信网络基础设施建设布局还存在区域性不平衡，数字消费潜力和电子商务效率还有较大的空间。

第三，数据流通还不够畅通，有碍数据价值的全面释放。数据具有一定程度的排他性、质量价值差异性、收集成本高等特征，在数据流通过程中，由于存在数据资源分散、信息不对称、数据标准化和商品化体系尚未健全等问题，数据交易市场还有诸多的体制机制障碍以及客观条件约束。数字经济领域还存在一定的地方保护现象，地方政府鼓励和保护本地大数据产业，从而降低将数据中心建在外地或使用外地政务云的意愿，贵州、内蒙古等定位于面向全国提供算力资源输出服务的超大规模数据中心也难以得到其他地方政府的支持。数据尚不具备作为一种生产要素所必需的商品化、资产化机制，质量评估、权属界定、定价标准等都还没有建立体系，在现有属地化管理的财税体制下，企业税收征管按行政区划分，行业利润不能有效分配，不利于大型数字经济平台企业跨地域整合要素资源。诸多存在的问题在一定程度上降低了数据要素的赋能效率，其价值还没有得到充分释放。

四　CBD 数据流通与场景应用发展趋势展望

在新发展格局下，数据要素从加快供需信息对接、促进实体经济融合、畅通产业转移渠道、扩大就业规模等方面给经济社会赋能，CBD 作为地方经济发展的引擎，将释放更大的经济效应。

第一，通过数据流通加快供需信息对接，以 CBD 为核心促进"双循环"。借助人工智能与大数据技术提升供需匹配效率，通过数据流通为企业提供各类精准需求信息，降低企业的信息收集成本，优化生产环节的精细化动态调整，丰富企业产品，满足多样化需求。消费者通过各类信息平台，使需求信息能与企业有效流通，降低了供需双方的信息不对称，有效掌握消费偏好动态，帮助企业进一步细分市场，增强企业市场竞争性，提升供给质量，实现在降低价格的同时增加消费者效用水平。通过提升资源配置效率，缩短产品迭代周期，加快创新成果转化。CBD 是城市的核心，集中了最优质的资源，数据要素的畅通将进一步促进国内国际双循环。

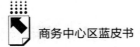

第二，通过数据要素融合实体经济，以产业数字化提升全要素生产率。数据要素通过数据中心、数据服务等基础平台嵌入实体经济，与人才、资本、创新等要素在实体经济中的融合，解决企业生产经营中的信息不充分或不对称问题，提升企业生产效率，增加企业经营效益，扩大数字产业规模，推动数字产业化。数据要素与实体经济深度融合，通过发挥高流动性、低成本、长期无限性和外部经济性等特点，推动全产业链、全价值链的互联互通，实现跨产业、跨区域的产业协同，促进产业结构优化升级，驱动产业数字化。数字技术既促进企业快速发展，也为技术进步提供了大量的数据基础，CBD 较多的服务业是提供源源不断的科技创新"数据富矿区"，随着CBD 科创企业、金融服务业等占比逐步增高，将进一步加速创新研发步伐，形成数字技术推动产业升级、产业升级进一步促进科技进步的良性循环。

第三，通过数据流通畅通产业转移渠道，以 CBD 引领区域经济协调发展。数据要素可以促进相关领域技术创新，数据跨域流通可以进一步使单一部门的技术创新扩散至全社会，有利于技术进步的协同发展。在国内国际双循环背景下，数据流通加快了各类要素流通速度，有利于区域竞争优势互补，推动区域间经济结构的转型升级，形成新的区域增长极。同时把数字经济延伸到国内外上下游企业的整合上，促进数字贸易与国内产业发展的相互融合，为企业"走出去"参与"一带一路"建设提供强大的国内市场支撑。CBD 是带动区域经济增长的引擎，数据流通将进一步加快 CBD 带动区域经济的循环效率，引导东部地区产业不断升级，西部地区承接产业转移，推动全国经济协调发展。

第四，通过数据流通扩大就业结构和就业人数，以 CBD 带动居民收入提升。人均可支配收入提高，有利于促进消费提升，实现国内大循环。实现人均收入增长就必须增加收入，通过增加就业、提高效益才能切实有效地带动国内大循环。数字经济给 CBD 带来多元化的就业机会，有助于增加就业、提高效率的双重收益。CBD 自身高质量发展也离不开人才，要不断创新招才引智举措，出台人才扶持政策，搭建服务培训平台，构建更为优良的数字企业和人才发展环境，通过人才带来项目、项目吸引人才的相互促进，发挥区位和产业链优势，加快吸引高端人才集聚。不断形成科技创新、人才吸引、扩大就业、提升收入相辅相成和相互促进的良好氛围，为实现高质量发展提供充足的各项保障。

参考文献

韩彩珍、张冰晔：《数字经济促进经济双循环发展的机理和路径》，《青海社会科学》2020 年第 6 期。

卢福财：《数据要素、数字经济与新发展格局》，《江西财经大学学报》2020 年第 6 期。

王芳：《关于数据要素市场化配置的十个问题》，《图书与情报》2020 年第 3 期。

王建冬、于施洋、窦悦：《东数西算：我国数据跨域流通的总体框架和实施路径研究》，《电子政务》2020 年第 3 期。

闫德利：《数字经济》，中共中央党校出版社，2020。

赵春明、班元浩、李宏兵：《数字经济助推双循环新发展格局的机制、路径与对策》，《国际贸易》2021 年第 2 期。

国际循环篇

International Circulation Chapters

B.7
CBD 与金融服务贸易开放[*]

张 宇[**]

摘 要： 金融服务业是 CBD 的核心支柱产业之一，同时也是目前国内改革开放的焦点领域。CBD 金融服务贸易的发展在我国金融体制改革和金融开放过程中扮演了重要的先行者和实践者角色。本文从中国金融服务贸易发展的现状入手，从市场份额、贸易增速、产业地位、出口市场分布以及国际竞争力等总体层面剖析了中国金融服务贸易发展的特点，并结合典型的 CBD 发展案例探讨了 CBD 在推进我国金融服务贸易发展和金融开放过程中所发挥的作用。在此基础上，针对目前 CBD 在发展金融服务贸易方面所面临的后发劣势、政策空间不足、业务模式单一与低层次集聚、条块分割和不利的外部

* 本报告为国家自然科学基金青年项目"国际金融危机传染的时空机制及对策研究"（项目批准号为 41801115）的成果之一。

** 张宇，中国社会科学院财经战略研究院，博士，副研究员，研究方向为国际贸易与国际投资。

环境等问题，从深化金融体制改革与开放、完善金融基础设施建设、促进区内金融科技创新以及探索完善开放条件下的金融监管体制等角度提出构建金融发展"双循环"体系，促进 CBD 金融服务贸易发展的相关对策建议。

关键词：　CBD　金融服务贸易　金融开放

在服务贸易的所有产业类别中，金融产业无疑是最令人关注的领域之一。一方面，作为对创新能力和技术能力要求最高的服务产业，金融服务贸易的发展情况可以在相当程度上反映一国金融产业的总体发展水平与国际竞争力；另一方面，作为国民经济中的重要支柱和命脉部门，金融业在对外开放过程中也有着较其他行业更高的经济安全压力和敏感性，令很多国家，特别是在金融领域处于相对弱势地位的发展中国家在金融服务贸易开放方面保持了更为审慎的态度。在目前的 CBD 发展实践中，金融产业往往被视作支撑 CBD 发展的支柱性产业，甚至成为部分 CBD 建设的核心，这不仅使得 CBD 在事实上成为金融服务贸易发展的前沿，而且在金融发展与开放的宏观时代背景下，也使得 CBD 成为探索新时期我国金融体制市场化改革与开放路径的先锋。本文立足中国金融服务贸易发展的现状，从总体层面剖析了中国金融服务贸易发展的特点，并结合典型的 CBD 发展案例探讨了 CBD 在推进我国金融服务贸易发展和金融开放过程中所发挥的作用。在此基础上，针对目前 CBD 在发展金融服务贸易方面所面临的问题，从国内国际"双循环"战略的角度提出促进 CBD 金融服务贸易发展的相关对策建议。

一　中国金融服务贸易发展现状与特征

作为金融活动聚集的主要地区，CBD 金融服务贸易的发展实际上是中国金融服务贸易总体发展情况的缩影。因此，了解我国金融服务贸易发展的现状和特点，对于了解 CBD 金融服务贸易的发展情况具有一定的参考意义。

（一）金融服务贸易发展现状

从历史发展进程来看，受国内金融机构整体竞争力及我国金融开放度的局限，我国的金融服务出口曾经在很长一段时期内处于偏低的状态。据 UNCTAD 服务贸易统计，在 1997 年，我国金融服务出口总额仅为 2700 万美元，且在 2004 年以前很长一段时间内位于 1 亿美元以下。随着我国加入 WTO 以及相关领域开放程度的不断扩大，金融服务的出口才开始显现一定的增长态势，到金融危机前的 2007 年，我国的服务贸易出口总额已经突破 2.3 亿美元。而在金融危机之后，随着发达国家金融部门的竞争力因危机蒙受巨大打击，中国金融服务出口开始迎来了真正快速发展的阶段：2008 ~ 2019 年，我国金融服务出口总额从 3.15 亿美元跃升至 39.04 亿美元，年均增幅高达 25.72%（见图 1a）。

伴随金融服务出口总额的迅速增长，金融服务出口在我国服务业乃至国民经济中的地位也得到显著的提升。如图 1a 所示，在 2008 年金融危机之前，金融服务出口在我国服务业出口中的比重相对有限，在大部分的年份中不足 0.2%。但在 2010 年之后，金融服务出口占我国服务贸易出口的比重突破以往的水平，达到 0.7% 的历史高位，并在此后不断上升，在金融服务出口规模最高的 2014 年，其出口总额曾占到我国服务贸易出口总量的 2.1%。尽管在此后有所回落，但仍基本维持在 1.2% 以上。

从金融服务进口的发展来看，我国金融服务的进口呈现较为明显的"先升后降"的发展态势。1997 ~ 2002 年，由于我国金融服务整体开放程度有限，金融进口一直维持在较低的水平，甚至呈现一定的下降态势，到 2002 年，我国金融服务的进口规模还仅有 0.9 亿美元。而在 2002 年加入 WTO 之后，随着金融市场对外资开放程度的不断扩大，金融服务业开始呈现加速上升的态势，在 2003 年便已突破了 2 亿美元，到 2014 年，金融服务进口更是达到 49.4 亿美元的历史高位，相对于 2002 年提高了近 55 倍。而

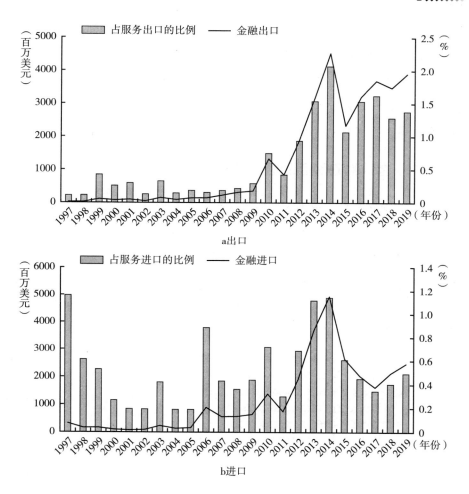

图 1　1997～2019 年中国金融服务出口与进口额及其占服务出口与进口比重

资料来源：根据 UNCTAD 数据库整理。

在此后，受我国国内金融产业整体竞争力提升以及由此带来的进口替代效应的影响，我国金融服务的进口规模开始下降，到 2017 年回落至 16.17 亿美元的水平。但在最近两年，伴随我国金融市场的全面开放，金融服务进口的总体规模再次出现回升，并在 2019 年达到 24.66 亿美元（见图 1b）。

从金融服务进口占国内服务贸易的比重情况来看，金融服务进口一直不是我国服务业的主要进口部门，除了在 1997 年以及 2013 年、2014 年的短暂时间内，金融服务进口占服务进口比重达到1%以上，大部分时间内金融服务进口占国内服务进口的比重都不足0.9%。在2019年，我国金融服务进口总额占全部服务业进口总额的比重为0.49%，仅相当于全球金融服务进口占服务进口总额（2.11%）的1/4，明显低于全球平均水平。单纯从进口渗透角度来看，可以认为我国的金融产业保持了相当的自给能力（见图1b）。

（二）金融服务贸易的现状与特点

从发展现状来看，我国金融服务贸易主要呈现以下几方面的特点。

1. 金融服务出口市场份额相对不足但增长迅速

我国在金融服务出口的总体规模上取得了长足的进步，但受制于我国金融产业竞争力的缺乏，金融服务出口在国际市场上仍处于相对落后的境地。在2019年，我国金融服务出口在全球的市场份额仅为0.75%，在全部16个服务贸易产业当中位居末席（见图2）。

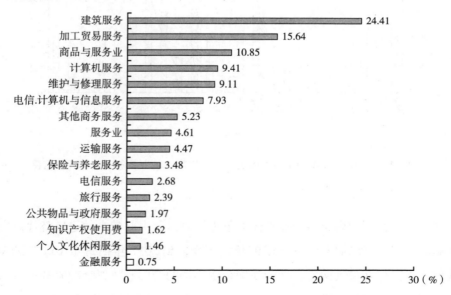

图2　2019年中国各服务产业出口总额在全球中的市场份额

资料来源：根据 UNCTAD 数据库整理。

　　尽管长期以来，我国金融服务出口规模相对有限，但从 2010 年开始，随着我国金融出口贸易的迅速增长，我国金融服务出口占全球的比重也骤升至 0.3% 以上，甚至在出口高峰的 2014 年接近了全球金融出口总额的 1%。到 2019 年，我国金融服务出口在全球金融服务出口中的比重仍保持在 0.75%（见图 3）。

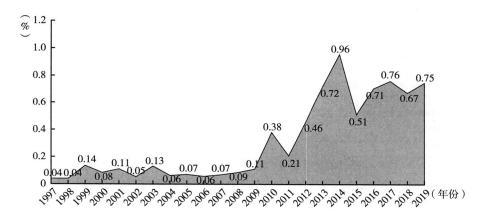

图 3　1997～2019 年中国金融服务出口占全球金融服务出口比重

资料来源：根据 UNCTAD 数据库整理。

2. 在服务贸易出口中的比重偏低

　　除去在全球金融服务出口中的市场地位相对不足之外，金融服务出口在我国服务贸易出口中的比重偏低也是我国金融服务贸易规模有待提升的另一个重要缩影。作为现代服务业中的一类重要且可贸易的产业，金融服务贸易一直是全球服务贸易中的重要组成部分。从全球范围来看，金融服务贸易出口在服务贸易出口总额中的比重通常会达到 8%～9%；以美国、英国为代表的大型发达经济体中，金融服务出口在国内全部服务业出口总额中的比重可以达到 15%～20%；而个别金融产业竞争力比较高，或经济严重依赖金融产业的中小型发达经济体（如卢森堡）中，这一比重甚至可以达到 50%（见图 4）。

　　而从中国的情况来看，尽管在金融危机爆发后的一段时间内，随着我国

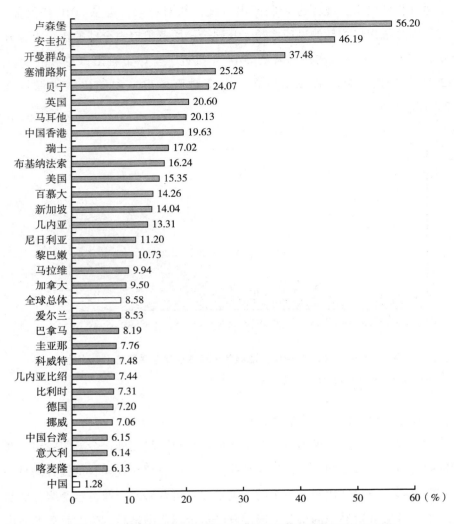

图4 2019年全球主要国家金融服务出口占本国服务出口比重

资料来源：根据 UNCTAD 数据库整理。

金融业的快速增长以及国际化进程的加速，金融服务出口在服务贸易出口总额中的比重有了大幅度的上升，但与上述发达国家，甚至全球平均水平相比仍处于严重不足的地位。在2018年，我国金融服务业出口总额在全国服务业出口中的比重仅为1.28%，约相当于美国的8%和英国的6%，以及全球平均水平的 15%。即便与很多发展中国家，如金砖四国中的印度（2.65%）、巴西（2.19%）、俄罗斯（2.13%）等国家相比也处于明显的劣势。在全球有服务贸易统计记录的 193 个国家中，中国金融服务出口占本国服务出口的比重仅居第 84 位。这与我国目前的经济地位以及技术能力远不相称的排名在一定程度上意味着，中国金融服务规模的不足可能并不完全归咎于国内金融企业技术水平与竞争力的落后，中国相对封闭的金融体系以及对金融服务贸易的严格管制更有可能是导致中国金融服务出口规模不足的根源。

3. 出口市场范围相对局限

除了规模和市场地位存在较大上升空间之外，我国金融服务出口所呈现的另一个特点则是出口范围的相对狭窄和局限。目前，我国的金融服务出口基本上仍是基于"客户跟随"动机驱使之下的一种被动的选择，即主要以海外的华人和中资企业为目标市场，通过为其生活以及生产经营活动提供所需的金融服务来实现金融服务的出口。这一特点决定了我国的金融服务出口更多地集中在中资企业海外投资活动集中的区域，或海外华人集聚的国家和地区。而反观以美国为代表的金融服务出口大国，由于其金融活动的高度全球化特征以及美国企业遍布全球的生产网络体系，其金融服务出口的市场分布相对中国要更加广泛和分散。

图 5 显示了 2019 年中国和美国各自金融服务出口的市场分布情况，从中可以清晰地看到二者之间的差异。对于美国而言，英国和加拿大是其金融服务出口的前两大目标市场，但其比重却分别只占美国全部金融服务出口总额的 14% 和 7%；而紧随其后的卢森堡、日本、中国、澳大利亚以及爱尔兰作为其主要的服务贸易出口目标市场，其在美国金融服务出口总额中的比重也大都只占到 3% 左右；针对除此之外其他国家的出口在美国金融服务出口中的比重则达到 60%。而反观中国，作为外商直接投资和对外直接投资的第一大伙伴，仅针对中国香港地区一地的金融服务出口就占到我国全部金融服务出口总额的近 40%；而如果将中国澳门和中国台湾地区计算在内，针对港澳台三地的金融出口在我国金融服务出口总额中的比重可以达到 45%。除了港澳台

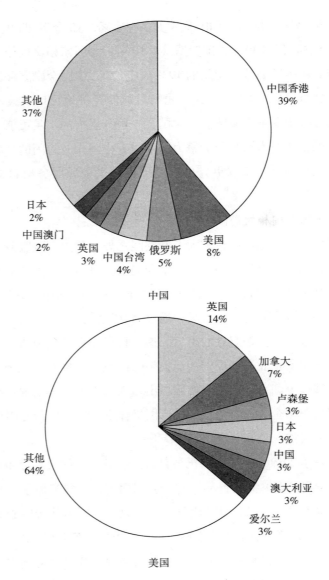

图5 2019年中国与美国金融服务出口的市场分布

资料来源：根据 UNCTAD 数据库整理。

地区以及美国、俄罗斯、英国和日本几大市场之外，针对全球其他地区的金融服务出口在我国金融服务出口总额中的比重则仅有37%。

借用市场集中度测算中常用的"赫芬德尔指数",我们可以构建金融服务出口市场集中程度的指标 *FED* 如下:

设一国 i 对于其他国家 j($j = 1, \cdots, n$)的服务出口额为 E_{ij};则对 j 国的金融服务出口占其全部金融服务出口总额的比重可记为 $E_{ij} / \sum_j E_{ij}$,由此建立金融服务出口市场集中度指标 FEG_i 为:

$$FED_i = \sum_j \left(E_{ij} / \sum_j E_{ij} \right)^2 \qquad (1)$$

该指标越接近于 1,则表明其金融服务出口的市场越集中;反之,如果该指标越接近于 0,则表明该国的金融服务出口的市场越分散。

图 6 显示了依照(1)式计算所得的全球主要国家金融服务出口集中度情况,该结果可以进一步显示我国金融服务出口市场分布集中化的典型特征。根据计算结果,中国金融服务出口的市场集中程度指标约为 0.17;仅次于加拿大、日本、芬兰而位居全部样本国家的第 4 位;显示了我国金融服务出口较高的市场集中趋势。相对而言,金融服务较为开放的中国香港地区的金融服务出口分散度则为 0.10,与很多欧美发达国家大体相当;而结合中国对香港地区金融服务出口比重较高的现象,可以认为中国香港地区在中国内地金融开放服务有限、金融服务贸易管制较为严格的情况下更多地承担了金融服务出口的"窗口"与"桥梁"的职能,很多国内的金融产业可以通过转道中国香港的方式间接服务于全球金融市场,因此单以中国大陆地区的情况而论可能会低估我国金融服务业的出口规模、市场覆盖能力以及总体的国际竞争力。然而即便考虑香港地区的桥梁作用,中国金融服务出口的市场覆盖能力与发达国家相比仍然存在一定的差距——以美国、英国、法国等为代表的全球金融服务出口大国,其出口市场的集中度普遍在 0.1 以下;而以卢森堡、瑞士和新加坡为代表的全球金融中心,其金融服务出口的市场集中度甚至更低,其中卢森堡的金融服务出口集中度仅为 0.07,而瑞士和新加坡的金融服务出口市场集中度甚至可以达到 0.03 和 0.01,充分显示了其强大的金融服务市场覆盖能力,同时也凸显了我国与这些国家在国际金融市场上的市场拓展与综合供应能力方面的巨大差异。

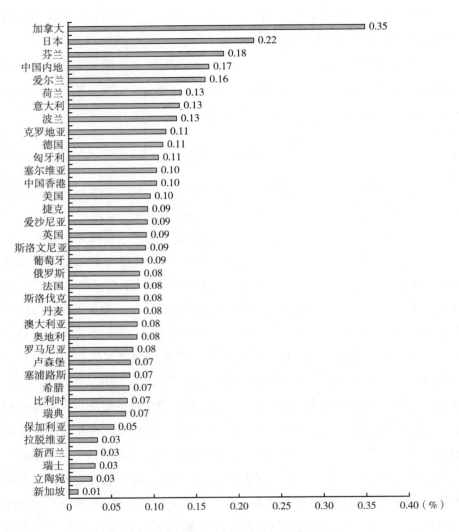

图6 中国与美国金融服务出口的市场分布

资料来源：根 UNCTAD 数据库整理。

4. 出口竞争力相对缺乏

出口显性比较优势指数是从相对市场份额角度评价产业国际竞争力的常用指数。基于 RCA 指数，可对我国金融服务产业的国际竞争力情况做出如下评价和判断。

从我国自身的纵向发展情况来看，我国的金融服务出口显性比较优势指数远低于1，意味着我国在金融服务出口方面总体上处于相对劣势的地位。但该显性比较优势指数在加入WTO后基本上呈现上升态势，且上升趋势具有一定的加速倾向：2005～2009年，由于金融服务出口在我国服务出口中的总体比重偏低，我国金融服务出口的显性比较优势指数维持在较低水平，提升幅度也较为缓慢，5年内一直在0.01～0.02；而从2010年开始，随着金融开放程度的提升和我国金融企业国际竞争力的增强，金融服务出口显性比较优势指数开始进入快速上升期，到2014年达到0.09的历史高点，相对于2010年提升了近2.3倍；尽管在随后有所回落，但在2019年仍然维持在了接近0.07的水平（见图7）。

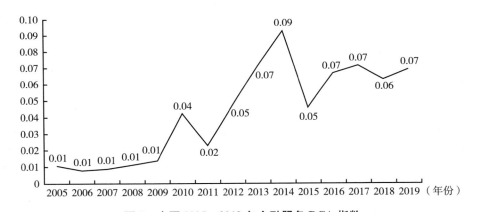

图7　中国2005～2019年金融服务 RCA 指数

资料来源：根据 UNCTAD 数据库计算。

然而从国家之间的对比情况来看，尽管中国金融服务出口的显性比较优势指数呈现较快的增长态势，但与很多国家，特别是一些金融产业发展历史较为悠久的传统欧美发达国家相比仍然处于比较明显的弱势地位。欧美发达国家普遍表现出较强的金融服务出口显性优势，其中卢森堡以22.14的出口显性优势指数居全球首位，而英国、美国和瑞士也分别以2以上的 RCA 指数位居欧美国家的前列。与欧美发达国家相比，我国金融服务产业的国际竞争力则相对有限，仅以0.07的水平位居欧美发达国家的末席（见图8a）。

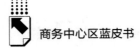
进一步从中国与亚太经济体的对比来看，中国的金融服务出口显性优势指数也处于相对落后的地位，仅高于越南，落后于绝大多数的亚太经济体（见图8b）。在转轨经济国家样本的对比中，中国金融服务业的出口显性优势地位有了一定的增强，略高于塞尔维亚、保加利亚等国，但仍落后于俄罗斯、波兰、捷克等主要转轨经济国家而处于转轨经济体样本的下游（见图8c）。而在新兴发展中经济体的对比中，中国金融服务出口的显性比较优势也要明显落后于印度和南非，并略低于巴西和俄罗斯而居于金砖国家的末席（见图8d）。因此从出口显性比较优势情况来看，受金融体制局限以及国内金融业技术能力的制约，我国金融服务出口呈现比较明显的相对竞争劣势地位。

二　CBD 的金融集聚与金融业开放

相对于其他产业而言，金融业有着更为明显的外部规模经济和产业集聚特征，而作为城市高端商务活动的主要聚集区，CBD 则成为承载城市乃至区域金融产业发展的重要载体。在目前全国范围内几乎所有的大中型 CBD 规划中，金融业的发展都是其中的核心支柱产业之一。而在我国金融行业总体开放程度不断扩大的背景之下，这些集聚了众多国内外高端金融机构和金融总部的区域也随之成为我国金融业对外开放的前沿。

（一）上海陆家嘴金融城

上海陆家嘴金融城位于上海浦东新区，占地 1.7 平方公里，规划建筑面积 400 万平方米，是上海 CBD 的主体构成部分之一。1990 年，国务院宣布开发浦东，并在陆家嘴成立全中国首个国家级金融开发区，上海陆家嘴金融城的发展由此打上了明确的"金融开放"烙印。经过 30 年发展，上海陆家嘴金融城已成外资金融机构布局中国业务首选地，集聚了上海证券交易所、上海期货交易所和中国金融期货交易所等 10 余家金融要素市场和金融基础设施机构，基本形成由股票、债券、货币、外汇、商品期货、金融期货、黄金、保险等构成的全国性金融市场体系，并集中了包括汇丰银

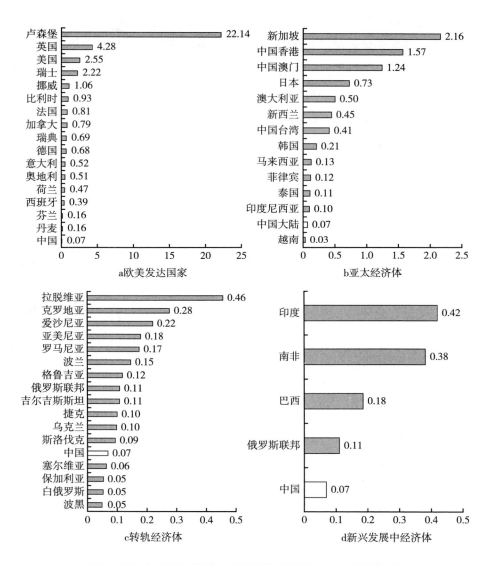

图 8 2019 年中国与世界主要经济体金融服务 RCA 指数对比

资料来源：根据 UNCTAD 数据库整理。

行、花旗银行、渣打银行等在内的众多跨国银行的大中华区及东亚总部，成为我国金融业对外开放最重要的窗口，也是中国最具影响力的金融中心之一。

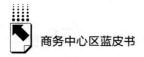

上海自由贸易实验区的设立以及众多开放措施的推出标志着我国金融开放进入了新的发展阶段，并在诸如推动人民币自由兑换、发展离岸金融服务等方面率先进行了尝试。随着自贸试验区建设的不断深入以及我国金融业总体开放进程的推进，上海自贸试验区也成为新一轮金融自主开放的焦点。作为上海金融业集聚的核心区和金融开放的龙头，为响应国家全面扩大金融自主开放的战略要求，2020年由人民银行、银保监会、证监会、外汇局和上海市政府共同发布了《关于进一步加快推进上海国际金融中心建设和金融支持长三角一体化发展的意见》，本着服务实体经济高质量发展、深化金融体制机制改革和防范系统性金融风险的总体要求，进一步放宽了对外资金融机构的市场准入，包括试点外资机构与大型银行在上海合资设立理财公司，支持外资机构在上海设立或控股证券经营机构、基金管理公司，鼓励境外金融机构在上海投资设立和参股养老金管理公司，以及设立专业资产管理子公司，支持符合条件的非金融企业集团在上海设立金融控股公司等；同时加强上海国际金融中心与国际金融市场法律制度的对接，允许境外机构自主选择签署中国银行间市场交易商协会、中国证券期货市场或国际掉期与衍生工具协会衍生品协议，加快建成与国际接轨的金融规则体系，参照国际标准提升上海金融法院专业化审理水平等。

在相关措施的推动下，上海陆家嘴金融城的金融开放再上台阶：上投摩根成首家外资绝对控股的公募基金，大韩再保险上海分公司获批筹建，建信、中银等金融科技公司聚集，支付宝、银联等第三方支付机构业务拓展，瑞银集团拟作为控股母公司直接协调目前分业经营的在华业务，加强境内外互动，将瑞银集团跨业务线以及跨境的全面金融解决方案带到中国……截至2019年底，浦东共有银证保持牌类金融机构1078家。包括外资法人银行、外资保险法人公司在内，浦东在多个金融细分领域的集聚度全国第一。截至目前，上海陆家嘴金融城已成为外资金融机构布局中国业务首选地，集聚了全国41%的外资法人银行、上海84%的外资保险公司以及全国90%左右的外资私募机构，使上海陆家嘴金融城进一步成为新时期上海乃至全国金融开放的重要引领。

（二）北京 CBD

北京 CBD 地处北京市长安街、建国门、国贸和燕莎使馆区的中心交汇区。作为全国国际化程度最高的 CBD 之一，该区域内集聚了大量的国际化资源，包括北京市约 90% 的国际传媒机构，约 80% 的国际组织和国际商会，约 80% 的跨国公司地区总部，约 70% 的世界 500 强企业，以及约 70% 的国际金融机构。区域内国际交流频繁，多元文化交融，区内登记外籍人口近4.4 万人，约占北京市的 50%；北京市约 50% 以上的国际性会议、90% 的国际商务展览在这里举办。

经过多年的建设和发展，目前北京 CBD 已经基本形成了以国际金融为龙头、高端商务为主导、文化传媒聚集发展的产业格局。2015 年，国务院正式批复北京市服务业扩大开放综合试点总体方案，其中涵盖了支持符合条件的民间资本和外资进入金融服务领域，优化金融机构股权结构，便利外资金融机构设立外资银行以及与国内民营资本共同设立合资银行，支持设立外资专业健康医疗保险机构，以及鼓励有实力的金融机构通过设立境外分支机构和并购等多种渠道开展境外业务等，为北京市金融服务扩大开放提供了历史契机。经过三年的试点，北京 CBD 的金融开放程度得到进一步的提升，截至 2018 年 11 月，北京 CBD 功能区金融业企业达到 1252 家，实现税收266.53 亿元；以标普信用评级（中国）有限公司、穆迪（中国）信用评级有限公司、中国人民人寿保险股份有限公司为代表的 23 家外资与内资金融业总部落户北京 CBD，呈现了国际化特色突出、落户机构体量大的特点。

在上述成就的基础上，2020 年国务院批复关于深化北京市新一轮服务业扩大开放综合试点，建设国家服务业扩大开放综合示范区的工作方案，契合国内金融领域全面扩大自主开放的战略背景，进一步放松了金融服务方面的外资准入限制，包括优先在北京市允许跨国公司设立外商独资的财务公司，探索本外币合一的跨境资金池以及本外币一体化试点。同年，中国（北京）自由贸易试验区正式设立，并将深化金融领域的开放创新列入主要任务，除了进一步放宽外资准入和本外币一体化试点之外，研究推进境外机构投资者境内证券投资渠道整合，允许更多外资银行获得证券投资基金托管资格，并围绕支付清算、登记托管、征信评级、资产交易、数据管理等环节鼓励金融科技创新，支持借助科技手段提升金融基础设施服务水平，探索金融科技创新监管的试点。此外，北京还对金融机构在开办设立、购租房补贴、金融人才激励服务等方面给予政策支持，并针对外资金融机构建立服务管家、登记注册"绿色通道"、人才引进"绿色通道"、人才生活服务保障这四方面推出便利举措。

相关政策的出台也进一步激发了北京 CBD 的金融开放活力。2018 年 9月，全球最大的征信机构之一益博睿在京落地并获得征信业务资格，11 月瑞银证券成为新一轮金融开放后全国首家外资控股证券公司。2019 年 1 月标准普尔在京子公司获准进入中国债券市场开展信用评级业务，同年 6 月，环球同业银行金融电讯协会（SWIFT）在京设立中国区子公司。目前，万事达、VISA 两大银行卡清算组织，以及标准普尔、穆迪、惠誉三大信用评级机构均在北京设立子公司，另有多家外资金融机构表达了在北京落地的意向。2021 年 1 月，先后四个"全国首家"，即全国首家另类投资保险资管公司——国寿投资保险资产管理有限公司，全国首家外资全资控股的持牌支付公司——国付宝信息科技有限公司经人民银行批准落户，全国首家外商独资保险资管公司——安联保险资产管理有限公司，以及全市首家外资基金管理人——科勒（北京）私募基金管理有限公司在京落地；同时 CBD 区域内壳牌集团、中粮财务、中航工业财务三家公司成功获批。中金公司完成国内券商首单代客结售汇业务，不断强化北京 CBD 金融开放发展的示范效应，助推金融开放前沿区的建设。

（三）郑东新区 CBD

郑东新区 CBD 位于河南省省会郑州市区东部，是郑州市委、市政府根据国务院批准的郑州市城市总体规划，为实施特大城市框架、扩大城市规模、加快城市化和城市现代化进程战略而投资开发建设的新城区。作为其中的商业中心区，郑东新区 CBD 面积约 3.45 平方公里，是一个集商务、办公、住宅、观光、休闲和研究等多种功能为一体的城市环形建筑群。

相对于北京、上海、广州等一线城市，郑东新区 CBD 的起步较晚。但作为中原地区的核心城市和交通枢纽，郑东新区 CBD 的发展也有着强有力的区域经济依托，且以郑州商品交易所为代表的金融基础设施也使得当地的金融产业具有一定的历史和现实底蕴。2016 年，中国（河南）自由贸易实验区正式设立，并明确提出了扩大金融对内对外开放，允许外资股权投资管理机构和创业投资管理机构开展人民币股权投资和创业投资基金，放宽跨国公司外汇资金运营管理准入条件，逐步允许境外企业参与商品期货交易，拓展跨境电子商务金融服务，探索与自贸试验区相适应的本外币账户管理体系，促进跨境贸易和投融资结算便利化，建立健全开放条件下的金融风险防控体系等举措，成为中原地区金融开放的重要助推。

作为河南自贸试验区金融改革的主要承载地，郑东新区 CBD 立足"两个国际化"建设，主动对标先进地区，加快金融创新步伐。自 2017 年挂牌以来，已累计上报"保险＋期货"试点、PTA 期货引入境外交易者、中瑞集团供应链金融业务创新、建设项目"服务八同步""拿地即开工"模式等40 余例创新案例。为外商进入自贸试验区金融领域提供便利，促进对外开放，2019 年 9 月 6 日，郑东新区自贸办牵头制定出台了全省首张行业对外开放清单——《中国（河南）自由贸易试验区郑州片区郑东区块金融服务业对外开放清单指引（2019 年版）》。该清单的设立使得外资金融机构对自贸区内分支机构设立要求、设立程序有了更加清晰的了解，提升了外资进入我国金融领域的便利性和可操作性，彰显了郑东新区 CBD 依托自贸试验区、不断深化和扩大金融对外开放的鲜明态度，并为自贸试验区金融业进一步扩大开放进行积极有益的探索。在其影响下，包括世界 500 强的利宝保险、日本住友商事株式会社，美国 500 强的世邦魏理仕在内的一批国际大型金融机构落户郑东新区 CBD。截至目前，新区共引进各类金融机构 109 家，核心区累计引进各类金融机构达 374 家，助力郑州实现三大政策性银行、五家国有银行、十二家全国性股份制银行全落户，并自身形成较为完善的金融产业体系。

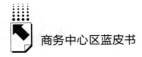
与此同时，在推进金融制度创新方面，郑东新区 CBD 还充分利用自贸区先试先行的制度优势，主动研究期货行业的开放政策措施，同时与郑州商品交易所（以下简称"郑商所"）定期进行交流，支持郑商所用好用活自贸政策，开展期货期权新品种研究，拓宽上市交易品种。其中，菜籽粕期权、动力煤期货、短纤期货于 2020 年先后上市，完成年内有 1 ~ 2 种新交易品种上市的目标，同时也正在探索在更多交易品种中引入境外投资者。在此基础上，新区主管部门也通过主动与驻区的人行郑州中心支行、河南银保监局、河南证监局等监管部门，以及驻区的金融机构、跨国企业、外资企业联系，建立了创新沟通平台，陆续形成并上报"郑商所期货期权品种创新""中原银行打造大数据驱动的敏捷银行"等 12 例在全国较为领先、实施效果显著并可复制推广的创新案例，有力地推动了周边地区乃至全国金融开放实践的发展。

三 CBD 金融服务贸易发展面临的主要障碍

凭借在产业集群、人才以及基础设施建设等方面的优势，CBD 可以成为未来我国金融开放以及相关的金融服务贸易发展的重要先锋力量。然而由于我国目前金融服务业总体的发展水平和 CBD 在规划建设等方面存在的一些问题，我国目前的 CBD 在发展金融服务贸易方面也面临着如下一些障碍。

（一）金融国际业务发展总体起步较晚

从产业发展的总体形势来看，中国金融机构的国际化经营总体上起步较晚，导致相对发达国家大型金融机构的后发劣势是制约我国金融开放和服务贸易发展的核心因素之一。仅从现代金融产业的核心——商业银行的情况来看，发达国家大型商业银行动辄有上百年的历史，在国际市场上已经深耕多年，从公司治理架构、风险管理机制、产品创新发展上早已建立起符合国际化经营的模式，具有相当高的跨境资产水平。根据巴塞尔委员公布的全球系统重要性银行数据来看，截至 2018 年末我国前五大银行（工、农、中、建、交）跨境资产不足 1 万亿欧元，日本前五大银行的跨境资产和美国前五大银行的跨境资产相当，均在 2 万亿欧元以上，约相当于我国前五大商业银行的 2.5 倍；而得益于欧盟区域内贸易、金融的高度一体化程度以及制度、文化等的一致性，欧洲前五大银行跨境业务更是接近 5 万亿欧元，约为我国前五大商业银行的 5 倍，其中仅老牌外资商业银行汇丰银行跨境资产规模就已近 1.5 万亿欧元，约为我国五大商业银行合计的 1.6 倍。如此之高的国际化程度必然会带来远比我国商业银行更丰富的客户群体和业务范围，并可以通过充分利用客户黏性资源以及金融行业显著的规模经济和范围经济特征降低国际化过程中的成本，不断巩固和扩大自己的优势。相比之下，自剥离不良资产、改革治理机制和建立现代化的经营管理机制至今，我国以商业银行为代表的金融机构现代化发展的道路不过区区二十余年，商业银行大规模的走出国门则更是 2008 年金融危机之后才开始的，且由于资本市场开放程度的限制，海外的商业银行机构也主要奉行跟随策略，立足于为本国跨国企业在东道国提供相关的金融服务，客户范围和业务范围都十分有限，在国际金融服务贸易的市场上，还缺乏与发达国家金融机构全面竞争的技术能力和市场竞争力。

（二）业务模式单一与低层次集聚

从制约我国金融机构竞争力发挥的主要因素来看，业务模式的单一是其中的重要问题之一。长期以来，我国形成了以间接融资为主导的金融市场体系，企业融资以贷款为主，股票和债券等直接融资市场相对欠发达，而商业银行资金获取的主要来源也基本上来自贷款派生的存款。相对而言，西方发达国家的股票债券等直接融资市场更为发达，企业直接融资占比较高，而商业银行的资金来源也不仅仅局限于传统的存款，而是通过债券市场进行批发性融资，这就造成了我国和发达国家金融机构在业务结构上的差异。仍以商业银行为例，从资产结构来看，根据银行家杂志公布的 2019 年末数据，我国大型商业银行信贷资产较高，占比普遍在 60% 左右，工、农、中、建四大行占比分别为 59.09%、55.67%、59.02% 和 63.36%，而发达国家的跨国银行信贷资产占比普遍在 40% 以下，其中摩根大通、美国银行、花旗银行、汇丰银行、三菱日联银行、巴黎银行等知名跨国银行信贷资产占比分别为 36.97%、42.26%、36.8%、41.05%、32.42%、39.1%，高盛银行更是仅有 14.76%；从负债结构来看，我国商业银行存款占比较高，四大商业银行存款占比基本在 80% 左右，而发达国家大型跨国银行除富国银行之外，其他如汇丰银行、美国银行、花旗银行、高盛银行、德意志银行等占比基本在 50% 左右。这种单一化的资产和负债业务模式也使得我国金融机构，特别是居于核心地位的商业银行收入来源相对单一，2019 年工、农、中、建四大商业银行的非利息收入占比分别为 20.5%、16.4%、19.1% 和 22.0%，其他跨国银行如汇丰银行、美国银行、富国银行、高盛银行、德意志银行普遍在 40% 以上。

上述业务模式和收入结构的差异不仅体现了我国与发达国家金融市场之间在产品丰富程度、服务多元化程度以及中间业务承揽能力方面的巨大差异，另一方面也造成了 CBD 金融产业在发展过程中的低水平集聚现象，除北京、上海、深圳等少数金融创新活跃的地区之外，大多数 CBD 地区所聚集的金融产业集群实际上仅仅是银行、保险、证券等金融机构的区域性分支机构或营业网点的简单堆集，而并不具备高层次和高技术含量金融服务的提供能力。这一方面使得 CBD 的金融集群在业务范围方面难以满足开放条件下更加多元化和高层次的金融服务需求，限制了 CBD 金融服务贸易的发展空间，另一方面也使得 CBD 的金融产业难以产生可观的附加值，无论是对于金融机构本身还是对 CBD 区域的价值成长和效率提升都形成了一定的制约。

（三）缺乏深层次金融开放政策空间

金融服务贸易的发展依赖于金融开放。然而从我国目前金融体制的改革与发展实践来看，金融开放的政策主动权更多地掌握在中央层面，而对于金融服务贸易集聚的 CBD 而言，在多数情况下只能遵照国家的总体开放步骤和战略部署，在有限的政策空间中推进金融开放相关的政策举措，导致了在金融开放以及金融服务贸易促进工作中，往往只能依靠单一的财政税收补贴或堆积硬件基础设施等间接性的激励措施，造成扶植政策的层面低、力度弱，可供操作的政策抓手不足，难以对高层次的金融机构和金融服务贸易活动形成足够的吸引力。

尤为重要的是，当前我国的金融开放正处在探索层面，诸如资本项目可兑换、外资金融机构行业准入、离岸金融以及国内金融机构海外投资等涉及深层次金融开放的政策正在借助自由贸易试验区和服务业开放试点等进行尝试，从而形成了不同地区之间在金融开放政策空间方面的制度高差——以北京、上海为代表的部分金融活动较为发达的地区凭借"先行先试"的政策地位可以在金融开放措施方面获得更广泛的改革空间，相对而言，其他一些不具备一线城市地位的地区在金融开放方面则只能等待相关试点政策推广之后才能全面铺开。这种政策差异的存在一方面赋予了金融发达城市的 CBD 以"强者恒强"的正反馈优势，强化了一线城市和普通城市 CBD 金融产业发展程度和层级的差异；另一方面也对其他地区 CBD 的优质金融产业资源形成了巨大的虹吸效应，造成与金融开放密切相关的金融服务贸易在少数地区的过度集聚，并可能对非一线城市 CBD 金融服务贸易的发展形成一定的冲击。

（四）"条块分割"特征明显

金融行业本身所具有的规模经济和范围经济特性易于形成垄断式的市场结构，加之我国长期以来在金融市场准入方面的限制，我国的金融市场呈现较为明显的寡头垄断特征，少数大型金融企业在相关领域内形成了绝对的主体地位，并通过在各地区设立分支机构的方式在全国范围内开展经营；相对而言，集中服务于某一地区的中小型区域性金融机构则相对缺乏。反映在 CBD 的金融产业发展方面，这种市场结构也带来了明显的"条块分割"特征——区内聚集的金融企业多为大型金融机构的区域分部或分支机构，从而在经营战略和企业管理方面呈现"条"状的垂直特点；而在 CBD 的产业规划设计以及行业监管方面，又因归属于当地政府管理而具有典型的"块"状特性。

理论而言，这种"条块分割"的特征也可能会对 CBD 的金融服务贸易发展产生一定的制约作用。首先，在"条"状的垂直管理体系下，各地金融企业的业务拓展与具体的发展战略更多地服从和服务于总部的要求，从而导致以"块"状分割为基础的金融开放政策试点体系难以与区内金融机构的具体业务实现有效的对接，地区性的开放和鼓励政策因无法影响到总部层面而无法真正落到实处，极大地制约了金融开放政策在促进金融服务贸易发展方面的实际效果。其次，"条"状分割的金融市场主体在业务领域方面也与其他金融企业之间缺乏足够的横向联动，使得"块"状规划下的金融产业集聚只是金融分支机构在形式上的地理集中，而缺乏 CBD 应有的产业关联和互动，在综合性更强的金融服务贸易领域难以发挥足够的产业集群优势。最后，"条块分割"的市场结构特征也会导致金融机构和地方政府主管部门之间在风险监管目标等方面难以协调一致，在金融开放以及地区间监管制度与政策难以统一的背景下，可能诱发金融机构将风险向监管门槛更宽松的地区转移，并借由"制度洼地"效应对当地开放条件下的金融安全和风险防控形成一定的挑战。

（五）不利的外部环境因素

作为一种外向型经济活动，金融服务贸易的发展也同样面临着外部环境因素变化的显著影响。从近年来的发展情况来看，我国总体的经济发展面临着"逆全球化"和保护主义的干扰，同时自 2019 年底以来，又进一步叠加了新冠肺炎疫情的冲击，使我国的外向型经济活动经受了史无前例的巨大考验。在这样的宏观外部背景下，CBD 未来一段时间内的金融服务贸易发展也自然面临着更为严峻的挑战。

自 2008 年金融危机爆发以来，以美国为代表的西方发达国家金融体系遭受重创，甚至直接使得发达国家的对外经济政策由自由开放转向保护主义，并引发了"逆全球化"风潮的盛行。表现在金融服务开放方面，美国开启了一系列改革来限制国外商业银行在美发展，避免支付较高的金融稳定成本[①]，随后欧盟也通过修订《资本要求指令》，要求在欧资产超过 400 亿欧元的外

---

① 《多德—弗兰克法案》要求外资商业银行只要在美资产超过 500 亿美元，就要设立中间控股公司，执行更严格的监管规则和更严格的压力测试。

资银行必须成立中间控股公司，接受更严格的监管。此外，美国还通过长臂管辖原则以不当处理操作存托凭证、为美国实施制裁的国家转移资金等为由，对德意志银行、巴黎银行等外资商业银行开出罚单，我国商业银行亦不能幸免。这些举措都为我国金融机构的国际化经营设置了重重的障碍，极大地限制了拓展我国金融服务贸易的步伐。

与此同时，突如其来的新冠肺炎疫情在 2019 年底席卷全球，造成了世界范围内大面积的生产停滞，使得原本复苏乏力的全球经济再次陷入衰退的泥潭。新冠肺炎疫情的突发一方面破坏了跨国公司原有的供应链体系，造成了贸易和投资的停滞，并导致国际贸易与投资活动所衍生的各类国际金融服务市场需求的大幅萎缩；另一方面，疫情肺炎爆发导致的全球经济停滞与衰退，以及由此带来的产业转移可能会进一步激发各国的保护主义倾向，对于国际资本流动的限制也将出现前所未有的强化，相关的金融开放以及金融服务贸易的拓展也将面临更为严苛的外部环境条件。

四 以"双循环"体系促进 CBD 金融服务贸易发展的对策建议

在当前国内增长方式转型的关键时期，面对复杂多变的外部环境，充分利用国内国际两种市场资源，构建"以国内大循环为主体、国内国际双循环相互促进的新发展格局"是重塑我国国际合作和竞争新优势的重要战略抉择。对于金融产业而言，一方面其生存、成长乃至产业的竞争力根植于国内经济总体的稳定与发展，并与各产业存在紧密的关联；另一方面，开放的外部市场也可以为其提供更为广阔的发展空间。因此，从"双循环"视角出发探索金融服务贸易的发展路径也就成为该领域发展的一个必然选择。结合 CBD 自身的优势和上述存在的问题，未来一段时间内，可考虑从如下方面着手促进 CBD 金融开放以及相关的金融服务贸易发展。

（一）以深化金融体制改革打通金融服务"内循环"

随着我国经济总量的提升和社会财富的不断积累，我国目前已经形成了规模可观的潜在金融资源，并衍生出庞大的金融市场需求，对于规模经济与范围经济效应明显的金融产业而言，这些植根于国内经济的潜在要素和市场资源是其竞争力的根本来源，也是其进一步参与国际市场竞争的重要依托。因此，立足国内市场，通过深化金融体制的市场化改革畅通国内的金融渠道，盘活潜在的金融资源，激发国内金融体系的技术创新与制度创新潜力，提升金融服务贸易国际竞争力是进一步促进金融业对外开放、构建国内国际"双循环"体系的基础。近年来，我国在推进利率市场化改革，建立多层次的资本市场体系方面取得了长足的进步，为我国金融业的健康稳定发展，逐步与国际规则接轨创造了良好的条件，但仍存在如下一些领域有待进一步攻坚。

首先，应通过完善"利率锚"机制进一步深化利率市场化改革进程。我国已经在经历多轮改革实践后，解除了此前一直存在的利率"双规制"问题，极大地推进了我国利率的市场化进程。然而目前我国利率体制中仍存在的一个关键问题在于中央银行"利率锚"机制的事实缺位。我国金融体系具有典型的"银行主导型"特征，商业银行和间接融资仍然在我国的金融机构体系与融资体系中居于绝对主导地位，因此作为中央银行对金融体系施加外部约束和引导的重要工具，"利率锚"在金融体系合理确定市场利率、确保货币政策的有效传导等方面具有重要的意义。然而在当前的发展实践中，由于央行尚未形成完整的利率结构曲线，商业银行在中长期层面的利率形成仍主要依靠"利率自律机制委员会"进行，在一定程度上制约了利率市场化机制的发挥和货币政策的有效运作。为此，未来应当进一步明确央行政策利率的锚定地位，着力构建和理顺政策利率的传导机制，完善政策利率的期限结构覆盖，以充分发挥包括短期和中期政策利率在内的政策利率的调控功能。

其次，应进一步剥离商业金融机构，特别是商业银行业的政策性金融功能。国有企业条款和竞争中性原则不仅是目前新国际贸易和投资规则的基本要求之一，而且是塑造公平市场竞争体系的基础原则。我国以国有商业银行及金融机构为支撑的金融体系承载了过多的行政性资源调配与宏观调控职能，不仅约束了金融企业追求技术创新和业务创新的空间，而且破坏公平的市场竞争环境导致了激励扭曲，压抑了广大非国有金融机构的创新动力。为此，应当彻底打破国有金融机构的"准官僚体制"，通过合理的、符合商业金融机构运营要求的绩效激励机制、充分的风险控制和资本约束，最终变成真正的市场主体，通过营造公平的市场竞争环境激发广大金融机构不断提升技术、效率和竞争力。

最后，打破针对民营金融机构的各类准入限制和制度藩篱，建立通畅的金融资源内循环体系。特别是在已经彻底消除外资金融机构市场准入壁垒的情况下，应当同步推进金融体系各业务领域的对内开放。一方面进一步推进股票市场、证券市场在内的多层次资本市场的建设，降低各类资本市场的参与和准入门槛；另一方面在国民待遇原则的引领下统一不同所有制类型金融企业的市场准入及业务准入条件，允许民营资本更广泛地参与到信贷、保险、证券、基金等各类金融活动当中，为提升金融体系的内在活力和创新动力提供更广阔的市场空间。

（二）以深入扩大金融开放构建金融服务"外循环"

积极参与国际竞争可以为国内金融企业的发展提供更多的市场空间，促进其规模和技术能力的进一步提升，同时在我国企业国际化经营日益普遍的情况下，也可为国内企业的"走出去"提供更多的助力。因此在"双循环"体系的构建中，除了通过国内的市场化改革实现内部循环的畅通之外，深入扩大金融服务对外开放水平，进一步消除金融服务产品和要素跨境流动的各种障碍，促进金融产业的国际化经营，构建金融服务的"外循环"体系也是工作中的一个重要的环节。目前，随着各类双边和区域自贸协定的铺开，以及我国金融业自主开放进程的推进，我国金融业在对外开放，特别是在外资准入方面已经取得了巨大的成就，今后一段时间内，对于国内已经具备一定金融发展基础的 CBD 区域，可结合全国金融开放的总体形势，加快相关金融领域的对外开放步伐。

首先，契合当前金融服务业外资市场准入负面清单的全面清零，可围绕鼓励与引导高层次外资金融机构入驻这一目标，进一步提升国内金融服务业的外资准入质量和效益。在具体工作中，一方面应当切实贯彻金融外资全面准入的政策精神，致力于消除现有监管体制及政策中所残留的各类制度壁垒和"玻璃门"，进一步简化外资金融部门入驻的手续与流程；另一方面可以考虑在 CBD 内通过一定的税收、人才以及出入境管理等方面的优惠政策吸引外资持牌金融机构总部、国际知名金融跨国企业以及国际金融组织入驻。此外，还可通过改善金融基础设施、完善针对外资金融机构的宣传推广、设立信息平台与沟通机制等完善金融业的营商环境，提升对高层次外资金融机构的吸引力。

其次，可结合 CBD 所在城市在自贸试验区或综合开放试点方面的角色定位，进一步探索金融开放的政策空间，放宽外资金融部门的业务限制。随着目前外资金融部门市场准入的全面放开，未来制约我国金融开放度提升的主要壁垒也将转向外资金融部门的具体业务限制以及相应的牌照管理方面。为此，可结合目前我国在双边和区域自由贸易协定中所做出的承诺，扩大外资金融机构在人民币业务和国内保险、证券市场上的业务领域，支持外资以多种形式设立、控股或参股信托及金融租赁、消费金融、各类专业保险和证券、基金等专业金融机构，并深化外资金融机构与国内金融机构之间的业务交流与合作。

最后，在扩大金融业外资准入开放的同时，也应加快推进国内金融机构的国际化经营，依托城市的自由贸易试验区发展实践，稳步推进 CBD 内国内资本账户的可自由兑换，拓宽国内金融机构和投资者投资海外金融市场渠道，为 CBD 内中资金融机构的国际化经营提供宽广的业务空间。

（三）通过完善金融基础设施建设为"双循环"提供支撑

以良好的软硬件环境为代表的基础设施是 CBD 区别于其他城市功能区的主要特征之一，同时也是支撑高水平的商业活动入驻和发展、有效实现"双循环"战略的先决条件。作为一类业务关联广泛，产业生态体系复杂的产业，金融服务贸易的发展对于相关基础设施的要求也有着较其他产业更大的广度和深度。概括而言，金融基础设施（FMI）涵盖了金融运行的硬件设施和制度安排，除了传统意义上的交通、通信、能源、环境等公共设施之外，还涵盖了支付体系、法律环境、公司治理、会计准则、信用环境以及金融监管和金融安全体系等，并共同构成了保证金融体系稳定有效运行的重要外部条件。具体到 CBD 的发展实践，在强化金融基础设施建设方面可从如下方面考虑。

首先，应顺应当前科技革命的趋势和金融产业数字化发展的要求，以最新的信息化技术和数字技术为引领完善区内的硬件环境，一方面以 5G 和物联网等前沿通信技术为引领改善区内的网络和通信环境，增强数据的远程传输和设备之间的跨界联通能力；另一方面可通过人工智能技术的引入提升区内基础设施的智能化程度，为入驻企业以及到访客户提供更加高效、便捷和人性化的体验。

其次，应通过合理的区域产业规划搭建多层次和多元化的配套产业体系，特别是引入与金融服务密切相关的管理咨询、信用评级、会计与财务管理以及法律事务等行业，为金融服务贸易的发展提供必要的配套产业支持，形成以金融产业为核心的完善的产业生态体系。

最后，应进一步完善区内与金融服务和金融开放相关的各类软环境和制度建设，包括契合目前金融科技的要求，在总体监管框架内完善区内的支付体系；改革涉外经济活动在汇兑和支付结算方面的具体要求和流程，促进对外贸易和投资活动的便利化；放宽境外人员的入境签证时限，促进人员的国际化流动；在特定区域内放宽境外互联网和社交媒体的访问限制，提升境内企业与境外客户之间信息沟通的便利化程度等，为区内金融服务贸易的深入开展营造高效、宽松和安全的营商环境。

（四）以金融科技创新引领"双循环"体系建设

技术创新是金融机构国际竞争力的核心。特别是在当前新科技革命的时代背景下，金融创新能力更是决定未来产业国际竞争格局的关键。在"双循环"的发展战略中，无论是立足于国内循环，畅通金融资源的流动，还是立足于国外循环，适应高强度的国际竞争格局，技术创新能力都在其中扮演了核心的角色。对于高素质人才和优质企业高度集中的 CBD 区域而言，顺应上述趋势推进金融科技创新不仅是符合区域比较优势的合理方向，而且也将成为未来 CBD 发展的重要支撑。为此，CBD 的管理部门以及区内的金融企业可着力开展如下方面的探索。

首先，应着力加强基础金融科技的研发，充分发挥政府和金融科技企业各自的优势。一方面，通过政府与管理部门的主导和协调，加大在诸如区块链、人工智能算法等核心和通用技术方面的研发；另一方面，应通过建立竞争性的市场环境、提供必要的税收减免和政策扶持，以及提供良好的基础设施等举措，培育和促进广大金融科技企业的创新发展，探索适合市场需求的技术路线与业态模式。

其次，应推动传统金融企业与现代金融科技的融合。广大金融企业应当积极面对新技术带来的金融消费新观念、新方式和新平台，以增强"获客、聚客"能力为目标打造开放式的金融服务架构。在这一过程中，除了借鉴现代金融科技企业在数据与信息收集、业务发展模式等方面的经验，强化自主研发创新之外，还可以通过适当开放 API 接口来加强与第三方平台的合作，把与金融科技公司的关系从竞争变为合作共赢。

再次，面对数字经济带来的发展机遇，新形势下的金融企业还应当不断强化数据挖掘能力，实现客户智能分析，增强"活客"和价值创造能力。一方面，可利用大数据挖掘技术实现对客户群的细分，增强营销能力，并以此加强客户交叉销售力度，挖掘客户潜在价值；另一方面可通过对客户进行精准画像，了解客户的风险偏好、财产管理需求，进而提供差别化产品和个性化服务，提供创新性的产品；同时，还可以借助大数据建模，构建客户综合价值评价体系，强化智能分析在风险防控领域的应用，在降低信息不透明程度、做好风险预判的同时进行差异化定价，提升银行价值创造能力。

最后，也应当关注监管科技（RegTech）的发展，提升安全、合规经营能力。金融科技在提升金融服务质量效率的同时，也带来了对数据、技术的高度依赖，以及相应的技术风险与数据安全风险。此外金融科技创新了金融产品服务以及交易形式，如何提高新形势下反欺诈、反洗钱的效率也是合规管理面临的问题。随着以上领域金融风险的显现，国家正在逐步收紧对金融科技的监管，商业银行也应未雨绸缪，加强对监管科技（RegTech）的研究投入。一方面要利用新科技在防范外部恶意攻击方面下功夫，做好数据安全工作，为大数据的收集、分析与共享打好基础；另一方也要利用模型评估、机器人学习判断等手段，着力解决好监管合规管理中的信息不对称难题，切实提高银行合规管理的能力和水平。

（五）探索完善"双循环"体系下的金融监管体制

"双循环"体系下的金融改革和金融开放所带来的金融创新的活跃、业务种类的增加以及开放的市场环境都必然伴随金融风险的增加。而在新兴金融科技不断涌动的背景下，传统的金融监管举措也面临进一步调整的紧迫需求。作为金融体制改革与开放的前沿，CBD 的金融中心在努力开拓金融服务贸易发展空间的同时，也应当积极探索新形势下的金融监管实践，为营建安全高效的金融监管体制提供必要的政策实验和经验借鉴。

首先，应当结合国家金融监管的总体要求以及区域内的金融开放与发展的现实情况，在详细梳理本区域金融机构和金融业务发展的行业覆盖情况的基础上，理顺监管分工，对于有明确监管要求或市场准入许可的领域，由相关监管和主管部门负责日常监管；对于尚无明确监管要求，或难以直接定性的金融活动，可根据业务的实质及时认定业务属性，并明确监管的牵头主管部门。

其次，应加强与金融风险预警和监管相关的信息共享与互联互通建设，搭建信息公开与预警平台，提高金融产品的信息透明度和风险提示；支持行业协会建立金融产品登记和信息披露制度，强化业内自主风险管控能力；同时利用大数据和智能分析技术加强对金融广告信息以及社会舆情的监测，对金融产品的设计、宣传和营销行为进行持续性的跟踪与监督，实现对金融风险的早期识别、预警和化解。

再次，应积极应对当前的金融科技创新，增强金融科技监管，防范新兴领域金融风险。相比我国互联网金融的发展速度，我国的监管规则仍相对落后，在金融全面开放的情况下，境外互联网金融机构的大量进入也可能会对相关地区的金融稳定与安全带来一定的冲击。为此，应当积极面对金融新科技带来的挑战，提早完善监管规则。一方面应针对互联网金融与传统金融相互渗透与融合的情况，着手建立基于一致性要求的监管框架，根据"相同风险，相同规则"的原则实现互联网金融与传统金融在监管规则方面的统一，避免互联网金融的制度套利；另一方面考虑金融科技企业的规模和市场影响力已可比肩甚至超过普通商业银行，对宏观金融风险的影响日益显著，可借鉴商业银行监管制度，探索建立针对金融科技企业的差异化监管框架，对大型金融科技公司在运营风险、网络风险等方面制定更高的监管标准，并严格其数据治理信息披露框架以及应急管理机制。此外，针对数字金融本身所蕴含的垄断威胁，可提早制定相关规定防范一体化平台的垄断行为，尤其是完善数据开放与共享规则，通过数据流转维持创新性和竞争性的健康市场环境；同时推动监管科技的发展，打造监管大数据平台。通过模型评估、机器人学习判断等方式强化对于数据的收集、分析和研判，提高监管的预警能力。

最后，应当结合金融服务贸易发展的要求，加强跨境数据流动管理，夯实数据安全基础。在日益数字化的金融活动中，信息与数据的安全以及数据的有效流动逐渐成为矛盾的焦点。而这一点在以涉外活动为主的金融服务贸易中表现得尤为突出，对于市场数据的收集和深度挖掘不仅直接决定了金融机构在市场上的竞争力，而且直接关系国民乃至国家整体的信息与经济安全。作为数字领域中的大国，中欧有着相近的技术实力，且在维护数据安全方面有着相似的政策主张，应当尽快着手商定符合双方利益的金融数据使用与流动规则。具体而言，一是结合我国在数据保护方面的总体要求，联合CBD相关管理部门、行业协会等多元主体，研究制定本区域内数据跨境流动和使用的具体细则和管理办法，对境外金融企业在区域内的数据收集、处理和使用设立明确的规范；二是秉承数据分级化管理的原则，设立允许数据跨境使用的"白名单"，并坚持关键数据的本地化，对于国内收集的名单以外的数据，只允许在本地进行分析、处理和使用；三是积极争取国家政策支持，在自贸区的框架下推进"离岸数据中心"的建设，通过使用国际互联网专用通道，在与国内互联网物理隔离的情况下为境外企业提供数据处理服务，探索配套的数据审查、安全评估和监管体制，在试点成熟的基础上及时向全国推广；四是基于区块链、隐私计算等前沿技术探索新的数据流动与隐私保护工具，确保数据在可确权的基础上实现可信数据的交换；五是探索合理的数据流转与共享制度，在尽快完善个人信息的保护、明确数据权属的基础上，健全数据流转、共享机制，推动大数据的依法合理共享，不断促进信息成本的降低，发挥大数据推动各行业升级、转型的作用，并防范因数据垄断而可能产生的行业垄断。

参考文献

World Trade Organization：*Global Value Chain Development Report* 2019，2019.

郭亮、单菁菁：《中国商务中心区发展报告 No. 6（2020）》，社会科学文献出版社，2020。

张宇、蒋殿春：《双边自由贸易协定是否降低了中国的对外投资壁垒？——基于三阶段 DEA 与 PSM‑DID 模型的考察》，《北京工商大学学报》（社会科学版）2021 年第 2 期。

张宇、蒋殿春：《数字经济下的国际贸易：理论反思与展望》，《天津社会科学》2021 年第 3 期。

UNCTAD：*World Investment Report* 2021， https：//worldinvestmentreport. unctad. org/ world‑investment‑report‑2021.

B.8
"双循环"背景下 CBD 建设国际运筹中心的基础与路径

董亚宁*

摘　要： 在"构建以国内大循环为主体、国内国际双循环相互促进的新发展格局"背景下，力争将我国 CBD 建设成国际运筹中心并融入新发展格局至关重要。本文首先梳理了"双循环"发展背景，随着我国的经济发展和对外开放程度的持续加深，我国 CBD 正在扮演着联通国内和国际市场的桥头堡角色，是"双循环"新发展格局中的重要一环。其次，总结了北京 CBD、上海陆家嘴金融城、上海虹桥 CBD 和广州天河 CBD 在迈向建设国际运筹中心新征程的发展基础。最后，从聚力建设国际运筹的"中枢系统高地""消费服务高地""政策环境高地""要素汇聚高地"等方面提出了 CBD 建设国际运筹中心的战略路径。

关键词： "双循环"　新发展格局　CBD　国际运筹中心

CBD 作为国际化商务中心区，聚集众多跨国公司总部和国际组织机构，汇聚金融、商务、商业、贸易、会展、文化和旅游等多种服务功能，具备良好的对外开放"窗口"功能和国际竞争能力。根据 CBD 功能内涵提升的规

---
* 董亚宁，中国社会科学院生态文明研究所，助理研究员，经济学博士，地理学博士后，研究方向为生态文明经济学基础理论、区域发展与规划。

律，CBD 功能会经历从简单到复杂、从低级到高级的发展过程，如从中心商业功能阶段，到中央商务功能阶段，再到发展至国际运筹中心阶段。在加快构建以国内大循环为主体、国内国际双循环相互促进的新发展格局背景下，将 CBD 建设成国际运筹中心既符合 CBD 自身优化升级的发展逻辑，也是构建新发展格局的重要支撑力量；同时，CBD 建设成国际运筹中心的过程既是 CBD 功能优化升级的过程，也是 CBD 融入新发展格局的过程，因此，推进我国 CBD 建设国际运筹中心具有重要战略意义。

一　我国 CBD 建设国际运筹中心的时代背景

（一）"双循环"的提出与内涵

加快构建以国内大循环为主体、国内国际双循环相互促进的新发展格局，是新发展阶段贯彻新发展理念的必然要求。2021 年 3 月 11 日，十三届全国人大四次会议通过的《中华人民共和国国民经济和社会发展第十四个五年规划和 2035 年远景目标纲要》对构建新发展格局进行了全面系统的规划部署。构建"新发展格局"是由我国经济社会发展的理论逻辑、历史逻辑和现实逻辑决定的。以国内大循环为主体，首先要求集中力量办好自己的事，充分发挥国内超大规模市场优势，提升产业链供应链现代化水平，大力推动科技创新，加快关键核心技术攻关，通过繁荣国内经济、畅通国内大循环为我国经济发展增添动力，带动世界经济复苏。"一个大国经济依靠内需驱动才能获得稳定长远发展"是经济学界的主流观点。通常来说，一个经济强国的内循环经济占 GDP 的 80% 以上，而外循环经济占 20% 以内，如目前美国消费占 GDP 的比重高达 85% ~ 90%，而对外贸易依存度只有 20% 左右①。

在以国内大循环为主体的同时，必须要实现国内国际双循环相互促进。2020 年 7 月 21 日在企业家座谈会上，习近平总书记强调："以国内大

---

① http：//www. xinhuanet. com/politics/2020 - 11/09/c_ 1126714546. htm.

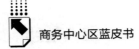

循环为主体，绝不是关起门来封闭运行，而是通过发挥内需潜力，使国内市场和国际市场更好联通，更好利用国际国内两个市场、两种资源，实现更加强劲可持续的发展。"事实上，中国要扩大内需仍离不开国际市场和国际资源，并且仍然需要参与国际分工与合作。可以说，"以国内大循环为主体"和"国内国际双循环相互促进"两个方面各有侧重、互相配合、辩证统一、缺一不可，是构成新发展格局的重要内涵。

（二）推进"双循环"的国内发展现状与基础

我国是一个幅员辽阔、人口众多的大国。目前，我国经济体量、消费规模、制造业规模、创新实力等均位居世界前列。从经济体量来看，2020 年，我国 GDP 近 101.6 万亿元。从消费规模来看，我国有超过 14 亿人口规模的消费大市场，有 1 亿多个市场主体，还具有世界上最大的中等收入水平群体，有 1.7 亿多受过高等教育或拥有各类专业技能的人才，为形成超大规模的内需奠定了基础。尽管受新冠肺炎疫情影响，但 2020 年我国最终消费支出占 GDP 的比重仍然达到 54.3%。

我国不仅具有巨大的消费需求潜力，而且具备参与世界经济且影响世界经济的能力。我国是全球唯一拥有联合国产业分类中全部工业门类的国家，拥有 39 个工业大类、191 个中类、525 个小类，具备强大的生产能力和完善的配套能力。同时，我国经济已进入从高速增长转向高质量发展的新阶段，创新将成为经济增长的驱动力。近年来我国创新驱动发展战略深入推进，2019 年科技进步贡献率达到 59.5%。根据世界知识产权组织评估，2020 年中国创新指数已升至全球第 14 位，居中等收入经济体首位。

（三）推进"双循环"的对外发展现状与基础

自改革开放特别是加入世贸组织以来，我国积极参与全球价值链分工，充分利用国际市场资源，不断提高对外开放水平。在此过程中，我国在世界经济中的地位持续上升，同世界经济的联系更加紧密，也为世界各国（地区）提供了广阔的市场机会。在商品贸易方面，我国货物贸易顺差增加，

服务贸易逆差收窄，投资收益状况持续改善。2019 年，我国商品贸易占
GDP 比重为 32.06%，美国商品贸易占 GDP 比重则为 19.05%（见图 1）。
根据《2019 年中国国际收支报告》，经常账户顺差 1413 亿美元，与 GDP 之
比为 1.0%，处于相对均衡态势。

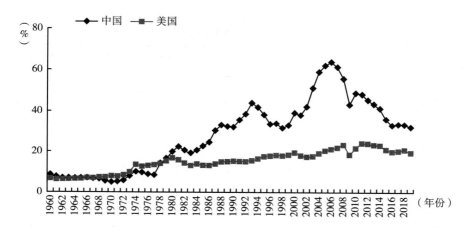

图 1　1960～2018 年商品贸易占 GDP 比重

资料来源：世界银行。

在外商投资方面，自 2018 年我国大幅度放宽市场准入以来，极大地提
升了外商投资企业的投资积极性。据国家外汇管理局统计，2020 年我国外
商直接投资 38570 个，共计 1444 亿美元（见表 1）。

表 1　中国吸引外商投资统计

指标	1990 年	1995 年	2000 年	2005 年	2019 年	2020 年
合同项目（个）	7371	37184	22347	44001	40888	
#外商直接投资（个）	7273	37011	22347	44001	40888	38570
实际使用外资额（亿美元）	102.9	481.3	593.6	638	1381.3	
#外商直接投资（亿美元）	34.9	375.2	407.1	603.3	1381.3	1444
外商其他投资（亿美元）	2.7	2.9	86.4	34.8		

资料来源：国家统计局。

在营商环境方面，根据世界银行《2020 年营商环境报告》，2019 年我国营商便利项目指数①排名 31 位，注册资产所需时间（天）为 9 天，排名 26 位。根据物流绩效指数②显示，我国物流绩效水平已超过高收入国家平均水平（见表 2）。

表 2　物流绩效指数

地区	2007 年	2010 年	2012 年	2014 年	2016 年	2018 年
中国	3.32	3.49	3.52	3.53	3.66	3.61
美国	3.84	3.86	3.93	3.92	3.99	3.89
英国	3.99	3.95	3.90	4.01	4.07	3.99
日本	4.02	3.97	3.93	3.91	3.97	4.03
韩国	3.52	3.64	3.70	3.67	3.72	3.61
高收入国家	3.44	3.47	3.46	3.51	3.57	3.46
世界	2.74	2.87	2.87	2.89	2.88	2.87

资料来源：世界银行。

二　我国 CBD 建设国际运筹中心的现实基础

CBD 是跨国公司、集团公司以及各类服务组织的高度集聚地，也是资本、人才、技术、信息等要素流的中心和枢纽，承担着服务"全球顾客"的综合职能。在传统劳动空间分工下，企业的总部管理、研发、生产和流通职能区位相对集中，而在 CBD 国际运筹中心作用发挥

---

① 营商便利指数从 1 到 190 为经济体排名，第一位为最佳。排名越靠前，表示法规环境越有利于营商。

② 物流绩效指数的综合分数反映出通关程序的效率、贸易和运输质量、相关基础设施的质量、安排价格具有竞争力的货运的难易度、物流服务的质量、追踪查询货物的能力以及货物在预定时间内到达收货人的频率所建立的对一个国家的物流的认知。指数的范围从 1 至 5，分数越高代表绩效越好。

下，企业的总部管理、研发、生产和流通职能区位将在全球范围内分散优化布局。CBD国际运筹中心一般承担着如下职能：一是总部经济运筹中心的职能，具有总部企业运筹决策中心的作用；二是服务管理运筹中心的职能，能够提供高端、高效、高附加值和具有高辐射力的优质服务；三是知识技术运筹中心的职能，富集高技术人力资源，是知识、信息、数据与高新技术的源头；四是要素资源运筹中心的职能，富集市场机会和金融资源，是要素供给、需求对接与资源保障的中心；五是环境品质运筹中心的职能，提供非交易性相互依赖需求，包括面对面接触的互动需求、相互信任了解的文化需求、政策环境以及空间品质（见图2）。

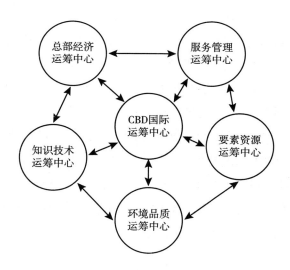

图2 CBD国际运筹中心示意

资料来源：作者自绘。

根据GaWC，2020年上海和北京进入"Alpha+城市"，广州和深圳进入"Alpha-城市"。上海陆家嘴金融城、上海虹桥CBD、北京CBD、北京通州运河CBD、广州天河CBD、广州琶洲CBD、深圳福田CBD、深圳前海CBD是打造国际运筹中心的"主战场"。下面着重分析北京CBD、上海陆家

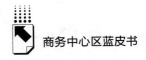

嘴金融城、上海虹桥 CBD 和广州天河 CBD，一窥我国 CBD 建设国际运筹中心的现实基础。

（一）北京 CBD：总部经济运筹中心特征凸显

北京 CBD 位于北京市朝阳区，是首批成立的三大国家级 CBD 之一，也是综合实力的领军者、高质量开放的践行者和全国高能级发展的总部经济区，汇集了众多金融、保险、传媒、地产和网络企业。北京 CBD 跨国公司总部占北京市的 60%，常住外籍人口占北京市 50%，国际商会及组织占北京市 80%，国际顶尖资源高度集中，外资利用水平全国最高、世界 500 强机构数量全国最多，已经基本形成以国际金融为龙头、高端商务为主导、文化传媒聚集发展的产业格局。2020 年，北京 CBD 功能区 GDP 完成 3380 亿元，总营业收入达 17686.90 亿元，税收总额达 1137.40 亿元，一般公共预算收入为 278 亿元。其中，北京 CBD 中心区 GDP 完成 1795 亿元，约占功能区的 53.1%，实现地均产出 942.6 亿元/平方公里，劳均产出 215.4 万元/人。CBD 功能区楼宇数量达到 739 座，税收过亿楼宇达 127 座，过亿楼宇占比 21.75%，纳税总额 864.16 亿元，对 CBD 功能区的纳税贡献率达 75.98%。其中，CBD 中心区税收过亿楼宇达到 49 座，且诞生了北京市首座税收过百亿楼宇，过亿楼宇占比 35.51%，纳税总额 337.61 亿元，对 CBD 中心区的纳税贡献率达 74.02%。根据《2020 年全球商务区吸引力报告》，北京 CBD 的排名由 2017 年的第 9 位跃升至第 7 位，并蝉联中国榜首。

北京 CBD 对标国际标准，秉承链接全球、辐射京津冀、服务首都的宗旨，充分发挥"两区"叠加优势，开展"五体系"建设（全链条区域产业协同发展体系、全生命周期现代企业服务体系、全方位国际化人才服务体系、全域化国际一流环境品质体系、全维度现代城区治理体系），进一步优化产业现代化生态体系，致力于将 CBD 打造成为国际商务交往核心区、服务业扩大开放示范区、首都高质量发展引领区和世界一流商务中心区，提升强化 CBD 核心竞争力和辐射带动力，为高水平开放提速，更为建设适应"双循环"新发展格局的国际运筹中心夯实了基础。

（二）上海陆家嘴金融城：国际金融运筹中心特征凸显

上海陆家嘴金融城坐落于上海浦东新区，总面积 31.78 平方公里，是国际金融机构集聚高地。据统计，陆家嘴区域 GDP 超过 5300 亿元，其中金融业增加值超过 3000 亿元，占上海市的 44%，区域全口径税收超过 2000 亿元，上海陆家嘴金融城以上海 1/200 的面积，创造了上海 7% 的税收①。上海陆家嘴金融城在高端要素集聚和服务贸易发展方面发挥了"领头羊"作用，截至 2020 年，上海陆家嘴金融城已集聚了 6000 多家金融机构、超过 200 多家律师事务所和约 40 家外国律所代表处，已成为国际上金融要素市场体系最为完备、最为集中的区域之一。其中，国家级金融要素市场和功能性金融基础设施 12 家，包含上海证券交易所、上海期货交易所、中国金融期货交易所等；持牌金融机构超过 900 家，包含了约占全国 1/2 的外资法人银行、基金管理公司、保险资产管理公司；外资资管机构 100 多家。根据英国智库 Z/Yen 集团发布的 2021 年全球金融中心指数，上海位居全球第三，上海陆家嘴金融城正在打造全球资产管理中心。此外，2020 年，上海陆家嘴金融城入选首批上海市全域旅游特色示范区域②，这也说明了上海陆家嘴金融城在旅游资源、生态环境、公共服务、体制机制、政策法规和文明素质等方面具有优势。与此同时，上海市和浦东新区为上海陆家嘴金融城的发展提供了政策措施支持（见表3）。

---

① 资料来源：http://www.pudong.gov.cn/shpd/gwh/20210424/023002001_80a110a3-7e2e-4eec-8ef9-9ed80b4affa0.htm。

② 全域旅游是指在一定区域内，以旅游业为优势产业，通过对区域内经济社会资源尤其是旅游资源、相关产业、生态环境、公共服务、体制机制、政策法规、文明素质等进行全方位、系统化的优化提升，实现区域资源有机整合、产业融合发展、社会共建共享，以旅游业带动和促进经济社会协调发展的一种新的区域协调发展理念和模式。

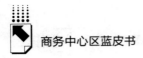

表 3   上海市相关支持政策举措

类别	政策举措	主要内容
综合类	《关于支持浦东新区改革开放再出发实现新时代高质量发展的若干意见》	上海要担起新使命、实现新作为,必须继续高举浦东开发开放旗帜,推动浦东新区更好发挥排头兵和试验田的作用,为全市高质量发展做出更大贡献,勇当新时代全国改革开放和创新发展的标杆;共提出了涉及 20 个方面、50 项政策举措支持浦东发展
	《浦东新区深化上海国际贸易中心核心承载区建设"十四五"规划》	积极推进优化国际市场布局、国内区域布局,强化浦东新区口岸作为世界级口岸枢纽的地位;改善外贸商品结构,持续提高集成电路、医疗器械、计算机与通信技术等高新技术、高附加值产品在贸易中的比重;培育新型贸易等
	《上海市基本公共服务"十四五"规划》	优化基本公共服务资源布局,更好服务人口和城市发展;夯实基本公共服务兜底保障,织牢织密民生底线;提升基本公共服务质量水平,持续增强市民感受度;强化基本公共服务模式创新,推动实现数字化转型
营商环境类	《2021 年浦东新区优化营商环境工作要点》	2021 年浦东新区将全面贯彻落实上海市优化营商环境 4.0 版方案,围绕市场准入环境、企业经营环境、政务服务环境和法治保障环境建设,重点推进 24 项任务,共 136 条具体举措,进一步打造市场化、法治化、国际化的一流营商环境,推动浦东营商环境建设迈上新台阶
	《着力优化营商环境 加快构建开放型经济新体制行动方案》	进一步优化稳定、公平、透明、可预期的营商环境,降低制度性交易成本,加快对外开放步伐。深化开放创新的科技体制机制;优化"四新"经济发展环境;加强知识产权保护和运用;等等
	《全面深化国际一流营商环境建设实施方案》	完善创新创业全周期政策服务链;探索金融服务创新创业新模式;实施众创空间专业化、品牌化、国际化培育工程,推动高校、科研院所科技成果转移转化;强化知识产权司法保护;完善知识产权仲裁调解工作机制
	《上海市优化营商环境条例》	推进贸易便利,鼓励和促进外商投资;实行知识产权侵权惩罚性赔偿制度,探索开展知识产权公益诉讼,提供知识产权保护的侵权预警、法律服务和司法救济;设立国际贸易单一窗口

类别	政策举措	主要内容
营商环境类	浦东新区首创企业政策"一网通办"	为打造国际一流的营商环境,浦东新区率先推进企业政策"一网通办"改革,不断提升市场主体的感受度和满意度;按照分级、分类、全覆盖的原则,浦东新区率先发布了企业"政策清单",聚焦普惠性政策,重点是从行政给付口径(主要涉及资金等事项)以及产业创新角度进行了梳理

资料来源:根据上海市浦东新区人民政府、上海市发展和改革委员会等官网发布的信息整理。

上海陆家嘴金融城积极开展建设全球人民币金融资产配置中心、亚太及全球资产管理中心、全国融资租赁产业高地、上海金融科技中心核心区、全国金融风险防范示范区和金融创新试点安全区。上海陆家嘴金融城依托国际级众创空间——陆家嘴金融科技产业园,聚力打造全球最优金融科技生态圈,充分发挥现有的应用场景优势,深刻分析产业园内企业全生命周期的发展规律,联合业界推出2.0版金融科技"陆九条",分别对接金融科技企业在应用场景、孵化投资、专业服务、技术研发、风险防范、展示交流、人才服务、财政扶持、国际推广等方面的要求。此外,陆家嘴管理局紧紧围绕"五型经济"①,进一步深入推进高水平开放,强化创新策源,集聚具有国际供应链掌控能力的全球生产贸易组织者,加快打造国内大循环的中心节点和国内国际双循环的战略连结点。

(三)上海虹桥CBD:国际贸易中心特征凸显

上海虹桥CBD东起外环高速,西至沈海高速,北起京沪高速,南至沪渝高速,总面积约151.4平方公里。2020年实现GDP1196亿元,地均GDP7.89亿元/平方公里,人均GDP12.69万元/人。目前,已有新加坡中华总商会、中国瑞士中心、中国西班牙商会、中国台湾同胞投资企业

---

① "五型经济"是指创新型经济、服务型经济、开放型经济、总部型经济、流量型经济。上海经济是典型的五型经济。

协会等26个国家和地区的贸易机构入驻，并通过海外联谊会、丝路总商会等联系全球超过150多家贸易及投资促进机构，初步形成了全球化贸易及投资服务网络。国际技术交易中心以"国际技术网络、国际人才网络、国际技术价值评估网络"的"三维国际网络"建设为抓手，集聚一批国内外知名技术转移服务机构，已吸引Centi中欧创新网络、知繁业茂、层域网络科技、郁兔咨询、艺桥医疗等入驻办公，空间入驻率达90%。目前，上海虹桥CBD联动长三角、服务全国、辐射亚太的进出口商品集散地已初具规模，绿地全球数字贸易港也已设立46个国家馆，2021年新增14个国家馆，吸引来自70个国家和地区的176家企业和组织入驻，引进进口商品8万余件。

上海市于2019年11月发布了《关于加快虹桥商务区建设打造国际开放枢纽的实施方案》，重点围绕建设开放共享的国际贸易中心新平台、增强联通国际国内开放枢纽功能、开展全方位创新和高水平开放等方面加快构建"国际开放枢纽"这一全新制度型开放模式。上海虹桥CBD以"强化国际定位、彰显开放优势、提升枢纽功能"为主线，紧紧围绕"五型经济"要求，致力于打造开放共享的国际贸易中心新平台、联通国际国内综合交通新门户、全球高端要素配置新通道、高品质的国际化新城区、引领区域协同发展新引擎五大特色功能，努力将上海虹桥CBD建设成虹桥国际开放枢纽核心承载区。具体来说，拓展承接海外贸易机构入驻载体，积极探索建立多平台、规范化的海外机构承接平台体系，不断集聚国际组织和贸易促进机构，提升海外贸易中心服务能级；加快集聚国内上市公司资源，进一步做强上海虹桥CBD总部经济功能，实现开放枢纽的增长极效应；成立上海虹桥CBD投资促进与公共服务事务中心，设立上海虹桥CBD"外商投资企业投诉中心"和国际商事证明服务点，全力构建"引进来"与"走出去"的综合服务网络，等等。同时，上海虹桥CBD启动全球数字贸易港建设，精心打造联通全球的数字贸易枢纽和长三角数字贸易促进中心、数字贸易企业成长中心、进博会溢出效应集散地中心，即"一枢纽三中心"，全面构建具有全球影响力的数字贸易开放枢纽高地。上海虹桥CBD正在实施以及计划采取的一系列举措将为全力打造适应"双循环"新发展格局的国际贸易中心持续提供强力支撑。

（四）广州天河 CBD：技术创新运筹中心特征凸显

广州天河 CBD 位于广州新城市中轴线与珠江交汇处，建成区面积 12 平方公里，已有以广州国际金融中心和广州周大福金融中心为代表的 120 座甲级写字楼，汇聚了超过 200 家世界 500 强投资项目、超过 100 家总部型企业、2000 多家港澳服务业企业，以及美国、英国、德国、加拿大等 53 家外国领事机构，德国商会、日本商工会、意大利商会等 11 家境外商会，花旗银行、德意志银行、汇丰银行等 32 家外资银行地区总部[①]。这些企业和机构都是天河 CBD 打造成为国际运筹中心的重要支撑。据统计，天河 CBD 的经济总量从 2011 年的 1500 亿元大幅跃升到 2020 年的 3000 多亿元，以占广州 2‰的土地贡献了全市 1/8 的 GDP，超过了广东 2/3 的地级市；2020 年，天河 CBD 获批国家数字服务出口基地，聚集了近 2 万家数字服务类企业，其中高新技术企业超 700 家，规模以上软件企业 294 家，数字服务出口企业近 400 家[②]，完成数字服务出口额 10.19 亿美元，同比增长 35.3%。此外，2020 年天河 CBD 全力开展招商引资，新增企业 17479 户，其中外资企业 317 户；引进《财富》世界 500 强企业投资项目 17 个，中国 500 强企业投资项目 19 个，内外资持牌金融机构区域总部 6 个，落地高端服务业项目 19 个。可见，广州天河 CBD 服务范围之广、经济规模之大，已具备良好的经济基础和创新能力。与此同时，广州天河 CBD 还具备不断完善政策措施的能力，为建成国际运筹中心提供了制度性保障。2020 年，广州天河区为提高发展质量、优化营商环境和促进人才引进不断推出多项政策措施（见表 4），助力广州天河 CBD 快速、持续、健康发展。

---

① 资料来源：http://www.thnet.gov.cn/zjth/tzth/zsyz/tzxm/content/post_ 7039612.html。

② 资料来源：http://www.thnet.gov.cn/thdt/mtjj/content/post_ 7198062.html。

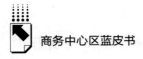

表4　广州市天河区相关支持政策举措

类别	政策举措	主要目的
综合类	《广州市天河区推动经济高质量发展的若干政策意见》（2020）	为深入贯彻党的十九大精神，全面贯彻落实习近平总书记重要讲话和重要指示批示精神，统筹抓好疫情防控和经济社会发展，推动经济高质量、可持续、快发展，围绕各类市场主体高质量发展的要素需求，按照边界清晰、主体突出、生态完善、要素齐备的原则，从主体产业、创新策源、空间载体、服务供给、人才激励和需求对接六大板块，推动经济高质量发展
	《天河区加快发展数字经济若干措施》（2020）	为深入贯彻中央关于数字经济发展的决策部署和省、市工作要求，落实《广州市加快打造数字经济创新引领型城市的若干措施》，加快打造广州人工智能与数字经济试验区广州国际金融城片区1个集聚核，天河智谷数字生态示范区、天河智慧城数字经济科技创新区、天河中央商务区数字经济高端商务区3个功能片区，并建设N个产业应用标杆示范企业载体（中心），构筑全区数字经济"1+3+N"发展新格局，推进数字产业化和产业数字化协同融合发展，实现经济高质量发展
营商环境类	《天河区全面优化营商环境行动方案》（2020）	为贯彻落实国家《优化营商环境条例》精神和《广州市对标国际先进水平、全面优化营商环境的若干措施》以及市的相关工作部署，转变观念、流程再造、改进作风，组织全区各部门牢固树立"人人都是营商环境、处处优化营商环境"的理念，全面优化营商环境
企业扶持类	《天河区关于应对新冠肺炎疫情支持企业健康发展的十五条政策措施》（2020）	为深入贯彻落实习近平总书记关于坚决打赢疫情防控阻击战的重要指示精神，全面落实党中央、国务院重大决策和省委省政府、市委市政府各项工作部署，全力支持和推动受疫情影响的各类企业持续健康发展
人才引进类	《天河区落实〈广州市人才绿卡制度〉实施办法》（2020）	根据《广州市人民政府办公厅关于印发广州市人才绿卡制度的通知》（穗府办规〔2016〕5号）和《中共广州市委组织部　广州市人力资源和社会保障局关于下放广州市人才绿卡行政审核事权的通知》（穗组通〔2019〕53号）要求，为加快推进人才强区战略，充分发挥广州市人才绿卡制度在各行业领域集聚高端人才的作用
	《广州市天河区推动经济高质量发展重点人才激励办法》（2020）	为贯彻落实《中共广州市委广州市人民政府关于实施"广聚英才计划"的意见》（穗字〔2019〕9号）、《广州市天河区人民政府关于印发天河区推动经济高质量发展若干政策意见的通知》（穗天府规〔2020〕3号）要求，汇聚高层次人才，激发人才创新创业活力，优化人才发展环境，打造粤港澳大湾区人才高地

资料来源：根据广州市天河区人民政府官网信息整理。

广州天河 CBD 致力于以建设国家数字服务出口基地为突破口,加快数字经济创新发展,在常态化疫情防控和经济社会发展中率先培育高质量发展增长点;以粤港澳大湾区建设为契机,面向《财富》世界 500 强项目和中国 500 强项目,以科技创新、高端服务业、金融业等类型企业为重点,全力开展招商引资工作;充分发挥平台优势,不断强化经济引擎、科技创新、国际网络、文化引领及空间环境品质化等功能,为广州市老城区持续增添新活力;对标国际水平,实现楼宇服务水平不断提升优化,加快实现粤港澳大湾区楼宇管理标准"软联通",等等。广州天河 CBD 正在实施的一系列举措为全力打造富有活力、创新的国际运筹中心持续提供日益优越的营商环境。

三 我国 CBD 建设国际运筹中心的战略路径

(一)聚力建设国际运筹中心的"中枢系统高地"

充分发挥 CBD 建设国际运筹中心的总部经济功能,构筑国际运筹的"中枢系统高地"。要"走出去、引进来"并举,实施总部经济战略。一方面,鼓励 CBD 优势企业通过战略合作、资本市场和并购重组等方式"走出去"拓展市场空间。另一方面,立足"总部经济—研发经济—生产经济—流通经济"链条,挖掘企业总部供应链、产业链核心竞争优势,引进和集成企业总部高端价值链环节和供应链控制环节,加快形成"CBD 总部 + 全国(全球)市场"的分工格局。要开展 CBD 总部经济能级提升行动计划,促进 CBD 企业功能型总部由营销服务向研发设计中心、区域运营中心、投资管理中心、财务结算中心和离岸服务中心等高端功能扩展,推进 CBD 企业总部向区域总部、亚太总部和全球总部升级。要坚持系统观念,整合政府、企业、市场、社会多方力量,充分利用大数据、人工智能和数字经济平台,搭建 CBD 国际运筹综合枢纽。

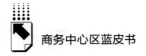

（二）聚力建设国际运筹中心的"消费服务高地"

充分发挥 CBD 建设国际运筹中心的服务管理功能，构筑国际运筹的"消费服务高地"。要充分发挥 CBD 中央商务区职能。依托国内超大规模市场优势，全面提升 CBD 的体验式消费，扩大实物商品消费，加快释放消费潜能。要大力发展流通运筹经济，依托开放枢纽门户功能，着力推进通道国际物流和运营组织中心建设，建立自由贸易试验区合作机制，探索建设国际商品展销平台。要促进 CBD 服务贸易业态创新，抢抓国家"服务业扩大开放综合试点"和"服务贸易创新发展试点"等政策，围绕金融服务、科技服务、文化创意、数字贸易、商务服务、知识产权服务等领域，提升服务贸易能级和贸易辐射能力。要大力投资医疗卫生、教育、生态等公共产品，大幅度提升 CBD 城市品质，有效保障教育、医疗、养老、幼托等公共服务。此外，CBD 也是高新技术中小微企业孵化地，要为创新创业提供更优质、便捷的服务。

（三）聚力建设国际运筹中心的"政策环境高地"

充分发挥 CBD 建设国际运筹中心的环境品质功能，构筑国际运筹的"政策环境高地"。要创建更加良好的法治环境，实施好《外商投资法》、《知识产权法》及其配套法规，保护外商投资合法权益，切实通过"以法治手段营造公平竞争环境"的"固本"方式提升外商投资自由化与便利化水平，以良好的国际化营商环境吸引和留住外商投资和跨国公司，打造良性循环的发展之路。要创造更加便利的投资环境，优化完善外商准入条件，落实好《外商投资准入特别管理措施（负面清单）（2020 年版）》、《自由贸易试验区外商投资准入特别管理措施（负面清单）（2020 年版）》等政策举措，持续降低交易成本。要持续优化国际化营商环境，以良好的国际化营商环境汇聚合力，提升全球竞争力，通过完善优化制度、制定支持性措施为 CBD 建设国际运筹中心、参与新发展格局创造良好的国际化营商环境。

（四）聚力建设国际运筹中心的"要素知识高地"

充分发挥 CBD 建设国际运筹中心的知识技术和要素资源运筹功能，构筑国际运筹的"要素知识高地"。要强化科技创新策源功能、高端要素引领功能，发挥人才、高端金融机构、高技术企业和跨国公司集聚优势，搭建要素互联互通的网络化平台，建设 CBD 科技创新中心。要注重创新协作共享，加强 CBD 科技创新统筹协调，探索建立科研成果交流共享机制，构建有机互动、协同高效的产业创新体系，克服科技创新活动中的分散封闭、交叉重复等"孤岛"现象；大力支持高校与科研机构和 CBD 企业开展科学研究、人才培养合作，充分发挥知识溢出效应。要科学把握引才聚智的理论逻辑，把提升区域空间品质和竞争力作为着力点，改善人居生态环境、营商创业环境、高质量教育、医疗、社会保障等不可贸易品，特别要考虑到人才的"集聚"外部性，开展规模化引才聚才行动，避免人才流失。要健全人才、资本、技术和数据要素市场化配置体制机制，依托政策优势和空间品质，汇聚高端金融机构、高技术企业和跨国公司人才，全力打造 CBD "要素知识高地"。

参考文献

陈瑛：《城市 CBD 与 CBD 系统》，科学出版社，2004。
杨开忠：《聚力全球运筹建设全球性城市》，《重庆日报》2020 年 4 月 20 日。
杨开忠：《新中国 70 年城市规划理论与方法演进》，《管理世界》2019 年第 12 期。

B.9
CBD 推动"一带一路"大市场循环畅通的思路与建议

李红玉*

摘　要： 推动"一带一路"大市场循环畅通是实现"双循环"的重要保障。CBD 作为城市经济核心区域，是推动"一带一路"大市场循环畅通的重要抓手，而"一带一路"大市场循环畅通又是 CBD 高质量发展的重要引擎。CBD 推动"一带一路"大市场循环畅通主要具有五个方面的优势，一是区位条件优良，二是高端要素集聚，三是科技创新突出，四是文化兼容并包，五是政策保障有力。CBD 推动"一带一路"大市场循环畅通应高度重视五个方面的问题，一是部分地区政治社会不稳定，二是沿线区域经济发展水平不高，三是区域保护主义壁垒阻碍，四是人文与语言差异，五是制度环境和技术标准兼容性差。CBD 应成为推动"一带一路"大市场循环畅通的前沿阵地和核心节点，发展成为"一带一路"沿线商务服务中心和国际交往中心。CBD 应从积极拓展"一带一路"经贸合作、扎实做好高端金融商务服务对接、加快增进"一带一路"人文交流、强化 CBD 对区域经济的带动作用等四个方面着手，推动"一带一路"大市场循环畅通。

关键词： CBD　"一带一路"　市场循环畅通

---

* 李红玉，中国社会科学院生态文明研究所执行研究员，博士，城市政策研究中心主任，研究方向为城市经济学、城市发展规划。

构建国内国际双循环新发展格局是我国新时代高质量发展的必然选择，是更深层次改革和更高层次开放，而"一带一路"大市场循环畅通深刻体现了"双循环"的特征内涵。"一带一路"是我国与沿线国家共享改革开放红利的平台，也是促进沿线国家经济高质量发展的重要途径。"一带一路"倡议提出八年来，在世界各国共同努力下，基本形成了"六廊六路多国多港"的合作框架，沿线区域要素交易成本不断降低，资源要素配置水平不断优化，贸易投资规模不断扩大。推动"一带一路"大市场循环畅通是实现"双循环"的重要保障。

一　CBD 推动"一带一路"大市场循环畅通的重要意义

（一）CBD 是推动"一带一路"大市场循环畅通的重要抓手

　　"一带一路"沿线以发展中国家和新兴经济体为主，国家间发展水平差异较大，多数国家经济体量较小、基础设施薄弱、现代工业体系不健全、发展要素不足。这些国家短期内难以凭本国自身资源实现高质量可持续发展，必须通过深度融入"一带一路"大市场、发挥自身比较优势，进而推动本国发展。CBD 作为城市经济核心区域，是一个地区经济实力和发展水平的突出代表，集聚了现代金融、信息技术、商务服务、文化传媒、国际贸易、科学研究等大量高端生产性服务业，区域性、全国性、全球性总部企业数量众多，具有强大的集聚和外溢效应，有利于促进"一带一路"大市场在政策、设施、贸易、资金、民心五个方面实现畅通，实现中国与沿线国家的共同高质量发展。CBD 是"一带一路"大市场的前沿阵地，在开拓"一带一路"大市场进程中，CBD 内高端企业集聚，信息分享、知识溢出、成本降低、风险规避等正外部效应突出，可以助力企业形成敏锐的市场洞察力，提高重大决策的效率和准确度，进而通过高效资本运作、前沿科技研发、高端商务服务等方式，为"一带一路"沿线国家和地区创造高价值产

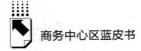
出。"一带一路"建设八年来的实践表明，CBD 是我国"走出去"的桥头堡，也是"引进来"的门户，2020 年我国主要城市 CBD 利用外资规模均在亿美元以上，其中北京 CBD 外资利用规模达 42.58 亿美元，CBD 是我国推动"一带一路"大市场循环畅通的重要抓手。

（二）"一带一路"大市场循环畅通是 CBD 高质量发展的重要引擎

经济互惠互利是"一带一路"建设的关键内容，在更大范围内推动人才、资本、技术、能源资源等要素配置，实现政策、设施、贸易、资金、民心"五通"，有利于形成国际和国内循环畅通的大市场。在当前疫情冲击、贸易保护主义抬头、中美贸易摩擦升级等背景下，"一带一路"大市场为沿线国家经贸合作提供了新机遇，在一系列官方合作文件的保障下，沿线国家可以根据自身发展需要，充分发挥本国比较优势，引入和输出有竞争力的设备、技术、管理、服务等，推动基础设施共建和产业结构升级，提升本国发展水平。同时"一带一路"为 CBD 高质量发展提供了坚实平台，一方面，CBD 高端产业和要素可以"走出去"参与"一带一路"大市场竞争，拓展发展空间。另一方面，随着"一带一路"大市场循环畅通，必然有众多沿线国家和地区的金融、商务、贸易、科技等行业总部企业进入中国，对高端商务办公环境产生大量需求，从而为 CBD 能级提升、产业结构优化提供强大机遇和驱动力。"一带一路"建设八年来的实践表明，中国与沿线国家在贸易、投资等方面的合作总体处于良好的规模上升阶段，2017～2018 年贸易规模增长均在 10% 以上（如图 1 所示），2018 年中国对沿线国家非金融类直接投资达到 156 亿美元（如图 2 所示），"一带一路"大市场循环畅通是 CBD 高质量发展的重要引擎。

二 CBD 推动"一带一路"大市场循环畅通的主要优势

（一）区位条件优良

良好的区位条件是 CBD 建设和发展的重要前提。CBD 大多位于大城市

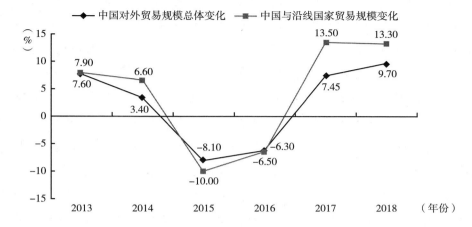

图1 2013～2018年中国与"一带一路"沿线国家贸易规模总体变化

资料来源:《"一带一路"倡议的六年成绩单》,"一带一路"官网,https://www.yidaiyilu.gov.cn,2019年9月发布。

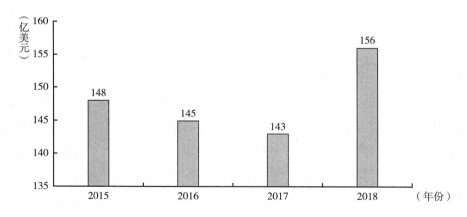

图2 2015～2018年中国对沿线国家非金融类对外直接投资规模

资料来源:中华人民共和国商务部网站,http://www.mofcom.gov.cn/。

的地理或几何中心,基础设施完备,交通和信息网络可达性高,一般拥有广阔的腹地和市场需求,为 CBD 集聚高端要素资源、不断升级商务功能提供动力和支撑。除地理因素外,历史因素也进一步强化了 CBD 的区位优势,

CBD 的形成往往起源于某个历史因素，随着时间推移，在路径依赖的作用下持续形成比较优势，CBD 的这种区位优势具有较强的稳定性，可以抵御较强的外部冲击和市场竞争。尽管现代交通和信息技术改变着传统区位条件产生的信息、资本、人才的流通方式，但技术变迁并未消除地理、资源、历史的影响。CBD 临近政治中心、金融中心、贸易中心、天然水港等区位条件有利于减少交易成本，提高经济效率。以北京 CBD 为例，首都拥有密集的高端涉外资源、与国际接轨的市场环境和创新资源，在外资企业偏好使馆区周边布局等历史因素的作用下，北京 CBD 逐渐成为跨国公司、国际组织、国外高端人才进入中国的首选地，这也使得北京 CBD 在"一带一路"大市场开拓中拥有其他区域无法轻易复制的绝对区位优势。良好的区位条件使 CBD 具有超高的价值创造能力，CBD 地均 GDP 是所在城市地均 GDP 的数十倍乃至数百倍以上。

（二）高端要素集聚

CBD 具有资本、人才、技术、管理等高端要素高度集聚的特点。CBD 区域内跨国企业、金融机构、总部企业、高端商务服务企业、尖端科技企业等集聚，依托现代交通系统和信息网络，对区域、全国及世界范围的资本、人才、技术、管理等高端要素进行配置，是高端要素配置中心。CBD 高端要素集聚的特点，可以为"一带一路"大市场循环畅通提供较强的要素保障，在"一带一路"大市场开拓进程中，资本、人才、技术、管理等要素严重缺乏，成为制约"一带一路"建设的重要因素，而 CBD 在这些要素上具有相当的积累，通过深度参与"一带一路"市场合作，可以有效保障中国和沿线国家产业结构转型升级和经济可持续发展。例如，上海陆家嘴金融城可以重点依托自身金融资源优势，盘活"一带一路"沿线国家的资金和项目资源，支持金融市场建设，保障"一带一路"建设资金需求。北京 CBD 可以重点依托国际会议、国际金融机构、国际传媒机构、国际组织、国际商务展览、跨国公司地区总部等国际资源优势，持续提升国际商务交往服务功能，保障"一带一路"重要国际商务活动。

（三）科技创新突出

CBD 内创新要素、主体、活动集中，是区域知识创造中心，科技创新能力突出。CBD 作为高端要素集聚地，可以产生较强的知识溢出、信息共享等外溢效应，为科技创新提供广阔土壤。CBD 内高度集聚的先进企业往往具有知识密集、技术先进、创新活力、交互性强等特点，通过资金、技术、人才、知识等要素的高强度投入，以及企业合作和高端人才社交活动，会在区域内形成较强的知识溢出、风险分担、中间产品共享、劳动资源池等正外部性，从而不断催生新业态、新技术和新知识，进而不断拓展"一带一路"大市场边界，形成新的增长空间，支持"一带一路"区域形成强大的市场竞争力。在"一带一路"建设中，通过科技政策合作、科技项目联合攻关、科技成果应用和转化等，科技创新还可以有效发挥大市场循环畅通的支撑引领作用，一方面可以为"一带一路"大市场循环畅通提供关键技术保障，另一方面也有利于提升我国与沿线区域的科技创新合作水平。CBD 科技创新突出的特点，高度契合习近平总书记提出的"将'一带一路'建成创新之路""向创新要动力"的要求。

（四）文化兼容并包

CBD 具有多元文化特征，中国传统文化、现代城市文化与世界各地移民带入的异国文化在 CBD 相融合，使 CBD 成为世界建筑、舞台、音乐、书画、影视、民俗、饮食等文化的交流中心，具有中西并存、开放包容、抑扬结合、持续创新的特点，既可包容异质文化，又善于接受新潮文化。这些文化特点正好契合了"一带一路"沿线国家多元文化汇聚、多宗教交汇、东西文化并存与交融的特性。自倡议提出以来，中国与沿线国家的交往日渐频繁（如图 3 所示），中国已举办两届"一带一路"国际合作高峰论坛，四届中国国际进口博览会，参会规模空前，仅第一届博览会就有170 多个国家、地区和国际组织参加，3600 多家企业参展，80 多万人洽谈采购，民间交流日趋频繁，2013～2018 年中国公民出境旅游人数增加 2.6

倍，到中国旅游的人数增加 2.3 倍。CBD 可以通过搭建我国与沿线国家常态高频沟通交流的平台，成为国家间交流的桥梁和纽带，形成具有竞争力的文化优势，有效促进民心相通，增强沿线国家对我国的认知和互信，实现友好合作和包容性发展。以北京 CBD 为例，CBD 内都市时尚文化、现代商务文化、传统东方人文氛围等交汇融合，具有多元包容的文化特质，形成了多个多元文化交融场所。北京 CBD 积极组织开展了多种形式的多元文化活动，满足国际人群的文化需求，促进国际商务信息共享和交流，增强CBD 文化凝聚力。

"一带一路"国际合作高峰论坛	·2017年举办第一届，29名国家元首和政府首脑、1600多名代表参会，形成5大类279项务实成果 ·2019年举办第二届，38名国家元首和政府首脑、6000多名代表参会，形成6大类283项建设性成果
首届中国国际进口博览会	·172个国家、地区、国际组织 ·3617家企业 ·80多万人洽谈采购，成交总额达578亿美元
民间交往	·中国与29个沿线国家签订免签或落地签协议 ·2018年中国公民出境旅游人数达6000多万 ·2013~2018年，中国公民出境旅游人数增加2.6倍，到中国旅游人数增加2.3倍

图3 中国与"一带一路"沿线国家交往情况

资料来源：《"一带一路"倡议的六年成绩单》，"一带一路"官网，https：//www. yidaiyilu. gov. cn，2019 年 9 月发布。

（五）政策保障有力

CBD 具有强大的政策保障和制度创新优势。CBD 作为城市经济中枢，享受政府优先支持的政策优势。强大的政策支持也是 CBD 高质量发展的重要保障，在 CBD 发展过程中，各地政府往往在规划、建设、运营等各个环节给予多项配套支持政策，将分散的政策资源、资产整合在一起，共同致力于 CBD 发展。以北京 CBD 为例,CBD 从规划建设到进入当前高层次发展阶段,一直受到国家和北京市相关政策的大力支持,新时代背景下,为促进中国(北京)自贸试验区国际商务服务片区高质量发展,北京 CBD 发布了国际化招商、总部企业能级提升、国际开放前沿、功能性机构聚集发展、数字经济先行、楼宇提质增效、国际现代商业、文化艺术发展 8 个领域共 18 条政策,最高可奖励 1000 万元。在政策保障的前提下,CBD 制度先行先试优势明显,主要涉及投资负面清单、贸易监管、金融创新、政府事中事后监管等制度创新,这些制度创新有利于我国应对"一带一路"建设中面临的贸易投资制度建设挑战,促进贸易便利化、金融业进一步开放、政府职能转变,推动"一带一路"大市场循环畅通。

三 CBD 推动"一带一路"大市场循环畅通
应高度重视的几个问题

(一)部分地区政治社会不稳定

"一带一路"沿线国家众多,发展水平、人文、宗教、认知等差异巨大,一些国家内部矛盾尖锐,区域内市场拓展存在很大不确定因素,政权频繁更替,缺乏社会稳定性(见表1)。例如,斯里兰卡新总统上任后,终结了"科伦坡港口城"项目,中远港口私有化项目在希腊左翼政党上台后被叫停。"六廊"中的中国—中亚—西亚走廊,局部区域面临民族分裂主义、宗教极端主义、恐怖主义等非传统安全,国家、党派、民族、宗教冲突不断,局部战争频发,国家社会安全度极低,项目投资面临高风险,市场循环畅通面临艰难困境,市场不畅通,地区发展滞后,又进一步加剧地区不稳定,陷入恶性循环。在这些地区,我国"走出去"的企业和人员面临安全威胁,亟须沿线各国和地区共同努力应对此类突出的海外利益保护问题。

表 1　"一带一路"倡议伙伴国家社会安全指数

安全指数得分	数量	国家
<10	1	文莱
10～20	7	斯洛文尼亚、不丹、阿曼、新加坡、克罗地亚、斯洛伐克、阿联酋
20～30	8	捷克共和国、匈牙利、科威特、立陶宛、罗马尼亚、蒙古国、保加利亚、卡塔尔
30～40	19	哈萨克斯坦、老挝、波兰、塞尔维亚、斯里兰卡、越南、阿塞拜疆、爱沙尼亚、以色列、拉脱维亚、马来西亚、沙特阿拉伯、巴林、白俄罗斯、希腊、伊朗、约旦、乌兹别克斯坦、亚美尼亚
40～50	14	阿尔巴尼亚、孟加拉国、东帝汶、格鲁吉亚、印度、摩尔多瓦、土库曼斯坦、波黑、黑山、印度尼西亚、尼泊尔、缅甸、塔吉克斯坦、泰国
50～90	8	柬埔寨、土耳其、俄罗斯、乌克兰、黎巴嫩、巴基斯坦、菲律宾、阿富汗
≥90	3	叙利亚、也门、伊拉克

注：得分越高说明安全度越低。
资料来源：计金标、梁昊光：《中国"一带一路"投资安全研究报告（2018）》，社会科学文献出版社，2018。

（二）沿线多数国家经济发展水平不高

"一带一路"沿线 60 多个国家中，仅有 9 个发达国家，超过 80% 的国家为发展中国家，经济体量较小，市场容量有限（见表 2）。沿线多数国家和地区普遍面临金融服务体系不完善、产业结构传统单一、国际合作经验不足等发展困境，这对我国推动"一带一路"大市场循环畅通带来了一定的限制和阻碍。经济基础决定上层建筑，沿线多数国家和地区的营商环境、法律制度等普遍落后，法治化建设不足。在我国"走出去"企业在沿线国家和地区开展相关业务时，如遇到相关法务问题，会面临较大的解决难度，降低企业服务效率，减弱企业"走出去"的主动性。另外，沿线国家和地区在国际贸易相关制度上也存在较大差异，这些不利于形成"一带一路"大市场的规模经济效应。

表2 "一带一路"沿线国家发展水平分类

国家类型	收入水平	数量	国家
发达国家	高收入	9	以色列、希腊、拉脱维亚、捷克共和国、斯洛文尼亚、斯洛伐克、新加坡、爱沙尼亚、立陶宛
发展中国家	高收入	9	匈牙利、卡塔尔、巴林、文莱、沙特阿拉伯、波兰、科威特、阿联酋、克罗地亚
	中高收入	23	亚美尼亚、伊拉克、伊朗、俄罗斯、保加利亚、哈萨克斯坦、土库曼斯坦、土耳其、塞尔维亚、斯里兰卡、波黑、泰国、白俄罗斯、阿塞拜疆、阿尔巴尼亚、马来西亚、马尔代夫、黎巴嫩、黑山、格鲁吉亚、约旦、阿曼、罗马尼亚
	中低收入	17	不丹、东帝汶、乌克兰、乌兹别克斯坦、印度、印度尼西亚、吉尔吉斯斯坦、孟加拉国、巴基斯坦、摩尔多瓦、柬埔寨、缅甸、老挝、菲律宾、蒙古国、越南、埃及
	低收入	5	尼泊尔、阿富汗、也门、塔吉克斯坦、叙利亚

资料来源：世界银行，https：//www.imf.org/en/News/country-focus。

（三）区域保护主义壁垒阻碍

当前国际形势深刻复杂变化，贸易保护主义、民族主义、孤立主义抬头，"一带一路"大市场循环畅通面临较大挑战。总体来说，我国与"一带一路"沿线区域合作较为顺利，但部分国家和地区出于各种考虑，在与我国的经贸合作中持保守态度，过度强调合作项目中质量标准、生态保护、劳工权益、当地企业保护等的某一方面，认为我国企业的相关项目会对当地生态环境产生较大负面影响，我国提供的产品和服务会制约当地企业发展，这都不利于"一带一路"大市场循环畅通。此外，东欧地区在选择国际合作伙伴时，更偏向于西欧各国，对我的潜在合作项目态度较为消极，经过近年来的努力，东欧地区与我国经贸合作有所增长，但总量依旧很小，除匈牙利和塞尔维亚，东欧大多数国家与我国合作进展较为缓慢。

（四）人文与语言差异

"一带一路"沿线区域在通用语言、传统文化、风俗习惯、宗教信仰等方面存在显著差异。印度、乌克兰等面积较大国家内部不同地区间亦存在较大差异。这些人文传统差异会使不同合作方对某些项目具体环节产生不同态度，这种不同合作方间潜在的不同态度，会导致我国在拓展"一带一路"市场时，可能承担由此产生的潜在信息不对称风险。此外，沿线区域间较大的语言差异也会对我国拓展"一带一路"大市场造成较大障碍，沿线国家中，新加坡等东南亚国家汉语普及程度较高，除此之外，其他国家汉语普及程度较低，而英语普及程度较高，语言障碍将在一定程度上减弱我国参与"一带一路"市场竞争的竞争力，比如英语普及程度高将使我国在与印度争夺服务外包业务时处于不利地位。

（五）制度环境和技术标准兼容性差

"一带一路"沿线多数国家制度和技术标准不完善，质量管理体系存在较大差异，计量水平不统一，铁路轨距不一致，兼容难度大。例如，部分国家在技术标准上偏好欧美的工业技术标准，部分国家还存在关键零部件本地采购的规定，在环境保护标准上，部分国家项目除进行环境和社会影响评估外，还需当地社区、各级部门和国际组织的批准监督；在劳工权益上，部分国家在罢工、薪酬、加班等方面的规定也与我国存在较大不同。针对这些问题，沿线各国尚未形成有效的协商机制，各国出于不同的地缘安全、主权债务、产业安全等顾虑，利益分歧协调难度较大，无法形成一致合力，存在相互掣肘现象。在缺乏标准互认的前提下，合作共识难以达成，项目进展效率低下，尤其是在"走出去"企业海外调研不足，对相关法律、标准、习惯等了解不充分时，项目风险较大，"一带一路"大市场循环畅通面临较大阻力。

四　CBD 推动"一带一路"大市场循环畅通的战略定位

（一）"一带一路"大市场循环畅通的前沿阵地

CBD 所具有的独特优势，使其天然成为"一带一路"大市场循环畅通的前沿阵地。CBD 通过集聚金融、商务、文创、科技等高端服务业，对区域、全国、世界经济形成较强影响和控制力，在"一带一路"大市场中具有较强的经济控制和要素配置能力。根据数据统计，2020 年国内主要 CBD 对所在城市 GDP 贡献大多在 10% 左右。CBD 是我国推动"一带一路"大市场循环畅通中具有主导地位的核心区域，是"一带一路"大市场循环畅通的前沿阵地。CBD 高度集聚了沿线区域经济、科技、文化和创新力量，能够突出代表和展示"一带一路"大市场拓展情况，是"一带一路"大市场循环畅通的特色名片和形象集中表达。CBD 与"一带一路"大市场循环畅通相互促进，"一带一路"大市场循环畅通为 CBD 高质量发展提供广阔的市场空间，CBD 高质量发展为"一带一路"大市场循环畅通提供重要支撑，同时 CBD 又是"一带一路"大市场循环畅通的重要承载和形象窗口。

（二）"一带一路"大市场循环畅通的核心节点

CBD 拥有良好的区位条件和要素集聚优势，交通和信息网络可达性高，对周边腹地的辐射带动作用强。在国际形势深刻复杂变化和国际竞争不断加剧的情况下，区域一体化进程加快，城市群成为国家参与国际竞争与合作的地域单元，城市群的竞争力决定国家的国际竞争力。城市 CBD 是城市群的经济中枢和增长极，辐射带动城市群内其他地区共同发展。在推动"一带一路"大市场循环畅通的过程中，CBD 将以其资本、人才、技术、管理等高端要素高度集聚的优势，以及铁路、管路、公路、水路、信息、空路"六路"综合的网络优势，充分发挥要素配置作用，成为推动"一带一路"大市场循环畅通关键力量和"引进来""走出去"的核心节点。

（三）"一带一路"商务服务中心

CBD 高端商务服务业基础好、潜力大，国内比较成熟的 CBD 集聚了大量的总部企业和跨国公司，主导产业以总部经济、金融证券、国际贸易、国际传媒、高端商务为主，应力争成为"一带一路"区域的商务服务中心，为"一带一路"大市场提供贸易、金融、信息、科技、物流等服务。CBD

应注重与周边地区以及与中西部欠发达地区的产业互补和对接，积极成为"一带一路"大市场国家参与产能合作的对接窗口，积极争取"一带一路"国际区域组织、金融机构、总部企业等落户 CBD，不断提升 CBD 高端商务服务能力，更好地推动"一带一路"大市场循环畅通。

（四）"一带一路"国际交往中心

CBD 多元文化交汇的特点，十分契合"一带一路"多元包容的精神。CBD 与国际接轨的文创、影视、教育、会展、动漫、旅游、新媒体等文化产业快速发展，不断吸引"一带一路"上最具创意的顶尖人才，引领"一带一路"时尚、影视、文化、体育、媒体等潮流。随着中国与沿线国家的交往不断频繁，借助独特的文化资源和涉外资源，CBD 可以打造"一带一路"多元文化集中承载和国际交流平台，发展成为"一带一路"国际交往中心。

五　CBD 推动"一带一路"大市场循环畅通的路径分析

（一）积极拓展"一带一路"经贸合作

1. 充分发挥涉外资源和社会机构的纽带作用

CBD 拥有的政治、经济、文化资源，是拓展"一带一路"经贸合作的独特优势。北京、上海等城市拥有丰富的外国领馆、外国政府办事机构等，城市 CBD 举办过大量多边国际会议，积累了丰富的外交合作经验和涉外资源，应充分利用这一优势，建立与"一带一路"沿线国家领馆及政府机构的常态化沟通机制，积极参与外国政府机构举办的经贸、投资、文化合作活动，主动交流对接政策、经贸、投资等信息，及时向国内企业传递沿线政治和经济局势、经贸合作机会等，并提供风险预警。城市 CBD 拥有大量的行业协会、投资促进会、进出口商会等社会机构，人脉关系丰富，应充分发挥社会机构的作用。CBD 可培育一批行业协会、商会，或在沿线重点国家设立驻外商业代表处，与国外相应机构定期联合举办经贸合作论坛及各类展销会等大型活动，为我国企业架设与沿线地区政府、机构、媒体、公众的沟通桥梁，在企业经贸合作中遇到困难时，出面与有关方面协商、谈判，助力企业更好发展。

2. 以重大项目合作为重点切入"一带一路"大市场拓展

CBD 推动"一带一路"大市场循环畅通的切入点是重大项目，应鼓励企业以自身优势积极参与"一带一路"重大项目建设，为"走出去"企业做好配套市场调研、经营风险评估、预案准备、金融安排等服务。推动企业积极申请亚投行、金砖银行、丝路基金等"一带一路"领域金融机构的项目资金，为企业提供政策法规和投资咨询报告，逐步健全担保服务保障体系。

3. 增强数字贸易竞争力

数字贸易是"一带一路"经贸合作的重要方向之一，CBD 应不断推动传统金融、商务、文化与新一代信息技术融合发展，增强数字贸易竞争力。一是探索符合我国国情的数字贸易规则，对标国际一流水平，加强跨境数据保护合作，推动数字证书和电子签名国际互认，探索数字贸易统计监测。探索制定信息安全、数据隐私、数据跨境流动等重点方面的规则，探索数据确权、数据服务、数据资产等交易标准及相关服务体系，规范交易行为。二是不断培育数字贸易新业态新模式，加快新一代信息基础设施建设，构建安全便捷的数字贸易专用通道。应用区块链技术整合相关企业信息和信用数据，规范相关贸易行为，打造无纸化、动态化、标准化的数字贸易合作模式和高效便利的通关模式。探索建立对新业态、新模式的监管机制。三是探索建设数字贸易港，在做好风险防控的条件下，先行先试数据产品进出口、数据产地标签识别、软件实名认证等，建设数字版权交易平台，推动知识产权保护和融资业务发展，探索建立适应"一带一路"沿线客户需求的网站备案制度。

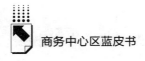
4. 创新"一带一路"经贸合作机制

探索建立区域创新体系。鼓励 CBD 企业和"一带一路"沿线区域科研机构在先进技术、关键设备、管理经验等方面，开展产业技术交流、科研联合攻关、科技人才培训、学术研讨等科技合作。推动 CBD 企业与"一带一路"沿线国家建立包括企业、高校、科研机构、政府机构等在内的区域创新体系，形成以企业为主体，以产学研为主要方式，面向应用的技术创新系统。重点推进双方创新机制、网络、政策环境建设，提升 CBD 参与"一带一路"经贸合作的科技创新供给能力。构建 CBD 与沿线区域企业合作机制，丰富 CBD 企业与沿线区域企业合作的方式和途径，降低企业交易成本，鼓励 CBD 有条件的企业集团通过兼并、收购、参股等方式参与沿线经贸合作。推动 CBD 企业与沿线区域大型企业间的产业链合作，加强主营业务相关的上下游产业合作，提高在价值链中的地位，增强 CBD 企业的国际竞争力。完善 CBD 中小企业投资促进机制，调动中小企业能动性，调控相关贸易资源，重点对 CBD 参与沿线区域贸易的中小企业进行支持，提高竞争力。鼓励 CBD 企业通过多种方式搭建境外投融资平台，通过境外平台实现境外多元化融资，降低融资成本，扩大在沿线区域的经贸合作。

（二）扎实做好高端金融商务服务对接

1. 提高"一带一路"金融服务能力

CBD 可发挥自身金融优势，建立"一带一路"投融资平台，把 CBD 建成"一带一路"筹资中心。加快推进金融市场开放，充分利用已有金融优势，推动建立债券发行、股权投资、交易和流通的核心市场，形成"一带一路"重点项目融资中心。加强与沿线国家的金融合作，开展信用担保、投融资清算、风险分担、机构和业务交流等合作。加快推进人民币国际化。不断加大沿线国家人民币离岸交易、跨境结算、货币互换等力度，扩大资本项目开放程度，进一步简化人民币投资审批程序。不断扩大本币互换规模和范围。建立 CBD 重点投资项目储备库，发挥 CBD 高端人才优势，加强对沿线国家的投资项目研究，在此基础上建立 CBD 与之合作的规划和项目库，鼓励 CBD 企业主动加入沿线国家间的经贸投资规划和合作机制框架中，并由金融机构制定配套方案。鼓励 CBD 金融机构走出去，到沿线重点国家开设分支机构，构建业务网络，提高沿线金融服务能力。争取更多的沿线金融机构落户 CBD。

2. 高起点建设商务服务合作平台

借助商务服务优势，积极推动成立"一带一路"国际商务合作联盟。充分发挥 CBD 在国际人才资源、国际金融服务和高端商务服务等方面的优势，积极参与"一带一路"沿线国家和地区所提出的符合国家战略需求的全球化倡议和愿景，是推动"一带一路"大市场循环畅通的应有使命和责任。可依托中国商务区联盟发起设立"一带一路"国际商务合作联盟，与沿线国家一同探索建立"一带一路"商务服务合作的新规则，建立沿线各国在商务服务、金融合作、人才交流、技术标准等方面的常态化沟通协调机制。"一带一路"国际商务合作联盟将成为更多面向发展中国家、促进共同发展的商务服务合作平台。我国 CBD 拥有密集的国际组织等涉外资源，可以在商务合作联盟中发挥重要引领性作用，合力为沿线国家提供更专业、更高端的商务服务，更好地推动"一带一路"大市场循环畅通，实现沿线国家共同发展。

（三）加快增进"一带一路"人文交流

1. 拓宽人文交流渠道

开展旅游合作，充分利用各自城市旅游节、旅游博览会、旅游交易会等平台，做好旅游资源宣传，提升国际旅游服务能力，促进 CBD 与"一带一路"沿线国家开展旅游交流合作。促进文化交流，利用 CBD 文创优势支持特色文化产品走向沿线国家，培育一批精品项目，提升中国文化在沿线国家的影响力。提升对外人文交流水平，以城市 CBD 网络为依托，加快完善"一带一路"沿线人文交流机制。加强教育培训合作，设立"一带一路"高端人才奖励基金，吸引更多优秀人才落户 CBD，优化人才引进结构，提升

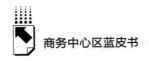

小语种人才引进优先度，与沿线国家合办教育机构，提升交流培训水平。打造一批熟悉沿线国家语言、国情、法律、文化等的高端智库，加强对沿线国家和地区的政治、经济、文化、安全等问题研究，为CBD推动"一带一路"大市场循环畅通提供及时专业的智力支撑。

2. 完善国际人才配套服务

优化国际人才政策。医疗方面，积极引导区域内知名医院为高端国际人才提供医疗绿色通道和优诊医疗服务，鼓励和支持企业及各类用人单位定期组织体检，定期组织外出休假疗养等。住房方面，提高CBD人才公租房面向区域企业配租比例。子女教育方面，引进国际优质教育资源建立一批一流国际学校，鼓励区域内的公立学校、教育机构创新教学内容，拓展国际教育功能。加快建立国际人才社区，运用新一代信息技术，构建智慧CBD社区，为国际人才提供便捷服务。建立国际人才信息库，CBD一般拥有丰富的国际人才资源，要完善对国际人才的动态管理，提高国际人才引进、培养和服务的有效性。建立常态化重点企业国际人才需求对接和联系机制，定期开展全球人才招聘，定期跟踪重点人才作用发挥情况，对成功引进符合条件的国际人才的用人单位给予奖补。发挥国际猎头和人力资源服务机构集聚的优势，形成国际化的人才服务体系，探索建立国际人才合作交流制度。

（四）强化CBD对区域经济的带动作用

1. 构建区域协同的CBD网络

进一步推动CBD网络体系建设，实现区域层面CBD协作共享的发展格局，进一步提高CBD在促进区域协同发展中的作用。加强国家区域战略引导，以大都市和中心城市CBD为核心，其他各级城市CBD为节点，以绿色低碳为发展底色，构建不同层级的开放式CBD网络体系。由国家相关政府部门牵头，建立包含政府、企业、行业协会、高校、研究机构在内的CBD协同创新联盟，促进单个CBD发展模式向区域一体的协同发展模式转变，强化CBD对区域经济的带动支撑作用。以京津冀区域为例，北京CBD应加强与天津、河北等地CBD的合作，发挥北京和天津科技资源丰富、创新能力强的优势，构建以北京 CBD、天津 CBD 为双核，以京津冀区域其他各级 CBD 为节点的多层级 CBD 网络，CBD 间通过公路、铁路、航空、管道、网络等实现互联互通，优化区域内资源配置，加快完善相关合作机制，深化各级 CBD 产业链协同发展，深入推进京津冀区域一体化。

2. 加快提升 CBD 软硬件环境

打造国际化营商环境。对标国际一流 CBD 建设经验，科学制定发展规划，打造兼具本地文脉和国际化的片区。逐步提升写字楼品质，打造各具特色的超甲级软硬件超一流的楼宇建筑。搭建楼宇人文社区和网络平台，促进企业、人员之间的交流互动，提升集聚效应。围绕 CBD 发展规划，制定精准政策体系，完善企业税收、奖补等优惠政策，着力引进"一带一路"跨国公司、总部机构、国际金融、高端商务服务等企业入驻 CBD。创新企业外籍人才、高端人才的激励机制，建立健全外籍人才签证、安居、子女教育、医疗等政策体系。遵循国际惯例、规则和标准，探索符合 CBD 特点和面向"一带一路"的政务服务模式，开辟"一带一路"企业绿色服务通道。加快建设数字 CBD，充分利用新一代信息化技术，加快布局 5G 基站，推动实现 CBD 区域 5G 通信全覆盖，构建高效的信息网络体系，提升高端产业发展数字环境，加强智慧公共服务供给能力，提高智慧治理水平。CBD 要大力建设知识产权保护和教育体系，为政策咨询、宣传推广、评估推介、知识产权注册登记、注册增资、转让许可、出资入股、质押融资等提供全方位服务，帮助企业和个人及时申请、注册和登记自主创新成果，促进创新成果转化。构建企业和国际人才信用体系，借助政府、公众和媒体的监督力量，推进信息共享。

参考文献

丁成日：《高度集聚的中央商务区——国际经验及中国城市商务区的评价》，《规划师》2009 年第 9 期。

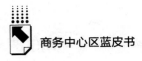
栾秋琳、安虎森：《"一带一路"背景下中国企业如何"走出去"——基于"新"新经济地理学的视角》，《西南民族大学学报》（人文社科版）2018年第11期。

单菁菁：《实现CBD的创新、智慧、品质、共享发展——CBD功能区"十三五"规划解读》，《环球市场信息导报》2016年第27期。

武占云、单菁菁：《中央商务区的功能演进及中国发展实践》，《中州学刊》2018年第8期。

杨长湧：《推进新发展格局下的高水平对外开放》，《开放导报》2020年第6期。

朱福林、王励为：《我国承接"一带一路"服务外包高质量发展的战略与路径》，《改革与战略》2021年第6期。

B.10
CBD"四链合一"创新创业生态
构建的思路与建议[*]

王 菡 王佳玮[**]

摘 要: 在加快构建以国内大循环为主体、国内国际双循环相互促进
的新发展格局背景下,我国经济社会的高质量发展对创新创
业提出了更为迫切的要求,商务中心区(CBD)作为城市的
功能核心肩负着构建"四链合一"创新创业生态的重大使
命。本文立足于CBD构建"四链合一"创新创业生态的时代
背景和要求,分析了北京CBD、郑州郑东新区CBD、杭州武
林CBD在构建创新创业生态方面的优势基础和发展现状,以
及CBD在构建创新创业生态中面临的关键问题,最后提出
CBD构建"四链合一"创新创业生态的思路与建议。

关键词: CBD "四链合一" "双循环" 创新创业 产业现代化

构建以国内大循环为主体、国内国际双循环相互促进的新发展格局是我
国实现经济高质量发展的战略抉择,是重塑我国参与国际合作和竞争新优势
的战略举措,加快构建"四链合一"创新创业生态是高效畅通内循环、高

* 本报告为国家自然科学基金青年项目"国际金融危机传染的时空机制及对策研究"(批准号:
41801115)的成果之一。
** 王菡,中国社会科学院生态文明研究所博士后,主要研究方向为城市与区域经济、网络经
济、金融政策与金融市场等;王佳玮,桂林电子科技大学学生,研究方向为区域经济、创新
管理。

质量对接外循环的重要支撑。商务中心区（CBD）作为国内国际各类高端要素资源的聚集地，既服务国内市场，又链接全球经济，同时拥有丰富的创新资源和多元化的创新主体，在畅通产业链和创新链、提升"中国服务"在全球价值链地位中发挥着重要作用。进一步提高原始创新能力、聚集创新资源、提供创新供给、构建"四链合一"创新创业生态是 CBD 积极主动融入新发展格局、提升全球竞争力的关键所在。

一 CBD 构建"四链合一"创新创业生态的时代背景

2015 年 9 月 10 日，李克强总理在夏季达沃斯论坛上指出，"大众创业、万众创新是推动发展的强大动力，是推进结构性改革的重要内容"。2018 年的《政府工作报告》再次强调要"打造大众创业、万众创新升级版"。随后，《国务院关于推动创新创业高质量发展打造"双创"升级版的意见》发布，明确了打造双创升级版的八项政策措施，即深化放管服改革、加大财税政策支持力度、鼓励科研人员积极创业、增强创新型企业引领带动作用、提升孵化机构和众创空间服务水平、引导金融机构有效服务创新创业融资需求、打造科技创新策源地，以及强化创新创业政策统筹，为推动形成线上线下结合、产学研用协同、大中小企业融合的创新创业格局创造了良好环境。

现阶段，国内国际发展环境面临着深刻复杂的变化。一方面，世界经济长周期下行，英国"脱欧"、美国贸易保护主义抬头、大国竞争冲突加大等国际形势加剧了全球经济发展不确定性；另一方面，统筹全局、深化改革，推动经济社会高质量发展，构建国内国际双循环相互促进的新发展格局成为我国经济社会发展的主旋律。习近平总书记在党的十九届五中全会上强调，构建新发展格局明确了我国经济现代化的路径选择。构建新发展格局，须坚持以深化供给侧结构性改革为主线，全面推进产业结构优化升级，构建现代化产业生态体系，提升我国在全球价值链上的增值能力、创新能力、竞争力和综合实力。实现产业基础高级化和提高产业链现代化水平是构建现代化产业生态体系的重要部署和谋划,这需要先进的科学技术和产业组织方式以改造和升级传统产业链,使产业链具备高度黏性和韧性,具备自主控制能力以及高端链接能力。

推进和实现产业基础高级化、产业链现代化,推动我国产业迈向全球价值链中高端,关键是要加快科技创新,优先解除人才、技术、资金三大要素对产业发展的制约。因此,当前形势下,需要多措并举深入贯彻创新驱动发展战略,大力发展人才链、技术链、资金链、产业链,构建"四链合一"的创新创业生态格局。近年来,国务院、国家部委和各地市相继出台了人才引进政策、创新创业激励政策、企业扶持政策等多项政策文件(见表1),为深入实施创新驱动发展战略,推动创新创业高质量发展,打造专业化、全链条的创新创业生态服务体系提供了持续优化的政策环境。

表1 2020~2021年国务院、国家部委及地方出台的相关政策举措

政策文件或重要事件	政策内容
国务院印发《关于推进自由贸易试验区贸易投资便利化改革创新的若干措施》	其中提出,推动加快构建以国内大循环为主体、国内国际双循环相互促进的新发展格局。以产业链条或产业集群高价值专利组合为基础,构建底层知识产权资产,在知识产权已确权并能产生稳定现金流的前提下,在符合条件的自贸试验区规范探索知识产权证券化模式
国务院常务会议提出:进一步推进双创、营造更优双创发展生态、强化创业创新政策激励	其中提出,深入实施社会服务领域双创带动就业专项行动,深入实施高校毕业生创业就业"校企行",围绕保产业链供应链稳定安全,支持示范基地实施大中小企业融通创新专项行动,支持示范基地深化实施精益创业带动就业专项行动,构建专业化、全链条的创新创业服务体系
国务院办公厅印发《关于提升大众创业万众创新示范基地带动作用 进一步促改革稳就业强动能的实施意见》	其中提出,深入实施创新驱动发展战略,聚焦系统集成协同高效的改革创新,聚焦更充分更高质量就业,聚焦持续增强经济发展新动能,强化政策协同,增强发展后劲,努力把双创示范基地打造成为创业就业的重要载体、融通创新的引领标杆、精益创业的集聚平台、全球化创业的重点节点、全面创新改革的示范样本
国务院印发《关于构建更加完善的要素市场化配置体制机制的意见》	其中提出,引导劳动力要素合理畅通有序流动;增加有效金融服务供给,主动有序扩大金融业对外开放,推进资本要素市场化配置;促进技术要素与资本要素融合发展,健全职务科技成果产权制度,加快发展技术要素市场;加快培育数据要素市场;加快要素价格市场化改革等等

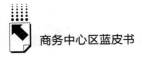

续表

政策文件或重要事件	政策内容
财政部、工业和信息化部联合印发《关于继续实施小微企业融资担保业务降费奖补政策的通知》	其中提出,2021~2023 年,中央财政继续通过中小企业发展专项资金,采用奖补结合的方式,对扩大小微企业融资担保业务规模、降低小微企业融资担保费率等政策性引导较强的省份进行奖补
科技部、中国农业银行联合印发《关于加强现代农业科技金融服务创新支撑乡村振兴战略实施的意见》	其中提出,各地方科技主管部门和中国农业银行分支机构要合作支持种业科技源头创新,攻克全产业链关键核心技术,发挥金融服务优势,推进科研与生产、品种与市场的深度融合,扶持新型研发机构和科技企业加快成长
科技部印发《关于科技创新支撑复工复产和经济平稳运行的若干措施》	其中指出,加强产业核心关键技术攻关,加快推进科技成果转化与高质量科技创新创业,发挥国家高新区创新驱动示范区作用,打造科技与产业集聚发展支撑极
青岛市 2021 年政府工作报告	其中提出,加快构建产业链、资金链、人才链、技术链"四链合一"创新创业生态,全面建设创业城市,打造长江以北地区重要的国家科技创新基地
北京市政府印发《北京市区块链创新发展行动计划（2020－2022 年）》	其中指出,到 2022 年,把北京初步建设成为具有影响力的区块链科技创新高地、应用示范高地、产业发展高地、创新人才高地
《上海市全面深化国际一流营商环境建设实施方案》	其中提出,完善创新创业全周期政策服务链。拓展"高企贷"、科技金融风险补偿资金池等覆盖面,缓解科技企业融资难、融资贵等问题。探索金融服务创新创业新模式,进一步做大科技信贷产品与服务,扩大政策惠及面。实施众创空间专业化、品牌化、国际化培育工程,推动高校、科研院所科技成果转移转化

资料来源：根据国务院、国家部委、地方政府官网信息整理。

二 CBD 构建"四链合一"创新创业
生态的现状基础

政府和市场的良性互动是营造良好营商环境的重要手段。良好的营商环境能够激发市场活力和社会创造力，培育和增强创新型企业的内生动力，不断解放和发展生产力。近年来，CBD 大力发展楼宇经济和总部经济，致力于建设人才、资金、技术等高端要素集聚地，增强全球资源配置能力、提升国际化交往能力、营造国际化营商环境,积极培育新产业新业态新动能新模式,为双创企业的发展提供了良好的营商环境,在产业链、人才链、资金链、技术链增强和融合方面所表现出的优势,为破解创新创业的显性障碍和隐性障碍、构建"四链合一"创新创业生态新格局打下了重要的现实基础。

(一)北京 CBD

北京 CBD 位于北京市朝阳区,历经 20 年已发展成为北京市的"金名片"。北京 CBD 的世界 500 强机构数量全国最多,是首批成立的三大国家级 CBD 之一,是综合实力的领军者,是高质量开放的践行者,是中国高能量区域特质的集中体现。根据《2020 年全球商务区吸引力报告》,北京 CBD 位居全球第 7,并高居中国榜首。2020 年,北京 CBD 中心区实现 GDP 1795 亿元,地均产出达到 942.6 亿元/公里^2,劳均产出 215.4 万元/人,拥有楼宇 138 座,其中税收过亿元楼宇 49 座,税收过十亿元楼宇 10 座,并出现了税收过百亿元的商务楼宇,跨国公司总部占北京市的 60%,国际商会及组织占北京市的 80%,拥有世界 500 强企业 238 家、独角兽企业 17 家。与此同时,互联网、信息服务、新金融、高端时尚产业等"高精尖"新业态也成为北京 CBD 近年来发展的重点。

特别是得益于创新创业生态的营造,北京 CBD 在对外开放水平、经济贡献度和新业态创新发展方面取得显著成效。一是借助"两区"政策叠加优势,在商务、金融、文化、科技等重点领域深耕细作,试推多项机制创新,着力培育新业态新模式。例如,围绕"4+2+N"产业发展体系,在区内延伸创新链、产业链布局,加强众创空间、创新孵化器、创新扶持计划、知识产权保护等软硬环境的建设,统筹协调区域创新资源,加快培育"众创空间—孵化器—加速器—独角兽企业"的全链条体系,全方位推进空间整合优化、载体提质升级和产业创新发展。截至 2021 年,北京 CBD 拥有国安龙巢、星库空间等 9 个国家级众创空间,居全国 CBD 首位。通过专业化服务实现市场资源有效配置,为中小微企业构建低成本、便利化的新型众创空间,极大地改善了企业融资难的问题,降低了企业的运营成本及信息成

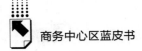

本。二是建设国际化人才队伍，加强专业化国际化人才引进，营造浓郁的创新创业氛围，积极为创新创业人才提供良好的成长环境和更多的机会，为区内产业发展持续输送专业化、多层次人才。三是致力于CBD企业信用综合监管平台建设，为相关政府部门以及金融机构对双创企业不同发展阶段进行风险研判提供有力支撑。北京CBD在产业创新、制度创新、金融创新、人才创新等方面的发展布局，为加快构建"四链合一"的创新创业生态格局提供了良好的发展环境。

（二）杭州武林CBD

杭州武林CBD位于杭州市中心，核心区占地面积2.5平方公里，区域总面积31.46平方公里，2020年实现GDP 1134.38亿元，纳税总额152.84亿元，社会消费品零售总额为538.05亿元。其主导产业及2020年纳税总额依次为批发和零售业38.54亿元，金融业26.29亿元，租赁和商务服务业22.72亿元，以及房地产业15.15亿元。拥有楼宇128家，其中税收过亿元楼宇55座，税收过十亿元楼宇4座。科创板以及纳斯达克、港交所新板块挂牌企业11家，发明专利授权量1342个，创客空间21家，其中国家级创客空间2家、省级创客空间6家、市级创客空间13家，区内创新创业环境充满活力。

杭州武林CBD大力开展增强人才链、产业链、创新技术链，优化资源要素市场化配置，持续优化营商环境，为创新创业提供了良好的发展环境。一是积极融入新发展格局，促进提升产业实力。强化招商引资"一把手"工程，加快引进"压舱石"型项目；优化资源要素市场化配置，创新土地、能源等公共资源交易新模式、新平台；培育和引进数字经济行业领军企业，逐步形成"引育一个、带动一批、辐射一片"的产业聚集效应。二是发展夜间经济，引爆消费新亮点。建设"潮武林不夜城"，启动"运河湾国际风情港"建设，加快构建"互联网+消费生态"，打造了"延安路武林商圈"和"新天地活力PARK"两大地标，同时依托武林商圈，打造多层次、多样化的夜间消费形态。三是聚焦原始创新，厚植城区发展潜力。大力推动创新创业。积极开展基础创新平台建设工作，加大数字经济、人工智能、生命健康等科创领域的投入，深入实施名校名所名院工程；建立健全科技创新综合服务体系，推动企业健康成长；重视科技成果转化，深化科技创新平台链条建设，大力推动"众创空间+科技企业孵化器+产业园平台体系"扩容增效；推进智治变革，加强5G、大数据、区块链等新兴技术的应用，以数字化改革撬动各领域各方面改革。四是加强人才集聚态势，涵养发展内生动力。深入实施"人才强区"战略，深化"513武林英才"等人才吸引政策，打造引才育才"强磁场"；依托人力资源产业园、海外人才创新创业大赛等平台，发挥企业主体作用，争取更多人才项目落地；积极构建"全生命周期"人才创业创新服务体系，打造人才生态"一流区"。

（三）郑州郑东新区CBD

郑州郑东新区CBD位于郑州市区东部，规划面积7.1平方公里，已建成区面积为4.95平方公里，是国务院批复的"中原经济区规划"中明确推进的金融集聚核心功能区。2020年底，郑东新区CBD实现GDP 334.3亿元，地均GDP 67.54亿元/平方公里，实现服务业增加值277.7亿元，税收收入137.5亿元，固定资产投资34.96亿元，主营业务收入1120.05亿元，实际利用省外资金41.37亿元，核心区持牌金融机构达到344家。拥有楼宇46家，其中税收过亿元楼宇19座，税收过十亿元楼宇5座，累计入驻企业总量9169家，其中总部企业34家、世界500强企业55家、上市公司153家、高端专业服务机构9家、高端中介服务机构460余家。省级众创空间1家，市级众创空间1家，科创板以及纳斯达克、港交所新板块挂牌企业26家，CBD创新创业氛围浓厚。

郑东新区CBD致力于提升产业竞争力、完善产业结构、优化金融生态、集聚高端要素，加强软硬件基础设施建设等，努力打造优质的国际化营商环境，为进一步增强产业链、人才链、技术链、资金链，构建"四链合一"的创新创业生态格局提供了良好的发展环境。一是优化调整产业结构，提升产业竞争力。紧密围绕强化产业引领、要素集聚、辐射带动的战略定位，努力打造产城融合、"三生"融合的高质量发展示范区。同时，以产业链整合提升为重点，着力发展金融、总部、商务服务、高端商贸和会展服务业等重点产业。在充分研究并利用自身的区位、产业及配套等优势基础上，积极推动机构扩大境外投融资、培育新业态、扩大开放政策等方面的改革创新，促进新兴现代服务业集聚发展。二是坚持内外源并重，引进与培育并举，提升总部经济高端带动作用。大力引进融资租赁、人力资源服务、医疗健康服务、碳金融、数字会展和大数据等新业态总部企业。三是巩固金融业核心引领地位。积极探索发展特色金融，以中原系金融机构为核心，推动银行、交易所等金融机构拓展贸易金融业务；积极引进各类金融机构，发展多层次资本市场、互联网金融，鼓励支持金融创新，充分发挥郑州商品交易所龙头带动作用和资源配置、风险管理等作用，为企业提供多样化、个性化金融工具；积极引导金融机构创新绿色金融产品和服务模式，探索发行绿色金融债券，形成金融资本直接服务于实体经济的全链条产业体系。此外，还继续加强包括人才、技术等在内的各类高端要素的集聚，充分发挥要素集聚效应，促进关联的产业集聚发展，提升高端产业的竞争力。

三 构建"四链合一"创新创业生态面临的关键问题

人才链、技术链、资金链、产业链相互依存，有机链接。人才链为技术链、资金链、产业链提供智力、人力支持，比如核心技术研发人才、金融人才、市场人才、管理人才、创新型人才等；技术链为产业链、资金链提供技术支持、创新驱动力量以及新的增长点，为人才发展提供方向指导；资金链为人才链、技术链、产业链提供财力支持和激励；产业链的发展带动技术链、资金链的进一步发展和创新，创造就业岗位，进一步吸引人才（见图1）。因此，深入实施创新驱动发展战略，推进大众创业、万众创新，需要集政府、企业、社会之力，全面发展和增强人才链、技术链、资金链、产业链，推动"四链合一"，全力构建"四链合一"的创新创业生态。

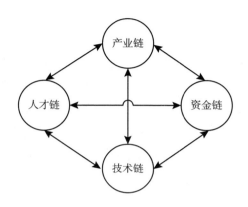

图1　人才链、技术链、资金链、产业链关系

（一）产业链：创新创业的发展之基

2021 年《政府工作报告》提出，"十四五"时期要准确把握新发展阶段，深入贯彻新发展理念，加快构建新发展格局，推动高质量发展，将坚持创新驱动发展、加快发展现代产业体系作为其中的一项主要目标任务。产业链现代化是对发展现代产业体系、推进经济转型升级的重要谋划和部署，是我国实现经济社会高质量发展的必要条件。随着产业分工的持续深化，在全球价值链视角下，产业链现代化应实现技术创新自主可控、供应链绿色化智能化，以及产业链富有高度黏性和韧性。然而现阶段，我国产业生态体系存在很多不足之处，比如原始创新不足、产业联动不足、产业结构不合理等。推进和实现产业基础高级化、产业链现代化，关键需要先解除人才、技术、资金三大要素对产业发展的制约。

（二）资金链：创新创业的命脉所在

在市场经济的运行中，资金流向通常具有"马太效应"，即越发达的区域聚集的资金越多，越落后的区域越难以聚集资金。资金流是企业的生存命脉,企业发展的内在潜力很大程度上反映在经营的资金流量方面。多元化的融资渠道和方式能够给企业带来充盈的资金流,同时,双创小微企业融资难的一个关键因素是信息不对称。一方面,双创企业的融资难问题主要表现为结构性不均衡,处于不同发展阶段、不同发展规模的双创企业,其相应的资金需求和资金收益存在很大差别,因此,资金供给方对企业运营的透明化知晓度尚有待提高;另一方面,银行和金融机构对借款方双创企业贷款风险的可获得性不足、获取成本高,包括双创企业的财务、经营、资信、担保等方面信息。双创小微企业在初创期和成长期,融资需求较为紧迫而信用积累不够。此外,在拓宽直接投融资渠道的同时,缺乏对创业投资退出渠道重视,需要着力破解创业投资退出渠道单一、退出难局面。

(三)人才链:创新创业的动力之源

人才是经济社会高质量发展的动能,更是创新创业的原动力。随着人口红利逐渐消失,人口的素质对增强城市竞争力、企业竞争力日益重要。培育和引进高层次、专业化创新创业人才不仅是时代发展的需要,还关系企业生存、发展以及核心竞争力的提升。现如今人才市场大致表现为高新技术创新人才最为短缺,如技术骨干人才、技术领军人才;其次是市场人才、管理人才、基层人才等。双创企业对国内外人才的招才引智、引育留用,不仅受到企业本身竞争力、潜力以及人力资源管理理念、人才收入分配方式等人才引进措施的影响,还受到双创企业所处城市与地区的文化建设、基础设施、人才服务、人才政策等一系列因素的影响。

(四)技术链:创新创业的制胜之道

科学技术作为一种物质存在和新的生产力,以知识及其各种载体、人才、技术设备、技术经验等实体性和非实体性形式传播、转移,形成科学技术流,并随着流发展的成熟进一步形成链,是一种科学技术的创新和扩散的空间过程。技术创新是企业竞争优势的重要来源。现代产业生态体系的形成和发展需要相对完备的技术支撑体系,需要在关键共性技术、前沿引领技术、现代工程技术等领域实现技术攻关，创新突破关键核心技术瓶颈、破解"卡脖子"技术难题、破解核心技术成果转移转化，助力技术产业化发展。技术链还同时为资金链提供技术支持、新的资金增长点，为人才发展提供方向指导。现阶段企业创新发展普遍面临着"缺核少芯"、技术创新能力不足、独立研发能力不足、合作研发能力有待提升、关键核心技术受制于人、承接高校科技成果转化困难、知识产权侵权，以及技术创新风险高、周期长等问题。

四 CBD构建"四链合一"创新创业生态的思路与建议

（一）CBD构建"四链合一"创新创业生态的总体思路

CBD作为国际化商务中心区，在"四链合一"背景下，应充分发挥好创新创业的示范引领作用，持续优化区内人才、技术、资本等资源优势，打通制度壁垒、人才壁垒、技术壁垒，推动产业创新、人才创新、技术创新；打通资金壁垒，为产业、人才和技术的创新提供资金活水，让资金直达实体经济，形成资金、人才、技术三大要素与产业之间的紧密衔接，全面推动创新创业生态的构建。CBD应同时发挥各自的独特要素优势，加大CBD之间的合作步伐，在尊重各方诉求的基础上，促进各要素在CBD之间的有序流动，促使双创企业能够享受高端要素快速集聚、高效流动的独特优势，在大力引进和培育双创企业的同时，推动双创企业深度开展有效合作。此外，作为城市中创新最为活跃的区域，CBD应坚持审慎的态度支持区内新业态新模式的高质量发展，为双创企业营造更为宽松有序、利于创新和公平竞争的市场环境。依托自由贸易试验区等政策优势，争取创新创业领域的先行先试政策落地，针对处于不同发展阶段的双创企业，实施差别化支持政策，优先鼓励支持处于产业价值链的高端产业和新兴业态的创新发展，推动形成产学研协同创新以及资金链、技术链、人才链与产业链"四链合一"的创新创业生态发展格局。

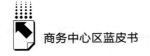

（二）CBD 构建"四链合一"创新创业生态的具体建议

1. 优化提升 CBD 营商环境，着力激发创新创业活力

CBD 应持续优化营商环境，继续提升区内功能品质，致力于高端人才、智能技术、科技金融、新兴产业等四大突破点，有效贯通人才链、技术链、资金链、产业链，推动 CBD 发展由要素驱动、投资驱动向创新驱动的快速转变，增强引领科技创新发展的能力，提升创新创业生态环境的能级。充分发挥 CBD 引领带动作用，高度重视科技创新的驱动作用，加速集聚高端要素资源，吸引科技金融、工业大数据、智能制造、新型信息技术、生物医药等领域的头部企业集聚，鼓励推动以产品创新、技术创新、品牌创新、服务创新、渠道创新等为引领的全面创新，加速迈向国际价值链的高端。

联合高校、科研院所、总部企业等多方主体，打造双创示范基地、创客空间、开源社区、双创孵化器、双创企业加速器等，面向全社会提供融资租赁、成果转化、创业孵化、行业咨询、人才培训等多元化服务，巩固创新创业的基础，推动创新主体和创新内容的升级，提升创新创业主体的质量，形成产学研协同发展、大中小企业合作共赢、科技资源共享的新型创新创业生态格局。进一步深化服务业扩大开放，聚焦重点领域，积极申请在区内享受公司型创投企业所得税优惠政策试点、开展技术转让所得税优惠政策试点、落实支持科技创新税收政策等优惠政策。打通科技成果向现实生产力转化的通道，着力解决要素驱动、投资驱动向创新驱动转变的制约，实现创新成果与市场的有效对接。建立完善的知识产权管理服务体系，推动知识产权全方位保护，积极运用"互联网＋"技术强化知识产权保护力度，拓展境内外知识产权合作新空间，加快推动创新创业发展动力升级。

2. 优化提升 CBD 金融服务，推动双创投融资服务升级

加快推进银行、证券等持牌类金融机构入驻 CBD，充分发挥金融资源的集聚效应和辐射带动效应，鼓励区内各银行业机构在依法合规、风险可控的前提下通过争取信贷规模、发展表外业务等方式放大银行信用，以及支持区内商业银行、证券及专营机构开展产品创新、机制创新，同时积极引导金

融机构的资金注入创投机构，加大对双创企业的融资支持力度和支持范围，有效融通双创企业的资金链。推进或者完善金融科技创新创业生态平台建设，进一步优化孵化器空间功能，为双创企业提供金融服务、政策服务、孵化服务、数字化技术服务等全方位、多元化服务。

双创企业的融资难问题主要体现为结构性不均衡，按照传统的企业生命周期理论，企业的发展通常经历四个阶段，即企业初创期、成长期、成熟期、衰退期。因此，CBD 相关部门应跟进区域内双创企业发展的各个阶段，以及相关联的资金需求、资金收益，帮助企业透明化其成长阶段并尽可能地精准匹配可选择的融资方式，以及投资方的收益回报，有效解决双创企业与投资方、投资收益与产出的不匹配问题。CBD 在融通双创企业资金链的同时，应重视防范金融风险，着力解决信息不对称问题。CBD 应联合金融机构、企业，发挥特有的统筹社会资源的优势，构建企业信用信息平台，帮助银行能够充分拥有借款企业的信息，降低信息获取成本，降低银行拟贷企业风险的大小；此外，还可以尝试多方联合，建立针对双创企业的融资风险补偿基金，合理分担或者分散双创企业的金融风险，并借助数字技术，加强双创金融债权的权益保障，建立完善的针对双创群体的快速诉讼机制。

3. 全力打造 CBD 人才高地，构建全流程人才服务体系

充分发挥市场在人才资源配置中的基础性作用，创新人才发展体制机制，完善人才引进、培育、使用、评价和服务保障等相关政策，积极吸引具有全球人力资源配置服务能力的国际、国内知名人才中介服务机构进驻CBD，构建全流程人才服务体系。围绕创新创业所需，吸引和培养金融、科技、法律、咨询、知识产权等重点领域的人才，采取授权、委托、资助或购买服务等方式与国内外知名人才服务机构合作，建立分领域、分行业的高层次急需紧缺人才需求目录及专业服务技术人才库。促进人才工作与招商、产业服务相对接，设立专项"人才基金"，充分发挥各类人才组织的作用，采取多元化渠道引进重点领域的专业化高端人才。加大国际高端人才引进力度，出台差异化国际人才引进政策，打造全球最具吸引力的国际高端商务人才聚集高地。加强特色化、国际化文化设施和载体建设，积极组织开展丰富

多彩的文化活动，积极营造浓厚的国际文化氛围，有效满足国际化人群的文化生活需求，建设人才"一站式"政务服务平台，为国际人才在 CBD 创办企业、工作许可等提供相关政务服务，同时与医院开展国际医疗服务，提高 CBD 区域国际化高水平医疗急救服务能力，提升高端人才公共服务总体水平。

4. 统筹协调 CBD 要素资源，促进产学研协同发展

加强专业化众创空间、科技企业孵化器、创新扶持计划、知识产权保护等软硬环境建设，打造创新创业特色载体，统筹协调区域要素资源，推动产学研用协同开放创新。联合高校、科研院所、双创企业、政府，搭建产学研创新合作平台，发挥多元主体协同作用，促进产学研深度融合，技术、人才等要素的自由流动，以及产业链、技术链、人才链的有效贯通，帮助双创群体找准定位，防止资源要素的无效流动和浪费。

着力吸引国内外跨国公司总部和全球研发创新中心，支持外资设立全球研发中心和开放式创新平台，积极争取高层次创新服务平台落地 CBD，提升 CBD 在全国乃至全球创新服务网络中的地位。依托国家级科技创新交流平台，吸引在 CBD 发布创新研发成果，促进创新要素的集聚和流动。立足 CBD 资源集聚优势，积极开展科技成果转化先行先试，与高校、科研院所、企业联合建立科技成果转化服务体系，打造科技成果转化基地，扩大科技成果源头供给，提高科技成果转化能力和效率。充分考虑企业创新成果应用转化需求，依托产学研创新合作平台，帮助企业搭建应用场景，推动对创新成果的宣传。充分发挥政府科技型创新基金的引导作用，培育、扶持和促进科技创新型中小企业，引导国内外高端团队和原始创新项目到 CBD 落地转化和发展。积极探索政府、银行、企业、社会各方相互结合的研发资金投入体系，鼓励通过采用科技成果与资金扶持可交换的合作方式，完善研发资金投入渠道，加大资金投入力度，提升资金使用效率，有力保障创新成果的转化。

5. 完善 CBD 政策机制，保障创新创业生态建设

研究制定具有前瞻性、引领性、创新性的政策清单，持续推进创新链、

人才链、产业链、资金链深度融合，为构建"四链合一"的 CBD 创新创业生态区提供良好的政策环境。坚持产业创新、技术创新、渠道创新、商业模式创新，以及高端人才集聚等统筹规划、协同推进，完善和构建助推创新创业发展的政策制度、体制机制，进一步优化创新创业的政策环境。

鼓励深入研究引才用才育才机制，加强人才建设领域的改革先行先试和创新政策突破力度，破解人才壁垒，推进 CBD 人才智库建设，加大企业与科研院校的深度合作，促进人才与企业的高质量匹配，为充分发挥 CBD 引领高质量发展提供智力支持。围绕 CBD 高精尖产业领域，出台支持科技孵化器相关政策措施，促进科技成果实现高质量转化。包容审慎支持新业态新模式发展，鼓励大企业构建开放式创新创业平台，制定相关政策支持清单，面向区内科技型中小企业及区外龙头企业开放产业资源、应用场景、研发需求，实现辐射并带动区内大中小企业融通发展，吸引区外优质企业创新要素内流，实现创新要素资源的高效利用和高效配置。建立常态化双创企业平台交流机制，鼓励支持双创企业参与创新计划、规划的制定，充分发挥创业者、企业家在规划制定中的作用，强化双创企业的主体地位，同时激发社会创新活力。推动与企业研发费用相关激励措施的创建和落实，加大对 CBD 企业新技术新产品的示范应用和推广力度。积极争取并深化落实放管服改革措施落地 CBD，大力支持引进数字产业、新兴技术产业、金融科技产业，制定实施吸引外商投资机构集聚发展措施，推动多层次资本市场建设，强化资本市场对创新创业的支持。

参考文献

郭亮、单菁菁主编《中国商务中心区发展报告 No. 6（2020）》，社会科学文献出版社，2020。

郭亮、单菁菁主编《中国商务中心区发展报告 No. 5（2019）》，社会科学文献出版社，2019。

世界商务区联盟：《2020 年全球商务区吸引力报告》，2020。

国内案例篇

Chinese Experience Chapters

B.11
北京 CBD 助力"两区"建设的
典型经验与成效研究

邬晓霞　高博*

摘　要： 2020年，北京 CBD 正式获批中国（北京）自由贸易试验区国际商务服务片区，为北京 CBD 构建与国际接轨的开放政策和制度带来了全新机遇。北京 CBD 充分发挥"两区"叠加的政策优势，着力提升对外开放水平和层次，持续优化国际化营商环境，营造一流创新创业生态，探索形成了一批可复制、可推广的经验，在服务业扩大开放、经济提质增效和产业转型升级方面取得显著成效。展望未来，北京 CBD 应高标准推进"两区"建设，持续加大服务业领域的制度型开放，着力提升国际合作能级，营造国际一流水准的营商环境，融入和

* 邬晓霞，经济学博士，首都经济贸易大学城市经济与公共管理学院副教授、硕士生导师，主要研究方向为区域政策、城市与区域发展；高博，首都经济贸易大学硕士研究生，研究方向为城市与区域发展。

服务双循环新发展格局。

关键词： 北京 CBD "两区"建设 双循环发展格局

当前，国际经贸形势变化加剧，新冠肺炎疫情在全球蔓延，经济全球化遭遇逆流，面对复杂深刻的国际环境变化，国务院印发《深化北京市新一轮服务业扩大开放综合试点建设国家服务业扩大开放综合示范区工作方案》和《中国（北京）自由贸易试验区总体方案》，对北京打造服务业国际合作和竞争新优势，形成全方位、多层次、多元化的开放格局提出了新要求，"两区"[指国家服务业扩大开放综合示范区和中国（北京）自由贸易试验区]建设是构建新发展格局中赋予北京 CBD 的重大机遇。中国（北京）自由贸易试验区按照"组团式"发展思路，涵盖国际商务服务片区、高端产业片区以及科技创新片区共三大功能片区。其中，北京 CBD 共计 4.96 平方公里范围被纳入以科技创新、服务业开放、数字经济为重点领域的国际商务服务片区。作为北京市"两区"建设的重要承载空间，北京 CBD 充分发挥自身区位资源优势，着力提升对外开放水平和层次，持续优化国际化营商环境，营造一流创新创业生态，全力打造服务业开放的"北京样板"，形成了一批可复制、可推广的经验，并在经济发展、产业转型升级、营商环境等领域取得显著成效。

一 北京 CBD "两区"建设经验

（一）着力提升对外开放水平和层次

北京 CBD 进一步巩固区域资源聚集优势，在金融业、高端商务业、总部经济等传统优势领域破除障碍，加快高端优质要素集聚，争取创新开放政策先试先行；在文化交流和经贸合作领域，积极发挥 CBD 对外开放窗口的

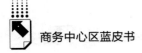

品牌效应和传播力，加深国际经贸合作，打造北京对外开放高地。

1. 深化金融开放创新

北京 CBD 紧跟国家对外开放战略部署，重点聚焦跨境金融服务，积极开展金融特色交易场所建设，率先在全市形成一批试点经验。例如，中国银行北京分行和中国农业银行北京分行网点率先为 5 家境外企业办理了远期结汇等业务，极大地增强了企业使用资金的效率，提升了北京 CBD 金融服务国际化水平，增强了自贸区跨境金融活力。与此同时，北京 CBD 探索推进金融科技应用场景试验区建设，支持互联网金融、消费金融等新业态发展；在金融产品、金融市场、金融工具等领域积极推进改革，创新拓展融资渠道，提升中小微企业获取资金能力，增强金融对实体经济的支持力度，为金融机构开展全球金融业务和企业获取全球资源提供便利。目前，北京 CBD 聚集了北京市约 70% 的国际金融机构，正在打造国际金融开放前沿区。

2. 搭建高端商务平台

在高端商务领域，北京 CBD 结合首都对外交往窗口定位，通过举办深层次商务活动、打造独特商务品牌、搭建多维度交往平台等形式践行"两区"建设工作要求，持续提升 CBD 在国内外的影响力。一是举办高水平的国际性商务活动。北京 CBD 组织承办了中外跨国公司 CEO 圆桌会议、世界城市建设国际论坛、跨国公司中国论坛、中国特色世界城市论坛等一系列深层次的国际性商务活动，有效提升了 CBD 的国际影响力。此外，招商服务中心全球连线厅成为北京 CBD 进一步开展国内外交往活动的重要载体。借助全球连线厅，北京 CBD 在线参加全球商务区创新联合会 2020 年圆桌会议，在重要国家及全国重要省份积极铺设联络网点，不断拓宽高质量、高层次的交流和发展渠道。二是打造独特商务品牌。北京 CBD 论坛以及中国商务区联盟共同构筑起北京 CBD 独特的商务品牌。北京 CBD 论坛邀请国内外知名企业和学术界领军人物围绕热点问题进行探讨，为企业提供专业的行业发展规划建议，为 CBD 发展提供智力支持。截至 2021 年，由北京 CBD 管委会主办的北京 CBD 论坛已成功举办 22 届，论坛以其国际化、专业化、商务化和高端化的特点，成为北京市对外开放的国际性高层次交流平台、最具影响力的国际交流活动之一。

3. 提升总部经济发展能级

北京 CBD 深入贯彻《北京市促进总部企业高质量发展的相关规定》，不断加大金融、商务、文化、生活服务等优势领域的开放力度，探索建立总部认定与激励扶持政策，支持和吸引跨国总部企业入驻 CBD。对总部企业产业升级和发展新模式、新业态予以支持，不断提升总部企业整合资源、开拓市场、创新创造和经济社会贡献能力。截至 2020 年，北京 CBD 功能区吸引了 455 家总部企业、105 家跨国公司地区总部、238 家高端领域龙头企业，是世界 500 强企业和跨国公司地区总部集中度最高的区域之一

4. 发挥数字经济新动能

《中国数字经济白皮书（2021）》指出，2020 年我国数字经济占 GDP 比重达到 38.6%，在国民经济中的地位进一步凸显。北京 CBD 结合自身发展特色，加快传统产业数字化升级，提升数字化治理能力，构建特色数字经济生态圈，持续推动高水平数字经济先行先试改革，增强区域内数字经济发展的竞争力。

一是加快传统产业数字升级。北京 CBD 应用大数据、云计算、物联网等新技术，加速对金融业、商务服务业、零售业等传统优势产业的数字赋能，实现数字化转型。鼓励吸引新一代信息技术人才和科技创新资源进入CBD，推动数字产业化和产业数字化联动发展，探索发展数字贸易。

二是提升数字化治理能力。数字化治理作为数字经济创新快速健康发展的保障，有利于提升要素资源配置的效率。北京 CBD 对标国际一流标准，以数据驱动为抓手，完善区域内新一代信息基础设施建设，开展公共设施的数字化改造和智慧化升级，拓宽智慧城管、智慧交通、智慧安防等治理场域建设，极大地提升了 CBD 治理数字化、精细化水平。此外，北京 CBD 建设集视频监控、信息共享及发布、楼宇运行监测等功能于一体的数字化管理平台，对公共设施、公共卫生、人员流动等情况进行智能综合监控。

三是构建特色数字经济生态圈。依照朝阳区政府出台的《朝阳区打造数字经济示范区实施方案》，北京 CBD 结合自身区域内的资源优势及发展目标，重点围绕数字商务、数字金融、数字文化、数字贸易等领域，与奥运、

国家文创实验区以及金盏国际合作服务区开展深入合作，共同构筑数字经济产业生态圈。

5. 推动文化品牌建设

北京 CBD 作为北京市及全国对外开放的重要窗口，充分发挥文化传媒在展示 CBD 发展成就、释放"两区"建设信号、提升区域内文化底蕴的主导作用，着力提升北京 CBD 国际交往质量和能级，增强其国际影响力。

一是传媒展示工作动态。北京 CBD 充分发挥区域内传媒机构集聚优势，积极推进与各级各类媒体的深度合作，向海内外公众宣传"两区"建设动态和亮点。2020 年 11 月，北京 CBD 管委会与中央广播电视总台国际频道合作，启动海外宣传项目。通过多语种、多形式客户端，围绕"两区"建设成果、"双循环"背景下的消费升级、区域内文化公益生活等内容，向世界展示北京 CBD 国际化建设发展成就，展现优越的营商环境，介绍"两区"发展政策，以吸引更多的跨国企业、国际人才加入北京 CBD 发展建设。此外，面向国内公众，北京 CBD 联动中央、市、区级媒体，积极打造融媒体中心，采用图文、视频相结合的方式，通过电子报刊、手机新闻、微信公众号、微博等形式，保障了"两区"建设成果宣传的及时性与影响力。

二是增强区域文化艺术底蕴。文化艺术可以为城市赋能，并为城市带来活力和创造力。北京 CBD 作为北京国际文化交往的高地，要吸引更多高层次人才，亟须在人文、艺术方面和世界接轨。北京 CBD 以全球化视野组织区域内文化艺术活动，开展北京 CBD 艺术季影像季活动，通过大众镜头展现 CBD 的发展历程与区域之美，实现公共艺术与大众共享。此外，北京 CBD 在微信上线"大美北京 CBD"云展厅，向公众展示摄影爱好者关于梦想、抗疫、建筑等多主题的摄影作品，着力提升区域的文化软环境。

（二）持续优化国际化营商环境

良好的营商环境，能够显著降低市场中的制度性成本，促进不同市场主体公平地获取生产要素，进而实现生产要素的优化配置，是促进创新创业、吸引外商直接投资的关键因素。北京 CBD 从营商硬环境和营商软环境两个角度入手，在创新招商引资服务模式、推进楼宇服务精细化、完善企业信用体系建设、吸引优质企业落户等方面先行先试。

1. 创新招商引资新模式

2020 年 1 月 3 日，北京 CBD 招商服务中心正式投用，成为中国（北京）自由贸易试验区挂牌成立以来全市首个集招商服务和政务服务于一体的招商服务机构。招商服务中心分为政务服务区、展览展示区、全球连线区、综合洽谈区和多功能发布区等五大区域，为招商引资、政务审查和企业服务三大职能板块提供支撑。在政务服务区域，北京 CBD 积极开展"管家式"服务，协助高精尖企业开展登记备案、税务报到、社保登记、公积金开户、银行开户、产业培训、政策申报等事项办理，为区域内企业提供差异化、针对性的综合配套服务，持续提升政务服务能级。在综合洽谈区，北京 CBD 创新招商引资模式，为项目楼宇和企业提供招商咨询、项目推介、选址洽谈、区位展示等 30 余项招商引资相关服务，为企业落户 CBD 提供从招商到落地的全过程服务，推动公共服务由"标准化"向"规范化、个性化"转变。

此外，北京 CBD 积极拓宽招商引资渠道，通过设立外埠联络站形式完善全球招商体系。根据《CBD 高精尖产业指导目录》和《CBD 招商引资目录》，北京 CBD 围绕国际金融、高端商务、时尚传媒、数字经济等九大领域，与招商联络站进行信息报送及产业追踪对接，邀请目标企业到北京考察，不断推动项目落地。

2. 推进楼宇服务精细化

楼宇经济作为聚集现代服务业与国内外企业总部的高级经济形态，能够在集约的空间内汇聚可观的人才流、资金流和信息流，创造持续的就业与税收。在土地资源紧缺、经济发展集约化的背景下，高品质楼宇成为承接 CBD 发展要素的核心载体。为推动区域内楼宇经济高品质发展，北京 CBD 通过建设楼宇服务专业人才队伍、搭建楼宇交流平台等形式持续提升楼宇服务的专业化和精细化水平，不断吸引总部企业入驻 CBD。

一是建设楼宇服务专业人才队伍。楼宇管理者能够及时了解区域内工作动态和企业发展困境，承担楼宇和企业之间信息沟通、工作传达、政策对接等重要任务。北京 CBD 通过建立联系机制、加大楼宇管理人才的政策奖励力度等措施，增强对楼宇专业人员的管理与重视程度。此外，为提高楼宇人员的工作效率，提升其专业化服务水平，北京 CBD 管委会举办"楼宇金牌管理员培训班"，邀请政府及行业顶尖专家从宏观经济形势与政策、写字楼运营管理实务、优秀实践经验分享三个模块对楼宇管理人员进行培训及经验交流，提高了楼宇管理专业人才队伍的工作效率，为区域产业空间提质增效打下坚实基础。

二是搭建楼宇管理平台。2018 年，北京 CBD 成立楼宇联盟。CBD 楼宇联盟通过在企业和政府、行业间搭建信息服务与沟通交流平台，凝聚多方力量，为企业提供高效便捷的服务，对提升楼宇品质、推动企业间业务协同合作发挥了积极作用。北京 CBD 楼宇联盟自成立以来，积极走访调研企业在经营过程中遇到的困难，向相关政府部门、行业协会及企业进行及时反馈，有效解决了楼宇运营不佳等难题。

3. 完善企业信用体系建设

北京 CBD 的信用监管体系建设历程可以分为三个阶段。第一阶段，2014 年之前。北京 CBD 初步建立风险预警评价体系，为风险分类监管提供了依据。第二阶段，2014～2019 年，北京 CBD 利用大数据技术，建立 CBD 信用综合监管平台，依托信息化手段，实现对楼宇入驻企业的风险评估和筛查。第三阶段，2019 年至今。北京 CBD 探索建立企业优选体系和楼宇风险评价体系，充分发挥政府监管与公众监督的双重作用，形成了以征信大数据为依托的信用监管平台。此外，北京 CBD 积极打造"守信激励、失信惩戒"的信用监管生态圈，有效防范了非法集资等失信事件的发生。

4. 优化区域硬件环境

北京 CBD 积极倡导绿色、智慧的发展理念，着力打造成为土地绿色集约、交通高效有序、建筑环保节能的国际化高端产业功能区。在优化区域道路交通方面，北京 CBD 运用信息化手段，发挥 BIM 智慧管理平台等先进高技术设备功能，稳步推进 CBD 第二期交通综合治理工程，围绕慢行交通、街道景观、停车秩序等领域，对多条道路进行重点改造，有效缓解了区域内早晚交通拥堵情况。在公共空间领域，对标 LEED 认证金级标准设计，运用最新科技，打造高品质绿色楼宇。对市政综合管道、城市地下空间进行综合规划，完善商业、休闲、娱乐、社交等配套功能，打造高品质公共空间。

（三）营造一流创新创业生态

蓬勃发展的创新创业生态是 CBD 高水平发展的重要保障，也是区域发展的核心竞争力。北京 CBD 围绕打造人才聚集高地、培育新业态新模式、推进共建共享机制、完善众创空间建设四个领域，在区域内营造一流的创新创业生态。

1. 打造人才集聚高地

一是加快人才引进与认定。在"两区"建设背景下，结合北京自贸试验区、国际商务服务片区建设需要，北京 CBD 依托"凤凰计划"，正在积极实施分层分类人才吸引政策，引进和吸引海内外优秀人才。围绕住房和医疗保障、子女教育、居留许可等方面精准编制人才政策服务清单，分类实施"人才政策服务包"，配套发放"CBD 人才卡"。

二是完善国际人才服务体系。2020 年 10 月 31 日，北京 CBD 国际人才一站式服务中心正式成立。北京 CBD 国际人才一站式服务中心依托大数据、区块链等信息化手段整合了 19 家职能部门的 120 项服务项目，具体涵盖外国人工作许可、人才评审认定等 42 项受理事项，外国专家来华邀请、子女入学等 64 项咨询事项，以及 14 项支持国际人才创新创业政策咨询事项。并且率先实现外籍人才工作许可和工作类居留许可"一窗受理、同时取证"，创新实行"线上＋线下"的服务模式，海内外人才可通过"朝阳政务"微信公众号等线上平台进行查询和预约，根据个人实际就近选择 8 个线下站点办理业务。相关举措的推行，大幅缩短了办理时限和办理次数，极大地提高了人才服务的涵盖范围和办理效率，提高了国内外人才的满足感与获得感。

三是构筑人才发展生态圈。依托区域内高端教育咨询机构，为区域内人才开展以经济热点、企业投融资等为主题的知识讲座，举办政策宣讲、项目路演、行业沙龙、文化交流等活动，全力构建 CBD 人才发展生态圈。

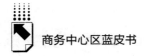

2. 培育新业态新模式

北京 CBD 出台了《北京商务中心区高精尖产业指导目录》（2020 年版）、《北京商务中心区招商引资指导目录》，互联网、信息服务、新金融、高端时尚产业等"高精尖"新业态成为 CBD 发展重点。在打造数字消费新业态方面，北京 CBD 联合中国银行、中骏世界城，在区域内探索建设"数字货币应用消费示范街区"，打造汇集 5G 应用、刷脸支付、网红直播于一体的新消费商圈，通过推出环境舒适、购物便捷、科技感强的网红街区，全面提升大众对数字经济的获得感，塑造城市消费新形态。此外，北京 CBD 在区域商圈内积极引入新零售服务业态，推动无接触服务向住宿、生鲜零售、物流、金融等应用场景延伸，激发民众的数字消费潜力。

3. 推进共建共享机制

为充分发挥联盟资源集聚、平台交流、服务优化作用，助推 CBD 核心区商圈楼宇企业实现共建、共商、共治、共享，2019 年 12 月，北京 CBD 党工委成立"北京 CBD 核心区商圈党建工作联盟"，构建"一核十会三机制两平台"的商圈党建发展新模式，先后成立了北京 CBD 核心区商圈巾帼精英汇、北京 CBD 核心区商圈消防联合会、北京 CBD 核心区商圈"侨之家"、北京 CBD 核心区商圈新的社会阶层人士联谊会。通过非营利性联谊组织的成立，北京 CBD 形成了新型党建模式，在推进城市治理体系和治理能力现代化方面发挥了突出作用。

4. 完善众创空间建设

北京 CBD 高度重视和完善众创空间的建设，截至 2021 年，北京 CBD 拥有 9 个国家级众创空间，居全国首位。通过专业化服务实现市场资源有效配置，众创空间为中小微企业构建低成本、便利化的新型众创空间，极大地改善了企业融资难的问题，降低了企业的运营成本、产品运输成本以及信息成本。众创空间有助于加强企业间的交流协作，实现资源互补，有助于产业集群的形成，进而产生集群效应。此外，北京 CBD 为减轻新冠肺炎疫情对企业生产复工影响，减免了众创空间内中小微企业的各项费用，在一定程度上保证了企业的稳定发展。

二 北京 CBD"两区"建设成效

(一)经济提质增效成效显著

北京 CBD 高标准推进"两区"建设,经济综合实力稳步提升,经济提质增效成效显著,以信息服务、科技金融、高端时尚为代表的新业态蓬勃发展,依靠创新引领发展的新动能逐步显现,经济贡献度和产业辐射带动作用不断增强。2020 年,北京 CBD 中心区实现地均产出 942.6 亿元/公里^2,"十三五"期间年均增长 2.78%;劳均产出 215.4 万元/人,"十三五"期间年均增长 5.28%(见图 1)。CBD 功能区楼宇达到 739 座,税收过亿元楼宇达 127 座,过亿元楼宇占比 21.75%,纳税总额 864.16 亿元,对 CBD 功能区的纳税贡献率达 75.98%;税收过 10 亿元楼宇达 15 座,税收过 20 亿元楼宇 7 座,税收过 50 亿元楼宇 5 座。CBD 中心区楼宇 138 座,税收过亿元楼宇达到 49 座,诞生了北京市首座税收过百亿元楼宇,过亿元楼宇占比 35.51%,纳税总额 337.61 亿元,对 CBD 中心区的纳税贡献率达 74.02%(见图 1)。

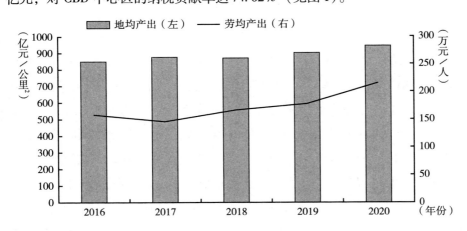

图 1 "十三五"时期北京 CBD 中心区的地均与劳均产出

资料来源:根据北京 CBD 提供数据整理。

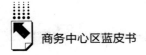
（二）服务业开放水平显著提升

北京 CBD 积极落实"两区"建设方案，在国际化专业服务供给、国际经贸合作、科技成果转化等方面开展先行先试。积极推进深化外汇改革，稳步推进 CBD 信用平台建设工作。在商务、金融、文化、科技等领域深耕细作，试推多项机制创新，服务业升级和对外开放成效显著。在金融领域，北京 CBD 大力推动金融开放前沿区建设，在多个领域开展先行先试，先后成立首批跨境资金池本外币一体化试点、首家外商独资的地方资产管理公司、全市首批自贸试验区范围内专营银行、全市首家个人征信公司，积极发挥金融开放发展的示范效应。在商务服务领域，北京 CBD 积极参与创造国际对话，分享"两区"建设成果及抗疫成功经验，向世界推介区域品牌，国际影响力显著提升。在文化传媒领域，通过与区域内文化传媒机构深度合作，北京 CBD 依托权威的播放平台、深层次的报道主题和丰富的宣传语种向海内外报道"两区"建设的成果，展现区域内优越的营商环境，积极面向海外企业解读"两区"建设政策内容。北京 CBD 已经成为首都对外开放的前沿阵地和国际交往的重要窗口。

（三）营商环境进一步接轨国际

北京 CBD 通过多途径强化服务机制、加强信息化运维管理、拓展营商协会平台功能、构建 CBD 信用监管体系、积极提升环境品质等措施，在优化营商环境方面对标国际、全面发力，对企业的吸引能力不断增强。在 CBD 招商服务中心提供的管家式服务、"一条龙"办理的精细化服务下，截至 2021 年 5 月，包括赛诺根（中国）有限公司、正大集团中国区总部、网联科技等在内的 1300 余家企业落户 CBD，其中外资企业 120 家，同比增长超过 79%。楼宇品质进一步提升。北京 CBD 共有 23 个项目获得 LEED 正式认证，其中 13 个项目获得 LEED 金级或者铂金级认证，7 个项目获得 LEED 预认证，1 个项目获得绿标设计标识（正大中心），获得 LEED 认证项目的认证面积达 337.86 万平方米，占北京市 LEED 认证写字楼项目总面积的 25%，卓越的楼宇品质为吸引全球高端要素资源奠定了坚实基础。

三 趋势与展望

北京 CBD 作为"两区"建设的重要空间载体，承担着为服务业改革开放探索新路径、为北京高质量发展积蓄新动能的使命，未来北京 CBD 应充分发挥"两区"建设政策叠加优势，在内部圈层，重点突出对现存资源的优化和提升，提高经济韧性；在外部圈层，注重提升 CBD 的全球影响力，加强对外资企业、国际化人才等增量资源的吸引。通过深化对服务业扩大开放、提升国际合作能级、建设国际人才高地、打造国际一流营商环境等领域的重点突破，北京 CBD 力争打造更高标准的国际金融开放前沿区、跨国公司地区总部和高端商务服务集聚区、世界时尚商业引领区。

（一）深化服务业扩大开放

作为经济全球化的载体，服务业成为各国经贸竞争的主战场。深化服务业开放有助于打通国内外市场，吸收借鉴国际经贸规则，实现资本、人才、技术等资源的高效配置。未来北京 CBD 应坚定不移深化服务业扩大开放，在国际金融、商务会展、文化贸易、数字经济等重点领域不断放宽服务业市场准入限制，积极对标国际先进规则，探索建立外资准入、跨国公司认定等政策制度。同时，北京 CBD 依托区域内高端服务业集聚的优势，重点打造国内国际双循环交汇点。在国际市场上，以"一带一路"建设、中国国际服务贸易交易会为契机，发挥国际高端服务枢纽的优势，《区域全面经济伙伴关系协定》（RCEP）签署机遇，积极拓展与欧洲国家、"一带一路"沿线国家、新兴经济体的贸易合作，大力引进外部优质资源；在国内市场，加快建立区域联动发展机制，推动京津冀三地在金融服务、资源配置和市场监管的改革，推动形成京津冀三地形成"总部＋基地"的区域创新合作模式，提升辐射带动能力，支撑京津冀世界级城市群的建设。

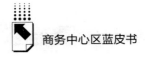
（二）提升国际合作能级

北京 CBD 作为国家对外开放的先行区，肩负着代表国家参与国际合作的重要职责。未来北京 CBD 应加快建立并加强与国际组织、各国使馆、行业协会的交往机制，推进合作伙伴网络建设。同时，制定专项政策，引导和吸引国际组织落户，在承办国际交流活动中不断提升统筹和服务能力。此外，面对当前区域内知识产权保护滞后的困境，北京 CBD 应吸收和借鉴国外中央商务区的先进做法，围绕版权、产业专利、商业秘密等领域加强与国际知识产权保护与服务机构的交流与合作，主动参与规则制定，全方位推动知识产权保护，为海内外创新企业经营发展提供专业保护。聚焦知识产权质量以及知识产权的转化应用，加强与世界知识产权组织等国际机构的交流与合作，促进知识产权转化为区域创新动力。积极吸引国际仲裁机构落户，支持国际商事争端预防与解决组织落地运营，提升 CBD 的国际商事纠纷解决能力。

（三）建设国际人才高地

在国家间经济互动、文化交流不断深入的背景下，各国对国际化商务人才的需求日益增强。未来应围绕人才认定机制、人才服务体系、人才发展生态三个重点领域改革创新，将北京 CBD 打造成全球商务人才的首选地和全球人才集聚高地。在人才认定领域，结合区域发展定位和目标，北京 CBD 应加快梳理和明确人才需求，探索制定分层分类人才引进政策，有效识别和引进专业化人才。同时不断完善住房、医疗、文化、教育等资源供给，满足人才的全方位发展需要。在人才服务领域，高效专业的人才服务体系能够提升国内外人才的满足感与获得感。北京 CBD 应进一步完善人才服务清单，为区域内人才提供全方位、深层次的高效服务。在人才发展领域，优质的人才发展环境能够提升对人才的吸引力，进而不断激发区域创新发展活力。北京 CBD 应更加重视区域内创新创业人才的发展环境建设，不断为人才提供深入学习、高端培训、文化交流等服务。

（四）打造国际一流营商环境

高质量的经济发展离不开良好的营商环境，作为"两区"建设重要的空间载体，北京CBD应重点围绕企业服务、政务环境和创新创业生态等领域持续提升贸易投资便利化程度，打造国际一流营商环境。在企业服务领域，完善的全生命周期服务体系能够为企业提供高效、便捷、精准的服务。北京CBD面对现有服务制度覆盖不全的问题，未来应努力构建涵盖企业全生命周期的服务体系，为企业引进和项目落地提供全方位、个性化的服务，切实破除"最后一公里"问题。在政务环境领域，北京CBD应坚持推进"放管服"改革，简化办理程序，探索"互联网＋监管"的创新模式，持续提升服务质量，不断营造高效、透明的政务环境。在营造创新创业生态领域，围绕区域优势资源和发展特色，北京CBD应进一步为创新团队提供众创空间、孵化器等硬件环境支持，同时营造创新、开放的市场环境，不断推动区域内科技成果转化，支持新业态新成果转化。持续完善CBD企业信用体系建设，进一步巩固"评价方法—数据归集—综合应用—业务联动"的信用监管体系，打造CBD商务诚信生态。

参考文献

《朝阳2022年将建成数字经济示范区》，北京朝阳新闻网，https：//chynews. bjchy. gov. cn/sub/news/535389/12876. htm，2020－09－10。

北京商务中心区管理委员会：《扬帆海外，时代强音，北京CBD全球传播新名片》，https：//baijiahao. baidu. com/s？id＝1691122878555307137，2021－02－08。

《打造全球招商服务体系，1300家企业落户CBD》，北京日报，https：//baijiahao. baidu. com/s？id＝1697606600538961777&wfr＝spider&for＝pc，2021－04－21。

《北京CBD招商服务中心：提供一流服务打造高端商务空间》，北京朝阳新闻网，https：//chynews. bjchy. gov. cn/sub/news/537751/12876. htm，2021－04－02。

B.12
上海虹桥 CBD：立足开放与创新，
拓展上海全球城市空间格局

张学良　王雨舟*

摘　要： 上海虹桥 CBD 的发展经历了由综合交通枢纽、商务中心区再到国际开放枢纽的功能演变。紧紧围绕"大交通""大会展""大商务"的功能建设，虹桥商务区服务长三角、联通国际的枢纽功能不断提升，为服务长三角高质量一体化发展和世界级城市群建设做出了积极贡献。展望未来，虹桥商务区将重点围绕建设开放共享的国际贸易中心新平台、增强联通国际国内的开放枢纽功能开展全方位创新和高水平开放，以实现"对内开放使得外循环更有竞争力、对外开放使得内循环更有效率"的目标。

关键词： 上海虹桥 CBD　开放创新　国际开放枢纽

上海虹桥 CBD（以下简称虹桥商务区）地处上海市西部，初始规划面积约为 86 平方公里，其中主功能区面积为 26.3 平方公里。2010 年国家发改委出台的《长江三角洲地区区域规划》就将虹桥商务区的长期发展定位明确为高端商务中心，且要做到"面向长三角、服务全国"。具体而言，就是要把虹桥商务区建设成为我国现代服务业向高端发展的示范区、推进长江

---

* 张学良，博士，上海财经大学城市与区域科学学院副院长，教授，主要研究方向为区域经济；王雨舟，上海财经大学城市与区域科学学院博士研究生，研究方向为区域经济。

三角洲区域一体化合作的大平台、建设上海"国际贸易中心"重要的功能承载区、中国同世界交流与经贸合作的重要平台、具有国际影响力的一流现代商务区。2019 年 11 月，上海市出台的《关于加快虹桥商务区建设打造国际开放枢纽的实施方案》提出，将长宁、闵行、青浦、嘉定四区共计五个街道或镇纳入虹桥商务区的拓展区，商务区总面积因此扩充至 151.4 平方公里。

"十三五"特别是虹桥国际开放枢纽建设以来，虹桥商务区紧紧围绕《"十三五"时期上海国际贸易中心建设规划》的各项任务，围绕"利用好虹桥国际开放枢纽，缔造代表中国的世界级中央商务区"的总体要求，借力大交通枢纽与国家会展中心两大功能体，重点发展大交通、大会展、大商务等业务，不断提升贸易规模、贸易能级和贸易辐射能力，创新贸易方式，目前已形成良好的发展态势。

一 区域特色鲜明的开放发展定位

近年来，虹桥商务区紧紧把握"一带一路"、长三角高质量一体化和长江经济带等重大国家规划实施的机遇，围绕上海市建成"四个中心"（国际经济中心、金融中心、航运中心、贸易中心）、建设代表中国深度参与国际竞争合作的现代化国际大都市，以及加快建设世界级科创中心的大目标，积极贯彻习近平总书记提出的"创新、协调、绿色、开放、共享"的发展理念，重点突破"三项功能"、着力发展"四维服务"、不断深化"五大特色"，有效促进了区域经济发展、扩大了经济社会效益。

（一）重点突破"三项功能"

1. "大交通"功能

虹桥商务区利用虹桥国际枢纽的交通优势，正在形成融市内公交地铁通勤、机场铁路过往转乘、国内国际商务旅行等功能于一体的综合性交通枢纽，以缓解上海中心城区交通拥挤现状，以及对上海市中心城区的公共基础

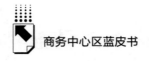

设施依赖。

2. "大会展"功能

凭借国家会展中心会展综合体项目的推进，虹桥商务区未来将承担起发挥"上海国际会展之都"的核心功能任务，并逐步成为世界级会展产业集聚区与发展示范区。目前，虹桥商务区正在不断完善仓储、物流、保税等会展周边产业的布局，以及与高端会议展览业等相关的专业服务业，引导相关要素集聚，不断完善会展业产业链与对应的管理组织体系。

3. "大商务"功能

虹桥商务区在规划中提出，未来将充分利用好国家会展中心和虹桥综合交通枢纽的区位与产业集聚优势，把商务、贸易、会展三大功能做大做强，从而将该区域打造成会议展览、总部经济、科技创新、保税贸易、旅游购物等产业与功能多位一体的"大商务"功能平台。为此，虹桥商务区未来的工作重点将放在营造良好的商务环境、建设优质的商务载体上，从而实现长三角城市群乃至全国各地的优质商贸资源在商务区的整合，进而提高商务区现代服务业的集聚度和竞争力。

（二）着力发展"四维服务"

1. 服务国家重大战略

虹桥商务区多年以来，依托自身交通优势，不断向打造"一带一路"、长江经济带等重大规划的关键节点和商务创新发展引擎的方向前进。

2. 服务长三角高质量一体化发展和世界级城市群建设目标

虹桥商务区的一项重点工作，就是积极为长三角一体化发展搭建平台，通过加强交通基础设施建设，促进通勤就业、带动产业发展、提高教育文化医疗水平，实现经济与社会公共服务的全方位一体化。

3. 服务上海的"四个中心"建设

虹桥商务区的发展中心始终强调与国际贸易中心的建设接轨。虹桥商务区利用国际贸易领域国际对话、交流、沟通的国内顶尖平台，近年来不断集聚国内外高端贸易要素资源，坚持把国际贸易作为主体业务来加强国际化、现代化程度，为上海与世界各国的经贸往来创造优质的平台。

4. 服务周边地区发展

通过强化发挥辐射效应，虹桥商务区带领周边各区加强与上海中心城区的融合发展，加快产业结构转型升级，不断向产业链、价值链的高端跃迁，以期实现跨越式发展，进而切实加强区域发展的协调性。

（三）突出"五大特色"

1. 产城融合的特色

虹桥商务区商务办公人群正在不断集聚，2020 年就业规模超过 60 万人，使得该区域逐步成为区域性贸易、就业、商业等活动的中心。未来，虹桥商务区将进一步完善餐饮业、文娱产业、医疗教育资源等商务与生活配套布局，加快形成长江三角洲地区乃至全国的产城融合发展示范性区域。

2. 绿色与智慧发展的特色

当前，虹桥商务区强调绿色生态建设，把智慧城市的建设理念和最前沿的低碳化技术与管理模式融入与运用到开发、建设及运营的每一个环节。目前已投入运用的项目包括绿色能源交通、智慧楼宇建设、智能公共服务等。

3. 现代商务创新发展的特色

虹桥商务区的发展顺应了新时代新趋势，融合了产业跨界的理念，结合自身交通优势，把握现代商务运行所需的人才流、资金流、技术流、信息流等动态要素，加快各类高端要素集聚，进而为"四新经济"（即新技术、新产业、新业态、新模式）赋能，并与区内商务、会展产业深度融合，全力达成建设现代商务创新发展示范区的目标。

4. 商、贸、文、展、旅一体化发展的特色

虹桥交通枢纽使得展会人流、各地商贸人流、区内办公人流形成交汇，在此基础上，虹桥商务区未来将进一步促进国际经贸、商务交流、会议展览、文化旅游、商贸购物等多种业态相互配套与互补，进而实现融合发展。

5. 生态文明建设的特色

目前，虹桥商务区正在高标准、严要求打造生态绿化带和四大公园。该

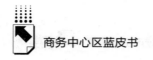

区域依托吴淞江、苏州河等河道开展水系景观工程，其目标在于加强城市水质、空气、噪声等多重污染的综合治理，从而营造舒适宜人的生活与工作环境，让居住者、办公者与往来人员仿佛置身于花园之中。

二 商贸与产业发展的各项成就

（一）进口商品集散地建设进展良好

2019年9月，上海海关正式验收通过了虹桥商务区保税物流中心（B型），这是商务区在保税展销的创新进程中的重要探索成果，也是在建设沟通长三角、辐射全国、走向亚太的进口商品集散地的探索道路上迈出了坚实而意义重大的一步。该保税物流中心位于主功能区物流片区，是虹桥进口商品展示交易中心的关键部分，包含两个保税仓库和一个海关监管仓库。2019年10月，绿地集团抓住了上海海关鼓励保税展销常态化业务创新制度落地的机会，依托"绿地全球商品贸易港"这一进博会常年交易服务平台，成立了上海市首个保税展示展销平台，以期利用好进博会的带动效应，进一步探索保税展示交易常态化模式。这也将成为上海实践制度创新、深化对外开放、提高贸易便捷化程度的新路径。

虹桥商务区依托保税展示物流中心开展仓储监管区块链应用试点，并围绕保税展示准入突破、跨境电商、进博会政策延伸等做好政策探索，以商品准入、保税展示等贸易便利化措施促进进口贸易放量发展。同时，虹桥商务区与市商务委、国税局上海分局共同推动"市内免税店""离境购物即买即退场所"建设，全方位打造保税、免税相结合的进口商品集散中心。

截至2019年底，商务区中的两大平台——进口商品展示交易中心和绿地贸易港，已累计引入近百个国家和地区239家企业，近13000种商品入驻。当前，虹桥进口商品展示交易中心以"保税展示＋跨境电商＋一般贸易""一楼一品类"等创新型模式打造形象店，结合对品牌、品质、价格的控制机制丰富保税展示品牌、保证质量，累计引进了70余个国家或地区的 800 余个品牌共 10000 余种商品（其中 70% 为进博会商品），并围绕服务贸易、技术贸易、国际人才服务等工作，主动拓展功能，引进 CDP 集团、中国建设银行、上港集团等贸易机构。

另外，虹桥商务区也建设了很多以国际商品贸易为主要业务的平台。例如，2019 年 9 月开馆的绿地钻石直销中心，在销售业务之余还经营了钻石博物馆以做好展销工作，到 2019 年底已实现销售额 1775 万元。此外，2019 年 9 月 25 日，上海虹桥国际进口商品展销有限公司在"华东进口商合作联盟"成立的活动中，与浙江中国小商品城集团股份有限公司等签署协议，成为战略合作伙伴，另与达利（中国）有限公司等达成了关于长三角城市群深入开展建设"365 天"交易服务平台的合作框架。同时，绿地全球商品贸易港在打造高端消费品采买地上下功夫，通过主办采购对接、产品发布、专项展会等商品交流活动，主动邀请各省市采购团来沪洽谈，帮助上下游企业达成采购合作，力图实现通过绿地分销及零售渠道助推进口商品走进国内市场。

（二）延展带动效益凸显

据统计，2019 年进博会延展期间，虹桥进口商品展示交易中心吸引了超过 10 万人次前来现场参展，销售额突破 1000 万元。同时，虹桥进口商品展示交易中心在 2019 年全年接待了贸易商和来自江苏、浙江、广东等省市的团组 100 余批。此外，绿地全球商品贸易港 2019 年总客流逾 20 万人次，包含 310 余组全球各地专业采购商，实现零售总额达 600 余万元。其中 70 余家客商获取了采购意向订单，合同额超过 2000 万元。

虹桥进口商品展示交易中心在上述成果的基础上，提出了交易中心功能提升、整体规模进一步扩大的目标，并积极采取引商、增品、扩区、优贸等措施，不断对接参展商引入品汇。截至 2019 年底，虹桥进口商品展示交易中心累计洽谈各类机构 372 家，并成功签约 99 家企业，其中包括日本松下、意大利 Minotti、马来西亚阳光食品等众多国际知名品牌。与此同时，交易中心还加开了配方奶粉、家居家具、配饰箱包、医疗康养等展销馆区，并扩大了食品馆和保税展示交易馆展销面积，增加商品数量、增设零售体验和大宗批发功能。另外，交易中心还与国内知名电商供应链服务商卓志公司于 2019 年 10 月签订了战略协议，并在 2020 年 9 月设立了跨境电商新零售体验中心，让大众了解该项业务的开展模式，也方便跨境电商开展在国内市场的宣传工作。该中心承载了商品零售、保税展示展销、通关服务、物流仓储等多项功能，既起到为全球客商提供落地服务的平台作用，也使消费者了解、体验并选购品种繁多的跨境商品变得更为便捷。①

而绿地贸易港以"引客商、促交易、优服务、强体验"为要求，主动对接海外政府机构和商业协会，全力培育"洋买办"，通过入股、合资等方式把握源头资源。在此过程中，绿地贸易港与拥有国际一线品牌资源的海外集货商、高端百货商合作，建立了海外买手团队，引进奢侈品、高端家居、钻石珠宝等高单价消费品，并建立了集"零售＋批发"功能于一体的线上销售平台，加快打通全渠道销售。

（三）国际贸易规模进一步提升

1. 总部经济集聚发展

截至 2019 年底，在虹桥商务区占地面积仅为 151.4 平方公里的范围内，新增内资企业法人 4160 家，各类型法人累计注册量已高达 6.7 万余家，迸发出强大的发展动力。目前商务区内已有浙商总部、苏商总部、5G 创新产业岛、罗思韦尔国际总部等 20 多个项目。其中，商务区已吸引 288 家国内外总部企业及上市公司入驻（内资总部类、长三角总部及上市公司合计 209 家，占比超 70%，其余为外资总部类企业），包括罗氏、壳牌、蒂森克虏伯、大陆汽车、瑞穗银行、爱信精机、米其林、博世集团等在内的 24 家跻身世界 500 强企业的跨国公司，并设立了管理、销售、结算、研发等功能板

①　资料来源：上海虹桥商务区管理委员会：《虹桥商务区上海国际贸易中心建设实施情况汇报》。

块，总部经济初步显现。此外，商务区管委会为了促进项目之间的信息共享、进展的共商与共推，于 2019 年 12 月设立了投资项目区域一体化发布对接服务平台，目前平台已推出蓝光集团、国泰创新设计中心、中航油长三角科技信息发展基地、东航上海虹桥东片区等 50 余个项目。

2. 会展经济提质增效

2019 年全年，位于虹桥商务区内的国家会展中心举办展览与各类活动共计 231 场，总面积 695 万平方米，人流量约 760 万人次。其中，共举办展览 49 场，合计占用面积达 572 万平方米，包括中国国际进口博览会、中国国际工业博览会等一系列具有品牌特色或专业领域内高水平的展会，涉及汽车、医疗、贸易、健康、文创、科技、体育、人工智能等多个领域。截至 2019 年底，国家会展中心累计办展面积突破 2000 万平方米，其中超 90% 的展览办展面积超 10 万平方米，并有约 95% 为国际性展览，突出了与国际深度接轨的特色。会展中心自成立以来，引进了上海东浩外服国际物流有限公司、通用国际广告展览公司等业内知名展览服务公司，会展配套服务呈汇聚之势。

3. 特色园区（楼宇）建设加快

2019 年 5 月，虹桥商务区为落实三年行动计划相关工作任务，推动长宁、闵行、嘉定、青浦四大片区发展各自的特色产业，打造了一批特色产业园区和楼宇，并初步构建了"一主多辅、相互配套、协同发展"的产业分布格局，认定了首批特色园区与特色楼宇，共计 15 家（见表 1）。15 家单位涵盖了医疗、时尚创意、进口贸易、卫星定位、电子商务、航空、总部经济、创新创业、人工智能等多个虹桥商务区重点支持领域，并涉及多个战略性新兴产业。

表 1 虹桥商务区首批特色园区（楼宇）名单

特色产业园区	特色楼宇
上海新虹桥国际医学中心	虹桥商品（商标）创新创业中心
长三角区域城市展示中心	长三角会商旅文体示范区联动平台
正荣中心商务港	虹桥绿谷 WE－硅谷人工智能（上海）中心
虹桥进口商品展示交易中心	虹桥海外贸易中心

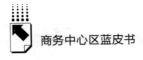

续表

特色产业园区	特色楼宇
中国北斗产业技术创新西虹桥基地 上海阿里中心智慧产业园 上海虹桥临空经济示范区 长三角电子商务中心 中骏企业总部园 上海北虹桥时尚创意园 西虹桥同联创新产业园	

资料来源：根据中国商务区联盟提供资料整理。

4. 高能级贸易机构加速进驻

2018 年成立的虹桥海外贸易中心是上海乃至全国第一个专门为全球各地贸易机构服务的功能性平台，旨在为海外公司对华的贸易及投资提供服务机构与组织集散地，以及商办展览平台。截至 2020 年底，已有来自西班牙、瑞士、新加坡等 40 余个国家和地区的贸易机构入驻或即将入驻，包括丝绸之路国际总商会、新加坡企业中心，以及多国驻中国的商会协会，并与全球超过 150 家贸易及投资促进机构建立了联系。

（四）科技创新水平稳步加强

虹桥商务区始终关注科技前沿，积极向技术发展的制高点看齐，并致力于提升创新水平、发挥市场主体作用，引进龙头企业，打造高质量的发展集群。在这样的背景下，虹桥商贸区的国际贸易竞争水平得以不断加强。本部分总结了虹桥商贸区提升自身科技创新水平的五大经验。

1. 有效对接多层次资本市场

2019 年 9 月 12 日，虹桥商务区管理委员会与上海证券交易所签订了《战略合作备忘录》，提出商务区与上交所要立足主板和科创板，开展长期的深入合作。管委会的任务是充分发挥统筹核心区的开发与建设职能，根据商务区重点发展企业的特点，服务兼并重组、改制上市、引导发行公司债等金融市场业务。此外，商务区也正在积极地与上海股权托管交易中心合作推进长三角资本市场服务基地虹桥分公司的项目建设，该基地旨在为中小企业就资本市场的基本知识、如何在资本市场获取长期收益进行综合培训。这项合作的主要亮点在于不仅指导企业规范运行，而且在此基础上探索了与资本精准对接的创新路径，以期对企业的融资融智进行创新。在合作的过程中，虹桥商务区也发挥了为科创板提供孵化培育后备挂牌、上市、整合企业资源的作用。这样的合作模式未来一定会成为上海国际金融中心、科创中心建设资金流、项目流、人才流的重要来源。

2. 聚焦产业发展前沿

汽车产业是制造业门类中产值最高、相关配套产业最多的一项，它具有很高的产业联动效应，且需要高新技术的支撑，是上海市长期以来重点发展的制造业。虹桥商务区利用自身优势，吸引多家汽车企业入驻，汽车上下游产业初现集聚效应。2016 年 3 月，世界知名汽车零部件供应商德国 KSPG 集团在虹桥商务区成立了投资公司，其总裁表示，选择虹桥商务区首先看重的是当地的区位优势和交通优势，而且周边产业配套较为完善，另外商务区成熟的投资环境和优惠政策、优质的生活环境也是吸引公司入驻的重要原因。[①] 此外，虹桥商务区也积极引入新能源汽车公司，2018 年 3 月，全国新能源汽车领域中第七家荣获国家发改委、工信部"双资质"认证的企业——浙江合众新能源汽车上海总部正式入驻虹桥商务区。

另外，虹桥商务区也正在聚焦云计算与大数据。依托阿里上海产业中心，商务区引进了菜鸟、阿里影业、阿里云、阿里 B2B 等上海业务总部，推动新一代信息技术发展。与此同时，虹桥商务区在阿里巴巴、唯品会等一批知名电商企业的支持下，运用发展"互联网＋新消费"，深入开展体验消费、展览展示、智慧新零售等新兴业态，实现线上线下消费的共同发展。

3. 推进区域产业差异化布局

虹桥商务区正在逐步形成核心区与其他片区优势互补、并肩前进的发展格局。其中，核心区重点加快集聚总部经济、平台经济、数字经济、创新经

---

① https：//www. sohu. com/a/191757170_ 744115.

济；闵行片区着力推进精品化医疗、教育、文化产业、居住配套区设施建设；长宁片区大力建设全球领先的航空服务业创新示范区，加快航空企业、机构与相关要素的集聚；青浦片区着力于在已有的会展产业发展的基础上，在贸易和消费功能上进行拓展；嘉定片区的建设重点主要放在创新创业资源要素的引进与集聚上。

4. 积极服务长三角一体化国家战略

虹桥商务区积极服务长三角一体化国家战略，特别是积极对接长三角生态绿色一体化示范区。当前，虹桥商务区正在探索规划 G50 国际贸易走廊项目，支持虹桥—上海市嘉定区—江苏省昆山市—苏州市相城区一线功能性科创走廊项目的建设，并在长三角生态绿色一体化示范区努力打造高水平自主创新产业品牌。此前，虹桥商务区已拥有了长三角上市企业总部园、长三角智慧出行产业园等一批品牌产业园区，长三角资本市场服务基地虹桥分中心等服务平台也落户商务区。为宣传区域特色文化，虹桥商务区还开展过长三角国际街具设计展、非物质文化遗产艺术大师展等一批特色文旅活动。

5. 推进虹桥商务区"全球数字贸易港"建设

2020 年 5 月，虹桥商务区全球数字贸易港开通营业，同时管委会发布了《虹桥商务区全力推进全球数字贸易港建设三年行动计划（2020－2022年)》。在"开港"仪式上，管委会遴选了 9 个园区[①]作为港区首批重点建设平台给予授牌。在这些园区中，长三角电子商务中心定位于打造线上线下相结合的电商交易服务平台，以跨境电商和新销售平台为切入点，致力于成为线上展示交易与线下体验有机结合的服务平台、服务于国家的"一带一路"规划，吸引了国内外电商巨头入驻；上海虹桥临空经济示范区已有 20 余年发展历史，始终致力于航空服务业、"互联网＋生活服务业"、总部经济三

---

① 9 个园区包括：长三角电子商务中心、苏河汇全球共享数字经济贸易中心、上海阿里中心智慧产业园、携程智慧出行园、上海虹桥临空经济示范区、虹桥 WE 硅谷人工智能中心、国家对外文化贸易基地（上海）北虹桥创新中心、虹桥跨境贸易数字经济中心、中国北斗产业技术创新西虹桥基地。

大高地，以及其他现代高端服务业的产业集群，逐步形成数字贸易发展的良好产业配套与资源优势。截至 2020 年底，已入驻 450 余家单位，其中不乏涉及数字创意、新能源汽车、人工智能等战略性新兴产业的企业。[①]

（五）国际贸易商务生态不断优化

虹桥商务区围绕产城融合的规划理念，按照国际一流商务生态的要求，不断集聚高端商务要素，促进会展、商务、旅游、文化、体育等要素交相融合，交通、商务、教育、医疗、居住等功能协调发展，努力建成一个宜商、宜居、宜业的世界一流中央商务区。

虹桥商务区的国际化消费购物环境正在不断提升。商务区致力于打造国际化消费购物环境，满足各类经济主体的多元消费需求，逐步形成了四类消费功能区——地区集中消费功能区、会展消费功能区、枢纽消费功能区，以及高端商务消费功能区，共涉及包括会展中心在内的各类商圈 17 个，面积约 120 万平方米，年销售额在市级商圈中增长率名列前茅。

虹桥商务区的高端商务要素正在形成集聚发展。围绕建设产城融合的国际一流商务区的目标，商务区形成了进博溢出效应观览线路、总部经济观览线路、长三角联动观览线路、文化创意观览线路、创新引领观览线路等 5 条特色商旅线路。在组织这些旅游线路的过程中，商务区围绕环境提升、品类丰富、活动组织、现场保障等各项工作要求，指导督促虹桥品汇和绿地贸易港深化细化落实，并引入美食体验、文化表演、消费互动等特色活动，做好"货真质优价优"的进口商品消费服务，从而打造高质量旅游特色目的地，让旅游者变成宣传员，传播平台影响力。与此同时，虹桥商务区正在积极培育高端品牌活动，如长三角双智定向赛、长三角城市街具设计大赛、国际钢琴大师赛、虹桥品汇 logo 及衍生作品全球征集活动等，并支持开展国际音乐大师节、国际美食节、国际灯光节等各类国际高端商务活动，对外辐射联动能力进一步增强。

---

① http：//www. cnr. cn/shanghai/tt/20200521/t20200521＿525099718. shtml.

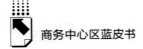
虹桥商务区的国际化人才发展环境正在逐步形成。商务区已建成公共服务中心，开设了全国首家企业变更登记与商标申请"二合一"窗口，并设立了外国人来华工作许可窗口。2020年2月，虹桥国际人才港正式揭牌，这也表明了虹桥商务区对吸引国际化人才的重视。在加快人才引入的同时，商务区也正在积极做好配套设施的建设。截至2020年底，核心区已有约2000套住宅被推向入驻企业，初步形成了人才公寓配租体系。

三　国内国际双循环下的虹桥商务区

随着虹桥从综合交通枢纽，不断延展、升级到商务区，再迭代为国际开放枢纽，标志着我国继四大经济特区、14个沿海开放城市、以上海浦东新区为代表的19个国家级新区、2013年起在全国各地设立的自贸试验区四种开放形式之后，一种全新的开放形式横空出世。国际开放枢纽以复合、高效的多式联运为枢纽，以开放型、流量型、服务型、创新型、总部型的"五型经济"为特征，面向国际与国内两个扇面配置资源、聚合要素、引领产业。

国际开放枢纽的建立与发展，为兄弟省市扩大开放、深化改革的路径探索提供了新思路——从过去的大基地、大园区、大项目，切换为大交通、大会展、大商务，通过发展一个区域性节点，深化区域大市场建设，使其发挥基础性、决定性作用，实现"对内开放使得外循环更有竞争力、对外开放使得内循环更有效率"的目标。

（一）"四高"引领助力上海建设全球城市

上海建设"四个中心"的宏伟目标，不仅需要长三角区域参与共建，在城市内部也需要一个重要的节点，促进要素流动、提高对周边地区的辐射能力，而虹桥商务区足以胜任节点这一位置。

在上海市空间格局的构建中，虹桥商务区在未来将与自贸试验区临港新片区一起，组成上海新城区的"鸟之双翼"，发挥出国内国际双循环关键节点的作用，并与长三角生态绿色一体化发展示范区一起，成为全国改革开放在新时期的标志性区域。从上海的远期发展目标来看，上海要建设成为代表中国的全球城市，那么国际一流的商务中心区（CBD）就是必不可少的。虹桥商务区一直以来努力打造现代服务业集聚区、国际经贸新平台，并正在逐步形成平台经济、会展经济、数字经济、总部经济等现代产业的集群，在可预见的将来一定会更好地服务长三角城市群、长江流域乃至全国，并将影响力扩展到全世界。

在助力上海全球城市建设的过程中，"四高目标"（高质量发展、高水平开放、高效能治理、高品质生活）将勾勒出虹桥商务区的未来发展蓝图。高质量发展方面，商务区要将重点放在构筑总部经济集聚区的建设上。具体而言，要帮助中央企业搭建研发类平台、构造创新联合体、成立功能性总部，并利用商务区技术优势，帮助区内总部机构拓展研发、数据处理、结算等功能，让区域的产业发展向价值链的更高层次跃迁。高水平开放方面，可以说当前虹桥商务区已成为长三角强劲活跃增长极中的一颗亮眼的明星，是一个"极中极"，因此商务区要特别重视处理对内和对外开放的关系，巩固对外开放成果，探索对内开放路径。要利用好对外开放的资源、加强对国内市场的辐射，进而实现在上海大都市圈、长三角、长江流域、全国不同尺度上的全方位高水平协同开放。在高效能治理方面，虹桥商务区要做好数字化转型的"排头兵"，让数字化转型引领城市管理的精细化发展。商务区要深化"放管服"改革，引领会展、高端商务贸易与交通功能的深度融合，将营商环境不断向法治化、市场化、国际化的方向优化，进而让上海国际合作与竞争占据更高的位置。高品质生活方面，对商务区的要求简而言之就是要更好地满足人民对美好生活的向往，应该作为虹桥商务区发展的最终目标。对于老百姓来说，他们更加关注公共服务水平的提升，因此商务区未来必须重视公共服务事业的建设，特别是优质的教育、康养资源的布局。只有提升了公共服务水平，才能真正意义上提升商务区的空间品质，并最终实现让人才愿意来、留得住。

（二）打造上海连通长三角的桥头堡

虹桥枢纽地处长三角腹地，与长三角 16 个核心城市距离均在 300 公里之内，已成长为上海与长三角沟通的桥头堡。而长三角地区较高的发展水平和巨大的市场潜力，也让虹桥商务区的作用愈加突出，未来充满了发展机遇。

当前，位于虹桥枢纽北向拓展带的苏州市相城区正在积极谋划高铁苏州北站和上海虹桥枢纽联动的高铁复合枢纽，研究利用这一复合枢纽创建区块链产业应用示范区、苏州（相城）车联网先导区的可行性，以及如何实现的问题。位于南向拓展带的上海金山区目前计划利用虹桥枢纽以及虹桥商务区的交通建设所带来的品牌与技术溢出效应，打造金山滨海国际文化旅游度假区等一批上海湾区城市品牌，并与接壤的嘉兴平湖市共同推进乡村振兴事业，以及全国首个跨省市、一体化发展的实践区——张江长三角科技城。

另外，《虹桥国际开放枢纽建设总体方案》明确指出，商务区拥有丰富的高端商务设施资源，应更充分地为长三角地区高质量发展所用。具体而言，就是要求商务区加强与长三角各地的政企合作，服务各地广泛地开展人才招聘、广告营销、招商引资等经济社会活动，为各地企业、协会、商会处理涉外事务提供平台，为科研活动提供资源。

（三）建设对内对外开放的枢纽

对于大虹桥建设的理解有多个方面，首先要突出交通枢纽作用。国内国际航空、跨省市和长三角区域内的城际铁路与公路、上海市内的地铁等多种交通运输方式在此汇聚，虹桥火车站的繁忙程度早已位居世界前列。交通线的汇聚，带来了人才、资源的集聚，虹桥商务区正需要以此为基础，才能取得更有成效的发展。

其次是要素枢纽。虹桥商务区建设的一个重要目标是建成连通长三角、辐射全国、走向亚太的要素出入境集散地，具体而言，就是要实现物流、信息流、资金流等在不同空间尺度内的高效便捷流动，让这些要素流真正惠及居民生活、企业发展、区域合作。因此，未来商务区要在汇聚国内资源的基础上，把目光放在全球，提升全球资源配置能力，逐步成长为全球高端资源、要素配置的新高地。

此外，未来虹桥商务区的建设要继续彰显开放优势。虹桥商务区开放能级的提升，是促进上海大都市圈与整个长三角城市群建设国内大循环中心节点以及国内国际双循环战略衔接的关键。商务区对内是其他城市与上海相互联系的重要门户，特别是上海连通长三角的桥头堡；对外则是上海与世界交流的重要桥梁，在上海国际贸易中心建设中具有举足轻重的作用。利用好进博会的溢出效应、不断强化虹桥国际开放枢纽功能，有利于持续改善贸易与投资的环境，有助于把对外开放的成果让全国共享，并让区域内、国内经济发展的成果更好地服务上海的对外经贸工作，从而真正实现新时代上海与长三角、长江流域，乃至全国的协同发展新格局。

参考文献

何万篷：《虹桥国际开放枢纽——第五种开放形态》，https：//www. thepaper. cn/newsDetail_ forward_ 12541863，2021 – 05 – 05。

张学良：《展望虹桥国际开放枢纽未来图景：聚焦三个关键词，让旅客变顾客》，https：//www. sohu. com/a/453938025_ 120823584，2021 – 03 – 04。

张学良：《虹桥国际商务区将成为长三角的新地标》，https：//www. sohu. com/a/453650278_ 118927，2021 – 03 – 02。

B.13

深圳福田区中央商务区：支持粤港澳大湾区国际科技创新中心建设的思路与对策

张　燕　公丕萍*

摘　要： 福田中心区是深圳市成熟度最高的 CBD，相隔不远的香蜜湖新金融中心是福田区正着力打造的高质量发展新引擎。近年来，两者功能联动不断增强，正逐步融合形成新的福田中央商务区，成为深圳中央商务区的重要组成部分。目前，该区域具备空间承载力强、金融总部高度聚集、改革创新基因深厚、现代都市氛围浓郁等优势，是下一步为粤港澳大湾区国际科技创新中心建设提供金融支持的重要载体。未来，福田中央商务区应坚持突出科技金融引领、强化与港澳联动、促进内外协同、提升国际窗口形象，加快引导科技创新和金融要素聚集，促进科技创新链条与金融资本链条深度融合发展，打造粤港澳大湾区金融科技融合发展标杆。

关键词： 深圳福田区中央商务区　科技金融　粤港澳大湾区　国际科技创新中心

* 张燕，区域经济学博士，国家发展和改革委员会区域发展战略研究中心、中国宏观经济研究院副研究员，主要研究方向为区域战略政策、城市经济等；公丕萍，人文地理学博士，国家发展和改革委员会区域发展战略研究中心、中国宏观经济研究院助理研究员，主要研究方向为经济地理与区域发展等。

早在 1986 年，深圳特区总规就首次提出了福田中心区规划方案，空间范围为彩田路、滨河大道、新洲路、红荔路四条主干道围合空间，其中南北向景观轴（中轴线）及东西向交通轴（深南大道）构成的"十字轴"奠定了中心区清晰的公共空间构架。目前，福田中心区已建设成为全市行政、文化、商务及交通枢纽中心，并在区域内及周边汇集了大量金融机构。2016 年，《深圳市国民经济和社会发展第十三个五年规划纲要》提出，"沿深南大道香蜜湖片区规划建设国际一流金融街区"；2020 年底，《中共深圳市委关于制定深圳市国民经济和社会发展第十四个五年规划和二〇三五年远景目标的建议》在关于"建设全球金融创新中心"中，提到"加快金融集聚区建设，打造香蜜湖新金融中心"。近年来，在粤港澳大湾区建设和深圳中国特色社会主义先行示范区建设两大重大战略驱动下，香蜜湖新金融中心建设加快推进，与福田中心区的功能联动不断增强，两者正逐步融合形成新的福田中央商务区。福田中心区和香蜜湖新金融中心联动的福田中央商务区，不仅是深圳中央商务区的重要组成部分，也是为粤港澳大湾区国际科技创新中心建设提供金融支持的重要载体。

一 深圳福田区中央商务区支持粤港澳大湾区国际科技创新中心建设的基础条件

深圳福田区中央商务区开发密度强度大，人才、科技、资本、大数据等高端要素集聚承载能力强，改革开放和政策创新活力足，国际化都市会客厅功能完善，有利于面向国内外吸引优质科技创新要素、为科技创新提供金融商务支持、推动科技与金融融合发展等，为粤港澳大湾区国际科技创新中心建设提供有力支撑。

（一）城市更新稳步推进，空间承载力强

福田区空间开发强度大，土地经济效益高。作为深圳成熟度最高的

CBD，福田中心区土地开发强度尤其大，不仅拥有国内第二高楼和深圳地标性建筑——平安金融中心，还分布有华融大厦、兴业银行大厦、国际商会大厦、中国人寿大厦、生命人寿大厦、嘉里建设广场、时代金融中心、皇庭中心、卓越世纪中心、卓越时代广场等中高端写字楼。2021年，福田区以不到全市4%的土地面积贡献了全市约1/6的GDP、1/5的税收、1/4的进出口总额、1/3的社会消费品零售总额，地均生产总值达到57.8亿元/公里^2。

福田中心区写字楼新增供应量充足，金融、科技等高附加值业态集聚承载空间依然较大。2017年，深圳有8座新的甲级写字楼项目入市，全年新增供应达到85万平方米，其中位于福田中心区的平安金融中心、生命人寿大厦、皇庭中心和中国人寿大厦共计贡献59.6万平方米的新增供应，占深圳甲级写字楼市场新增供应总量的70%[1]。未来，福田中心区甲级写字楼新增供应量有望进一步增加，世邦魏理仕机构预测指出，2021年深圳优质写字楼市场将有超过100万平方米的新增供应入市，主要分布在福田CBD和高新科技园[2]。

与此同时，深圳加快推动香蜜湖片区综合整治，香蜜湖新金融中心发展空间充足。截至2020年9月，香蜜湖片区综合整治工作完成，累计清拆违法建筑约50万平方米，清理违法建筑侵占土地135万平方米，完成了深圳国际交流中心、改革开放展览馆、深圳金融文化中心、国际演艺中心等板块土地清理任务，为加快推进建设香蜜湖新金融中心积极创造空间承载条件。此外，以香蜜湖新金融中心和度假村片区为中心的一公里范围内，尚分布有两个老旧小区，为未来通过城市更新腾挪发展空间提供了可能性。

---

[1] 《CBD楼宇经济哪家强：北京税收亿元楼宇最多，深圳的含金量最高》，21世纪经济报道，https：//baijiahao. baidu. com/s？id = 1645620428501800432&wfr = spider&for = pc。

[2] 《写字楼市场快速复苏 大宗交易聚焦写字楼板块》，载《2020年深圳房地产市场回顾与2021年展望》，和讯，http：//news. hexun. com/2021 - 01 - 18/202846321. html。

（二）金融总部高度聚集，金融科技和科技金融发展前景大

福田区是深圳市金融产业的主要集聚区，其中福田 CBD 和香蜜湖新金融中心则是福田区乃至深圳市的金融高地。截至 2020 年底，福田区集聚了深圳市 67% 的持牌金融总部机构、50% 以上的创投机构，金融业增加值占全区 GDP 的 43%，占深圳市金融业增加值的 47%①。其中，福田 CBD 布局有世界 500 强企业——招商银行及平安集团等大型金融机构总部；持牌机构业态全面，覆盖了银行、证券、基金、期货、信托、保险等类型。特别值得一提的是，福田中心区拥有中国最大证券交易所之一——深圳证券交易所，其在服务推动福田区乃至深圳金融业发展、促进科学技术创新等方面发挥了重要作用。据统计，深圳证券交易所主板自 1990 年开板至 2019 年底共有 80 余家本地企业挂牌；中小企业板自 2004 年开板至 2019 年共有 120 家本地企业挂牌，培育了大量涨幅超过 40 倍的创富能力超强的上市公司；创业板自 2009 年开板至 2019 年底共有 90 余家本地企业挂牌②。此外，福田中央商务区临近港澳地区，其中香港科技和金融发展水平高，澳门特色金融产业扎实，通过深化与港澳合作，福田中央商务区在发展跨境金融、促进金融与科技更好融合发展等方面潜力巨大。

（三）根植改革创新深厚土壤，开拓创新发展活力十足

深圳是我国最早设立的四个经济特区之一，改革创新基因根植于其发展脉络之中。据统计，深圳市每 10 人中就有 1 名创业者。深圳还是金融科技领跑者，发布有香蜜湖金融科技指数，该指数界定产业覆盖分布式技术（区块链、云计算）、互联技术（电子及网络支付）、金融安全以及互联网金融（网络借贷等）等领域。福田区和福田中央商务区秉承了深圳市敢为人

① 《又一家国际巨头落户福田！香蜜湖新金融中心宣布加速！》，https：//www.163.com/dy/article/FVU4PN5H0511HMV0.html。

② 郭茂佳：《论金融在助力深圳成为"世界最成功特区"中的分量》，《中国经济特区研究》2020 年第 1 期。

先、开拓进取的基因，改革创新活力巨大。近年来，福田区全面引入国内外高端科技创新资源，加速重点科研机构、重大科技公共平台、龙头科技企业等科技龙头资源集聚。据统计，福田区拥有各类重点实验室、工程研究中心、技术研究中心、公共服务平台等各类创新载体 182 家，其中国家级 11 家、省级 54 家、市级 117 家，主要产业涉及电子信息、新材料、生命健康、先进制造、新能源、智能装备等领域；科技孵化器园区 4 家，国家级众创空间 10 家，市级以上众创空间 20 家①。同时，福田区还主动谋划出台实施了大量政策文件，包括《深圳市福田区支持科技创新发展若干政策》《深圳市福田区支持都市型科创区高新技术企业专项若干措施》《深圳市福田区支持集成电路产业发展若干措施》《深圳市福田区支持生物医药产业发展若干措施》《深圳市福田区支持新一代人工智能产业发展若干措施》等，支持推动金融产业和科技创新发展。其中，2017 年 3 月，福田区在全国率先出台首个金融科技专项政策——《促进福田区金融科技快速健康创新发展的若干意见》，文件针对金融科技企业的落户和创新发展给予积极扶持和奖励。

（四）高起点高标准开展城区建设，现代国际都市气氛浓郁

福田中心区和香蜜湖新金融中心作为深圳市会客厅的重要组成部分，城区建设始终对标国际一流，目前基本建成高度现代化、国际化的城区。福田中心区是一个完全通过自上而下规划和设计的城市中心，其规划建设完全遵循了现代主义城市的理性规划和功能至上，因此中心区功能设施齐全且现代化水平较高。早在 1992 年制订福田中心区详细规划时，在比选中心区建设高（1235 万平方米）、中（960 万平方米）、低（658 万平方米）三个方案中，深圳市政府从长远谋划推动高标准中心区建设，决定公建和市政设施按照高方案规划配套，建筑总量采取中方案控制，这既为中心区未来发展预留了存量，又适度超前地进行了公共服务和基础设施建设，确保了中心区城市

---

① 《创新福田创业福地——开放福田，着力打造更具辐射力的"科技创新中心"》，《深圳特区报》，http://sztqb.sznews.com/PC/content/201909/04/content_723363.html。

现代功能完备。目前，福田中心区是深圳市成熟度最高的 CBD，其核心区域占地面积 6.07 平方公里，不仅布局了大量高端商务写字楼，同时拥有亚洲最大的广深港地下高铁站、深圳市接驳功能齐全的交通枢纽——福田站，此外还布局有市民中心、市图书馆、音乐厅、博物馆、中心书城、当代艺术与城市规划馆、关山月美术馆等设施，公共文化服务体系发达。

香蜜湖新金融中心作为未来城市新地标、新客厅，规划建设有国际交流中心、改革开放展览馆、国际演艺中心、深圳金融文化中心等现代化、国际化公共文化设施。同时，香蜜湖正大力推动改善国际化生产、生活、生态及人文环境水平，运用先进科技、大数据等手段实现城区精细化治理，推动建设中轴生态绿廊，全力打造高品质城市空间。特别是，香蜜湖街道按照福田区 5G 应用示范区建设规划，还将全力推进"5G + 智慧城市"融合应用试点落地，积极打造"未来社区"。

二 支持粤港澳大湾区国际科技创新中心建设的总体思路

聚焦更好服务支撑粤港澳大湾区国际科技创新中心建设，持续发挥巩固金融和科技双重优势，加快优化提升福田中央商务区重点平台载体功能，深化与港澳融通发展，扩大国内合作和对外开放，引导科技创新和金融要素加速聚集，探索科技创新与金融创新深度融合的长效机制，促进科技创新链条与金融资本链条的有机结合和良性互动，打造粤港澳大湾区科技金融中心。

（一）突出科技金融引领，提升金融创投枢纽功能

坚持立足福田、背靠深圳、服务粤港澳大湾区、面向全球，充分发挥以深圳证券交易所为龙头的核心金融优势和香蜜湖（深圳）产融创新/上市加速器平台优势，利用好天使荟（福田）创业空间载体和服务平台，以服务粤港澳大湾区实体经济发展特别是强化对科创企业的资金支持为导向，进一

步吸引集聚金融高端人才、孵化器、私募创投机构等要素资源，不断健全多层次资本市场体系，不断完善科技企业路演对接机制，高水平搭建科技金融综合性专业服务平台。综合运用好"创、投、贷、融"等科技金融手段，着力构建覆盖不同类型、不同生命周期科技型企业的投融资精准服务体系，引导推动当地乃至粤港澳大湾区内企业对接多层次资本市场上市挂牌，系统提升全球金融资源配置能力和服务科技创新发展能力，着力打造国际化风投创投基地、科技与金融创新深度融合发展示范区。

（二）强化与港澳对接，促进科技、金融产业融合发展

充分发挥福田中央商务区地处粤港澳大湾区"半小时生活圈"的区位优势，以协同对接融入粤港澳大湾区建设、深圳中国特色社会主义先行示范区建设和"一带一路"建设为引领，突出体制机制改革和政策创新带动作用，促进与港澳制度规则深度衔接，推动与香港、澳门在金融、科技等领域务实合作，合力构建开放创新型的国际化资本市场和区域创新共同体。挖掘利用好香港作为国际金融、贸易中心和拥有高度国际化、法治化营商环境等独特优势，深化与香港在金融、技术、人才、数据等领域合作，率先构建与国际接轨的营商环境，着力引进一批具有代表性和国际影响力的全球金融机构总部，打造衔接香港与内地的科技金融中心。深化与澳门特色金融合作，共同推动澳门打造葡语系国家人民币结算中心，同时利用好中葡基金、中葡商贸合作服务平台作用，扩大福田区、深圳市乃至粤港澳大湾区与葡语系国家的金融和科技合作。

（三）促进内外协同联动，增强金融服务科技创新支撑力

全面融入广深港、广珠澳科技创新走廊和深港河套、粤澳横琴科技创新极点"两廊两点"建设，依托深港科技创新合作区深圳园区，重点对接深圳及广州科技创新功能平台，加强与珠海、东莞等粤港澳大湾区其他地区合作，统筹利用好各类功能平台资源及政策互补优势，有序扩大金融对外开放，推动构建多元化、国际化、跨区域的科技创新投融资体系，着力打造粤

港澳大湾区科技与金融创新深度融合发展高地。重点打通金融要素流通的痛点、断点及堵点，提升与科技创新紧密关联的人员、物资、金融、信息等要素自由流动水平，破除金融资本链与科技创新链融合发展的主要障碍，搭建完善多层次科技创新与金融合作平台，强化资源共享、政策对接、创新协同和产业联动，合力提升对国内国际金融和科技创新资源集聚配置能力，搭建形成"众创空间—孵化器—加速器—投融资对接—产业园"的全链条孵化育成体系。

（四）提升国际窗口形象，汇聚各类创新要素

对标国际一流 CBD，加快升级基础设施和公共服务设施，完善高端服务功能，丰富特色功能性元素，强化福田中心区与香蜜湖片区的联动赋能，全面提升福田中央商务区国际化生产、生活、生态及人文环境品质，强化对商务总部、高端金融机构、国际顶尖人才等高端要素资源吸引力，将福田中央商务区打造成为未来世界级城市主客厅和国际展示窗口。发挥巩固福田中心区设施功能完备、总部经济发达等先发优势，挖掘拓展激活生态、人文、时尚等元素，大力发展夜间经济等消费新业态新场景，将福田中心区打造成为粤港澳大湾区最为精彩和含金量最高的魅力之城和金融商务总部基地。高起点规划建设香蜜湖新金融中心，加强国际交往、高端金融、国际消费、商务服务、文化交流等重大功能平台建设，着力打造活力多元、品质高端的国际一流城区。

三 推动福田中央商务区打造粤港澳大湾区金融科技融合发展标杆

完善科技金融服务功能，提升金融科技自主创新水平，推动金融、商务等总部经济高质量发展，深化与粤港澳大湾区重大区域合作、科技创新和金融创新等平台合作，扩大金融业对外开放合作，推动金融、科技融合发展。

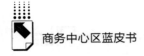
（一）建设具有国际影响力的科技金融中心

一是支持打造具有全球影响力的国际金融街区和现代金融总部基地。依托科技金融创新资源，加快吸引高端金融资源集聚，引进一批具有代表性和国际影响力的全球金融机构总部，以及国内银行、投资机构的功能性总部、区域总部，培育壮大创新金融领域、特色金融领域的国内领军企业总部。

二是构建完善以深圳证券交易所为核心的创新资本链。依托深圳证券交易所，加快推进粤港澳大湾区债券平台、知识产权和科技成果产权交易中心建设，支持建设股票期权市场，建立资本与技术有效对接的全国性综合服务平台，提高直接融资比重。鼓励天使投资、创业投资、股权投资加大对初创、成长阶段科技型企业的支持力度。引导社会资本积极服务初创企业、中小微企业，建立覆盖产业发展全生命周期的产业"基金群"体系。

三是不断丰富科技金融新业态。大力发展供应链金融，支持建设广东省供应链金融创新平台，率先探索建立供应链金融创新试点机制、监管机制和行业标准体系。鼓励发展绿色金融、社会影响力金融、文化金融，拓展现代金融新业态。积极培育发展金融中介服务机构，鼓励会计、律师、审计、评估、咨询机构为金融机构提供专业化服务支撑。

（二）全力打造金融科技发展高地

一是构建完善的金融科技生态体系。优化金融科技园区平台布局，加大对各类特色金融科技专业园区建设支持力度，规划建设数字人民币产业园。依托金融科技园区平台，加快引进金融科技基础设施、持牌金融机构及科技公司、创新型金融科技公司、金融科技加速器孵化器等要素资源，鼓励开展金融科技领域基础、共性和关键技术研发及重大应用试点示范。探索在香蜜湖新金融中心建设金融监管高地，推进香蜜湖产融创新/上市加速器实质性运作，协助推进深圳科技与知识产权交易所落地福田，打造国际一流水平的香蜜湖新金融生态格局。

二是支持建设金融科技产业发展高地。围绕人工智能、区块链、云计算、大数据等技术，加强在跨境金融、供应链金融、国家数字征信治理等领域创新应用，探索创新形成一批可复制、可推广的金融科技创新应用场景，培育集聚一批金融科技机构，打造辐射大湾区的金融科技产业集群。

三是持续提升香蜜湖金融科技品牌。积极构建覆盖全业态、全生命周期的金融科技标准规范和评价体系。持续巩固提升香蜜湖金融科技创新奖影响力，不断提高香蜜湖金融科技创新评选工作的规范化及专业化水平，进一步细化金融科技创新产品和项目，针对中小金融科技企业设立专门奖项，营造扩大金融科技创新氛围。

（三）构建国际性高端商务总部经济圈

一方面，精心打造高端品质空间，配套完善高端商务服务功能。坚持生态、文化赋能，加快建设融合共生的中轴云客厅和以福华路为主轴的节日大道，系统提升城市公共空间环境品质，打造国际高端消费街区及世界级消费目的地。加快推进香蜜湖片区统筹更新，高标准规划建设深圳国际交流中心，打造国际高端会议交流平台，积极承接重大国事及会议活动。对标世界顶级水平，高规格推进深圳改革开放展览馆、深圳金融文化中心、国际演艺中心等新地标建设，加大新科技新技术应用，提升中央商务区总体环境。

另一方面，以金融商务总部为重点，提升高端商务总部经济发展能级。依托深南大道两侧金融资源，高标准规划建设东起深圳证券交易所营运中心、西至招商银行大厦并延伸至香蜜湖的"深圳金融街"，加快吸引集聚高端金融服务机构、财富管理机构等，推动建设深圳国际金融区，增强金融总部服务能力。持续巩固福田中心区"高端商务总部集聚区"先发优势，推动建设金融–科创融合型总部核心区，大力吸引新一代信息技术、智能终端、金融科技、时尚消费等特色产业总部落户，持续完善提升总部经济功能。

（四）深化与粤港澳大湾区重大功能平台合作

深圳市层面，充分依托前海深港现代服务业合作区联动港澳发展和特殊优惠政策优势，进一步扩大在航运金融、供应链金融以及国际化金融人才培养等领域合作；加强与前海联合交易中心合作，探索丰富期权品种，推出股票股指期货，建立产品完备、规模领先的金融衍生品体系，研究适时推动建立深圳期货交易所。积极面向河套深港科技创新合作区、光明科学城等科技创新发展重点领域，大力发展特色金融产业。

广东省层面，深化与广州、珠海、东莞等城市重大功能平台合作，积极争取各类试点和优惠政策向福田中央商务区拓展，加大金融对外开放力度，鼓励金融机构围绕科技创新布局和科技企业需要加快产品和业务创新。重点推动深圳证券交易所与广州期货交易所的联动合作，发展壮大金融市场体系，提升对全国乃至全球金融资源的集聚配置能力。扩大与广州科学城、中新知识城、南沙科学城、珠海横琴粤澳深度合作区、东莞松山湖科学城等平台合作，推动建立健全协同创新机制，共建国际化创新平台、联合实验室和研究中心，推动产学研深度合作，构建高效的创新资源共享网络。

港澳合作层面，助力探索建立粤港澳大湾区信用信息共享机制，推动跨境征信产品、基金产品互认，推进跨境"理财通"业务试点。依托深圳证券交易所大湾区债券平台建设，吸引符合条件的港澳金融机构和非金融企业在深交所发行金融债券、公司债券。推动在福田中央商务区建立港澳保险内地服务中心，在续保、理赔、报销、结算等方面先行先试。深化与香港在知识产权保护、金融人才培养等方面的合作，探索推动与港澳高等院校在福田中央商务区合作建立独立本科院校和特色学院，合作开展金融科技人才培养。围绕碳达峰、碳中和目标，深化与港澳在绿色金融领域的合作，吸引集聚头部金融机构发展绿色金融业务。

（五）深化拓展现代国际金融合作

一是稳步扩大金融业对外开放。深入落实好《深圳市福田区支持外资金融机构集聚发展若干措施》，鼓励支持外资金融机构落户福田中央商务区。逐步放宽金融业市场准入门槛，允许设立外资控股的证券公司、基金管理公司、期货公司、保险公司等。落实好本外币合一跨境资金池业务试点。

探索创投基金的跨境资本流动试点，促进科技创新行业收入的跨境汇兑便利化。争取国家支持率先在跨境金融、离岸人民币清算、数字人民币应用等领域开展试点，提升跨境金融服务水平。加强与全球知名高校及组织协会等对接，探索合作开展金融人才国际化培养培训。

二是积极参与"一带一路"金融合作。聚焦科技金融、金融科技、供应链金融等特色优势领域，谋划举办大型国际会议，吸引国际金融组织及机构参与，支撑提升粤港澳大湾区参与全球金融治理的能力及话语权。着眼服务粤港澳大湾区参与"一带一路"建设重点领域和重大项目，鼓励和支持福田中央商务区内金融机构与商业银行加大在"一带一路"沿线国家布局开展业务。坚持遵循国际惯例和债务可持续原则，加强与国际多边金融机构合作，建立健全多元化投融资体系。

四　对策建议

用足用好粤港澳大湾区建设、深圳中国特色社会主义先行示范区建设等重大战略政策，发挥福田中央商务区金融、科技融合发展的优势条件，深化推进科技金融领域改革，支持金融科技率先发展，加快培育和引进相关领域人才、企业集聚发展，强化金融科技等重点领域风险防范管控，切实为粤港澳大湾区国际科技创新中心建设提供综合一体化的现代金融服务支撑。

（一）深化科技金融领域改革

以福田区争取创建国家科创金融改革创新试验区为契机，支持福田中央商务区深化科技金融改革创新，围绕构建完善科技创新金融服务体系，促进创新链、产业链、资金链融通发展。支持深圳证券交易所实施全市场注册制改革，稳步推进基础设施领域不动产投资信托基金（REITs）试点。支持丰富期权品种，探索开展以中小板、创业板相关指数为标的的金融期货交易试点，适时探索发展完善汇率、利率等金融期货交易品种。探索长期资金参与上市公司治理的新模式，建立常态化退市机制。支持加大金融开放力度，探索创投基金的跨境资本流动试点，促进科技创新行业收入的跨境汇兑便利化。支持福田中央商务区加快培育数据要素市场，率先完善数据产权制度，加快探索数据产权保护和利用新机制，探索依托深圳证券交易所开展数据交易。

（二）加大金融科技支持力度

支持福田中央商务区稳步扩大数字人民币试点范围和场景，探索推动数字人民币跨境使用。支持定期举办国际金融科技创新交流论坛、创立具有国际影响力的科技创新奖项、举办国际金融科技创业大赛，支撑提高香蜜湖新金融中心的国际影响力。支持聚焦福田区乃至深圳市金融及科技领域重大理论和实践问题，联动港澳及国内外相关研究机构，建立新型金融智库和金融科技创新研发联盟。支持金融科技协会和专业智库发展，发挥好专业协会作用，鼓励引导企业合作加强金融科技前沿技术开发应用。大力拓宽金融科技企业融资渠道，支持在已上市的香蜜湖金融科技指数基础上，探索开发股权、债权和资本市场等更加多元化的金融科技产业投资工具和产品，支持金融科技企业通过境外 IPO、跨境贷款、境外发债等方式筹集资金。

（三）加大金融科技领域高端人才引进及培育力度

立足福田区、深圳市金融业高质量发展，积极联动港澳，坚持引进和培养并重，将福田中央商务区建设成为金融和科技高端人才集聚高地。重点依托深圳国际金融科技研究院，筹建以金融科技学科为主的中外合作办学独立校区，加强金融人才培养。深入实施"深港澳金融科技师专才计划"，推动建立集"考、培、认定"为一体的金融科技人才培养机制，打造高端金融科技人才培训中心。支持福田中央商务区内企业通过设立离岸机构、建立海归创业港、科研机构等方式，持续引入全球高端人才及团队，牵头建立香蜜湖金融科技人才协会和大湾区金融科技人才库。优化金融科技人才服务，允许符合条件的金融科技人才申请办理人才引进落户，并在工作居住证、教育医疗、子女入学、出入境等方面给予金融科技人才必要的服务保障。

（四）发挥企业市场主体作用

充分发挥深港科技创新投资基金的引导功能，联合社会资本发起设立香蜜湖金融科技产业投资基金，加大对金融科技企业投资扶持力度。研究制订专项行动计划，率先支持一批金融、科技领域特色鲜明、发展前景良好的企业上市。重点支持一批有影响力的金融科技公司规范发展，鼓励引导参与粤港澳大湾区乃至全国相关技术和标准研发。支持和鼓励大型科技企业、金融机构设立金融科技子公司或金融科技研发中心，并在落户奖励、入驻优惠等方面予以政策倾斜。对接引导全球领先的专业服务机构参与香蜜湖加速器等平台建设，提高为企业提供一站式综合服务能力。

（五）加强金融科技风险防范

紧抓深圳获批国家金融科技监管创新试点的政策机遇，在福田中央商务区探索建立完善的金融科技"监管沙箱"机制，制定金融科技产品特定审批程序，在风险可控和有效保护消费者权益的前提下，允许金融机构、金融科技企业针对普惠金融、跨境贸易结算和风险防控等重点领域开展金融科技产品服务试点业务。研究建立金融科技评价指标体系和标准，健全金融科技应用、技术评估和风险评估体系，强化金融科技的评估流程和测试手段，规范金融科技的应用与发展。研究推动成立专门的金融科技创新与监管机构，强化金融科技企业和产品创新管理，探索建立一套基于金融科技行业的基础性和通用性监管规则，促进金融科技行业稳定健康发展。

参考文献

陈一新：《深圳福田中心区规划实施 30 年回顾》，《城市规划》2017 年第 7 期。

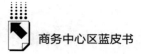
　　郭茂佳：《论金融在助力深圳成为"世界最成功特区"中的分量》，《中国经济特区研究》2020年第1期。

　　黄锐生、马晶：《"双区驱动"战略机遇下深圳市福田区金融科技发展对策研究》，《金融科技时代》2021年第3期。

B.14

西安市碑林区长安路 CBD：支持西安深度融入国内国际双循环的经验与对策

宫汝娜　张卓群 *

摘　要：　西安碑林区长安路 CBD 是西安高端服务业集聚高地，也是西安的城市名片。西安获批"国家中心城市"、打造"一带一路"综合改革开放试验区，为碑林长安路 CBD 深度融入国内国际双循环提供了重要的历史契机。碑林长安路 CBD 在对外开放、商圈建设、营商环境优化、文化交流合作等方面开展了卓有成效的探索，形成了现代 CBD 融入双循环发展格局的四大经验。"十四五"时期，碑林区长安路 CBD 需要在科技、产业、人才、服务、文化等方面全方位发力，打造西北地区的全面开放高地，深度融入双循环，实现经济社会高质量发展。

关键词：　碑林 CBD　双循环　高质量发展　西安

一　引言

2020 年 5 月，中共中央政治局常委会会议首次提出"深化供给侧结构

* 宫汝娜，经济学博士，陕西省社会科学院经济研究所助理研究员，研究方向为区域经济学、政策评价；张卓群，经济学博士，中国社会科学院生态文明研究所助理研究员，研究方向为城市与环境经济学、数量经济与大数据科学。

性改革，充分发挥我国超大规模市场优势和内需潜力，构建国内国际双循环相互促进的新发展格局"。构建双循环新发展格局是根据我国发展阶段、环境、条件变化提出来的，是重塑我国国际合作和竞争新优势的战略抉择。"十四五"时期，随着我国内需潜力进一步释放，国内市场主导经济发展的特征愈加明显，西安作为国内国际双循环的重要枢纽，必须抓住我国构建新发展格局的重大战略机遇，积极融入国家发展战略，凸显地区发展优势，以此推动西安迈向高质量发展。

西安碑林区长安路 CBD（以下简称碑林 CBD）位于西安大南门外、古城核心位置，整体规划范围东到文艺路，西到朱雀大街，北到明城墙，南到南二环，占地面积 4.55 平方公里。以长安路为轴心，面积约 3.2 平方公里的区域是 CBD 规划设计范围的"核心区"，朱雀大街到含光路约 1.35 平方公里的区域为"辐射区"。区域内已有长安国际中心、珠江时代广场等 24 栋商务大楼，商业及办公面积达 150 万平方米，入驻各类企业 5600 余家，聚集佳能、强生、东芝等全球和中国五百强企业分支机构 46 家，入驻东亚银行、平安保险等各类金融机构 44 家；拥有小雁塔、永宁门、朱雀门等历史文物古迹多达 27 处，是西安市历史文化及古遗迹较为集中的区域之一，也是碑林区委、区政府倾力打造的西安企业总部聚集区、现代服务业聚集区、金融机构经营聚集区。作为金融业、信息业和服务业的重要聚集地，碑林 CBD 具有中心性明显、可达性良好、配套设施完善、旅游资源潜力巨大的发展优势，其不仅是碑林区经济发展的重要引擎，也是西安市融入新发展格局的先进区域。近年来，碑林 CBD 在引领开放型经济、构建国内国际双循环相互促进新发展格局方面进行了卓有成效的探索和实践，形成了一系列可资借鉴的经验。

二 发展基础：西北中心——西安市的巨大政策集成优势

西安是我国西北地区重要的中心城市，是关中平原城市群的核心城市，也是国家重要的科研、教育和工业基地。改革开放以来，西安作为西北地区的"排头兵"，具有一系列先行先试的政策集成优势。特别是近年来，西安获批"国家中心城市"、打造"一带一路"综合改革开放试验区，为西安的服务业高地——碑林 CBD 深度融入国内国际双循环格局提供了重大的历史契机。

（一）获批"国家中心城市"为碑林 CBD 融入国内大循环提供重要机遇

国家中心城市是指居于国家战略要津、肩负国家使命、引领区域发展、参与国际竞争、代表国家形象的现代化大都市。西安是我国西北地区的经济中心、文化中心、创新中心和开放门户，还是周边地区的辐射中心和资源集聚区，其具有悠久的历史、雄厚的经济实力、突出的科技创新能力和完备的网络辐射体系。2018 年 1 月，国家发展改革委、住房城乡建设部发布《关中平原城市群发展规划》，明确提出加快西安中心城市建设步伐，强化面向西北地区综合服务和对外交往门户功能，打造西部地区重要的经济中心、对外交往中心、丝路科创中心、丝路文化高地、内陆开放高地及国家综合交通枢纽。至此，西安成为我国九大国家中心城市之一。

为实现"西安国家中心城市建设"战略目标，西安市出台《西安国家中心城市建设实施方案》，明确指出要优化城区功能布局，增强主城区科技研发、金融服务、文化旅游等核心功能，强化西安市的综合服务和对外交往功能。作为西安市面积最小、人口密度最大的主城区，碑林区 95% 以上的区域位于二环以内，辖区内交通基础设施健全、城市功能完善，核心产业汇聚，集商贸、科技、文化、旅游于一体。2020 年，辖区内第三产业增加值为 804.34 亿元，第三产业产值比重达 75.8%，连续八年被评为陕西省城区经济社会发展"五强区"。作为碑林区的商业核心区，碑林 CBD 不仅处于西安市城市中心位置，还位于西安国际化大都市规划的中轴线上，随着西安获批国家中心城市，建设国际化大都市的目标稳步推进，碑林 CBD 的战略中心地位更加明显。近年来，碑林 CBD 持续加大开放型经济建设的探索力

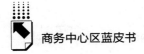

度，已经成为西安市商务办公活动和现代服务业集聚最为密集的中央商务区之一。借助西安建设国家中心城市契机，碑林CBD完全具备打造西北第一商务中心区的条件。

（二）构筑"一带一路"综合改革开放试验区为碑林CBD参与国内国际双循环提供优越环境

西安是古丝绸之路的起点和"一带一路"的重要节点城市。为了深度融入"一带一路"建设，2019年1月，陕西省发改委制定出台《西安建设"一带一路"综合改革开放试验区总体方案》（以下简称《方案》）。《方案》围绕构建"三中心两高地一枢纽"的目标，着力打造联通"一带一路"的开放大通道、探索建立投资贸易自由化便利化大平台、设立西安服务国家战略向西开放的丝路总部、构建人文交流大平台、建设文化旅游创新示范区、构建丝路科创中心，为西安市及碑林CBD扩大改革开放、加快经济社会高质量发展提供了优越环境。

西安建设"一带一路"综合改革开放试验区及《方案》的及时推出，有利于打造我国内陆进出双向开放的战略性载体，引领和带动西部地区快速协调发展；有利于弘扬丝路精神，深化人文交流合作，探索中华文明与世界文明交流互鉴新路径；有利于发挥西安集合中心优势和西北地区的龙头带动作用，构建以枢纽经济、门户经济、流动经济为支撑的"一带一路"国际商务物流中心；有利于充分利用西安丰富的科教资源，加强与丝路沿线国家的国际科技教育交流合作，探索国际科教创新交流合作新路径；有利于发挥西安装备制造和高新技术产业优势，与"一带一路"沿线国家形成产业互补，拓展国际合作领域。

在此背景下，碑林区及碑林CBD积极融入"一带一路"大循环之中，"十三五"时期，西安SKP、王府井百货、合生新天地等知名企业相继落户碑林CBD，大南门商圈销售额突破百亿元。2020年，碑林区实施重点建设项目85个，完成投资131.53亿元，累计引进内资277.18亿元，实际利用外资5.34亿美元，荣获中国（西安）跨境电子商务综合试验区创新示范先行区。碑林 CBD 已经成为助推"一带一路"节点城市融入国内国际双循环的重要商务中心区。

三 探索实践：西安碑林 CBD 融入双循环 发展格局的四大经验

自提出打造 CBD 以来，作为西安高端服务产业集聚区和城市文化名片，碑林区始终在对外开放、商圈建设、营商环境优化、文化交流合作等方面持续深入地开展改革，形成了现代 CBD 融入双循环发展格局的四大经验，为国内其他商务区的发展提供了重要经验。

（一）全面打造对外开放高地

在全方位、多层次、宽领域的对外开放格局中，西安紧紧抓住"一带一路"、自贸区建设等一系列机遇，先后出台一系列开放政策，激发内生动力，以全新的姿态不断发出"扩大对外开放"的声音。西安已申报获批省"一带一路"综合改革开放试验区、临空经济示范区、跨境电商综合试验区。此外，第二国际商事法庭落户西安，"通丝路"跨境服务电子商务人民币结算平台、科技大市场等自贸区创新平台向外推介共享，为西安加快内陆改革开放新高地建设提供崭新的平台。碑林 CBD 作为西安对外开放的"桥头堡"，率先落实西安市对外开放的新举措，并重点探索总部经济与金融业的引进及发展。

从总部经济发展来看，碑林 CBD 坚持内外源并重，引进与培育并举，努力促进总部企业数量增加、结构优化、效益增强、可持续发展能力不断提升，总部经济政策体系与服务体系不断完善。一方面，积极引进未在陕西省乃至整个西部地区落户的高端企业入驻，服务好已入驻企业，并以本土企业为重点培育对象，稳定税源，带动产业聚集；另一方面，坚持总部经济与楼宇经济齐头发展，以总部经济促进楼宇发展，以楼宇建设带动总部经济提升。

从金融业发展来看，碑林 CBD 积极引进银行、保险、证券、担保等金融机构总部入驻，在区域内广布金融服务网点，完善区域内金融基础设施，凸显商务区内金融服务完整性、便利性，全面提升金融服务水平。具体来看，第一，积极吸引银行业总部落户碑林 CBD，尤其注重引进业务范围较为全面的银行总部，继续引进外资银行、股份制银行等各类金融机构的分支机构。第二，引进国内大型保险公司在区域内设立分支机构，引导保险机构设计本土化的保险产品，全面推进发展中小企业保险、涉农保险、科技保险、责任保险、商业养老和健康保险等特色险种及普通财险、寿险。第三，引导、规范区域内现有国信证券等证券机构规范经营，积极引进证券机构总部入驻碑林 CBD，发挥证券机构满足居民的财富管理需求、机构投资者的各类服务需求、相关企业的综合金融服务需求等相关功能。第四，构建区域性金融业发展平台，促使担保公司与银行业金融机构合作渠道通畅，发挥担保业在中小企业融资、个人经营性贷款担保、个人消费贷款担保等方面的桥梁作用，培育有实力的担保公司从事项目投资、融资管理等，促进担保业健康有序发展。

（二）促进文旅特色商圈发展

碑林 CBD 集中了西安城墙、永宁门、小雁塔等多处历史文化遗迹，文化积淀深厚，且商圈内交通便利，拥有大量的人流、物流和信息流，有多处高端商业综合体，配套服务及公共设施较为完善，具有中心性明显、可达性良好、旅游资源潜力巨大的集成优势，为"文化＋商业＋旅游"的商圈发展模式提供了必要条件。碑林 CBD 将文化产业、商业及旅游业三者有机结合，发挥关联效应，延长产业链，引导高端产业项目向区内集聚，打造集历史文化、商业娱乐、旅游观光、生态居住等多功能于一体，强调多功能复合的全域旅游型商务中心区。

碑林 CBD 配套产业发展以商务区内文化特色、优势设施为基础，并以服务商务区内工作和居住人员生活、提高人们生活质量为出发点，发展文化旅游业。其中，小雁塔是 CBD 内最为显著的文化符号和重要文化资源，小雁塔周边地块可挖掘潜力巨大，碑林CBD对小雁塔及周边区域的保护与开发同步进行，着力打好"小雁塔、西安博物院——历史文化街区"这张历史文化品牌，充分发挥碑林的文化优势，对小雁塔历史文化片区开展综合改造。项目以"保护世界遗产，延续历史文脉"为目的，通过延续传统城市空间格局，调整区域产业功能布局，完善区域公共服务设施，将该片区打造成为"展示盛唐文化、再现大唐气势"的示范街区。2020年，CBD管委会积极落实征收补偿资金，聚力做好征收扫尾工作，截至12月底，小雁塔片区房屋征收工作已完成95%以上。另外，碑林CBD还以陕西省举办第十四届全国运动会为契机，依托省体育场、西安体院、省体校等单位，着力打造"陕西省体育场——文化体育休闲产业核心区"，以碑林CBD现有的陕西省戏曲研究院、唐乐宫等优势、特色文化演艺单位（场所）为基础，推进文化中心、冉家村改造及九部坊音乐街等项目建设，在商务中心区发展文化演艺艺术产业。

为了对冲疫情影响，碑林CBD聚焦新产业、引进新业态，全力做好"六稳""六保"工作，推动消费升级，重点发展商务服务业和高端商业。碑林CBD商务服务业重点聚焦咨询服务、电子商务、教育培训、法律服务、人才服务、信息服务、物业服务等智慧型产业方向，高端商业发展主要以高档酒店和高端零售业为代表。具体来看，一方面，积极引导王府井百货等大型商业体腾笼换鸟，餐饮龙头品牌海底捞、西安电竞连锁品牌绿树电竞馆等也纷纷进驻，西部地区首家"施坦威之家"正式落户，盒马鲜生布局大南门；另一方面，碑林CBD积极发展高档次酒店，合理规划改造商务区内一批规模、档次较低的酒店、宾馆，重点保留提升商务区内现有的特色星级酒店，并大力引进一批国内外知名星级酒店、连锁商务酒店、快捷酒店，大幅度改善区域内酒店宾馆商务住宿、会议接待能力。

（三）着力优化提升营商环境

为建设国家中心城市核心示范区，碑林区以市场化、法治化、国际化为目标，以简政放权出动力、以公正监管出公信、以优化服务出便利为出发点，以审批项目最少、收费标准最低、办事效率最快、服务水平最优为主要内容，以"优化政务服务环境、产业发展环境、投资贸易环境、创新创业环境、诚信法治环境、人居人文环境"六大环境为重点，聚焦企业和群众的新需求，双重发力"软环境＋硬政策"，积极打通政务"堵点"、化解企业"痛点"、解决群众"难点"，全力打造最佳营商环境核心示范区。具体来看，一方面，碑林区成立加强和改善营商环境 18 个专项组和两个功能组，制定印发《西安市碑林区推进"互联网＋政务服务"深度融合，打造一流营商环境实施方案》《西安市碑林区全面推进"一网通办"加快数字化转型行动方案》《打造城市社区"15 分钟政务服务圈"实施方案》等系列文件，实施"123"系列举措，建立新市民中心，提高行政审批效率，激发企业投资经营和大众创新创业的活力。另一方面，将互联网应用到行政管理之中，不断优化热线营商环境专席配置，强化 App 移动端办公应用，实现营商环境诉求快速、多渠道、24 小时受理，夯实基层营商环境工单办理网络，形成"分级负责、分类管理、快速处置"的良好运行机制。

为了进一步优化营商环境，强化对外招商引资，碑林 CBD 加强商务区商业楼宇建设，为 CBD 产业发展提供载体，增强 CBD 综合功能。具体来看，注重提升楼宇承载空间，根据中央商务高度指数（Central Business Height Index，CBHI）和中央商务强度指数（Central Business Intensity Index，CBII）进一步推动商业楼宇的规划建设；提升楼宇的档次和品质，吸引更多的世界及中国 500 强企业和跨国公司入驻；提升楼宇的产业特色，将性质相似的企业在同一楼宇中集聚起来，提升企业的品牌效应和产业集聚效应，有利于招商引资；加大提升入驻企业的层次，吸引知名企业入驻，形成品牌效应，降低企业的流动性，增加楼宇经济的稳定性。同时，完善服务配套功能，增强商务区的商业配套，提高楼宇建设的装修档次，配备停车场、员工餐厅等配套服务设施，提供优越的办公环境和生活环境，吸引办公人员入驻，营造良好的楼宇经济发展环境。在碑林区及商务中心区不断优化营商环境的举措下，2020 年，碑林 CBD 全年引进内资 2 亿元，开展招商活动 8 场。

（四）深化内外文化交流合作

西安市作为中华文明重要发祥地，长期肩负着讲好中国故事、传播好中国声音、做好国际传播工作的使命和责任。近年来，西安市利用海外社交媒体平台，不断增强"文化陕西"、丝绸之路国际艺术节、丝绸之路国际旅游博览会等品牌活动的国际影响力，持续打造传播热点，服务国家外交大局，真实、立体、全面地展示新时代陕西新形象。

作为西安市碑林区的文化、旅游集聚中心，碑林 CBD 重视文化宣传和交流，着力打造文化品牌。随着碑林 CBD 加入中国商务区联盟，其将获得更大的发展平台、更加广阔的提升空间。2020 中国商务区联盟年会在西安市碑林区举办，年会以"分享、创新、成长"为主题，16 家中国商务区联盟成员单位实地考察西安创新设计中心、小雁塔片区、南门历史文化街区，实地感受近年来西安和碑林的崭新变化、时代风采，并在西安碑林举行"国内国际'双循环'格局下的 CBD 发展"2020 中国商务区联盟年会主题论坛，围绕"CBD 引领服务业扩大开放"的主题进行对话讨论，探讨中国商务区的新变局、新机遇、新未来。

此外，碑林 CBD 重视加强与"一带一路"沿线国家的文体交流，促进多方互联互通、开放合作。具体来看，促进小雁塔历史文化片区与省体育场、省图书馆、省美术博物馆形成联动，打造集文化休闲、运动休闲于一体的运动休闲广场，建构集复合文化与运动休闲功能于一体的西安国际会客厅，引入体育中介商及国际文化交流机构，从而使得优秀休闲体育项目大量引进中国和走出国门，满足国内外人民群众多样化的消费需求。

四　面向未来：打造科技、产业、人才、服务、
文化的全面开放高地

"十四五"时期，是碑林 CBD 继续深度融入国内国际双循环发展格局、实现高质量发展的关键时期。碑林 CBD 要在巩固传统优势、传承优秀

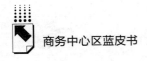

经验的基础上，在科技、产业、人才、服务、文化方面全方位发力，打造西北地区的全面开放高地。

（一）集聚资源要素，提高科技创新水平

西安科教资源丰富，科教综合实力和技术创新能力居全国前列，是国家全面创新改革试验区、国家自主创新示范区，也是"全国十大创新城市之一"，其创新成果数量和质量进入全国前列，成为创新网络的重要节点。碑林 CBD 应该继续发挥商务中心区的要素集聚优势，聚集更多的高能、创新型机构，提高科技创新水平。同时，加强通信基础设施建设，构建具有辖区特色的大数据、人工智能产业体系。另外，充分利用辖区内的高校、科研机构等资源，重视基础研究的突破和应用，为西安市建设丝路科创中心提供助力。

（二）突出区域优势，构建特色产业体系

西安具有以旅游业、文化产业、先进制造业、战略新兴产业、现代服务业为主体的多样化的产业体系，不仅是国家重要的航空航天、电子信息和装备制造业基地，也是首批国家服务业综合改革示范典型区域。碑林 CBD 作为旅游业、文化产业、现代服务业的重要集聚区域，仍然存在产业布局不合理、特色不够鲜明、高端现代服务业较少等短板。碑林 CBD 应该将辖区的特色优势和一般 CBD 的产业发展特征相结合，突出高端化和国际化的发展要求，以绿色、智慧和高附加值为导向，形成以商务服务业、金融业、高端商业为重点发展产业，以文化旅游、体育休闲、文化艺术、中介服务为配套的碑林 CBD 产业体系。

（三）深化人才培养及人才引进机制，打造人才高地

人才是城市发展核心要素，是生产过程中不可或缺的要素资源，尤其是高学历、高技能的复合型人才更是推动城市高质量发展的中坚力量。碑林 CBD 处于西安市核心位置，高校资源丰富，汇集着陕西省乃至西北

地区最好的高校群体，应该进一步激发本地人才潜力，创新培养方式，对于人才需求进行分析，精准制定人才培养方案。同时，搭建人才成长平台，采用多样化的激励措施，吸引海内外创新型人才，积极进行人才配置。

（四）改善公共服务设施，创新管理服务机制

碑林 CBD 应根据用地结构和发展趋势，合理布置公共服务设施，并结合核心区形成行政中心、文化中心、商贸中心、体育中心等多个公共服务节点，坚持高起点规划、高标准建设、高强度投入、高效能管理，以现有的居住为基础，提升老旧社区生态环境，改善基础设施和公共服务设施，提高商务聚集区的公共空间、公共设施的品质。同时，在管理体制和服务机制上勇于创新，促进市区联动、部门协调，树立"效率立区"的理念，完善"政府主导、企业主体、市场运作"的机制。

（五）推动文化建设，加强宣传交流

碑林 CBD 紧邻西安市老城区，拥有深厚的历史文化底蕴，包括草场坡、夏家庄均具有悠远的历史文化，应进一步注重盛唐长安文化挖掘，注重古都文化传承轴、小雁塔历史文化片区周边的空间布局，为凸显盛唐长安文化的景观、绿化、商业、广场预留发展空间，为文化的挖掘、保护、活态传承、创新利用提供支持。另外，充分利用好商务区联盟的平台资源，依托联盟"朋友圈"，积极"走出去"，着力打好文化品牌，增进文化交流，打开沟通全球、连接世界的大门。

参考文献

丁亮：《以高水平开放推动西安经济高质量发展》，《西安日报》2021 年 1 月 18 日。
李丹琳：《战略视角下的"双循环"》，《金融时报》2021 年 6 月 11 日。

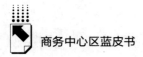
聂伟迅：《服务和融入新发展格局》，《人民日报》2021年6月17日。

任保平：《构建基于"双循环"的西安经济发展新格局》，《西安日报》2021年1月11日。

王罡：《新时代 新征程 开通优化营商环境直通车》，《陕西日报》2019年12月5日。

魏建国：《把消费作为双循环的内生动力》，《人民政协报》2021年6月15日。

杨旭：《2018年进出口总值突破3300亿元》，《西安日报》2019年2月18日。

张涛、苗子清：《因势利导 夯实高质量发展之路》，《经济日报》2020年7月31日。

张涛、张卓群：《增强优质投资供给，推动经济高质量发展——2019年投资形势分析及2020年对策建议》，《科技促进发展》2019年第11期。

B.15
银川阅海湾 CBD：打造国家向西开放桥头堡的成效、问题及对策

张双悦　武占云*

摘　要： 阅海湾 CBD 是银川市唯一一个以现代服务业集聚为主导的功能园区，也是银川市打造国家向西开放的桥头堡。近年来，阅海湾 CBD 作为银川经济发展的重要引擎，在扩大服务业开放、营造科技创新环境、打造新型消费高地、优化国际营商环境等方面取得了重要成果，不断推动银川市乃至宁夏回族自治区融入"一带一路"建设及新发展格局的构建中。未来，阅海湾 CBD 需要在服务业对外开放、产业转型升级、新型消费培育、设施互联互通、国际化营商环境等方面构建发展合力，积极融入"双循环"新发展格局，不断支持银川打造国家向西开放的桥头堡。

关键词： 阅海湾 CBD　营商环境　对外开放　银川

银川阅海湾 CBD 位于银川市北部，自 2011 年启动建设以来，阅海湾 CBD 紧紧围绕"两区、三基地、三平台"战略定位①，聚焦"一带一路"与中阿合作，大力发展金融保险、总部经济、电子商务等产业，为银川市落

---

* 张双悦，经济学博士，天津商业大学经济学院讲师，主要研究方向为城市与区域发展；武占云，理学博士、应用经济学博士后，中国社会科学院生态文明研究所副研究员，主要研究方向为城市与区域经济。
① "两区"即国家中阿经贸合作示范园区、国家内陆开放型经济试验区；"三基地"即总部经济集聚基地、中阿文化交流基地、伊斯兰经济专业服务基地；"三平台"即向西开放与国际交流先导平台、现代化国际城市核心展示平台、都市生态与低碳经济示范平台。

实国家"一带一路"倡议、打造国家向西开放桥头堡奠定了坚实基础。"十四五"时期，国内外发展环境面临深刻复杂变化，中央明确提出要构建新发展格局，以期推动我国开放型经济向更高层次发展，重塑国际合作和竞争新优势，这为阅海湾 CBD 进一步融入国内市场、参与国际经济循环明确了方向和路径。阅海湾 CBD 应紧抓国家新一轮对外开放和对内改革的战略机遇，充分发挥政策优势、创新优势和开放优势，着力打造国家向西开放桥头堡，为构建国内国际"双循环"、相互促进新发展格局提供支撑。

一 发展基础与条件

银川市是我国西部地区重要的中心城市，历史上是古丝绸之路商贸重镇。阅海湾 CBD 作为银川市唯一一个以现代服务业集聚为主导的功能园区，紧抓国家和银川市深化改革开放的重要战略机遇，充分发挥区位优势、人文优势、产业优势和政策优势，积极主动承担国家向西开放的重任，为深度融入国内国际"双循环"新发展格局奠定了坚实基础。

（一）独特区位条件：丝绸之路经济带重要节点城市

银川市地处新亚欧大陆桥国内段的重要位置，承东启西，连南接北，在我国与中东中亚交通联系中具有重要的区位优势。银川也是黄河"几"字弯区域的中心城市、银川都市圈的核心城市，历史上是古丝绸之路商贸重镇，目前已经发展成为中蒙俄、新亚欧大陆桥经济走廊核心城市和丝绸之路经济带的重要节点城市。截至 2021 年 8 月 18 日，"一带一路"国际卡车班列不仅实现了首发，而且带动了银川跨境电商综合试验区的进一步发展。同时，中欧班列、银川至天津港西部快线班列实现常态化运行，银威海铁联运集装箱班列开通，进一步加强了银川与天津港、青岛港等沿海港口的无缝对接①；银川河东国际机场已开通了多条国内国际航线、银川空港口岸也投入

---

① 银川市人民政府：《银川跨境电商：乘风加速　破浪前行》，http：//www.yinchuan.gov.cn/xxgk/yhyshjzc/mtgc/202108/t20210818_ 2980269. html。

使用，基本形成了联通国内国际的铁陆空复合交通网络。独特的区位优势和日趋完善的交通网络为阅海湾 CBD 发展外向型经济、增强与阿拉伯国家的经贸往来创造了条件。

（二）良好产业基础：现代服务业和新业态高度集聚

银川市及金凤区良好的产业基础、科技研发条件、生产性服务业需求为阅海湾 CBD 发展现代服务业提供了基础。目前，银川市依托银川综合保税区、银川经济技术开发区、银川丝路经济园和银川中关村创新创业科技园等多个功能园区，初步形成了以绿色食品、新型材料、电子信息、清洁能源和文化旅游等为主导的产业体系，培育了科技服务、科技金融、数字经济、新零售等新兴业态。为促进科技创新能力的提升，银川市于 2016 年设立了"银川市科技创新与产业育成中心"，并先后出台了《关于推进工业创新驱动转型升级的政策意见》《银川市科技型小微企业管理办法（试行）》《银川市科技小巨人企业管理办法（试行）》《银川市科技计划项目管理办法（暂行）》[1] 等政策文件，为优化科技资源配置提供了强有力的政策支持。阅海湾 CBD 所在的金凤区以培育壮大数字经济为突破口，以现代服务业为主导优势产业，大力推动现代服务业扩规提质。如图 1 所示，2015～2019 年，金凤区三次产业结构不断优化，第二产业比重不断降低，第三产业占比逐渐上升，占比接近 80%。此外，为发展数字经济，金凤区制定了《金凤区联系包抓数字经济产业工作方案》，着力打造数字经济产业园，依托已落地的天猫电商服务中心、在谈阿里跨境电商服务中心及电商人才学院，大力发展数字贸易；积极对接华云数据集团等信创骨干企业，布局建设信创产业园[2]，这为阅海湾 CBD 发展数字经济、跨境电商等产业提供了良好环境。

---

① 银川市科学技术局：《关于印发〈银川市科技计划项目管理办法（暂行）〉的通知》，http：//www. yinchuan. gov. cn/xxgk/bmxxgkml/skjj/xxgkml_ 1945/bmqtwj_ 1953/202107/t20210705_ 2912268. html。

② 银川市人民政府：《金凤区：加快产业集聚壮大数字经济》，http：//www. yinchuan. gov. cn/xwzx/zwyw/202105/t20210525_ 2853992. html。

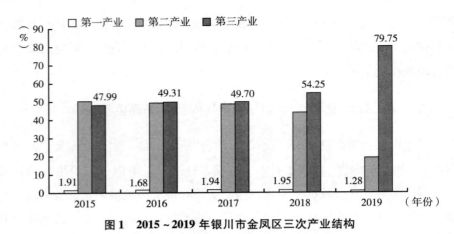

图1　2015～2019年银川市金凤区三次产业结构

资料来源：根据2016～2020年《中国城市统计年鉴》《中国区域经济统计年鉴》整理计算。

（三）政策集成优势：内陆开放型经济试验区核心区

为加强中国同阿拉伯国家及世界穆斯林地区的经贸文化交流与合作、探索内陆地区开发开放的新路径，2012年国务院印发《国务院关于宁夏内陆开放型经济试验区规划的批复》（以下简称《批复》），批准设立宁夏内陆开放型经济试验区，旨在将宁夏打造为"国家向西开放的战略高地、国家重要的能源化工基地、清真食品和穆斯林用品产业集聚区、承接产业转移的示范区"。其中，宁夏内陆开放型经济试验区银川核心区由银川综合保税区、银川滨河新区、银川阅海湾CBD等功能园区组成，阅海湾CBD作为银川市唯一一个以现代服务业为主导的产业园区，无疑肩负着内陆开放型经济试验区建设的重任，同时在投资贸易便利化、服务业开放、营商环境优化等领域拥有先行先试的政策优势。2021年，《中国（银川）跨境电子商务综合试验区建设任务分工方案》（以下简称《方案》）明确提出要加快推进中国（银川）跨境电子商务综合试验区建设，推动制度、管理、服务创新和协同发展，促进互联网贸易和实体产业深度融合，打造跨境电子商务完整的产业链和生态圈，该《方案》为阅海湾CBD进一步营造开放型经济环境、促进跨境贸易与优势特色产业融合提供了政策机遇。

二 探索与实践

银川阅海湾 CBD 是银川市唯一一个以三产服务业为主的服务业园区，是银川市乃至宁夏产业转型、对外开放的重要载体和平台。近年来，阅海湾 CBD 聚焦总部经济、跨境贸易、电子商务、金融保险等重点领域，大力推动服务业扩大开放，持续优化营商环境，为打造国家向西开放桥头堡奠定了重要基础。

（一）持续推进高水平对外开放

阅海湾 CBD 抢抓"一带一路"建设发展机遇，积极把握国内国际"两个市场""两种资源"，通过深化服务业领域对外开放、搭建对外开放平台、加强国际经贸和文化交流，积极主动融入国家向西开放的大格局中。

一是依托内陆开放型经济试验区和国家跨境电子商务示范区的政策叠加优势，积极构建更加开放的投资贸易平台体系和高度发达的开放载体。例如，建设了中阿跨境贸易电商交易平台及支付平台，推动实现跨境贸易的专业化、高效化和便利化，为中阿跨境贸易提供一站式服务。

二是充分利用河东机场邻近、高铁时代来临契机，加大对"一带一路"沿线国家宣传推广力度，强化资本、产业、技术等跨区合作，主动承接产业转移，打通对外开放通道，积极构建西北区域性国际交往中心。

三是邀请境外媒体和旅行采风，开展全球性精准性主题营销推广，举办高峰论坛、国际赛事、商贸会展等活动"走出去、引进来"。例如，充分发挥中阿博览会经贸合作平台作用，不断完善日常联系机制和网络，更加广泛对接国内外经贸资源，成为区市经济发展的"新窗口"、形象展示的"会客厅"。此外，阅海湾 CBD 还积极配合自治区推动中阿技术转移中心建设，务实开展国际科技合作和技术转移，积极对接中阿技术转移综合服务信息系统项目，鼓励企业与"一带一路"沿线国家建设联合实验室等创新平台。

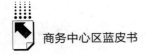
（二）积极营造科技创新环境

阅海湾 CBD 紧抓新一代技术革命和产业革命的机遇，通过建设产业平台、加快完善创新支持环境、强化信息化基础设施建设等途径，积极促进传统产业转型升级和新兴业态培育。

一是打造互联网数字经济服务业产业园。智慧园区成为金凤区第一个区域级的 5G 网络全覆盖运营区，人工智能体验中心是金凤区第一个"5G + AI"全场景商用示范展示平台，互联网数字经济产业园签约八戒科技、58 科创及华录集团、新浪宁夏、腾讯新闻等 100 家数字经济企业，并成功举办首届数字经济发展高峰论坛。

二是以完善的创新支持环境支撑科技创新服务产业园的打造。围绕科技服务孵化基地、科技要素服务平台、科技要素交易（展示）中心，构建数字经济和科技产业服务生态；积极争取市区两级政策支持，在科技创新、企业入园、专利认定、科技成果转化、融资等方面给予政策、资金的支持和倾斜，截至 2020 年底，已吸引多家科技创新、知识产权、普惠金融等企业落户 CBD。

三是打造跨境电商产业园。以正丰大厦、力德大厦、CBD 金融中心为载体，实施"互联网 + 园区 + 产业"的发展模式，引进跨境电商企业 31 家，以云计算、大数据和物联网等技术为依托，建设特色鲜明、功能完备、产业聚集、充满活力的跨境电商产业园。

四是完善信息化基础设施建设。大力实施"智慧园区"提升工程，2020年新建 35 个 5G 通信基站，显著提升了阅海湾 CBD 的承载能级。同时启动园区蓝光城市数据示范湖项目，该项目围绕数据存储机房、数字经济展厅、城市大脑等建设，将形成约 100PB 的光磁一体融合存储能力，可实现数据采集、存储、清洗、分析挖掘等多项功能，将成为银川市数字服务型经济新增长极。

专栏 1　银川阅海湾 CBD 智能体验中心项目

智能体验中心项目以"前沿技术的展示区、智能生活的体验区"为目标定位，以"场景化、互动化、功能化"为形象定位，引进智慧政务、智慧工业、智慧农业、智慧教育、智慧医疗、智慧家居、5G 电竞体感游戏等一批"5G + AICED"科技前沿展项，着力打造具备展示展览、线下销售、新品发布等多功能布局的沉浸式体验馆，集中展示 5G 时代对日常工作生活的深刻变革。作为银川市金凤区首个"5G + AI"全场景商用示范展示平台，智能体验中心将率先应用全国最具代表性的人工智能企业核心技术和产品，布局语音识别、视觉识别技术，信息处理、智能监控、生物特征识别、工业机器人、无人驾驶实际应用场景，布局 L 形数字沙盘、数据湖城市大脑等基础展示平台，打造人工智能创新应用先导区的产业标杆。

（三）着力打造新型消费高地

阅海湾 CBD 依托"三园一路"①，以"夜游银川"特色文旅产业为引领，聚力打造"游、购、娱"全产业链的"幸福经济"和"笑脸经济"。积极打造婚庆主题公园，全力引进婚嫁产业联盟、品牌企业、优秀服务团队等资源聚集。以环小西湖、团结路等为重要节点，打造精品商业街、特色餐饮，吸引大学生乐队、非遗民俗展演，完善夜间演艺、购物消费等功能，持续吸引聚集人气。与此同时，阅海湾 CBD 深入挖掘旅游业态新动能，充分挖掘民俗文化，积极开发非遗、手作、民俗工艺品的巨大潜力，组织开展民俗交流展、非遗创意节、非遗传人交流会、非遗集市等活动，打造以梦幻岛营地、亲子游园小火车等为依托的休闲旅游项目。同时，阅海湾 CBD 所在的金凤区着力推动线上线下消费融合发展，加快发展网络会展经济等平台经济、云经济，鼓励建设特色文创店、书咖、文化小剧场等多业态融合发展的新型消费集聚区，以 100 家网红打卡地评比、"金凤十佳必吃榜"特色美食区、"金凤十佳老记忆"主题餐饮区、"金凤十佳网红摊"美食体验区、"金凤十佳最文艺"文创产品互动区等活动与区域的构建为契机，积极培育网红经济、夜间经济、体验经济等新型消费业态。

---

① "三园一路"指水上公园、中央公园、容水公园，团结路。

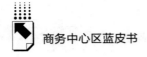

（四）多措并举优化国际化营商环境

一是多层次制定优惠政策。制定了应对新冠肺炎疫情、支持园区中小企业共渡难关及惠企措施补助资金兑现等有关政策，对园区企业实行"两免三减半"政策，并多渠道筹措资金帮扶园区企业度过疫情期。针对中介服务类企业制定"一业一策"，为总部企业提供高效完备的服务；针对各类入驻园区的金融类企业，则是通过市场化手段帮助其解决融资难与贵的问题。

二是多举措优化招商环境。在招商管理方面，建立星级管理招商体系，制作招商智能化管理系统，实现招商项目分类、分星级管理、自动跟踪等功能，为招商提供技术支撑；建立全员招商、平台招商、企业招商机制，为招商提供资源支撑。在便企服务方面，打造企业智慧服务中心，实现惠企政策落地的"最后一公里"。实现"园区的事务园区办"和"不见面网上办"，进一步提升营商环境水平。在人才服务方面，给予高层次人才奖补政策和"人才公寓"等保障政策，引进宁夏清大教科培训中心等培训教育、用工管理、劳务派遣类企业17家，引进高层次人才1300余人。大力实施"双招双引"工程，切实加强高等院校的全面合作，为园区金融类企业提供全方位人才服务。

三是建设诚信法治的营商环境，加快信用体系建设。银川阅海湾CBD联合银川市审批局、工商局、税务局、市场安全监督局等对园区企业建立长效监督机制。全面清理处置企业违约失信问题，加大对违约失信行为的惩戒力度，构建"一处失信、处处受限"的失信惩戒长效机制。

三　趋势与策略

加快构建新发展格局既是我国"十四五"时期的重大战略部署，也是阅海湾CBD扩大对外开放水平、打造国家向西开放桥头堡的重要战略机遇。阅海湾CBD作为现代产业集聚区，应继续发挥高端引领、开放创新、辐射带动的作用，以稳步推进产业转型升级为基础，以加大服务业对外开放为抓手，拓宽对外开放渠道，以基础设施互联互通为纽带，加快融入"悦游银川"经济带，探索符合阅海湾的开放路径与创新模式。

（一）稳步推进产业转型升级，夯实"双循环"发展基础

一是重点培育数字经济产业集群。瞄准人工智能、生命健康、数字资产、"区块链"等前沿领域，鼓励实施一批具有前瞻性的科技项目，推动科技研发、成果转化。打造产业核心竞争力，瞄准国内国际两个市场的需求，深化供给侧结构性改革，延长和强化产业链、供应链，不断完善园区功能，发挥好阅海湾 CBD 的辐射带动作用，夯实双循环发展基础。

二是以高新技术为依托，打造以"线上 + 线下"模式为特色的智力密集型产业集群，引进咨询服务、创新创业培训、科技成果转化、高端软件开发等特色服务机构与产业，集聚各类创新要素，积极构建科技服务孵化基地、科技要素服务平台、科技要素交易中心。

三是加快发挥园区平台功能，优化产业发展环境。统筹推进体制机制、科技创新管理、国有企业经营、园区运行等领域改革，探索"园区 + 公司"运营模式。依托智慧便企服务中心完善园区企业各类配套服务，建立"一企一策"服务机制，提升"园区服务"品牌影响力。放大数字经济产业园、科技创新服务产业园和人力资本服务产业园功能，壮大金融产业集聚区规模，全面提升阅海湾 CBD 吸引力。支持 58 科创、猪八戒网等平台企业发展，加快对接华为、浪潮等知名数字经济企业，推动项目落地，形成新的产业集聚优势。

（二）加大服务业对外开放力度，加快融入国际大循环

充分利用银川市新欧亚大陆桥重要节点城市和航权开放等优势，依托"空中、陆上、网上"丝绸之路的开放大通道，加快与"一带一路"沿线国家在金融、总部经济、数字创意产业等方面的交流与合作。

首先，学习借鉴上海、北京等金融中心城市以及国家级金融综合改革试验区、自由贸易试验区的管理体制和机制，提升阅海湾 CBD 金融业对外开

放水平，优化提升地方金融资源的聚集能力和配置效率，以金融服务便利化助推宁夏、银川、阅海湾 CBD 开放发展①。

其次，尽快提升金融总部能级水平，重点打造高端金融总部商务组团，构建集银行保险、证券、投资及衍生金融、新金融、中阿金融等于一体的金融总部，提升区域总部运营管理中心与专门功能业务处理中心的投资、营销、客服管理水平，提升产品研发能力；加强信息流通、研究咨询、专业会议、交流培训等能力，打造面向中国、面向国际的行业交流平台；尽快打造宁夏绿色低碳产业总部集群示范区，承接东部地区溢出的金融、业务流程、知识流程等类型的服务外包企业以及科技创新型企业；利用宁夏及银川对电子商务的支持政策，吸引区域内电子商务类企业入园。在稳步推进"引进来"战略的同时，稳步推进"走出去"工作，鼓励建设境外产业园区、经贸合作区等，推进对外贸易高质量发展。

最后，加快完善新兴服务业中数字产业的发展。加快提升数字游戏、互动娱乐、数字出版、网络游戏在阅海湾 CBD 的发展水平，积极打造宁夏创建服务外包示范城市的新引擎、中阿合作交流的新平台，提升云计算与客户联络中心、数字内容与数字服务、文化创意科技与动漫游、智能电网与工业电子、软件与信息服务产业的发展水平。以重点领域高水平的对外开放来切实提高阅海湾 CBD 的吸引力与集聚力，为其积极打造国家级现代服务业集聚区、加快融入国际大循环提供有力支撑。

（三）加快融入"悦游银川"经济带，打造银川北部消费高地

加快融入"悦游银川"经济带，增强消费对经济发展的基础性作用，实施消费升级计划。一是积极引导实体商贸转型，创新消费升级业态和模式，推动商贸物流业提档升级，加快发展"线上＋线下＋物流"新零售模式。二是繁荣发展夜间经济，适当延长各类商业主体营业时间，开设"深夜食堂"等特色街区，培育壮大"购物＋美食＋旅游＋休闲"一体化复合

---

① 阅海湾 CBD 管委会：《银川阅海湾区域金融中心发展规划（2020～2022 年）》，2021。

型消费链条，充分营造夜间消费氛围。三是培育新型消费，加快发展"互联网＋服务"，大力推动线上线下消费融合发展。四是优化消费环境，加快建设生活服务圈和城市社区邻里中心，营造诚信消费环境。

（四）加强基础设施互联互通，畅通要素流动渠道

加强基础设施互联互通，不仅要发挥交通基础设施建设的"硬作用"，还要强化信息化基础设施建设的"软作用"，充分破除要素流通的一系列障碍。首先，加快交通基础设施建设。在 CBD 区域，应加快打通"断头路"与"瓶颈路"，积极推动大数据、"互联网＋"技术与现代化交通体系建设的融合发展。在跨区域层面，依托《合作共建西部陆海新通道框架协议》，积极争取政策支持，尽快开通银川经由广西沿海、沿边联通南亚、东南亚国家的南向国际陆海贸易新通道。其次，积极推进信息化基础设施完善。积极利用互联网数字经济产业园建设的机会，引入互联网＋、大数据、5G、人工智能等领域企业及项目；积极争取政策支持申请开通国际互联网专用通道，为 CBD 内的企业建立"信息高铁"，切实改善企业用户的国际互联网访问质量和体验。最后，充分发挥市场在资源配置中的决定性作用，畅通要素流动的渠道，保障 CBD 内的各类市场主体平等、高质量地获取各类要素，并实现效益最大化和效率最优化。

（五）着力营造国际化营商环境，持续提升区域软实力

开放不足是制约阅海湾 CBD 发展的突出短板，高水平开放是阅海湾 CBD 融入新发展格局的必由之路。首先，阅海湾 CBD 应以国际化理念为指导，强化资本、产业、技术等跨区合作，深入转变政府职能，优化完善机构职能体系，加强集数字服务、数字监管于一体的政府服务平台建设，推进政府治理向智慧化方向发展。其次，持续推出促进营商环境改革的系列政策，探索完善营商环境评价体系。最后，不断增强银川市、金凤区及阅海湾 CBD 开放环境吸引力，深化"放管服"改革，打造一流营商环境。以加快融入"一带一路"建设与构建新发展格局为背景，以高水平筹办好第五届

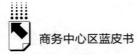

中阿博览会为契机，切实增强开放平台影响力，精准聚焦经贸合作，拓展
"线上＋线下"办会模式，做实做优做细经贸项目库，推动更多合作协议签
约，促成更多投资项目落地，持续提升区域软实力，打造国家向西开放的桥
头堡。

参考文献

安树伟、张双悦：《黄河"几"字弯区域高质量发展研究》，《山西大学学报》（哲
学社会科学版）2021 年第 2 期。

韩向娣、周艺、王世新、刘瑞、姚尧：《基于夜间灯光和土地利用数据的 GDP 空间
化》，《遥感技术与应用》2012 年第 3 期。

肖风劲、徐雨晴、黄大鹏、廖要明、於琍：《气候变化对黄河流域生态安全影响及
适应对策》，《人民黄河》2021 年第 1 期。

杨眉、王世新、周艺、王丽涛：《DMSP/OLS 夜间灯光数据应用研究综述》，《遥感
技术与应用》2011 年第 1 期。

银川市发展和改革委：《银川市推进"一带一路"和内陆开放型经济试验区建设
2020 年工作计划》，2020。

B.16
重庆江北嘴CBD：支持重庆建设内陆开放高地的作用与担当

刘宽斌　张卓群*

摘　要： 江北嘴CBD是重庆市着力打造的西部金融中心核心承载区，也是重庆市建设内陆开放高地的桥头堡。近年来，随着"中国（重庆）自由贸易试验区""成渝地区双城经济圈"先后获批，江北嘴CBD的发展迎来了巨大的政策红利。同时，江北嘴CBD作为重庆市经济发展的重要引擎，在发展现代金融新业态、打造文化旅游新经济、建设服务企业新环境、构建对外开放新高地等方面取得了一批重要成果，不断支持重庆市融入"双循环"新发展格局。在未来，江北嘴CBD需要在金融、科技、服务、文化、外贸等方面全方位发力，努力实现多元化发展，不断支持重庆建设成为内陆开放高地。

关键词： 江北嘴CBD　内陆开放高地　双循环　重庆

一　引言

2020年1月，中央财经委员会第六次会议提出，要推动"成渝地区双

---

* 刘宽斌，经济学博士，西南大学经济管理学院讲师，研究方向为应用经济学、大数据理论及方法；张卓群，经济学博士，中国社会科学院生态文明研究所助理研究员，研究方向为城市与环境经济学、数量经济与大数据科学。

城经济圈"建设，以打造西部地区高质量发展增长极，形成内陆开放战略高地。此次会议标志着"成渝地区双城经济圈"正式成为国家级发展战略，成渝地区成为继长三角、粤港澳和京津冀三大经济增长极之后的第四个经济增长极，是带动全国高质量发展的另一个新动力源。同年5月，中共中央政治局委员会会议首次提出要构建以国内大循环为主体、国内国际双循环相互促进的发展格局，这是国家在国内、国际新环境下提出的新发展方向。重庆是"成渝地区双城经济圈"的中心城市之一，具有发达的海、陆、空交通网络，地处"一带一路"关键节点。独特的战略地位和地理位置为重庆积极融入国家"双循环"新发展格局提供了优越条件，必须牢牢把握当前的重大战略机遇期，发挥自身优势，推动重庆社会经济建设实现高质量发展。

江北嘴CBD位于重庆江北区，是重庆着力打造的西部金融中心核心承载区，包括江北城街道、五星店街道、寸滩街道。至2020年，江北嘴CBD金融资产规模已经超过1.8万亿元，区域入驻企业超过4000家，其中世界500强企业达44家。此外，该区域拥有明玉珍睿陵、三洞桥民俗风情街、重庆科技馆、重庆大剧院、重庆金融博物馆、中央公园等文化娱乐及公共配套设施，赋予了江北嘴CBD浓郁的文化气息。

江北嘴CBD作为江北区的核心和龙头，具有"国家中心城市"区位和"一带一路"国家规划的双重优势，被誉为"长江上游的陆家嘴"。依靠自身超高的战略定位、优越的地理条件、友好的营商环境，江北嘴CBD不仅带动江北区的经济发展，也成为重庆市深度融入"双循环"新发展格局的重要阵地。本报告首先从"中国（重庆）自由贸易试验区"获批和"成渝地区双城经济圈"建设两方面入手，阐明江北嘴CBD的发展机遇；随后从发展现代金融新业态、打造文化旅游新经济、建设服务企业新环境、构建对外开放新高地等方面，全面总结江北嘴CBD支持重庆建设内陆开放高地的主要经验；最后就江北嘴CBD进一步打造西部金融中心核心承载区、构筑对外开放高地、迈向高质量发展提出政策建议。

二 江北嘴 CBD 的发展契机

重庆是中国西部地区唯一直辖市、国家中心城市、人口规模超过千万的特大城市，重庆也是我国长江经济带上游地区的经济中心、国家现代化制造业基地以及西南片区综合交通枢纽。近年来，重庆在国家规划中的战略地位越发凸显，"中国（重庆）自由贸易试验区""成渝地区双城经济圈"先后获批，丰厚的政策红利为西部金融中心核心承载区——江北嘴 CBD 深度参与国内国际经济双循环提供了战略契机。

（一）"中国（重庆）自由贸易试验区"获批为江北嘴 CBD 对外开放提供巨大优势

重庆是"一带一路"和长江经济带的连接交点，这为重庆建设内陆对外开放城市提供了坚实的基础条件。为充分发挥重庆独特的区位优势，2017年3月国务院批复设立"中国（重庆）自由贸易试验区"，发布《中国（重庆）自由贸易试验区总体方案的通知》，就自贸试验区的总体要求、区位布局以及主要的任务和措施进行了详细阐述。随后，重庆市政府为推进自贸试验区的发展，在 2018 年 3 月发布了《中国（重庆）自由贸易试验区产业发展规划（2018～2020 年）》，进一步细化了自贸试验区的规划方案、产业发展目标方向、产业发展定位与重点、功能区定位和产业布局及相应的保障措施。在国家和重庆市政府的政策支持下，重庆对外开放工作进入新的阶段。

重庆自由贸易试验区的设立，首先，能够进一步突出重庆市口岸经济优势，促进和带动先进制造业、现代服务业和战略性新兴产业快速发展，推动地区产业转型升级，促使重庆成为西部开放的重要支撑。其次，自由贸易试验区的设立有利于重庆以产业链为纽带，促进西部地区在研发设计、生产销售、物流配送等环节间的协同发展，形成完善的服务体系，实现地区间的服务共享。最后，自贸试验区的设立有利于提升重庆内陆国际物流和口岸地区的辐射带动作用，以更好地融入国内和国际两个市场。

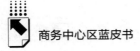
在设立自由贸易试验区的背景下，江北嘴 CBD 能够充分发挥处于枢纽地带的区位优势，进一步发展内陆贸易经济，拓展国际资源要素流动及配置的空间。此外，设立自由贸易试验区也有利于江北嘴 CBD 更好地发挥地区经济发展潜力，实现转型发展及科学发展；有利于其与沿海地区联动开放，实现产业有序转移，推动西部地区经济协调发展。

（二）"成渝地区双城经济圈"提出为江北嘴 CBD 迈向高质量发展创造历史机遇

2020 年，国家提出构建"成渝地区双城经济圈"，着力推动成渝地区双城经济联动，形成优势互补、实现高质量发展的地区经济业态。"成渝地区双城经济圈"的提出，有利于促进双城之间资源流动，拓展市场空间、优化市场布局、稳定产业链和供应链，是构建以国内大循环为主体、国内国际双循环相互促进的新发展格局下的一项重大举措。成渝双城经济圈建设顺应了我国经济发展空间结构变化的大趋势，适应我国高质量发展要求。该经济圈的设立能够有力地拓展对外开放新局面，打造内陆开放新的战略高地，可以形成陆海内外联动、东西双向互补的对外开放新格局，也有利于进一步推进"一带一路"建设以及长江经济带发展，具有积极且深远的战略意义。

2021 年，重庆市政府印发《2021 年市政府工作报告目标任务分解方案》中指出要深入推动成渝地区双城经济圈建设，持续释放"一区两群"的空间布局优化效应，建设有实力、有特色的双城经济圈，构建双城协调发展的新格局。2020 年 5 月，位于江北嘴的成渝地区双城经济圈江北区形象展示中心开馆，这是重庆首个以双城经济圈为主题的展示中心。该中心主要用于展示江北区与成渝地区间合作往来及交流建设的成果。在 2020 年期间，江北区分别与四川省巴中市、德阳市、泸州市、攀枝花市、成都市青羊区等签署了区域协调发展友好城市等合作协议。

江北嘴 CBD 在 2020 年积极作为，紧紧围绕"成渝地区双城经济圈"紧抓区域合作，西昆公司、欧冶链金、第一太平戴维斯等具有区域合作特点的项目顺利落户。成渝地区双城经济圈建设持续推进，势必进一步推动江北嘴

CBD 的高质量发展，巩固其西部金融中心核心承载区地位，为江北嘴 CBD 发展提供重大战略机遇。

三 江北嘴 CBD 支持重庆建设内陆开放 高地的主要经验

江北嘴 CBD 是重庆市的核心 CBD 之一，是重庆经济发展的重要引擎。江北嘴 CBD 以西部金融中心核心承载区的定位，建设重庆对外开放和区域协调发展的战略高地，在发展现代金融新业态、打造文化旅游新经济、建设服务企业新环境、构建对外开放新高地等方面不断开拓进取，取得了一批重要建设经验。

（一）发展现代金融新业态

江北嘴 CBD 深入贯彻习近平总书记对重庆提出的"两点"定位、"两地""两高"目标、发挥"三个作用"和营造良好政治生态的重要指示精神，紧紧围绕建设"两高"示范区，有力推动西部金融中心建设。

第一，搭建"投融资路演 + 投行中介服务"跨境金融服务平台。该平台承担着促进重庆金融市场与境内外交易所对接、扩大重庆产融结合的范围、增强重庆金融信息集成与服务能力、推动跨境投融资互联互通等政策性功能任务。通过实行会员注册制度、增强跨境金融信息流通、推行"线上 + 线下"场景化路演模式等方式拓宽江北嘴 CBD 对外交流沟通渠道。

第二，构筑金融科技产品、服务、管理认证体系。一方面，江北嘴 CBD 与建设银行重庆分行、重庆邮电大学建立战略合作，与中国信息通信研究院西部分院交流信创项目合作，同重庆商密协会交流国密算法在金融领域的应用，以提升金融科技创新标准的符合性和安全性。另一方面，筹建重庆国家金融科技认证中心，将检测、认证、研究、服务融为一体，通过开展金融科技检测认证和标准化综合服务，强化对外合作，不断探索金融科技新模式、新经验，为金融科技高质量发展赋能。

第三，不断加强金融领域对外交流合作。江北嘴 CBD 已与 60 余家银行、证券、保险、信托、资产管理等金融机构建立合作关系；与新加坡交易所合作推动跨境投融资互联互通；与香港联合交易所合作，为香港金融机构在渝发展提供便利。此外，江北嘴 CBD 推动了国际供应链金融与区块链融资平台项目落地，着力打造江北嘴国际投融资路演中心，与每日经济新闻、成都天府文投基金等机构签署战略合作协议，共同推动建立成渝路演联盟，多次举办"云上"路演活动，服务两地企业投融资发展。

（二）打造文化旅游新经济

重庆被誉为"山城"，地势起伏较大，大多建筑依山而建，高低错落有序。此外，重庆位于四川盆地的边缘，雨水充足、水汽充沛、空气潮湿，独特的气候特征形成了重庆特有的美食文化。近年来，网络短视频兴起，穿墙而过的李子坝地铁站、由吊脚楼和仿古商业建筑依山而建的洪崖洞、嘉陵江和长江交汇的朝天门码头、被誉为"万里长江第一条空中走廊"的长江索道、南滨路的夜景、具有千余年历史的民俗文化古镇磁器口等特色景点为广大网友所知，重庆成为著名的"3D 网红城市"。重庆的独特文化及旅游资源吸引全国网友前来打卡、游历。文化旅游业也成为重庆市的支柱产业之一，在疫情突袭而至的前一年 2019 年，重庆共接待境内外游客 6.57 亿人次，实现旅游总收入 5739.07 亿元，分别同比增长 10.0% 及 32.1%。在疫情开始好转的 2021 年，五一假期期间，重庆市 A 级旅游景区共接待游客 1019.8 万人次，同比增长 146%，按可比口径较 2019 年增长了 10.4%。

借助重庆文化旅游产业快速发展的契机，江北嘴 CBD 大力发展文旅产业，构建配套齐全、多元化发展的"北岸皇冠"。抢占数字文化前沿领域，布局"文旅＋科技"的颠覆性技术，推进艺点意创、光子空间等一大批瞪羚企业打造数字服务创新基地、数字（重庆）经济产业协同创新基地。推进商旅文深度融合，全面彰显江北嘴 CBD 深厚的文化内涵，拥有重庆现存唯一的皇帝陵"明玉珍睿陵"、重庆最早官办的气候观测站"测候亭"以及具有百年历史的德肋撒天主堂和江北区基督教福音堂等历史遗存。推进艺术赋能商务空间，重庆大剧院、重庆科技馆更是重庆两大地标，国内最具规模的私立美术馆"龙美术馆"也坐落在重庆江北嘴 CBD 中。积极开发城市夜间文化旅游市场，联动江北嘴商业综合体和商贸单位，开展了"2020 不夜江北嘴生活节"，激活江北嘴新兴的人文气息，带动江北嘴区域的消费潜力，增强地区的吸引力及辐射能力，为市民打造夜间休闲活动新去处。

（三）建设服务企业新环境

建设服务型政府、打造优良的营商环境是治理能力现代化的必然要求。江北嘴 CBD 所在的江北区十分重视营商环境的优化工作，其将营商环境制度建设摆在首位，先后印发和颁布了《关于在区级领导干部联系服务重点企业中开展"三送两办一访"工作的通知》《江北区区级领导干部联系重点民营企业制度（试行）》《江北区"三送两办一访"疫情防控期支持企业发展政策摘编》等系列政策文件，并在实际工作中，重点从以下几个方面持续提升营商环境。

首先，优化服务水平。全面开展专项督查，优化业务流程、精简办理环节、减少企业办事跑动时间。利用互联网的便利性，推行"渝快办"进行事项网上预审、网上办理、网上反馈的服务；探索"政邮一站通"，推行"政务＋邮政"一网通办服务模式，扩大政务服务范围，推进跨城通办，方便企业异地办理业务，助力成渝地区双城经济圈建设。

其次，强化社会监督。坚持效能管理、责任倒逼，以增强服务满意度为抓手，全面对接"渝快办"平台"好差评"系统，建立政务服务"好差评"考核细则和评价体系；积极探索服务监督、服务质量提升的新模式新办法，加快构建纪委监委内部监督、"两代表、一委员"社会监督、第三方机构开展调查评估专业监督、"好差评"制度群众监督的"四位一体"监督体系；全力做好"互联网＋督查"，进一步完善投诉问责、快速响应、暗访巡查等机制。

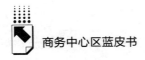

商务中心区蓝皮书

再次，积极缓解企业融资难问题。推动辖内银行机构建立信贷审批绿色通道，加速企业资金融通；协调银行设立"好企贷"快速模式、推出精准对接和"一户一策"；推广设立首贷续贷中心，激发了市场主体活力、增强了产业竞争力，提高了民营、小微企业的融资可获得性。

最后，江北嘴CBD不断强化宣传引导，紧扣优化全区营商环境，借助区行政服务中心、各街（镇）公共服务中心等载体，利用国家、市级、本区各类媒体资源，运用微信公众号、政府网站、大型LED大屏幕等方式，大力宣传重庆市、江北区营商环境的各项政策，大力推广政务服务创新的好经验、好做法，提高了政策透明度，为全区优化营商环境营造良好氛围。

（四）构建对外开放新高地

江北嘴CBD充分利用重庆在长江经济带、"一带一路"规划中的特殊地理位置，积极开展对外交流，江北区努力营造国际化城市环境，成为重庆深度融入国际和国内经济大循环的桥头堡。

2018年12月，以"内陆开放·智领新金融"为主题，第一届江北嘴新金融峰会成功举办。会议邀请中国经济体制改革研究会原会长高尚全、2011年诺贝尔经济学奖得主托马斯·萨金特等多位国内外顶尖专家学者齐聚江北嘴CBD，就深化新时代金融发展改革、提升江北嘴CBD金融中心地位、打造国际金融论坛品牌进行了广泛的探讨。2019年11月，第二届江北嘴新金融峰会拉开帷幕，聚焦"新时代、新金融、新活力"，进一步推动重庆加快建设金融对外开放高地。江北嘴新金融峰会已经成为江北嘴CBD搭建的国际性高层次对话平台，进一步促进和深化重庆在金融领域的全球对话与合作。

此外，江北嘴CBD所在的江北区，正在大力营造国际化城市环境，努力提升重庆国际化的城市形象。第一，出台《江北区公共场所外语标识标牌规范化设置工作实施方案》，全面实施公共场所双语标识工程。第二，推动瑰丽酒店、丽思卡尔顿酒店及万豪W酒店等多家超五星酒店签约入驻江北嘴CBD，满足国际高端人才商务交往需求。第三，打造重庆十八中国际部、女职中韩语班、江北嘴实验学校法语班等国际化教育工程，支持具备条

274

件的医疗机构开设外籍人士服务平台，不断加强对国际高端人才的配套服务。

四 政策建议

江北嘴CBD作为重庆着力打造的西部金融中心核心承载区，需要充分借助处于长江经济带、"一带一路"的双重地域优势，充分利用建设中国（重庆）自由贸易试验区、国家级新区"两江新区"以及"成渝地区双城经济圈"的政策优势，在已取得成就基础上，全力打造以金融业为中心，科技、服务、文化、外贸全面发展的对外开放高地。

第一，聚焦建设金融核心区，推动金融新业态、新模式发展。江北嘴CBD应继续发挥国家金融科技认证中心、江北嘴金融科技港的带动作用，一方面，加大对银行、证券、保险等传统金融行业龙头企业的引进力度，通过强化金融总部经济，实现金融机构在区域内进一步地高度聚集；另一方面，要在风险可控的情况下，有序促进消费金融公司、汽车金融公司、货币经纪公司等非银行金融机构发展，引入各类风投基金促进本地企业成长。此外，要大力发展金融科技服务产业，注重利用大数据、云计算、人工智能、区块链等新的信息技术来提升金融服务效率，优化金融服务质量，助力重庆及周边地区实体企业迈向高质量发展。

第二，重视科技人才引入，提升区域科技创新能力。从加强科技创新方面来看，江北嘴CBD要聚焦战略性新兴产业，在研发端广泛促进企业与高校和科研院所联合开展科技研发，注重"孵化器"和"众创空间"建设，形成较为顺畅的"产、学、研"一体化研发体系；要依托丰富的应用场景，在应用端推进科技成果的转化落地，通过搭建科技成果转化平台，完善成果转化的机制体制，有力推进了科技与产业的深度耦合。从强化人才队伍方面来看，要根据江北嘴CBD重点发展的产业，有针对性地建立各类人才相互结合的人才梯队，在重视引进具有国际视野的高端人才同时，加强骨干人才和基础性人才队伍建设，吸引重庆周边高校和科研院所的人才来区域内就业和创业，重点做好人才的公共服务配套工作，在住房、教育、医疗和养老方面免除人才的后顾之忧。

第三，持续优化营商环境，不断创建服务型政府。首先，要进一步深化"放管服"改革，稳步提升涉企服务效率。其次，要进一步促进民营经济发展，严格落实国家、重庆市确定的各项减税降费政策，切实降低民营企业负担，严格按照"负面清单"，实行"非禁即准"，进一步放开民营企业市场准入，破除招投标隐性壁垒。再次，要持续推进要素价格市场化改革，完善劳动、资本、土地、技术、管理等市场要素由市场评价贡献、按贡献决定报酬机制，不断提升市场要素配置效率。最后，要完善社会信用体系建设，全面建立行政许可和行政处罚等信用信息"双公示"机制，建立健全信用分级分类监管，通过"红黑名单"制度，促进企业持续健康发展。

第四，加大文化宣传力度，推动地区多元化发展。依托重庆市和江北区深厚的文化底蕴，江北嘴 CBD 要充分利用好地区文旅资源，打造主流媒体宣传阵地，做强"重庆江北嘴"新媒体平台，加大对江北嘴金融核心区的宣传推广力度。要继续打造城市形象景观，推进长嘉汇大景区江北嘴片区建设，做好江北嘴品质提升工程，营造"近悦远来"的良好环境。要加强与国内各城市商务中心区之间的交流与合作，积极宣传推荐江北嘴金融核心区。

第五，扩大对外贸易流通，提升对外开放水平。通过持续发挥独特的区位优势，江北嘴 CBD 要充分利用"渝新欧"中欧班列，积极打造陆上对外贸易的前沿阵地，形成"陆海空"全方位对外贸易体系。要不断提升外贸产业水平、发展口岸经济，构建重庆与国内其他地区及国际交流的前沿高地，打造重庆在推进西部大开发、"一带一路"建设和长江经济带绿色发展中的示范区。

参考文献

刘鹤：《加快构建以国内大循环为主体、国内国际双循环相互促进的新发展格局》，

《人民日报》2020 年 11 月 25 日。

李拯：《优化营商环境助力高质量发展》，《人民日报》2020 年 12 月 14 日。

李万慧：《多措并举加快推进重庆西部金融中心建设》，《重庆日报》2020 年 12 月 17 日。

姚树洁：《重庆在构建新发展格局中的比较优势与有效路径》，《重庆日报》2021 年 1 月 21 日。

刘嗣方：《推动双城经济圈在构建新发展格局中争取更大作为》，《重庆日报》2021 年 4 月 29 日。

B.17
香港中环 CBD：国际消费中心
建设的经验借鉴及启示

陈立丰　龚志文*

摘　要：　经过百余年的发展，香港中环 CBD 享誉国际。继承过往中西
　　　　　文化荟萃的优势，亦保持自由港的竞争力，加之硬件及本地
　　　　　政策的支持，香港在回归后持续稳坐国际消费中心的位置。
　　　　　虽然香港中环 CBD 拥有多项打造国际消费中心的有利条件，
　　　　　近年亦面临不少新的挑战及问题，如道路承载力不足、空间
　　　　　发展受限于高昂土地成本、经济体欠缺产业后勤支援、周边
　　　　　发展产生激烈的竞争等。本报告认为，作为国际消费中心，
　　　　　香港中环 CBD 多个方面的经验值得内地参考，以增加商业中
　　　　　心区拉动内外循环消费的作用。第一，在交通设计上香港采
　　　　　取人车分隔的系统；第二，行之有效的自由港政策，亦是推
　　　　　动内外循环的重要因素；第三，未来应着眼于长远发展，构
　　　　　造多元产业结构；第四，可以多渠道方式收集民意，让消费
　　　　　圈更好地融入周边的社区之中。

关键词：　香港中环 CBD　"一国两制"　双循环　消费中心

---

* 陈立丰，新西兰奥克兰大学博士，澳门大学人才计划博士后研究员，主要研究方向为"一国
两制"的实践研究；龚志文，管理学博士，北京科技大学文法学院讲师，主要研究方向为政
策分析及地方治理。

一 引言

香港中环 CBD 位于中国香港特别行政区的中西区，占地 1.54 平方公里，是香港的政治经济及商业中心。香港的政府总部、立法会大楼、终审法院等均位于中环，多个金融机构、公司总部或区域分部及外国领事馆汇聚于此。作为世界级的 CBD，其辐射能力遍及中国内地、东南亚乃至全球，既是香港和区域的经济中枢，也是香港的城市精神空间。作为"超级联系人"，香港是连接内地与其他国家和地区的双门户。为此，在"双循环"的战略中，香港中环 CBD 一方面可发挥自身地理和"一国两制"的制度优势，成为国际大循环的促成者；另一方面可发挥自身的金融和服务业优势，成为国内大循环的参与者。本报告将呈现香港 CBD 的发展历史，分析香港CBD 成为国际消费中心的因素及其所面对的挑战，并提出未来发展建议及对内地 CBD 的启示。

二 香港 CBD 的发展历史

英国殖民者于 1841 年占领香港岛后，需要用地建设政府置所及公用设施，即选址现今中环位置一带的海岸地建立行政中心。当时以现时花园道的圣约翰座堂为中心，于周边设置行政立法的置所，以及法院监狱的刑典设施，同时划分军事用地管理驻港海陆军事人员。殖民当局于占领的第一年即落实兴建皇后大道，随后街道沿线陆续成为华洋商业活动的集中地。直至1857 年，当局在固有的城市发展基础上，制定维多利亚城的边界线，并在其中划分四环，即西环、上环、中环及下环（湾仔及铜锣湾）。香港 CBD从广义上的界定应包括以上所述的四环，但一般情况下的香港 CBD 仍为国际所认知的中环一带附近。随着殖民地政府占领九龙半岛及租借新界，商业活动于是不仅集中于港岛的西面，但由于中环是政府机关的集中地，故多年来一直被外界视为香港政治及经济的中心。

279

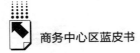

由于香港岛的天然海岸线靠近山地，中环可供发展的用地非常有限，故早于19世纪末期香港已利用填海造地的形式增加土地供应。香港政府第一次大规模填海始于1880年，位置约在现今中环至石塘咀一带，增加共0.24平方公里的用地，并兴建干诺道贯穿中西两区。1904年，港岛北面铺设电车轨道，提升群众日常出行的交通能力，并能将住宅区伸延至更偏远的区域。后来，中环陆续出现标志性建筑物，包括汇丰银行总部、最高法院及香港会所等，奠定中环当时成为区域性商业中心的地位。至于地处中环西面的上环，则是开埠初期的华人聚居地，与中环的洋人商圈及社区形成一定的对比。于较早年间，内地华商前往香港岛与殖民者进行经商活动时，大部分会于上环一带设立根据地，当时建有南北行公所、文武庙及东华医院等，以利商业业务及造福本地居民。及至19世纪末，香港华人社区暴发大规模的鼠疫，时任殖民政府采取更严厉的"华洋分隔"政策，将上环的区域划为重灾区，并颁布《山顶区保留条例》，鼓励洋人迁至太平山山顶。直至1920年代，华商的经济实力日渐发展，当局才逐步放宽"华洋分隔"的歧视性政策。另外，中上环东西两侧的西区、湾仔及铜锣湾随着维多利亚城的扩展而成为人口稠密的地区，为中上环的政府机关及商业中心枢纽提供了足够的劳动力人口及生活需要的支持，其中的消费活动亦相当频繁活跃。

二战前后，香港转口港的地位逐渐被确立，连带振兴香港整体的经济消费活动。在未受到战乱影响之前，受惠于非洲苏伊士运河及美洲巴拿马运河的竣工，加之香港位处亚洲的中心区域，其客货运量的需求在十数年间急速上升。约于1930年代初期，香港的国际年客运量已突破150万人次，如此庞大的人流在国家间形成恒常经贸往来及本地消费需求。及至战后时期，西方国家阵营对中国内地实施禁运，大量资本流入香港进行实业性投资，间接催生本地工业的发展及出口贸易，并促进本地轻工业产品的供应。1950及1960年代，政府重新规划维多利亚港两岸的用地，将部分工业用途及大型船坞的设施迁往九龙半岛或更偏远地区，为中环一带的商业用地提供了更多发展空间。

直至1970年代，香港由工业城市逐步转型为服务性行业的枢纽，令中环的市容面貌再次迎来急速的变化。在此期间，多所国际银行及机构在香港设立总部或亚太区域的分部，促使大量摩天大楼在中环出现，包括康乐大厦（1973）、历山大厦（1974）、合和中心（1980）、新鸿基中心（1981）、汇丰总行大厦（1985）及中银大厦（1990）等，塑造出香港举世瞩目的"混凝土森林"天际线，同时兴起大型购物中心及高档奢侈品的市场。与此同时，连接九龙的荃湾线及港岛东面的港岛线地下铁路网络亦于 1980 年代中期通车，缓减地面交通压力及人员流动。及至香港特别行政区成立后，香港 CBD 维持一贯的繁荣稳定，在"一国两制"的维护下继续成为外资流入内地市场的重要枢纽，大量国际人士进出香港亦增加了本地消费的需求。在回归后，香港落成的摩天大楼及购物设施不断增加，例如国际金融中心（2003）的甲级办公大楼附设大型顶级购物设施，为商务人士提供良好的便利体验。部分大楼或设施亦建于传统 CBD 以外地区，其中环球贸易广场（2008）建于西九龙地区，是全港目前最高的建筑物，其基座是大型的购物中心"圆方"，并以海底隧道及地下铁路连接中环区域。凡此种种，香港 CBD 的硬件提供了充足的配套及支持，为其国际消费中心的地位奠下基础。

三　香港 CBD 成为国际消费中心的成因

借助"一国两制"的制度优势，继承过往中西文化荟萃的传统，亦保持自由港的竞争力，加之硬件及本地政策的支持，香港在回归后持续保持国际消费中心的地位。

（一）作为中西接口，香港是中国内地和国外商业活动的重要枢纽

经过长达百多年的殖民历史，华洋长期共处形成独有的社会氛围，香港早已成为中西文化之间的枢纽。凭借转口港及国际航运中心的特性，每年有数千万人次的游客前来香港，加之大量的外籍人士聚居香港工作及进行商务活动，香港社会普遍适应与来自各地的人士往来。由于顾客的来源极具多元化以及相关法例的要求，因此在港销售的产品大多附有中文与英文的标注，

并使用国际惯常的标准及用语，以适应不同购物者的需要及增强其对香港货品的信心。加之，在香港从事销售的人员普遍能以中文及英文沟通，因此顾客更容易找到合适的货品，这巩固了香港作为国际消费中心的地位。

事实上，香港成为世界闻名的"购物天堂"，可追溯至内地改革开放初期。时值 1980 及 1990 年代，随着广东省地方政府提供各项优惠政策吸引境外资本，香港工业资源因而迁入内地，但在港保留管理及向国际推广货品的办公室。此种"前店后厂"的模式有两大好处，一是可以借内地低成本的劳动力及原材料，生产价廉物美的工业制品；二是保留香港的品牌及管理制度，有助于货品增加销路、打入国际市场。由此，香港工业的发展利用毗邻内地的优势，在国际上营造出产品优质及多元化的形象，有助于增加消费者在香港购物的信心。

除内地生产的货品能在香港找到市场外，国外的品牌亦可通过香港进入内地市场。香港作为中西文化的交汇处，国际市场主体熟悉香港的运作及惯性，有信心在港设立办公室推广产品，了解相关产品在华人社会中的反应及特性。此外，受惠于《内地与香港关于建立更紧密经贸关系的安排》，大量内地的自由行旅客来港旅游及消费，亦有助于国际品牌公司认识内地客户对自身产品的反应。与此同时，香港展览业及公关行业经过多年的发展，已有不同品牌的产品向外国或中国内地进行推广。由此，香港不单是消费品的出口城市，同时是提供公共服务以提升相关产品国际认知度的重要城市。

（二）享受低税自由港政策，货品和人员在港可自由流动

根据香港《基本法》第 105 条及第 106 条的规定，"香港特别行政区实行自由贸易政策，保障货物、无形财产和资本的流动自由"，以及"香港特别行政区为单独的关税地区"，香港回归后仍然享有多年来行之有效的自由港地位。在"一国两制"下，香港特别行政区与内地是不同的关税区域，香港货品接近完全自由在市场流通。除烟草或酒精制品需抽取惩罚性关税外，大部分境外货品均是直接免税入关。加之，香港境内的工业产品不以内销作为单一用途，而来自全球多地的货品在港自由公平竞争，故当局无须利

用关税的设置防止境外货品入港倾销。近年来，香港与内地签订《内地与香港关于建立更紧密经贸关系的安排》，设立正面清单准予符合"香港制造"的工业制品以免税形式进入内地，使更多境外的半成品经香港拓展至内地市场，间接促进更多国际商品供应香港。此种低税率的自由港政策，为香港成为国际消费中心创造有利条件。

除受益于有利货品流动的大环境，香港中环 CBD 内零售及服务业的蓬勃发展，还由于该区存在拥有极高消费能力的人口。作为世界顶尖的国际金融中心，香港中环拥有密度最高的商业办公楼。在自由港的政策下，只要符合一定的应聘条件，工作人口的流动相当宽松。加之多家大型跨国公司在港均设有分部，造就一群来自全球各地具极高消费能力的工作人口。由此，频繁的会议交流及人员流动，直接刺激区内款待需求，为餐饮及酒店等服务性行业提供巨大的发展空间。与此同时，中环大多数的办公楼及部分购物设施均是 24 小时全天候运作，以配合城市整体超长工作时间的惯性，为区内工作人口提供便利之余，亦能为中环的零售及服务性业务带来刺激的作用。

（三）高效率人车流设计，提供了便捷的交通通勤体系及四通八达的行人系统

于 1999 年，香港政府以"迈步前进——香港长远运输策略"为题发表"整体运输研究"的成果，当中重点提出"以铁路为骨干"的政策措施。顾名思义，香港的公共交通运输系统依赖铁路作为市民出行的途径，有助于减少路面车辆及道路承载能力的压力，尤其对于高密集的商业区至为重要。事实上，香港 CBD 区域设有多个港铁站，并由不同的路线贯通连接，包括港岛线、荃湾线、东涌线、机场快线及南港岛线，能够提供便捷的途径直达商业的核心地带。除此之外，该区域亦有多条巴士线作为终点站，采取区域至区域的运行模式直达全港 18 个行政区的不同地点，而不需沿途停靠多个站点消耗不必要的时间。在连接九龙半岛的道路系统上，除上述的荃湾线及东涌线外，还有红磡海底隧道及西区海底隧道作为行车通道直达中环，亦有渡轮服务连接尖沙咀及多个离岛。

更重要的是，中环的行人系统采取人车分隔的模式，参考了外地多个城市的设计理念。大部分港铁站出口不会直接接驳到地面的路旁，反而会与附近购物商场融为一体，而商场通常又是办公室的基座底层，可使大众直接由港铁站不经地面直达办公室。加之，港铁站内不收费的区域有良好的规划连接，因此港铁站范围内，行人可穿梭于不同的隧道出口之间。另外，虽然地面商场置于不同的建筑物之中，但大部分有天桥连接，因此形成四通八达的行人系统。完善的行人流量规划带来刺激消费的两大因素，一是能够提升顾客的购物体验，能够全天候在室内空间直达多处；二是能控制行人在繁忙时间的整体走向，为提升商场通道两旁的人流量带来正面影响。

（四）宣扬本地品牌与保育当地文化并举，塑造了香港独特的软文化

香港曾为亚洲最繁荣的轻工业城市，亦在工厂北移后与内地协作继续发展香港的制造业，因而出现不同类型的知名品牌。举例来说，饮食产品有维他奶、荣华饼家、美心食品、鸿福堂、优之良品等；珠宝手工业则有周大福、周生生、谢瑞麟等；药物及保健产品亦有余仁生、位元堂、和兴、幸福医药、虎标永安堂等，皆是远销国内外的知名零售品牌。在位处 CBD 中心附近的上环、湾仔及铜锣湾一带，有大量的零售店铺出售本地不同品牌的产品，深受内地自由行旅客的欢迎，造就该区域多年来高人流的繁荣景象。

由此可见，香港政府成立半官方机构香港贸易发展局，其中一项目标就是协助本地的中小企业开拓境外市场，发展及建立其形象及品牌效应。政府亦注重维护"香港品牌"的形象，通过高层的品牌定位宣扬"亚洲国际都会"，塑造香港独有的软性正面特质，向外界系统展示香港的国际魅力，从而间接宣扬香港本地产品。另外，香港知识产权署于 1998 年推动"正版正货承诺"计划，赋权多个涉及零售业务的商会，包括但不限于港九药房总商会有限公司、香港珠石玉器金银首饰业商会、香港零售管理协会、香港电脑商会、香港化妆品同业协会等，可向售卖正版货品的零售业务者颁发标贴证书，以推动香港零售的正货文化。

除上述整体零售措施外，针对中环 CBD 消费的氛围，还有的重要之处是相关的人文精神保育。经过一百多年的发展，中环区内存在多座历史古迹，承载过去殖民时期的文化特质。当局正对不同项目进行改造工程的研究，期望能将保育元素融入商业中心之内。举例来说，荷李活道已婚警察宿舍是为香港三级历史建筑，现已改造成名为"元创方"的创意中心，租于艺术团体作为文创的用途。由此可见，当局通过保育方式改善商业中心的氛围及结构，为拉动区内消费带来正面作用。

（五）注重公民参与的精神，中环 CBD 发展充分吸纳了区内民意

上至政策层面的立法会，下至地区事务的区议会或其他咨询架构，香港政府一直通过多方面的渠道吸纳民意。香港中环 CBD 处于中西区，受该区区议会所管辖，主要就市政容貌及社区的小型工程向当局提供意见。区议会成员由不同选区的选民通过选举产生，代表当区居民的意见，被视为政府掌握民意的重要渠道。就如之前所述的改造项目，政府在规划的过程中就需咨询区议会，审视区内居民及其他持分者的意见。另外，香港社会一贯的"重商"精神体现在立法会席位组成之中，部分议席包含旅游界、批发及零售界、进出口界及饮食界等的代表。每当政府提出涉及发展或影响香港作为国际消费中心的政策时，以上界别代表可通过立法机关向当局提供意见，充分保障中环乃至全港的零售及款待业务的发展。

四　香港 CBD 面对的挑战

虽然香港 CBD 拥有多项有利条件造就其成为国际消费中心，但近年来也面临不少新的挑战及问题。

（一）道路承载力出现不足

交通拥堵向来是全球各大城市都需面对的难题，作为国际大都市的香港

也不例外。香港地少人多，高楼大厦密集而路面空间非常有限。全港在1110平方公里的面积中，拥有2000多公里的道路、近90万的机动车使用量。从表1中可见，2009～2019年，香港道路总长度从2050公里增加至2127公里，只增长了3.8%，但同期的机动车数量却增加了36.8%，车均占有道路密度上升了31.9%。不容乐观的是，每千人私家车拥有率增长了20.2个百分点，而每千人道路总长度却从2009年的0.293公里减少到2019年的0.284公里。

表1 香港交通的承载力及需求

年度	平均每日公共交通乘客人次	道路总长度（公里）	每千人道路总长度（公里）	车均占有道路密度（每公里/辆）	机动车数量（辆）	每千人私家车拥有率（%）
2009	11332000	2050	0.293	313	642270	56.3
2010	11630000	2076	0.294	320	663726	58.8
2011	11898000	2086	0.293	331	690089	61.2
2012	12079000	2090	0.291	344	718109	63.4
2013	12350000	2093	0.290	358	750076	66.0
2014	12519000	2099	0.289	366	769199	68.3
2015	12601000	2101	0.287	380	797634	71.4
2016	12591000	2107	0.286	388	817568	72.7
2017	12691000	2112	0.285	398	839882	74.6
2018	12868000	2123	0.284	407	865003	75.5
2019	12439000	2127	0.284	413	878539	76.5

资料来源：香港运输署。

目前，香港最为拥堵的是中环、铜锣湾及油尖旺区。中环作为传统商务中心区，虽然人车分隔的设计能减少地面的交通压力，但企业高层人员仍依靠私家车作为代步工具，路面车辆的数量仍然相当庞大。拥堵问题给中环地区的发展带来了诸多负面影响，一是增加人员出行的时间和成本，影响日常的商业和生活活动，降低城市流通的能力；二是增加交通管理的难度，拥堵容易导致交通事故增多，造成生命财产的损失，而事故增多又加剧拥堵的情况；三是加大了能源消耗与环境污染，降低了环境的质量，政府不得不投入大量资源治理环境。

位于中环 CDB 的交通拥堵，是由严重的泊车位不足所导致的。过去 10 年间，香港的机动车数量增长高达三成多，但是泊车位的数量没有显著增加，导致出现供不应求的情况。尤以区内的横街窄路为著，其兴建的年代可追溯至 20 世纪初叶，行车线宽度较现代标准狭隘，一旦出现违例泊车或交通事故，可导致连锁式的挤塞问题。近年来，香港警方在区内开展多次反违例泊车的执法行动，试图改变道路使用者的不当行为。然而，泊车供需结构性矛盾未能从根本上解决，执法行动过后违例泊车的行为依旧存在，影响外界对中环 CBD 作为消费中心的体验及出行效率。

（二）空间发展受限于高昂土地成本

香港土地有限且山地较多，加上香港政府基于可持续发展而严控土地开发的规模，使得 740 多万人口集中生活在约 300 平方公里的已开发土地上，人口密度领先全球。作为核心区的香港中环更是寸土寸金，各类物业的租金非常昂贵。世邦魏理仕发布的《全球优质写字楼租用成本调查报告》显示，截至 2019 年 3 月底，香港中环以每年每平方呎 322 美元四度蝉联"全球最贵顶级写字楼"榜首，相比 2018 年同期的租金上涨 5.2%，而在同时间内全球市场核心区域优质写字楼租用成本平均只增长 3.6%，亚洲地区平均增长 3.3%（见表 2）。

表 2 全球最贵十大写字楼市场

单位：美元

全球十大写字楼最昂贵市场	截至 2019 年 3 月底每年每平方呎租金成本
1. 中国香港中环	322.00
2. 英国伦敦西区	222.70
3. 中国香港九龙	208.67
4. 美国纽约市曼哈顿中城	196.89

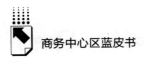

全球十大写字楼最昂贵市场	截至 2019 年 3 月底每年每平方呎租金成本
5. 中国北京金融街	187.77
6. 中国北京核心商业区	177.05
7. 美国纽约市南部曼哈顿中城	169.86
8. 日本东京丸之内/大手町区	167.82
9. 印度新德里的康诺特广场	143.97
10. 英国伦敦市	139.75

资料来源：世邦魏理仕。

办公室的高昂租金连带推高零售空间的租金，每平方呎年租亦可达到 200～300 美元的水平，意味一个数百平方呎的零售店铺的租金成本能高达十余万美元。事实上，位于中环 CBD 的零售店铺大多主打高档路线，设立实体店的用意在于提升品牌形象，对租金的承受能力相对较大。然而，对于处于 CBD 中心周边的区域，包括上环、湾仔及铜锣湾，其业务取决于人流及市道的畅旺程度，租金的承受能力相对不具弹性。过去十余年间，虽然上述区域店铺的每月租金高达数百万人民币，但受惠于内地自由行旅客的规模，只要生意额达到一定的数量，仍能获得相当高的利润。然而，受到自 2019 年起社会动荡及新冠肺炎疫情的影响，香港游客的数量急剧萎缩，冲击大部分零售及款待业务，尤以对高租金地段区域的影响最为明显。由此，高昂租金给消费行业带来负面影响，致使大环境有所变化时这些行业欠缺成本弹性而容易受到波及。

（三）经济体欠缺产业后勤支援

香港中环 CBD 乃至整个香港，主要是以服务业和金融业为核心，缺少其他类型业态的支持。据香港政府统计处 2021 年数据，从香港各主要经济活动占本地生产总值的比重来看，进出口贸易、批发及零售，住宿及膳食服务，运输、仓库、邮政及速递服务，资讯及通信服务，金融及保险，地产行业及商用服务，公共行政、社会及个人服务，楼宇业权服务，占本地生产总值的比重超过 90%，而实体类的制造业占比低于 5%。于此其中，2019年金融及保险的占比达到 21.2%，居各种业态之首，其次是公共行政、社会及个人服务占比 19.6%，进出口贸易、批发及零售占比 19.5%。由此可见，香港经济的生产极度依赖以金融为核心的服务业，而其他诸如制造、科技等产业相对薄弱。事实上，科技是未来 CBD 发展的重大引擎，而创新能够帮助企业发展实体经济。举例来说，新加坡与香港较早年间同样面临业态单一的问题，但前者近年来不断寻求业态的多元化发展，在电子工业、环保科技、生物科技等领域取得显著成效，不同业态的发展更加健康平衡。

香港对于零售及款待业务，过往采取"前店后厂"的模式，即将整套制造的过程及技术外包至内地，致使香港只能追求管理技术上的发展以及相关的品牌建立，没有对产品的研发进行大规模的投资。上文所提及的本地品牌，大多是对技术要求不高的轻工业产品。如果日后市场发展的需求改变，则基于对制备过程技术的支持欠缺，产品弹性欠缺也将显现。与此同时，即使香港的制造业将生产线设于本地之内，但受制于租金及人力成本所限，无法大规模地进行生产及研发。虽然本地大学的科研水准达到全球领先水平，但欠缺制造业所需的环境及完备的生产链系统，因此极度依赖境外生产线的支援及协作。在尚未完全融入粤港澳大湾区的体系之前，就香港作为独立经济体的视角来看，其零售行业欠缺下层产业的支撑，又甚少投放资源进行实用性的工业研发，令其产品的发展空间始终有限，不利于其国际消费中心的长远发展。

（四）周边发展产生激烈的竞争

香港中环 CBD 的发展还面临着激烈的内外部竞争。在内部竞争方面，中环等核心区域土地成本过高，难以开发新的业务空间，致使部分消费性业务向非核心区溢出。另外，当局近年来发展非核心区的交通系统，使非核心区与核心区的交通便捷度大大提升，而前者的空间将为租户提供更有成本优势的选择。更重要的是，香港中环 CBD 囿于年代的限制，基础设施相对陈旧，难以适应新型的消费模式。现代的购物设施规格往往更高，配套和服务更加完善，能够融合现代、时尚、环保、科技、智能等元素，满足不同的人性化及定制化的服务需求。与此同时，移动通信技术的进步和新型消费模式的产生，将减少民众对实体消费空间的需求。随着经济社会的发展和消费需求的转变，相应网络消费策略亦应运而生，打破传统实体店铺的物理界限、采用灵活的交易方式将成为当下及未来的新型消费趋势。

至于外部竞争方面，香港中环 CBD 等核心区的传统优势在于市场的地理位置相当优越，是中国内地与世界其他城市的超级连接者。加之，前文所说的自由经济及低税率的政策，均是香港中环 CBD 作为国际消费中心的先决条件。然而，近年内地有多个城市高速发展，而设立自由贸易试验区成为扩大改革措施的趋势。举例来说，国务院于 2020 年 6 月发布《海南自由贸易港建设总体方案》，海南全省定位为中国南面的自由贸易区域，提供多项优惠性的消费政策。于 2020 年 12 月，海南自由贸易港推出零关税商品清单，吸引大批国内人士前往海南省进行消费活动。事实上，由于香港现行的优势取决于"一国两制"下相对自由的经济政策，当内地部分城市进一步开放市场或被赋予更自由的贸易政策时，香港作为国际消费中心的地位将受到一定影响。

五　香港中环 CBD 未来发展及对内地的启示

正如前文所言，由于发展空间有限，加上租金成本过分高昂，近年香港中环 CBD 已逐步出现去中心化的现象。现时，除中环 CBD 被视为消费中心外，九龙半岛内的油尖旺区及新发展的启德区域，另有新界多个新市镇的中心地带，均是境内外游客选择消费的热门地址。早于 2014 年，当局公布于香港岛及大屿山之间建造中部水域人工岛，后正式名为"明日大屿愿景"计划，致力发展香港新的 CBD 区域。预计未来，香港消费中心将分散至各区，有助纾解中环 CBD 核心商务区域的承载力，同时亦能增加游客及市民消费的在地体验。另外，国家在刚发布的"十四五"规划纲要中提出支持香港发展成为中外文化艺术交流中心，以提升香港潜在深厚的软实力。通过顶层设计的国家战略方针，香港有机会成为亚太地区乃至全球的"文化高地"。配合现时西九文化区的项目发展，其日后将成为集艺术、休闲及消费于一体的地点，亦会成为未来香港旅游的重要地标之一。此外，随着粤港澳大湾区计划的推进，香港即将与广东省多个城市融为更紧密的经济体，有助于打破香港产业单一的局面。此举将是香港再工业化的契机，可以提升本地品牌产品的创新发展，以更好地面向境内外市场。

作为国际消费中心，香港中环 CBD 存在数个方面的经验值得内地参考，有助于增加商业区域刺激内外循环消费的作用。第一，在交通设计上香港采取人车分隔的系统，以地下铁路贯通整个区域，又将其出口融入建筑物的内部，增加消费者在商圈消费的体验。现时内地不同城市设有消费性的步行街，虽然交通能做到四通八达，但大多处于室外的环境之中，亦不如香港的店铺能够高度集中，以及商场设施与办公大楼做到相互紧密联结。第二，香港行之有效的自由港政策，亦是推动内外循环的重要因素。基于香港对多种商品实行免税政策，外地游客会专门赴港购置消费品，带动相关从事零售及款待业务的行业。内地现时正加紧开放更多的自由贸易区域，而海南省是最突出的例子，以实际的政策验证自由贸易推动国内消费行为。第三，从香港品牌发展的经验看，单一的产业结构无助于消费品项目的长远发展。虽然内地较难出现此种情况，但在规划消费商圈中，亦需考虑整个产业链的配套，做好研发、制造及消费等全流程的完善配套。最后重要一环是，香港本身是一个多元社会，具有华洋共处及人口流动的惯性，故一直重视民间不同意见的收集。就此，内地城市在发展商圈规划时，应以多渠道的方式收集民意，让消费圈更好地融入周边的社区之中。

参考文献

《弘扬中华文化　香港连线全球》，《大公报》，http://www.takungpao.com.hk/

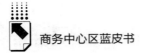

travel/ywtj/2021/0311/561620. html。

世邦魏理仕：《全球最贵十大写字楼市场：亚洲独占六席》，https：//www. cbre. com. hk/zh－hk/about/media－centre/six－of－the－worlds－top－10－most－expensive－office－markets－in－asia。

香港海事处：《区域与国际客运交通的发展》，https：//www. mardep. gov. hk/theme/port_ hk/hk/p1ch4_ 3. html。

香港赛马会：《港文化、港创意：历史——中西区》，http：//had18. huluhk. org/article－history. php? region＝10&lang＝tc。

香港亚洲国际都会：《香港品牌》，https：//www. brandhk. gov. hk/uploads/ brandhk/files/factsheets/Brand－Hong－Kong－Overview－C. pdf。

香港运输署：《香港运输年报（2020）》，https：//www. td. gov. hk/tc/publications_ and_ press_ releases/publications/free_ publications/annual_ transport_ digest/index. html。

香港政府统计处：《2020 年本地生产总值》，https：//www. censtatd. gov. hk/en/data/stat_ report/product/B1030002/att/B10300022020AN20C0100. pdf。

香港政制及内地事务局：《中华人民共和国香港特别行政区基本法》，https：//www. basiclaw. gov. hk/filemanager/content/tc/files/basiclawtext/basiclaw_ full_ text. pdf。

香港知识产权署：《"正版正货承诺"计划》，https：//www. ipd. gov. hk/chi/promotion_ edu/no_ fakes. htm。

国际经验篇

International Experience Chapters

B.18

美国曼哈顿 CBD：全球运筹中心建设的经验启示

顾　芸*

摘　要：　伴随着全球竞争格局持续演变、数字知识经济蓬勃发展和服务经济时代到来，着力将 CBD 打造为全球运筹中心逐渐成为 CBD 转型发展之路。本文首先阐述了 CBD 全球运筹中心的管理、人才、知识、金融和品质（MTKFQ）五大内核；然后从运筹管理、人才技术、知识信息、金融服务、空间品质等方面分别系统梳理了美国曼哈顿 CBD 打造全球运筹中心的经验做法；最后就我国 CBD 建设成为富有竞争力的全球运筹中心提出了对策建议。

关键词：　曼哈顿 CBD　全球运筹中心　MTKFQ　空间品质

* 顾芸，首都经济贸易大学城市经济与公共管理学院博士后，讲师，主要研究方向为新空间经济学、教育经济与管理。

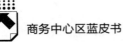

CBD 是城市中心商贸流通、商业沟通和商务交流的现代商务活动黄金地带，汇集大量金融、贸易、信息及中介服务机构，拥有众多商务办公、住宿、休闲等配套设施，具备高度便捷发达的通勤条件，富有别具一格的空间场景，不仅是一个国家或地区对外开放程度的体现，也是现代化国际大都市的重要标志。伴随着全球世界城市竞争格局的持续演变，以及数字知识经济的蓬勃发展和服务经济的时代到来，传统的 CBD 营运模式难以适应新的发展要求，亟待发生革命性的改变。而顺应时代潮流，一种新的模式——全球运筹中心便呼唤而出。本文通过阐述 CBD 全球运筹中心的"五大"（MTKFQ）内涵，具体分析美国曼哈顿 CBD 打造全球运筹中心的发展实践，试图为我国 CBD 建设成为全球运筹中心提供一定借鉴。

一 MTKFQ：构建 CBD 全球运筹中心的内核

纵观近年来 CBD 发展实践，结合相关学者研究分析，可以总结出构建 CBD 全球运筹中心的内核为 MTKFQ，即管理（Management）、人才（Talent）、知识（Knowledge）、金融（Finance）、品质（Quality）。

（一）管理（Management）：以运筹管理为根本，发挥中枢枢纽作用

随着全球化进程的推进，越来越多的企业走上了国际化道路，即其商贸活动从国内市场拓展至国际市场，其目的是通过扩大消费市场、整合供应链以降低成本，最终获得更大的收益利润，在此过程中便引致全球运筹管理需求。所谓全球运筹管理，是指在全球范围内整合配置资源、规划并执行运筹管理活动，集跨国统筹、高效运营、优质服务于一体，以增加全球市场竞争力和实现企业利润为目标。通常来讲，跨国公司会将总部设立在一国，并在其他国家设立子公司，而总部则承担着全球运筹管理的重任。传统全球运筹管理包括供应、生产、仓储和营销等环节，涵盖生产、营销及与原料、设备

和成品运输有关的一切经济活动，也包括订单处理、存货管理和运输管理等。伴随着全球竞争的增强和发展模式的转变，全球运筹管理也迎来了新的机遇和挑战。现代全球运筹管理将依托信息技术实现更为快速、更优的全球资源整合和配置，同时信息技术也要求跨国公司的反应更为迅速和有效，以求提高国际竞争力。不难理解，云集跨国企业总部的 CBD 必然是全球运筹中心，具有中枢枢纽作用。

（二）人才（Talent）：以人才技术为基础，发挥创新引领作用

当今世界的竞争无疑是人才的竞争、技术的竞争，本质上是人才的竞争。创新驱动发展的本质是人才驱动，引领世界的终极力量是人才。CBD的建设、发展和竞争同样离不开人才。在 CBD 建设成为全球运筹中心的过程中，人才将扮演重要的角色。人才的创新引领作用会体现在富有高技能、创造技术革新、推动技术转化等方方面面。一方面，政府中的人才能够为 CBD 的发展提供良好的环境和优质的服务；另一方面，企业中的人才能够带来和增强企业创新能力、提高企业生产率和竞争力。

（三）知识（Knowledge）：以知识信息为核心，发挥驱动溢出作用

随着知识经济和信息计算的不断发展，知识和信息已经成为经济发展的重要驱动力，也将在 CBD 功能提升中起到驱动作用。进一步，根据新增长理论，知识可以随时被其他部门免费获得，产生溢出效应。随着信息化的快速发展，"知识溢出"也没有失去价值。CBD 具有人口高度密集的特征，这有利于大学生、科研人员、工人和高管等形形色色的人在工作场所或社交场所面对面地接触，并且传播许多微妙的行为、认知、心理以及文化等，从而达到"知识溢出"的目的，这也是互联网技术至今无法替代的原因。面向未来，汇集众多国际人才和跨国企业的 CBD 也将凭借知识信息优势成为经济发展的"领头羊"。

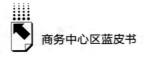
（四）金融（Finance）：以金融服务为媒介，发挥聚合杠杆作用

随着生产和销售的全球化、跨国企业的增多和壮大，大量资本在世界各国之间的流动日益频繁，金融资本、商业资本和工业资本相互结合和渗透。一方面，金融服务有利于国际资金聚合与流动，有助于国际贸易和投资活动的发展，促进跨国企业的发展，进而推动 CBD 建设成为全球运筹中心；另一方面，随着 CBD 功能的升级，金融服务在商品的国际生产和流通中的作用日益增强。金融业不仅具有广阔的发展前景，而且可以带来国际金融业务的扩展。借此，金融服务将成为 CBD 建成全球运筹中心的重要支撑。

（五）品质（Quality）：以空间品质为支撑，发挥提质增效作用

全球运筹管理不仅有赖于跨国公司自身，而且离不开外部环境的支持，CBD 则扮演着外部支持的重要角色，CBD 及其所在城市的空间品质发挥着提质增效的作用。所谓空间品质，主要由四个方面构成，一是丰富且高品质的消费环境；二是令人愉快的社会交往环境；三是优美的实体环境，包括人文和自然环境以及城乡风貌等；四是包括制度在内的高速便捷的交通、基础设施等。空间品质的优劣关乎着能否吸引人才和跨国企业，在根本上影响着CBD 能否建成全球运筹中心。

二 曼哈顿 CBD：CBD 全球运筹中心之经验

根据国际货币基金组织统计，美国 2019 年国内生产总值（GDP）为 21.4 万亿美元，是第二大经济体中国（2019 年 GDP 为 14.14 万亿美元）的 1.5 倍。纽约市是美国的第一大城市，即美国最大的单一区域城市经济体。2019 年纽约市实际 GDP 为 6352.7 亿美元，占全美实际 GDP 的 3.3%[①]。纽约不仅国内生产总值相当高，拥有相当大的市场规模优势，而且拥有发达的

---

① 资料来源：https：//www.bea.gov。

商业环境，包括各种工作场所①。根据 GPCI 评价（日本森纪念基金会的全球城市综合实力评价），纽约的经济和 R&D 指标表现位居第一。根据 GaWC 城市等级理论，纽约是全球世界级城市（Alpha + + 级），拥有着非常强大的全球城市网络整合能力，发挥着地区总部功能。

美国纽约市下辖曼哈顿区（Manhattan）、皇后区（Queens）、布鲁克林区（Brooklyn）、布朗克斯区（The Bronx）和斯塔滕岛（Staten Island）等五个行政区（见图1），曼哈顿则是美国纽约市五个行政区中面积最小的行政区。曼哈顿是一座狭长的岛，总面积为 87.5 平方公里，其中土地面积 59.5 平方公里，主要由曼哈顿岛、罗斯福岛组成，被东河、哈莱姆河与哈得孙河环绕，有 1597673 人口②，是纽约面积最小且人口密度最大的一个行政区。

图 1 纽约市五大行政区示意

资料来源：http：//maps. nyc. gov。

_____

① 资料来源：*Global Power City Index 2020*。

② 资料来源：https：//www. point2homes. com/US/Neighborhood/NY/Manhattan - Demographics. html。

曼哈顿是纽约的市中心，纽约的发展主要依赖于曼哈顿 CBD 的表现。曼哈顿是纽约市商务中心区所在地，曼哈顿 CBD 主要分布在曼哈顿的下城（Downtown）和中城（Midtown）。其中，世界金融中心——华尔街位于曼哈顿下城，纽约的大企业、商业中心则位于曼哈顿中城。整个曼哈顿耸立着超过 5500 栋高楼，其中 35 栋超过了 200 米，拥有纽约标志性的帝国大厦、洛克菲勒中心、克莱斯勒大厦、大都会人寿保险大厦等知名建筑，是世界上最大的摩天大楼集中区。纽约甚至美国最重要的商业、金融、保险、贸易公司和教育机构均分布于曼哈顿 CBD，其中不乏众多的跨国公司总部，曼哈顿 CBD 可谓是整个美国的经济和文化中心，对全球的经济、金融、媒体、政治、教育、娱乐与时尚界有着重要的影响。纽约曼哈顿 CBD 无疑是全球运筹中心之一，其建设经验对将我国 CBD 建设成为全球运筹中心具有重要的借鉴价值。

（一）运筹管理：以企业总部为抓手，形成总部集聚区

跨国企业总部云集于曼哈顿 CBD，且这些跨国企业总部构成了曼哈顿 CBD 作为全球运筹中心的主体。美国经济分析局（Bureau of Economic Analysis，BEA）公布的美国母公司及其外国子公司运营和财务状况统计数据显示，2018 年美国跨国企业在全球的就业人数增至 4300 万人，母公司增加值达 4.2 万亿美元，占美国私营工业增加值总额的 23.3%[①]。不仅联合国总部坐落于曼哈顿，为数众多的跨国企业总部也位于此，世界 500 强中绝大部分公司的总部也汇集于此。GaWC 城市自有企业集聚分析研究报告（GCCC）以国际产业分类（GICS）为基础，通过对全球 2006 年 386 个城市、2009 年 416 个城市、2012 年 433 个城市的十个行业总部的全球分布情况，以及企业所获得的收入、利润、资产等方面进行考察，评价了城市的产业实力和全球扩张能力。这里的城市自有企业就是在该城市注册和总部设在该城市的跨国企业。表 1 报告了来自 GCCC 的纽约自有企业集聚情况。就

---

① 资料来源：https://www.bea.gov。

2012 年来看，纽约的总部数量为 82 家，位居第二，仅次于日本东京（154家）；现金流远高于该项排名第二的巴黎（3908.95 十亿美元），债务则远低于该项排名第一的华盛顿（5481.23 十亿美元）；同时，利润（191.046 十亿美元）和市值（2680.072 十亿美元）皆排名第一，而雇员却排名第五。纽约的跨国企业更具有活力，其运营效率表现优异，且绝大部分位于曼哈顿 CBD。

表 1 纽约自有企业集聚情况

项目	2006 年	2006 年排名	2009 年	2009 年排名	2012 年	2012 年排名
行业数（个）	10	1	10	1	10	1
总部数量（家）	98	2	85	2	82	2
收入（十亿美元）	1508.93	3	1641.63	3	1681.92	3
利润（十亿美元）	173.6	1	128.84	2	191.046	1
资产（十亿美元）	9538.67	1	9998.53	3	10875.44	3
市值（十亿美元）	2739.19	1	1451.94	1	2680.072	1
现金流（十亿美元）	—	—	—	—	5221.073	1
债务（十亿美元）	—	—	—	—	3328.922	4
雇员（人）	—	—	—	—	3762047	5

资料来源：《城市自有企业集聚分析研究报告》（GCCC）。

根据最新的 2020 年《财富》世界 500 强企业排名，121 家美国企业进入排行榜，其中有 17 家企业总部位于纽约，占美国上榜企业的 14%（见表 2）。摩根大通公司、威瑞森电信和花旗集团三家企业排名进入前 100 强，利润总计达 750 亿美元。17 家企业的利润合计超过 1523 亿美元，平均利润超过 89 亿美元，远高于美国上榜企业平均利润（70 亿美元）、全球 500 强企业平均利润（41 亿美元）以及中国大陆上榜企业平均利润（近 36 亿美元）。显而易见，总部位于纽约的企业盈利水平更高，也意味着这些跨国企业具有更强的国际竞争力。

表2　2020年《财富》世界500强企业纽约总部情况

企业	排名	资产（＄M）	利润（＄M）	营业收入（＄M）
摩根大通公司	38	2687379.0	36431.0	142422.0
威瑞森电信	44	291727.0	19265.0	131868.0
花旗集团	70	1951158.0	19401.0	103449.0
大都会人寿	149	740463.0	5899.0	69620.0
百事公司	160	78547.0	7314.0	67161.0
高盛	202	992968.0	8466.0	53922.0
摩根士丹利	203	895429.0	9042.0	53823.0
辉瑞制药有限公司	215	167489.0	16273.0	51750.0
美国国际集团	231	525064.0	3348.0	49746.0
美国运通公司	251	198321.0	6759.0	47020.0
美国纽约人寿保险公司	270	330806.3	1003.8	44116.6
美国教师退休基金会	306	615042.3	2460.1	40454.4
StoneX集团	383	9936.1	85.1	32897.0
Travelers公司	399	110122.0	2622.0	31581.0
菲利普－莫里斯国际公司	421	42875.0	7185.0	29805.0
维亚康姆CBS公司	457	49519.0	3308.0	27812.0
百时美施贵宝公司	487	129944.0	3439.0	26145.0

资料来源：http：//www.fortunechina.com。

（二）人才技术：以汇聚英才为抓手，形成人才集聚区

曼哈顿拥有创新土壤，是一个人力资本集聚地。根据*2020 Global Cities Report*，纽约人力资本表现位居全球城市第一，这是由于纽约在国际学校数量、国际学生人数和新医科大学方面表现强劲。纽约市吸纳了美国大量的就业人员，并且主要集中于信息、金融与保险、教育服务以及专业、科学和技术服务等部分行业，这也是曼哈顿CBD的主要行业和人员构成表现。BEA数据显示（见表3），首先，2019年纽约市就业人员数占美国就业人员总数的1.6%，21世纪以来该项比例始终保持在1.4%及以上水平；信息、金融与保险、教育服务以及专业、科学和技术服务等行业的从业者需要具备较高的专业技能，而21世纪以来，相较于其他行业，上述行业的就业人员数量

在纽约一直保持着较高水平；其次，公司和企业管理、艺术和休闲娱乐、房地产及租赁、行政和支持、住宿和餐饮等行业的就业人员也占据了纽约大量的工作岗位。

表3　纽约市部分行业和年份就业人数占美国比重

单位：%

行业	2001 年	2005 年	2010 年	2015 年	2019 年
所有行业	1.5	1.4	1.5	1.6	1.6
批发贸易业	1.6	1.5	1.4	1.3	1.3
信息业	4.5	4.3	4.8	5.3	5.7
金融与保险业	4.8	4	4	4.3	4.2
房地产及租赁业	2.2	1.9	2.1	2.1	2.1
专业、科学和技术服务业	3.2	3	3	3.2	3.1
公司和企业管理业	2.8	3	3	2.9	2.9
行政和支持	1.7	1.4	1.4	1.4	1.7
教育服务业	3.1	2.9	2.9	3.2	3.2
保健和社会援助业	1.4	1.4	1.3	1.2	1.2
艺术、休闲娱乐业	3	2.9	2.9	2.9	2.8
住宿和餐饮业	1.4	1.3	1.5	1.7	1.6

资料来源：https：//apps. bea. gov。

（三）知识信息：以学术机构为抓手，形成知识集聚区

随着迈入知识经济时代，城市尤其是大城市在人口密度上的优势越发凸显，其集聚了大量学术机构，同时也为频繁的"知识溢出"创造了有利条件。哥伦比亚大学（Columbia University）、库伯联盟学院（The Cooper Union for the Advancement of Science and Art）、福特汉姆大学（Fordham University）、纽约大学（New York University）以及圣约翰大学曼哈顿校区（St. John's University—Manhattan Campus）等十余所高等学府坐落于曼哈顿。其中，哥伦比亚大学在 2021 年 *U. S. News* 美国综合大学排名中位居第三。

2019 年，哥伦比亚大学的国际学生人数共 17145 人，来自中国、印度、韩国和加拿大等 156 个国家和地区①。不仅如此，纽约还是一个人口高度密集的城市，汇集了形形色色的人物。根据 *Global Power City Index 2020* 报告，纽约是活跃在世界舞台上的高技能劳动力（不分国界或国籍）最多的城市之一，仅次于排名第一的伦敦。GPCI 评价还从企业高管的角度评估了全球城市，2020 年纽约在该项目居第二名，同样仅次于伦敦。而根据约瑟夫·熊彼特的增长理论，创新的主动力来自企业家精神。也因此，在创新力上无法忽略这些企业高管的力量。

（四）金融服务：以金融机构为抓手，形成资本集聚区

尽管英国伦敦有可能与纽约相匹敌，成为全球领先的金融中心，但纽约仍是世界上最大、最重要的金融中心之一，而纽约的金融中心就是华尔街（Wall Street）。华尔街位于纽约市曼哈顿下城，这个仅占曼哈顿区几个街区（相当于不到 1 英里）的地方却是曼哈顿 CBD 的核心之一。华尔街由最大的证券交易所（纽约证券交易所，简称 NYSE）、最大的金融公司组成，全球第二大交易所纳斯达克证券交易所的总部也设在华尔街。因此也就不难理解：华尔街象征着美国的投资行业，在某种程度上也象征着美国的金融体系②。作为世界最大经济体的贸易中心，华尔街不仅对美国经济，而且对全球经济都有着持久的影响③。

根据英国品牌评估机构"品牌金融"（Brand Finance）最新发布的 2021年度"全球银行品牌价值 500 强排行榜"（Banking 500，2021），美国有 5家商业银行进入前十名，其中花旗银行（CITI）、美国大通银行（Chase）和摩根大通（JP Morgan）的总部都坐落于纽约（见表 4）。这三家都是跨国金融机构，市值皆超过 200 亿美元，扮演着向全球消费者、生产商和供应商等提供金融服务的角色，是纽约金融中心的又一重要体现。

---

① 资料来源：https：//isso. columbia. edu/content/statistics。
② 资料来源：https：//www. investopedia. com。
③ 资料来源：https：//www. investopedia. com。

表4　2020 年和 2021 年排名前五的美国商业银行

银行	2021 年排名	2020 年排名	2021 年品牌市值（＄M）	2020 年品牌市值（＄M）
美国银行	5	6	32787.35	35361.45
花旗银行	6	7	32199.99	33131
富国银行	7	5	31804.69	40881.04
美国大通银行	8	8	28849.24	31249.53
摩根大通	9	10	23565.13	22825.74

资料来源：https：//brandirectory.com/rankings/banking/table。

信用是曼哈顿 CBD 发展为全球运筹中心的底色，是纽约跨国公司总部全球运筹管理的最佳手段。早在 18 世纪，美国第一任财政部长亚历山大·汉密尔顿就洞察了金融和信用的本质，在美国建立起了金融体系，重建了美国在国内外的信用。一方面，美国的财政制度为纽约和曼哈顿 CBD 信用体系提供了支撑。其中，纽约联邦储备银行（the Federal Reserve Bank of New York）就位于曼哈顿 CBD，负责执行中央银行的货币政策等，还向辖区内的银行提供现金和监控电子存款；由于其在实施当前和紧急货币与金融业务方面发挥着关键作用，因此被认为是联邦储备系统中最重要的银行，甚至可能是全世界最重要的银行[①]。另一方面，华尔街是纽约和曼哈顿 CBD 信用体系建立的核心之一。

（五）空间品质：以便利设施为抓手，形成文化集聚区

纽约曼哈顿 CBD 之所以能够汇集众多跨国公司总部，还有赖于曼哈顿及其所在纽约市的空间品质。换言之，空间品质是纽约曼哈顿 CBD 建设成为全球运筹中心的重要驱动力。

1. 便利设施

根据 GaWC 评价，美国纽约的一体化程度明显高于其他所有城市（除

[①]　资料来源：https：//www.investopedia.com。

英国伦敦），其本身也构成了高度的一体化①。曼哈顿 CBD 的高度一体化及与全球市场的快速互联互通离不开曼哈顿乃至纽约的便利设施。根据 *Global Power City Index 2020*，纽约的城市公共设施排名居全球城市第一位。正如这两段话所描述的："纽约基础服务完善，拥有下水道、发电厂、电信设备、供水系统、公路网络、铁路网络、海运系统——它们层层重叠，形成了或许是地球上最密集的基础设施群"，"作为世界城市人口最密集的地区之一，纽约对公共运输系统、统一输水系统、市内发电系统、世界上最大的中央蒸汽系统的依赖程度之高，让其他城市难以比肩"，显然这些都是维持纽约高速运转的公共设施系统。进一步来说，纽约或曼哈顿能成为全球城市和全球运筹中心有赖于这些便利设施。例如，高速通信是连接金融中心和遍布全国的工业和农业中心的一条纽带。铁路史和金融史一直都是密不可分的：铁路公司不仅是最早在美国发行债券和股票的公司之一，而且加速了信息流动，进而加速了投资机制②。在 19 世纪，特别是 1825 年伊利运河开通后，曼哈顿发展成为一个繁荣和扩张的大都市的中心③。就 2020 年机场起降次数来看，纽约是排名第一的城市，超过了 120 万次④。当然，曼哈顿 CBD 还有临港的区位优势。除了快速高效的交通设施，曼哈顿还拥有完备的公共保健设施。例如，纽约拥有丰富而清洁的水源，市区供水隧道 1 号贯穿曼哈顿 CBD；位于曼哈顿的中央公园（Central Park）在 19 世纪初被疾病蹂躏后，被设计成"城市的肺"⑤。这些清洁和保健方面的公共设施同样是曼哈顿高速运转的基础保障。

2. 多样性的文化

人才、知识和信息资源的流入离不开城市的多样性，而这种多样性更多地体现在文化上。曼哈顿有着大量的文化机构，同时足够平民化，也有街区

---

① 资料来源：*The World According to GaWC 2020*。
② 资料来源：https://www.investopedia.com。
③ 资料来源：https://www.britannica.com。
④ 资料来源：*Global Power City Index 2020*。
⑤ 资料来源：*2020 Global Cities Report*。

聚会①。纽约市艺术、休闲娱乐行业 3/4（75.2%）的工作岗位位于曼哈顿，包括 88.6% 的表演艺术公司职位；69% 在博物馆、历史遗迹、动物园和公园工作；休闲娱乐、赌博业占 69.8%；65.6% 为独立艺术家、作家和表演者②。2019 年纽约文化艺术产业的雇员人数为 50 万，其增加值为 1200 亿美元，占美国文化艺术产业增加值的 13%，居全美第二位③。世界三大艺术殿堂之一的大都会艺术博物馆也坐落于曼哈顿，馆内 300 余万件艺术品吸引了全世界的参观者。

三　CBD 前景无限：打造全球运筹中心之对策

美国纽约的曼哈顿 CBD 作为全球领先的全球运筹中心，它的发展顺应了全球运筹中心建设的趋势，也对我国 CBD 打造成为全球运筹中心具有一定启示。通过理论机制的分析，结合纽约曼哈顿 CBD 案例，本文认为打造全球运筹中心离不开管理、人才、知识、金融和品质五大内核。

（一）注重以管理创新驱动全球运筹中心建设

以深化服务业扩大开放为契机，推动资金管理、人才管理、技术创新管理等模式创新，进一步完善组织管理模式，提升管理体系和管理能力现代化、智慧化水平；要提升管理服务质量，加速汇聚人才、资金、技术等高端要素资源，为推动产业基础高级化和产业链现代化，提供市场化、法制化、国际化的营商环境。创新楼宇智慧管理模式，提升楼宇精细化和智慧化管理服务水平，推动楼宇经济实现高质量发展。加强对总部企业的对口服务，及时跟踪总部企业经营管理的发展需求，协助解决相关配套环境问题，提升总部经济发展能级。进一步完善企业管理多部门联动机制，建立企业大数据管理平台，通过重点跟踪对接、个性化服务及绿色通道等方式落实好重点企业

① 资料来源：https：//www.britannica.com。
② 资料来源：https：//nycfuture.org。
③ 资料来源：https：//www.bea.gov。

"一对一"精准服务。鼓励市场化主体参与，积极规划布局新型智慧城区建设，创新共治共享的治理模式，因地制宜推进区内高品质建设，提升区内科学化、精细化、智能化管理水平。

（二）注重以信息技术驱动全球运筹中心建设

聚焦云计算、空间感知、AI 人工智能、物联网、区块链、5G 等新一代信息技术产业，重点引进企业、项目和服务平台，努力抢占新一代信息技术制高点，打造新一代信息技术服务应用新高地。大力吸引新一代信息技术、专业化人才、科创资金集聚 CBD，集技术、人才、资本、政府之力，推动新兴服务业发展，打造 CBD 经济新增长极。鼓励支持信息通信服务业、互联网科技服务业等企业，建立开放式平台，开展场景化创新，推动新兴科技的跨界融合，培育经济发展新动能，提升区内企业智能化产品、智能化服务增量。依托新一代信息技术，基于巨量实时交通大数据，利用智能的方式优化交通信号控制，打造智能信号控制系统，优化提升交通智能治理水平。充分利用现代信息技术，重点推进智慧城市项目设计与建设，推进信息基础设施与城市公共服务设施的功能集成，提升区内精细化和智慧化管理与服务水平。

（三）注重以金融服务驱动全球运筹中心建设

以构建双循环新发展格局为契机，大力吸引国内外持牌类金融机构入驻 CBD，加快构建立体式、国际化、高水平的金融开放生态圈，充分发挥金融企业的集聚效应和对税源经济培育的带动效应，提升对 CBD 区内经济发展的倍增效应。鼓励支持商业银行、证券及专营机构开展产品创新、渠道创新、模式创新等，加大对科创企业、新兴服务业企业的融资支持力度和支持范围，增强金融与资本对实体经济的支持功能。在符合政策的前提下，积极探索 CBD 金融对外开放政策的先行先试，拓宽征信评级、银行保险和证券业等金融机构的市场准入。对标国际一流营商环境，切实推进贸易投资自由化、便利化，支持境内外金融要素资源有序自由流动，在进一步扩大开放等方面先行先试。建立或完善企业信用平台，推进区内企业信息归集，跟踪区内企业发展，解决信息不对称问题，降低银行拟贷企业风险以及信息获取成本，有效防范金融风险。此外，对标国际金融监管规则，创新监管模式，注重跨境资金流动监测和数据安全治理，筑牢金融安全屏障。

（四）注重以空间品质驱动全球运筹中心建设

人才决定了全球运筹中心的成功打造，而空间品质在人才区位选择中发挥了决定性作用。因此对于 CBD 而言，关键就是最大限度引才聚才，而引才聚才的关键是打造和提升空间品质。要树立"以人为本"的发展理念，紧扣新时代人民群众对美好生活向往的需要，充分识别人才内在个性化需求，从实体环境、不可贸易公共服务、个人服务以及消费便捷性等方面，实施包括全要素、全过程、全空间和全员参与的空间品质战略，进而吸引跨国企业总部、金融机构、学术机构以及各类人才集聚于 CBD。创新人才服务市场环境，整合政府部门人才服务和市场资源，集聚国际化人才资源配置能力的市场机构，搭建区域人才信息库，建立区域人才公共服务清单，进一步简化办事流程，实现共享服务、优化便捷服务、强化靶向服务。依托地方历史文化资源，丰富区内商务功能环境建设，构建以特色文化、休闲娱乐功能与商务功能有机结合，集文娱、商业、生态等多功能于一体的多元化商务区。优化区内生态环境，合理布局重大基础设施、大型文体设施以及公共服务设施，提升片区公共服务品质。

（五）注重以创新驱动全球运筹中心建设

作为创新集聚区，CBD 要探索建立创新交流共享机制，在整个 CBD 范围内构建有机互动、协同高效的创新要素资源共享平台，大力支持 CBD 内高校与科研机构同企业开展科学研究、人才培养合作，促进高校与政府、企业深入合作，推进产学研深度融合，充分发挥知识溢出效应，以创新驱动增强区内产业的内生动力。促进现代信息技术与文创产业相互融合，构建新型数字创意产业，推动文创产业的业态创新。积极打造数字产业创新策源高

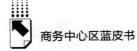

地，增强科技创新策源能力。加快区内创新资源要素集聚，融通人才链、技术链、资金链和产业链，营造适应"双循环"新发展格局的营商环境。同时注重 CBD 区域间的联动发展。加大对中西部地区 CBD 研发资金和研发人员投入，建立东部地区 CBD 与中西部地区 CBD、南方地区 CBD 与北方地区 CBD 高技术产业的交流与合作机制，比如设立联合研发机构，组建技术共同体，积极推动 CBD 高技术产业区域协同创新，提升高技术产业发展的空间联动性。

参考文献

陈瑛：《城市 CBD 与 CBD 系统》，科学出版社，2005。

李清娟、兰斓：《全球城市：服务经济与国际化——伦敦纽约上海比较研究》，同济大学出版社，2017。

杨开忠：《聚力全球运筹，建设全球性城市》，《重庆日报》2020 年 4 月 20 日。

杨开忠：《新中国 70 年城市规划理论与方法演进》，《管理世界》2019 年第 12 期。

杨开忠：《提升地方品质驱动城乡建设高质量发展》，《中国建设报》2021 年 1 月 21 日。

〔美〕凯特·阿歇儿：《纽约：一座超级城市是如何运转的》，潘文捷译，南海出版公司，2018。

B.19
伦敦金融城的经验和教训对北京
建设国际金融中心的启示

王晓阳*

摘　要： 1980年代以来，新自由主义经济思想的实践、英语文化的传播和全球性的移民使伦敦成为真正的全球城市，以伦敦为中心的世界城市与金融中心网络触及全球主要经济体。除此之外，欧盟的建立，加速了伦敦和欧洲城市的一体化进程，使伦敦成为欧洲真正的金融中心，也是众多跨国金融巨头的欧洲总部所在地和欧元最大的交易中心。但英国退欧破坏了伦敦金融城的发展机制，切断了它的诸多外部联系和通道，许多金融机构纷纷把就业岗位转移到欧盟其他城市。伦敦的经验和教训表明，在双循环背景下，北京建设国际金融中心的关键是，以 CBD 为核心打造国内循环的节点和国际循环的门户，形成属于自己的金融腹地和金融网络。

关键词： 伦敦金融城　网络　CBD　国际金融中心　北京

一　引言

在英国经济学家 O'Brien 武断地提出"地理的终结"这一论断 29 年

---

* 王晓阳，牛津大学经济地理学博士，全球城市实验室首席研究员，主要研究方向为国际金融中心、全球城市、城市与区域发展等。

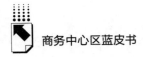

之后，金融中心，特别是领先的国际金融中心不仅仍然存在，而且在当代全球资本循环和国际金融体系的运行中发挥关键角色。不同区位的金融中心，特色、机制和规模各不相同，从而在物理空间中造成持续的不平衡的金融增长与繁荣。在互联网和流空间时代，金融中心在全球金融网络中的地位至关重要。在工业化的早期，本地集聚经济的重要性体现在城市尺度与区域、国家尺度之间的简单关联，而在全球化互联网时代，这种关系发生转变并演化成一种较为复杂的关系。金融中心的繁荣，体现了在服务业、信息和创新驱动的时代最重要的是人才、金融资本和知识的流动。

习近平总书记指出："为更好发挥北京在中国服务业开放中的引领作用，我们将支持北京打造国家服务业扩大开放综合示范区，加大先行先试力度，探索更多可复制可推广经验；设立以科技创新、服务业开放、数字经济为主要特征的自由贸易试验区，构建京津冀协同发展的高水平开放平台，带动形成更高层次改革开放新格局。"这是改革开放以来，中央第一次明确提出赋予北京先行先试的政策支持和制度红利。北京自贸区背后代表的是中国"一带一路"大国规划对全球化和世界经济地理的重塑，作为中国的政治、经济、金融、高等教育、国际交流和科技创新中心，北京要打造对外开放的龙头。

更具体地说，自北京自贸区成立以来，特别是在全球新冠肺炎疫情的背景下，北京都市圈正在出现新的空间发展模式。CBD作为北京自贸区最重要的组成部分，在"一带一路"倡议中担当着国内国际双循环战略枢纽的作用，表现为专业功能领域的跨国公司数量急剧增加，这主要是由金融、贸易、商务服务、科学技术服务和配套行业的发展所带来的。

二　关系经济地理与网络视角下的金融中心

金融中心是价值流动、资本循环和社会空间生产中的节点，而全球金融中心就是网络中的全球性节点，用以控制、协调和分配这些流动，以实现价值增值和经济增长。正如 Pryke 指出的那样，"流"与领域之间复杂的互动作用促进了当代金融资本主义的发展。这些特定的领域被称为"金融中心"。半个世纪以来，研究人员观察金融中心的发展，描述其主要特征并提供了独特的洞见。如表 1 所示，现存的金融中心研究主要由跨大西洋的欧美资本主义，尤其是英美新自由主义金融体系的概念化所主导。在过去 50 年中，至少有 8 个关于金融中心的概念化方法值得关注。这些概念化的方法不是绝对孤立的，它们之间相互交织、相辅相成。例如，Sassen 提出的全球城市模型还专注于金融集聚和先进生产性服务业集群。信息与知识的方法可以看作是文化经济方法的延伸。制度和政治经济的方法密切相关，同时侧重于不同国家或经济体之间市场经济的多样性。

表 1　金融中心研究的主要概念化方法

概念化方法	关注的焦点
集聚与集群	金融中心是金融集聚和规模经济的产物，也是金融行为主体在本地环境中经由合作与竞争的促进互动而形成的产业集群
全球城市	金融中心是先进生产性服务业集聚的战略要地，是全球金融体系运行的指挥和控制场所
文化经济	金融中心被公认为是社会技术的集合体。信任、历史、激励机制、合作和业务联系等各种各样不可替代的社会和文化因素，都为现代金融中心的成功和存在做出了贡献
信息与知识	金融中心是金融机构生成、捕获、解释和利用不对称信息的领域中介，并使不完整的知识变得完整，以促进跨国公司的全球业务发展
制度	市场规则，监管机构和法律体系等制度要素可以通过促进或阻碍资本流动和金融活动，在塑造金融中心的形成中发挥关键作用
网络	金融中心是货币和权力在空间网络中分配的产物，在多尺度空间中，金融活动可以通过多种方式相互联系
金融化	金融中心是战略性地点，可以引导资金、信息和专业人员的流入和流出，以寻找空间修复或领域修复，实现空间金融一体化

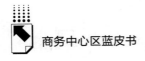

续表

概念化方法	关注的焦点
"地理"的政治经济	金融是政治性的。鉴于金融中心的动态变化,政治可以在塑造金融中心的发展和不断变化的属性方面发挥关键作用

在 Castells 有影响力的术语中，网络是一种社会经济结构，将人、公司和地点相互连接起来，并使信息、知识、资本和精英能够在不断发展的网络社会中流动。金融中心被视为货币和权力在空间上分配的网络，具有全球化、本地化以及金融化等特点，并以各种方式相互联系。这种视角带来了一个关键论点，即对金融中心的研究需要考察网络和相互依存关系在生产经济地理、金融地理中的作用。

在城市内部，金融中心是领域中介，用于生成、捕获和解释通过社会空间网络流动的大量金融信息和专业知识。互联网的大规模应用和时空压缩促进信息溢出和交换。但是，不对称信息或完整性知识无法通过电子方式交换和传递。金融中心为收集和传递不对称信息提供了一个场所，并可以帮助企业完善不完整性知识。在城市之间，流空间促进了经济和金融活动从本地和国内向更广泛的全球空间中的分散，进而又催生了日益相互联系的金融网络的兴起。基于世界城市网络的开拓性研究，一般将金融中心视为金融网络中的节点或枢纽，通过分析各种金融行为主体在城市内部和城市之间的业务联系，来详细探讨金融中心的网络特征。正如 Castells 所言，流的空间并非无处不在。金融网络中的"流"由节点和枢纽组成。节点和枢纽均根据其在网络中的相对权重进行分级组织，这导致了金融中心的节点化、等级制网络的形成。

随后不断开展的学术研究，可以从三个核心概念进一步理解网络视角，为什么各种要素都会在互联网时代加速向超大城市集聚。这三个视角的着眼点分别是不对称信息、隐性知识和不完整知识。不对称信息是指无法在互联网上传播、也很难通过公司年报查到的信息，现代金融或者商务服务业对高附加值的"信息"服务业依赖度极高，尽可能地靠近不对称信息的发源地才能帮助这些企业做出更有利的决策，他们因此通过商业决策推动着超大型城市的发展。隐性知识指的是那些只可意会、不可言传，只能通过面对面的交流才能获得的知识。隐性是一种本地化行为，技术创新偏偏严重依赖于隐性知识，硅谷形成和崛起的部分秘密正在于此。一旦无法通过互联网大范围传播，只会发生在本地区的创新就会推动跨国公司的集聚和CBD 的形成。不完整知识源自产业的专业化，后者导致行业内每家生产服务公司掌握的专业知识都是不完整的，这个矛盾在这些公司走向全球化的过程中会变得越来越尖锐，公司因此必须集聚在金融中心或者 CBD 这样特殊的社会环境下，才能通过彼此的交流让不完整的知识完整化，也只有这样才能显著地促进创新的发生，超大型城市的出现因此变成合理的客观事实。

三 国际金融中心网络：纽约－伦敦北大西洋 轴心协同发展的历史

美国曾经是大英帝国的一个分支，纽约成为金融中心的根源实际在伦敦。贯穿 19 世纪上半叶的竞争（主要是与芝加哥、费城的竞争），纽约最终赢得了国内金融霸主的地位。因为良好的区位，纽约成为欧洲和美国其他地区之间的贸易中介，后来成为英国资本进入美国经济的门户。19 世纪，美国企业在推动伦敦成为全球金融中心霸主的过程中起到重要作用，就如同伦敦促成了纽约的崛起并使之成为国际金融中心。在纽约的发展中起到关键作用的是英国的商业银行。那些没有意识到纽约－伦敦轴中心地位的财团，如罗斯柴尔德家族，被另一些如摩根大通等逐渐超越，这些财团在轴心中建立自己的业务并从中获得了巨大利益。

尽管美国经济迅速扩张，第一次世界大战以及大英帝国实力的逐渐下降给伦敦的地位带来冲击，但纽约始终没有代替伦敦成为全球的金融中心。即使在两次世界大战期间，两个中心之间的合作也是显著的，因为美国试图帮助英国恢复金本位制，通过维持低利率以人为地抬高美元英镑汇率。这实际上助长了美国的放贷热潮，紧随其后的是大崩盘和大萧条，放慢了纽约作为金融中心的成长。在大西洋的另一边，锲而不舍地恢复金本位制的努力，在服务伦敦金融城的同时却对英国制造业带来负面影响。

随着 1933 年大危机之后的金融监管加强，罗斯福新政、1944 年布雷顿森林会议之后，IMF 和世界银行相继成立，世界金融的"权力中心"从华尔街转移到华盛顿。伦敦并没有任何蓬勃发展和持续繁荣的迹象，在英国和欧洲的经济衰退及二战的破坏中艰难挣扎。从 20 世纪 30 年代至 50 年代后期，在大西洋两岸，公共和国内金融超越了私人和国际金融，标志着纽约 - 伦敦轴心滑落到 20 世纪的历史最低点。纽约是一个规模更大的金融中心，但其金融影响力几乎完全局限在美国国内市场。重要的是，尽管华尔街的国际影响力被遏制，纽约的国内统治力却进一步巩固，证券市场监管促进了区域交易的消亡，同时以纽约为总部的经纪公司在全国范围内扩张，如美林。

20 世纪 50 年代末，欧洲市场使纽约 - 伦敦轴心起死回生。首要的关键决策是 1958 年英格兰银行的协议：允许英国银行吸收美元存款，以及美元贷款。20 世纪 60 年代末，80% 的欧洲市场借贷是通过伦敦完成的。欧洲市场由在伦敦的美国的银行分行主导，这部分银行被排挤出美国，以逃避美国银行业的限制性监管。正如 Cassis 所说："美国银行业的立法加强了伦敦而削弱了纽约的国际地位，美国的银行充分利用这种局势，占据了欧洲市场，并把它们纳入自己的全球战略中。"

布雷顿森林体系瓦解之后，转向浮动汇率，这促进了外汇交易的繁荣，主要集中在纽约和伦敦。通过这种方式，金融控制力从华盛顿释放出来，但没有转移到纽约本身，而是传递到纽约 - 伦敦轴心，两个城市的整合超过以往任何时候。20 世纪 70 年代，伦敦成为美国的银行在欧洲的中心，服务美国企业在欧洲的运营和回收石油美元。

20 世纪 70 年代，资本主义世界出现了严重的经济危机。20 世纪 80 年代，新自由主义经济逐渐成为资本主义世界的主流意识形态，英美推行里根经济学和撒切尔主义，金融管制在英美的放松使这个轴心持续繁荣。1986 年伦敦的"金融大爆炸"，促使了新一波美国银行进入伦敦的浪潮。这也加速了阶级文化从特权到灵活和更加开放的雇用做法的转变，使得伦敦更像纽约。金丝雀码头，一个新的黄金地段，在 90 年代初开发并被称为伦敦新的国际金融中心，大多由大型机构占据，运行更像纽约而不像传统的伦敦金融城（由无数的中小金融机构组成）。同一时期，日本东京开始挑战这个轴心，但它主要依靠国内市场，与外资机构的联系相对较少。与华尔街和金融城相比，东京的投资银行家一直有种低人一等的感觉。1991 年，东京的危机在房地产泡沫的重压下爆发，此后一直没有恢复。

1990 年代和 2000 年代，欧盟不断加速的金融一体化进程巩固了伦敦作为大规模金融业的中心和美国金融机构进入欧洲的门户。曾经有人认为法兰克福会对伦敦发起挑战，但这些观点低估了伦敦的金融统治力、忽视了伦敦–纽约轴心的作用。伦敦成为欧元的金融交易中心。欧元区的建立导致并购浪潮，为伦敦投资银行带来利润丰厚的交易。"9·11"后，萨班斯法案颁布，美国执行更严格的报告要求，进一步加强伦敦在纽约–伦敦轴上的地位。但是，纽约作为一个蓬勃发展的金融中心，进一步放松金融管制，1999 年格拉斯·斯蒂格尔法案和 2000 年商品期货现代化法案的废除，为华尔街投资银行的发展铺平了前所未有的道路，一直持续到全球金融危机。

纵观历史，纽约–伦敦轴心的发展一直有强劲的共性和互补性支撑。这两个城市有共同的语言，共同的法律，以及经济和政治自由主义的优良传统，商业、金融的自我监管信仰的沃土，以及面向股东而不是其他利益相关者的公司治理和会计标准。纽约和伦敦作为新自由主义的主要实践基地（旁边是芝加哥和华盛顿特区），形成了英美（盎格鲁–撒克逊）文化的金融轴心。它们的政治、文化和商业精英互动密切，促进了一个融合伦敦和纽约的生活方式。

纽约和伦敦之间的共性让金融企业和专业人士几乎在两个中心之间无缝移动，降低相互作用的成本，同时两个城市的互补性创造机会，使互动变得有利可图。纽约控制着全世界最大和最具流动性的国内金融市场的入口，伦敦的地理位置、政治和历史地理意味着进入一个不同的时区，伦敦背靠欧洲市场和全球金融网络（例如迪拜、印度、中国香港、新加坡和澳大利亚）

以及英联邦的遗产。在伦敦，美国的银行可以雇佣讲法语和德语的专家，因为这些专家想尽量靠近母国。利用其庞大的流动的国内市场和金融人才智库，纽约引领全球金融创新。主要的对冲基金、风险投资和私募股权投资都来自美国。全球证券交易市场的大多数新产品和交易方法出自纽约。

随后，伦敦成为一个专门的金融创新中心，大量金融公司（以来自美国的银行为主体）在这一中心不断适应金融创新，以促使这些创新从美国传递到国际市场。许多来自美国零售银行业务的创新，包括数据处理中心和电话银行，已经通过伦敦传播到欧洲其他地方。伦敦和纽约之间的连接同样需要物理的基础设施。其他任何城市都没有如此密集的网络光纤线路，以及超多的定期航班和信息传递连接。正是两大金融中心的共性和互补性的融合，推动了纽约和伦敦在全球城市与金融体系中的联系以及作为顶级中心的共同演化。

四　全球化时代的门户城市和节点城市

通过以上纽约－伦敦协同发展的历史可以看出，在多尺度的空间网络中，现代的门户城市有其存在的必要性，它们不仅是地理位置优越的城市，更重要的是制度优势在一定领域内部明显的城市。以伦敦为例，现代金融的发展，英国人做出了最大的贡献，金融的基本规则、合约、监管以及法律，都是在英国形成的，基本的航运法都是在伦敦出台的。伦敦处在欧洲大陆和美洲之间，因为语言、法律制度与美国相同、与欧洲不同，从地缘上属于欧洲但是制度上和美国相通，是天然的沟通欧洲和美国的通道。而中国香港在回归之后，在内地日益强大的背景下，香港作为中国门户城市的地位在增强。香港作为中国门户城市的基础是香港特殊的地方优势（市场经济的类型、法律的比较优势、与大英帝国的历史渊源），而不是香港的港口条件。现代门户城市的主要特征是：现代服务业发达的城市，尤其是金融服务业和信息科技服务业；信息和人才的流动的重要性大于货物的流动；信息腹地重要性强于传统的经济腹地；在特定的领域内，拥有制度上的比较优势。

与此同时，节点城市作为生产空间，是通过各种行为主体生产出来的。第一，需要有超越一般大城市标准的高质量的基础设施。第二，中心节点城市对高级人才与大规模低收入工人的需求急速上升，因此吸引了大量人口。第三，随着全球经济日益全球化，节点城市功能扩展到越来越多的城市，成为跨国公司进入国家经济的前哨空间，也是国内经济网络中的控制与指挥中心。节点城市的功能是人为的，制造的过程是复杂的、多面向的。它需要法律、会计、物流以及广泛的其他组成要素，例如依赖于国家和部门的不同投资文化。制造的过程不可能只在一个公司或一个实验室内完成，它需要围绕不同全球经济循环的节点。它需要来自不同国家、拥有不同文化和知识背景的专业人士和经理集中在一个空间里互相学习，哪怕这种学习是无意的。这种过程构成独特的"城市知识资本"，只能在具有多样化知识和体验的城市中产生。

五 北京在世界城市网络中的崛起和建设国际金融中心的时代机遇

随着欧美发达国家金融资本主义的兴衰，尤其是 1980 年代以来英美经济体系的兴衰，过去几十年见证了金融中心研究的发展和方法的变化。当前的金融中心理论体系起源于 1970 年代中期布雷顿森林体系瓦解后发达经济体的新自由主义实践，特别是后福特主义时代，基于伦敦和纽约等金融中心的成功经验。但过去 10 年来，全球金融格局发生了巨大变化。美国的次贷危机以及随后的欧元区危机似乎正在加速全球地缘政治和地缘经济的重心向亚太地区转移，亚洲的国际金融中心也发挥着越来越重要的作用。英国退出欧盟和美国的单边主义逆全球化，以及整个欧洲经济停滞不前，这些都增加了对亚太地区尤其是中国大陆日益增长的影响力的预期。在"一带一路"倡议下，中国经济的全球扩张推动了全球金融市场的需求，并将中国经济嵌入国际金融体系的核心位置。现在北京越来越像二战之后纽约在国内金融版图中的角色，而北京－香港轴心也越来越像纽约－伦敦的跨大西洋轴心。国内国际双循环实际是在强化北京在国内的地位，强化香港的离岸地位。

大量最新研究强调了北京作为领先的金融中心的角色，并指出其在国内外金融网络中的重要性。北京的显著优势是它作为监管机构的所在地，同时也是政治和经济信息中心，这些对金融中心发展至关重要。与上海相比，北京靠近企业和政治的决策者。更具体地说，北京是一个反思金融中心如何应对全球金融格局变化的绝佳案例。当前，北京是一个新兴的世界城市，在世界城市网络中比以往任何时候都强势。它拥有最多数量的《财富》全球500强公司总部，是世界经济中重要的控制和指挥中心。除此之外，北京是迄今为止领先的全国商业银行中心，这巩固了其作为大陆最重要金融中心的地位。

Derrudder 和 Taylor 发表在美国地理学会刊的文章《塑造21世纪的三种全球化力量：通过城市理解新的世界地理》，强调了中国和北京在21世纪全球化中的崛起。作者通过分析企业全球化，从现今城市的角度理解全新世界格局。为此，作者利用世界城市网络研究的概念和实证扩展，来说明决定21世纪走向的主要全球化阶段。该文指出在当今的世界城市网络结构中存在两种全球化进程：集中的全球化和发散的全球化。第一维度主要指美国主导的全球化进程，第二维度指跨北大西洋的全球化进程，这两个过程中出现了纽约－伦敦轴心。随着中国城市在世界城市网络中崛起，在这个背景下，出现了第三维度中国主导的全球化，一个类似当年美国的集中的全球化。美国主导的第一维度的全球化伴随着美国的本地主义的崛起。类似的，中国主导的第三维度的全球化，已经逐渐形成了北京－香港的轴心。研究指出北京－香港轴心在中国全球化、金融化进程中扮演关键角色。因此，在国内国际双循环背景下，北京是国内循环的中心、是本土化的中介，香港是中国大陆参与国际循环最主要的门户城市、是全球化的中介。

在前两个维度的全球化进程中，伦敦的金融中心国际化迅速推进，根本原因是它处于世界城市网络与全球金融网络中的核心位置。1980年代以来，新自由主义经济思想的实践、英语文化的传播和全球性的移民使伦敦成为真正的全球城市，以伦敦为中心的世界城市与金融中心网络触及全球主要经济体。伦敦和全球主要城市之间的联系度较高，其根本原因是大英帝国的殖民扩展使伦敦和主要殖民地国家之间成为一个有机的整体。

二战之后，英国的全球殖民体系瓦解，主要殖民地从政治和军事上摆脱了英国的束缚，但是殖民地国家民众大量向英国移民，殖民地国家的城市和伦敦良好的社会文化联系得以保存。殖民的历史促进了城市面貌的改变和开放程度的提高，增强了城市的外向性，形成了相对包容的城市气质。同时，大多数殖民地独立后沿袭了英国的法律、语言，这使得伦敦和这些城市之间的联系变得畅通无阻。除此之外，欧盟的建立，加速了伦敦和欧洲城市的一体化进程，虽然伦敦并不在欧元区内，它却是欧洲真正的金融中心，是众多跨国金融巨头的欧洲总部所在地，也是欧元最大的交易中心。

然而 2020 年 12 月英国正式退欧，给伦敦的金融业发展带来了极大冲击，因为退欧破坏了伦敦的国际金融中心发展机制，破坏了它的战略节点功能和门户作用。伦敦是全球最重要的门户城市，它是连接北美、亚太、中东与欧洲大陆主要城市的通道，英国退欧之后相当于通道的一端堵住了，另一端的人才、资金等要素只能寻找新的通道进入欧洲。根据 Bloomberg 最新的分析文章，伦敦的国际金融中心地位下滑很明显。如表 2 所示，很多金融业的就业岗位已经从英国（伦敦）转移到欧洲其他城市，主要是阿姆斯特丹、法兰克福、巴黎和都柏林。

表 2 英国退欧之后金融业就业机会的空间转移

单位：个

国家	金融业就业岗位变化
英国	−7600
荷兰	1000
德国	2500
法国	2500
爱尔兰	200

资料来源：根据 Bloomberg 的估算，https://www.bloomberg.com/news/features/2021-03-26/brexit-news-charts-show-financial-impact-on-london-paris-amsterdam-dublin。

如 Allen Scott 和 David Harvey 所言，全球金融危机之后，新自由主义作为指导经济发展的意识形态的崩溃几乎是全方位的。国家内部严重的贫富分化、区域和城市发展不平衡加剧，城市内部的治理和社会斗争问题、全球政治和移民问题矛盾尖锐，英国退欧、美国的单边主义都严重削弱了新自由主义的合法性。与此同时，中国的"一带一路"倡议对全球化和世界经济地理的重塑是显著的，作为中国的政治、经济、金融、高等教育、国际交流和科技创新中心，北京要打造对外开放的中枢，提高在世界城市网络中的节点地位，建设国际金融中心应该是其中一项重要内容，在这个过程中 CBD 将发挥重大的战略节点功能。

六 总结与启示：以 CBD 为平台，打造双循环背景下的节点和门户

在双循环背景下，北京国贸 CBD 行为主体（企业、政府机构、商务精英、社会组织等）已经融合在一起，形成一个有机社会网络，进而促进了资本、人才、商品和信息在一个高密度的商务价值网络中循环。未来应该从四大方面入手，进一步提升 CBD 的战略枢纽功能。这四大引擎是：优质的劳动力供给；通过面对面接触建立的信任和个人关系；创新；加强与香港、上海等外部金融中心的联系。它们可确保北京 CBD 产业集群的持续增长和可持续发展。

第一，北京的人才市场是其最大的资产之一，北京拥有全国最大的、最优质的人力资源。技术劳动力的供给非常充分，作为国际交流中心，国内国外人才都是维持 CBD 发展的主要因素。金融集群中存在着纯粹的知识基础设施。由此产生了两个重要的优势：对于个人求职者，CBD 的工作经历意味着一个良好的职业路线的搭建，因此 CBD 可以源源不断地吸引顶级人才；劳动力市场的规模鼓励企业和部门之间的流动性，将最大可能地发挥规模经济效应。

第二，社会关系建立起的社会网络非常重要。公司、客户、供应商、

专业机构、政府和金融监管机构之间的合作与互动关系仍然是北京 CBD 发展的重要内容（这一点与伦敦金融城的发展机制完全吻合）。在集群机制中，地理上的紧密联系非常重要，因为它在日常工作中维持着面对面的接触过程，通过正式和非正式的商业、社会互动和网络的结合创造环境。面对面接触不仅是一个生产过程本身维护集群的福祉，而且是一个建立信任、生产知识和完成复杂交易的基本要求。就举行面对面会议的能力而言，近距离是一个优势。它允许在短时间内召集会议，使客户、供应商和其他人能够步行到会议地点。CBD 的紧凑性是一个优势，因为它允许更大的互动密度，并在 CBD 内部产生溢出效应，进而影响社会网络和文化环境的基础设施。

第三，CBD 的创新机制尤为重要。高技能的劳动力、客户和供应商之间本地化的关系是帮助公司实现创新的关键因素。研究结果表明，创新是金融集群的支撑。律师事务所经常把客户视为潜在的创新者，因为这些客户需要越来越复杂的法律服务。相比之下，银行、基金经理和保险公司认为供应商（即其他银行和保险公司）在帮助企业，通过竞争进行创新方面非常重要。研究结果还表明，随着企业为争夺市场份额而使业务多样化，企业规模越大，它就越将竞争视为鼓励集群创新的主要因素。

第四，加强北京 CBD 与上海、香港等外部金融中心的联系。最近十年，随着流空间时代的到来，中国城市的等级制网络和差异化发展趋势明显：最具活力的、一体化的大都市核心功能区之间的连通性和相互依赖性水平提高。比如北京与香港、上海、深圳等一线城市之间的联系就日益加强，更具体地反映在 CBD 之间人才、信息和资本的流动上。北京是世界城市网络中的重要金融节点城市，CBD 充当节点或门户，通过跨国金融机构的中介作用将本地金融网络整合到全国和全球范围内，中国的金融中心网络的一个显著特征是包含北京、上海和香港组成的强大的金融三角。这种金融中心的网络，包括某些水平的业务联系，加强了 CBD 的金融集聚，使其成为多尺度的节点和门户，将更好地发挥 CBD 的战略枢纽功能。

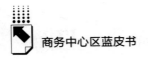
参考文献

O'Brien R. （1992） *Global Financial Integration: The End of Geography*? London: Pinter.

Pryke M. （2011） "Geographies of Economic Growth II: Money and Finance. " In: Leyshon A. , Lee R. , McDowell L and Sunley P （eds. ） *The Sage Handbook of Economic Geography.* London: Sage, 286 – 302.

Sassen S. （2012） *Cities in a World Economy* （4*th edn.* ）. *Thousand Oaks*, CA: Pine Forge Press.

Castells M. （1996） *The Rise of the Network Society.* Cambridge, MA: Blackwell.

Amin A. and Thrift N. J. （1992） "Neo – Marshallian Nodes in Global Networks. " *International Journal of Urban and Regional Research* 16: 571 – 587.

Wójcik D. （2013） The dark side of NY-LON: "Financial Centers and the Global Financial Crisis. " *Urban Studies* 50: 2736 – 2752.

Pan FH, Zhao, XB and Wójcik D. （2016） "The Rise of Venture Capital Centres in China: A Spatial and Network Analysis," *Geoforum*, 75: 148 – 158.

Pan F. H. , Bi W. K. , Lenzer J. and Zhao XB （2017） "Mapping Urban Networks Through Inter – firm Service Relationships: The Case of China," *Urban Studies*, 54: 3639 – 3654.

Wójcik D. and Camilleri J. （2015） "Capitalist Tools in Socialist Hands"? China Mobile in Global Financial Networks. *Transactions of the Institute of British Geographers* 40: 464 – 478.

Derudder B. , Taylor P. J. （2020） "Three Globalizations Shaping the Twenty – first Century: Understanding the New world Geography Through Its Cities. " *Annuals of the American Association of Geographers*, 6: 1831 – 1854.

Lai K. （2011） "Differentiated Markets: Shanghai, Beijing and Hong Kong in China's Financial Centre Network. " *Urban Studies*, 49: 1 – 22.

B.20
墨尔本：澳洲科技中心建设的
经验借鉴与启示

耿 冰*

摘 要： 随着新一轮科技革命的到来，建设科技创新中心已成为全球各大城市增强国际竞争力的重要举措。作为澳大利亚第二大城市，墨尔本充分发挥港口贸易优势，凭借宜居的生活环境和稳健的市场环境吸引了众多科技创新企业和人才，成功转型为澳大利亚科技中心。本文通过对墨尔本科技产业发展现状的梳理，总结墨尔本在打造澳洲科技中心过程中的经验，并在此基础上提出对我国 CBD 打造科技中心的启示和建议。

关键词： 墨尔本 CBD 科技中心

一 引言

新一轮科技革命正在重塑世界经济结构和竞争格局，数字化、网络化、智能化深入发展，全球科技创新资源加速流动。科技中心城市作为全球创新网络中的关键节点，影响、驱动全球创新要素流动方向，成为科学活动的中心和创新经济的高地，建设全球科技创新中心已经成为各个国家和地区应对产业竞争和科技革命的重要举措。随着科技革命和产业变革兴起，全球科技

---

* 耿冰，中国社会科学院生态文明研究所博士后，主要研究方向为城市与区域规划，国土与生态安全等。

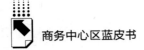

中心已由意大利、英国、法国、德国、美国等欧美发达国家的单一中心逐步向亚太和南半球国家转移，呈现多中心、网络化、全球化的特点。在这一过程中，澳大利亚充分利用自身的优势条件，凭借宜居的生活环境、良好的市场环境和创新的扶持政策吸引了全球人才和企业，逐渐向科技创新领域转型，加入全球科技革命的浪潮之中。

作为澳大利亚的第二大城市，墨尔本连续多年被评为世界最宜居的城市。凭借拥有澳洲最大的现代化港口和国际贸易港口的优势区位条件，墨尔本成为澳大利亚经济发展水平最高的城市之一。随着全球产业结构转型，墨尔本逐步由工业向金融和科技产业转型升级。依靠自身的优势条件，通过打造便捷的营商环境、建设领先的教育体系、提供稳定可靠的监管环境等一系列举措，目前墨尔本的科技创新能力已超过悉尼，跃居澳大利亚第一科技中心，成为世界排名第 22 名的科技城市，其中金融科技更为突出，在全球金融中心指数排名中列全球第 16 名。

位于墨尔本城（City of Melbourne）的墨尔本中央商务区（CBD）云集了众多科技企业和教育机构，是墨尔本科技产业最活跃的地区。澳大利亚科技企业前 20 强的一半选址于此，8 所世界知名大学在该区域设有分校。可以说，墨尔本中央商务区的发展对推动墨尔本乃至全澳大利亚科技产业发展发挥了重要作用。相关评价报告显示，墨尔本之所以引起科技公司的青睐，综合考虑了风投可能性、生活和工作的宜居度、对科技人才的培养度及吸引力等因素。除此之外，墨尔本政府的科学规划、强有力的政策支持、稳定的监管环境和一流的基础设施等也是加速墨尔本成为澳洲科技中心的重要举措。本文介绍了墨尔本科技发展的现状，总结了墨尔本建设澳洲科技中心的经验，在此基础上梳理了其对我国各大城市及 CBD 科技产业发展的启示。

二　墨尔本科技产业发展概况

墨尔本是维多利亚州首府，澳大利亚第二大城市，也是澳洲最具活力的经济和文化中心。墨尔本市区由 CBD 和 16 个近郊城区组成，是澳大利亚人口和经济发展最快的州府城市。近年来，墨尔本着力打造知识城市，重点发展科技创新产业，取得了显著的成效。Savills Research UK 发布的 *Tech Cities in Motion* 报告显示，墨尔本凭借完备的城市人才库、较低的房地产成本、便利的交通和医疗环境，成为科技人才、企业和投资者最青睐的城市之一。

（一）科技创新产业经济贡献度大

墨尔本经济基础好，发展速度快，经济发展仅次于悉尼，位居澳大利亚第二名。墨尔本城是墨尔本经济发展的最大贡献者，2019 年墨尔本城 GLP（Gross Local Product，本地生产总值）为 1041 亿美元（见图 1），占墨尔本大都市区（Great Melbourne）的 37%，占维多利亚州的 24%，占全澳洲的 7%（见图 2）。

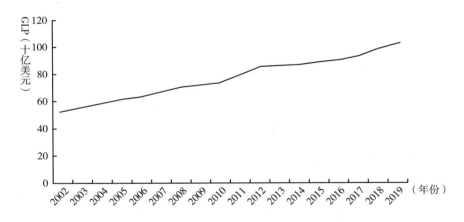

图 1　2002～2019 年墨尔本城 GLP 统计

资料来源：Economic Profile/PWC 2020。

从各产业贡献度来看，科技服务产业是仅次于金融业的第二大贡献产业，2019 年科技产业的 GLP 为 164.7 亿美元，占总 GLP 的 15.8%，如若将金融科技、生物医疗、信息通信等与科技相关产业计算在内，科技创新对墨尔本的经济贡献度将达 50% 以上（见图 3）。

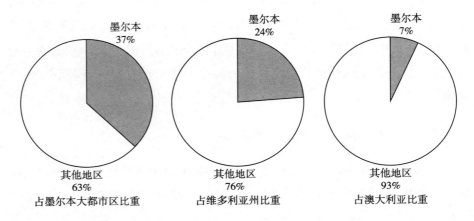

图2 墨尔本城经济发展水平占大都市区、维多利亚州和澳大利亚比重

资料来源：Economic Profile/PWC 2020。

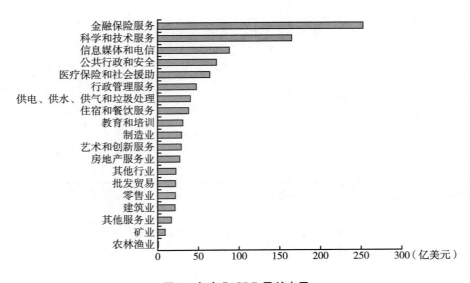

图3 各产业 GLP 贡献水平

资料来源：Economic Profile/PWC 2020。

（二）科技就业岗位多

墨尔本是澳洲第二大城市，也是澳洲人口增长速度最快的城市。墨尔本大都市区 9992.5 平方公里土地上拥有 496 万人口，其中墨尔本城的 37.7 平方公里土地上承载了 18.4 万人。据统计，墨尔本市 2019 年 1.67 万家企业共提供了 49.72 万个工作机会，而大多数的工作岗位集中在墨尔本 CBD、Docklands 和 Southbank 区，这三个区的就业人数占全市的 72%，仅墨尔本 CBD 就提供 24 万个就业岗位，占该市工作岗位的一半。

从行业领域来看，就业人数最多的行业为商业服务业、科学技术产业、金融和保险服务业以及保险业和公共管理服务业，仅 CBD 地区的金融服务业就在两年内增长了 1 万多个岗位（见表 1）。约 8.5 万就业者从事科技相关行业，尽管受到疫情的影响，2020 年就业人数有所下降，但是根据德勤的最新报告，墨尔本有望在 2025 年恢复到疫情前水平，而科技产业在其中将起到重要的拉动作用。

表 1 墨尔本就业情况预测

单位：人，%

项目		2019	2020	2021	2022	2023	2024	2025
		历史数据			预测数据			
墨尔本就业人口	数值	352300	328200	334600	339300	345000	351500	358500
	增长率	3.90	-6.8	2.00	1.40	1.70	1.90	2.00
墨尔本工作人口估算	数值	352300	164700	189100	247400	300900	326400	332600
	增长率	3.90	53.20	14.80	30.90	21.60	8.50	1.90
差值	数值	0	163500	145500	91900	44100	25100	25900
	增长率	0%	-46	13	29	20	7	0

资料来源：*City of Melbourne Medium - Term Economic Outlook*，City of Melbourne。

（三）科技企业众多

墨尔本城拥有 8000 余家科技企业，约 85000 名科技从业人才，每年经济收

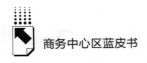
入约350亿澳元，占墨尔本GLP的10%左右。相对低廉的创业成本吸引了许多中小型创业企业，这些企业同时也为墨尔本创造了许多就业机会。根据德勤数据报告估算，科技行业在墨尔本的占比较高，年经济收入将达到508亿澳元。

维多利亚州政府贸易投资局近年来努力吸引各方投资，尤其是科技创业公司，众多市值超过10亿澳元的大企业选择在墨尔本落户，如数字媒体公司REA Group，人力资源平台Culture Amp，软件公司Aconex，国际支付公司Airwallex，企业服务提供商MYOB等，墨尔本还拥有众多企业总部，如社交媒体公司Slack、在线支付公司Stripe、网络购物公司Etsy等，商业巨头也纷纷在墨尔本设立亚太地区总部，如美国数位代理商BVAccel、中国电商京东、美国亚马逊等。众多科技企业的加入带动了墨尔本科技人才的集聚，加速了墨尔本科技中心的建设。

三 墨尔本打造澳洲科技中心的经验借鉴

从港口之城到制造之都，从宜居之城到知识之城，墨尔本在经济发展过程中不断突破发展瓶颈，探索新的经济增长点，在新一轮全球科技革命的浪潮中成功转型成为澳洲科技中心。为吸引科技企业和科技人才、提升墨尔本科技创新能力，墨尔本政府采取了一系列措施。

（一）产业规划与政策：打造科技产业集群发展

墨尔本的知识产业集群规划为墨尔本成为科技城市奠定了基础。20世纪80年代后期，维多利亚州政府规划中首次将墨尔本城规划为知识发展区，提出了墨尔本城从资源密集型产业布局向知识产业布局转变的计划。墨尔本在最新规划《规划墨尔本2050》中，更加着重提出了墨尔本未来的产业规划目标，即着力打造一个吸引投资、增加就业、扩大投资和支持创新性工作的科技产业之城。

1. 形成集聚发展

为推动墨尔本CBD与外围邻近地域的一体化发展，形成具有紧密产业联系的城市功能性地域，《规划墨尔本 2050》规划了 6 个国家就业与创新聚集区（National Employment and Innovation Cluster，简称 NEIC），即优化发展帕克维尔、莫纳升、丹德农南三个聚集区，分布在环 Port Phillip 海湾东侧的发展廊道上；新建拉筹伯、桑夏恩、东韦里比三个聚集区，分布在即将新建的 East West 至 North East 的快速连接线附近。每个就业聚集区除了配备相应的配套设施，比如大学、研究中心、医疗设施、制造企业等，还将形成自身发展特色。同时，政府对这些区域的发展还提供不遗余力的支持，通过交通网的建设将科技创新聚集区与中心城区相连接。

在这 6 个国家就业与创新聚集区中，位于墨尔本城的 Parkville 定位为生物医药、医疗科研和高技术产业集聚。距离墨尔本 CBD 以西 30 公里的 Werribee 则作为第二个 CBD，重点发展健康、教育和高技术产业。6 个国家就业与创新聚集区功能各异，互相协作，有效地分散了墨尔本 CBD 的用地和人口压力，同时又在产业发展中形成优势互补，使墨尔本 CBD 更加专注于科技创新产业发展，形成一中心多维度的产业结构布局（见表 2）。

表 2　墨尔本大都市区国家级就业聚集区的产业发展优势

单位：个

	国家级就业聚集区	产业优势	提供岗位数
已建	莫纳什	教育、健康、科研、商业孵化	58500
	帕克维尔	生物医药、医疗科研、高技术产业	32700
	丹德农南	生态工业、制造、仓储物流	55000
计划	拉筹伯	教育、科研、零售	25700
	桑夏恩	职业教育、健康护理、专业服务	13800
	东韦里比	健康、教育、高技术产业	7100

资料来源：Plan Melbourne。

2. 鼓励科技优先多元化发展

墨尔本政府在重点支持科技创新产业发展的同时，也鼓励传统产业继续发挥优势，实现产业结构的多元化。金融服务产业依然是墨尔本最重要的支柱产业，并且在金融科技的推动下进一步发展壮大，目前金融服务产业占整体经济比重的 15.8%，多家跨国科技公司的澳大利亚乃至南半球总部设立于墨尔本。其次是科技服务产业，占整体经济比重约 10%，墨尔本大都市区有 27 家生物技术研究所、7 所教学型医院、9 所大学医学院和 150 多家生物研究中心，拥有大量高端科学家、企业家和专家。通信技术服务业、公共行政和安全产业、建康和社会助援产业、行政管理服务产业、交通运输产业、能源服务产业、餐饮服务产业、教育和培训产业以及传统的制造业也围绕着科技创新同步发展，形成优势互补的产业格局。从就业结构来看，商务服务、金融和保险业的从业人员占整体就业人员的 30%，其中，就业增长最快的是商务服务业，10 年间增加了 2.47 万个岗位（见表 3）。

表 3　2007～2017 年墨尔本就业岗位及变化情况

单位：个

产业	2007 年	2015 年	2017 年	2015－2017 年增值	2007－2017 年增值
商业服务业	57000	76500	82700	6200	25700
金融保险业	54600	63100	61000	－2100	6400
健康和社会援助	31600	37800	40900	3100	9300
公共行政和安全	37100	37400	40800	3400	3700
餐饮服务业	24700	33500	37500	4000	12800
信息媒体和电信	28400	28400	26200	－2200	－2200
艺术和创新	23400	23400	26000	2600	2600
教育和培训	22200	24800	23500	－1300	1300
零售业	19700	19800	20700	900	1000
行政管理服务	12800	15000	15100	100	2300
制造业	15400	15100	15000	－100	－400
其他服务业	10300	12200	12100	－100	1800
供电、供水、供气和垃圾处理	4400	9800	11300	1500	6900
酒店住宿业	8400	10000	1000	－9000	－7400
批发贸易	7900	10800	6800	－4000	－1100
房地产业	2900	4700	6400	1700	3500
建筑业	3500	5700	6200	500	2700
农业和矿业	3500	3900	4000	100	500
租售雇佣服务业	800	600	500	－100	－300

资料来源：City of Melbourne。

3. 提供政府支持平台

墨尔本的科技中心建设离不开澳洲政府营造的科技创新大环境。澳洲政府为鼓励国家科技发展，出台了一系列措施。2014年推出了《工业创新与竞争力计划》，主要目标包括：低成本商业友好环境、高技能灵活劳动力、更优的经济基础框架、鼓励创新及企业家精神的政策环境。2015年成立创新机构"创新澳大利亚"，该机构为联邦政府组织成立，旨在加强澳大利亚创新产业。同年提出了"国家创新与科学议程"，旨在未来数年内重振澳大利亚本土创业及科技创新。为支持澳大利亚创新和创业走向全球，政府专门投资3600万澳元实施"全球创新战略"。"创客登陆计划"则是全球创新战略中至关重要的部分，旨在支持在澳大利亚发起的、已经准备好进入市场的初创企业走向全球。澳大利亚创客登陆计划由联邦政府投资1120万澳元，四年内在全球五大创新枢纽城市（美国旧金山、以色列特拉维夫、中国上海、德国柏林和新加坡）设立创客基地。维多利亚州政府还专门设立了一个名为LaunchVic的部门用来扶持创新企业和创业机构，该部门已经为位于墨尔本的386家公司和4800多名创业者提供了咨询、支持和帮助。

（二）人才计划：打造世界领先人才体系

墨尔本拥有丰富的教育和研究资源，拥有世界排名第31位、澳洲排名第一的墨尔本大学以及莫纳什大学等6所高校，在生物科技、医学研究、先进制造、信息通信技术、水资源管理、环境和能源技术以及食品等专业领域具有国际领先水平。凭借自身的人才培养和人才吸引政策，墨尔本已成为澳洲乃至全球人才向往的城市之一，为打造澳洲科技中心奠定了人才基础。

1. 人才培养

墨尔本政府全力支持包括墨尔本大学、莫纳什大学、墨尔本皇家理工大学等高等学府在内的人才引进和培养。近几年，政府又在墨尔本西部打造了"澳洲教育城"（Australia Education City）项目，该项目包含一个大学校园和一个研究中心，将吸引超过8万居民和5万学生，使墨尔本成为全澳最大的留学生集聚地。该项目的地理位置距离墨尔本 CBD 仅 20 分钟车程,将成为墨尔本 CBD 重要的人才培育基地,不仅为墨尔本的社会经济发展提供充足的人力资源,提高社会整体素质,更为城市建设、产业升级和创新提供了智库。

为培养科技人才,墨尔本政府还成立了专门的知识部门,鼓励知识培育、技术创新和科学研究,将知识置于城市规划和经济发展的核心地位。知识管理和智力资本规划相结合,促进知识传播和创新,为创造高附加值的产品和服务提供可持续的城市大环境,从而提高墨尔本的科技竞争力。此外,墨尔本政府还鼓励和支持教育与科研机构同企业合作,培养和指导科技人才发挥更大的作用。例如最新开放的位于墨尔本创新区(Melbourne Innovation District)的 Melbourne Connect 创业园区,将各行业的领袖与墨尔本大学连接在一起,利用墨尔本大学在机器人、计算机科学、网络安全等新兴技术方面的专业知识,帮助研究人员、初创企业、行业、政府、大学学生与社区应对和解决与数字驱动、数据支持和社会责任相关的挑战。

2. 人才吸引

墨尔本的另一大特色是能够吸引有才华的技术专业人士。为吸引更多的人才定居澳洲,2019 年澳大利亚移民局开启了新的人才计划"全球人才独立移民项目(Global Talent Independent Scheme,GTIS)",通过该项目的优秀技术人才可以直接获得澳洲绿卡。GTIS 项目重点针对大学教授、研究人员、工程师、研发人员、医生等全球高端技术人才,以期促进澳洲高科技产业发展。作为澳洲经济水平最高、城市规模最大、教育水平最好、最宜居的城市,墨尔本成为全球人才在澳洲各大城市中的首选定居城市,墨尔本所在的维多利亚投资局也为全球人才提供了一系列的移民投资政策,协助人才更快加入。

(三)营商环境:构建稳定的监管环境

科技产业发展离不开金融服务的支持。墨尔本金融服务产业十分发达,为墨尔本科技创新企业的发展提供了可靠的营商环境。

1. 低风险的商业环境

墨尔本金融服务业十分发达，拥有超过1000家金融服务机构总部和40多家银行，包括世界上最安全的澳洲国民银行和澳新银行两大银行的总部。在养老金基金管理和全球金融服务、金融服务研究、教育培训方面，墨尔本具备特别的专长。墨尔本为抵御全球金融危机的冲击，进一步强化了低成本、审慎的基金管理方法，墨尔本所在的维多利亚州是澳大利亚获得国际评级机构标准普尔（Standard & Poor's）和穆迪（Moody's）AAA信用评级的两个州之一，并且在过去的十年一直保持着这个评级，反映了墨尔本稳定的商业环境、强劲的经济表现、良好的财务管理，以及安全的投资环境。根据世界银行的"全球治理指标"，澳大利亚的法治环境在全球各国中名列前十，监管环境质量名列前五，在司法公平和产权保护方面也位居前列。根据《劳合社城市风险指数报告》，墨尔本与其他主要地区金融城市相比，金融风险更低。

2. 政府的大力支持

墨尔本政府非常支持和鼓励科技创业企业，颁布了一系列优惠政策，例如给予创业者生活上的补贴，用于让创业者可以在半年到一年内生活无忧安心创业。对初创公司提供减税政策，为创业公司有合作的高校而提供资金奖励等。同时，政府还为科技创业公司提供数据支持，鼓励创新型企业与政府合作。针对创业企业，墨尔本政府还颁布了《2017～2021年创业行动计划》，依托政府现有服务和承诺，通过12项针对性行动措施来支持创业企业经历五个生命阶段，即"欢迎、创立、资助、增长、走向全球"。这12项行动措施归于4个主题：第一，可持续增长，以服务帮助企业吸引人才和投资；第二，创新场所，即营造开放便利的社区创新场所；第三，包容和协作文化；第四，适应性管理，即提供获取关键数据、资源和商业的机会。墨尔本市政府还与本地脱口秀节目《创业展》合作创办了新的创业图库，向企业收集并开放库存图片、视频和数据，全方位展现墨尔本创业界风采。

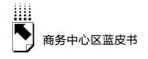

（四）生活环境：建设一流的基础设施

墨尔本凭借独一无二的地理位置成为全世界最宜居的城市，这也是吸引科技人才和创新企业扎根于此的重要因素之一。墨尔本充分发挥了宜居城市的优势，进一步打造一流的交通基础设施，增加居住用地，提供灵活充足的办公场地。

1. 打造"20分钟邻里"交通圈

作为港口城市，墨尔本对外交通十分发达，是澳洲连接世界的纽带。为此，墨尔本政府着力建设内部交通设施，打造20分钟即达城市。在《规划墨尔本2050》中，墨尔本提出了营造健康和富有活力的社区这一发展目标。其中，在全城范围内建设"20分钟邻里"是缓解CBD交通压力、缩短通勤时间、提高居住环境品质的重要举措。"20分钟邻里"规划理念提倡居民的日常生活需求可在以步行、骑自行车或搭乘公共交通为出行方式的20分钟通勤圈内获得满足。墨尔本的许多区域已经实现了"20分钟邻里"目标，其成功要素包括三点：吸引商业发展的人口支撑、宜人的步行环境和吸引人气的公共服务中心。未来，墨尔本将在全城范围内履行"20分钟邻里"的规划实践，并出台了一些更具包容性的规划政策，比如为便于居民生活，一些小型和独特的户外摊点将在食品安全的监管下允许设置；政府将建立一个汇集墨尔本全市所有社区信息的网站，民众通过网络查询可获取社区的人口特征、宜居性和房价等基础信息，方便比较各个社区的发展差异。

此外，墨尔本还将斥巨资110亿澳元修建一个地铁隧道项目，该项目将建设长达9公里的地铁线路，用来打通CBD的东西两向。隧道建成后，承载量将提高2万人/小时，除了墨尔本公共系统以外，其将创造自20世纪80年代City Loop开通以来最大的载客量，可极大地缓解CBD的人口压力。

2. 缓解住房压力

墨尔本CBD确切面积仅为2.4平方公里，却有居住、工作、学习、生活等多种城市功能高度混合。在这个区域聚集着全墨尔本最多且收入最高的工作机会，坐落着全澳领先的大学，拥有最丰富的购物设施和最具特色的文化及休闲娱乐场所。正是墨尔本 CBD 完善的城市功能，使墨尔本成为人口密度最高的区域，也是房价最高的地区。为了缓解在墨尔本 CBD 的住房压力，墨尔本政府在城市规划中选择了多中心、网络化的大都市区发展模式，通过形成联系紧密的大都市区交通网络，重视周边市郊小镇和小城市的开发，推动 CBD 与外围邻近地域的逐步一体化，形成具有紧密社会经济联系的城市功能性地域，这既促进了 CBD 的转型升级，又发挥了各个次中心的相对优势，分散了 CBD 的居住压力，实现了区域的发展共赢。

除了多中心的空间发展布局外，墨尔本政府还推出了集约化的住房政策，即通过推动多户式住宅建设和将较大土地地块细分，鼓励中高密度城市形态的发展，实施多功能综合开发与高密度住房开发策略，最大限度地提供靠近就业岗位的住房，有效地解决了职住分离问题，提高了城市的宜居性。便捷、低廉、舒适的生活环境也是吸引科技人才的重要因素之一。

3. 充足的办公空间

尽管科技创新产业对土地要素依赖性小，但墨尔本 CBD 仅 2.4 平方公里的土地依然无法满足越来越多科技企业落户的需求。为此，墨尔本政府采用了灵活的用地政策，允许企业将废弃工业厂房转为商业用途，过去的仓库，都可以改建成办公室，可以更合理和快捷地使用空间，提升空间的利用效率。通过打造多中心的空间规划举措，分散 CBD 的工业和商业用地压力，新规划的就业集聚区将提供更充足的廉价办公场所，以降低企业经营成本，吸引更多的科技初创公司落地。

但是随着新冠肺炎疫情的持续，墨尔本政府也提出将工业用地改为住宅用地的建议。在《墨尔本工业和商业用地计划》中，墨尔本预留了足够的长期商业和工业用地，以支持工业和商业的创新发展。然而目前疫情让工作环境发生了极大的变化，居家办公、依赖科技通信等新办公趋势使得墨尔本政府重新考虑工业和商业用地布局，这也从另一方面体现了墨尔本政府面对不断变化的发展局势的灵活应对能力。

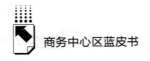
四　对我国 CBD 的启示

在新一轮科技革命的背景下，成为全球科技创新网络的关键节点，是国际大都市提高自身竞争力、实现发展战略的重要策略之一。作为体现城市经济综合实力的商务中心区，更需要在本轮竞争中抢占先机。凭借明晰的产业发展规划、高素质的人才基础、稳定的监管环境和一流的居住环境，墨尔本已跃居为澳大利亚第一科技创新中心。本报告总结墨尔本的成功经验，为我国 CBD 科技中心建设带来以下几点启示。

（一）结合优势产业明确科技发展方向

随着全球分工越来越细化，科技产业的分支也越来越多。在打造科技中心的过程中，墨尔本没有一味追求"大而全"，而是结合了自身在生物医疗、电子科技和金融方面的优势，重点发展生物科技、通信科技和金融科技产业，不仅充分利用了现有产业基础，更进一步与科技创新结合，在突出优势产业的同时转型升级，使之成为全球相关产业的领头人，吸引更多科技产业集聚，形成良性循环的发展格局。我国一些城市对自身产业定位准确，已建成颇具规模的特色科技产业集聚中心，如杭州的互联网科技产业、上海的金融科技产业、深圳的电子科技产业等。但是大多数城市依然处于产业转型发展的探索阶段，尤其以工业、制造业和能源产业为主的内陆城市。这些城市不适宜摒弃已有的产业基础去追逐新兴科技产业，而应在自身优势产业的基础上增加科技赋能，构建"传统产业＋科技创新"的新模式。通过科技创新带动优势产业转型升级，从而建设特色鲜明的科技中心。

（二）提供具有归属感的科技人才政策

高层次人才的引进和培养是科技中心建设的重中之重。通过精准的产业定位吸引高端人才，提供有吸引力的就业条件、有前景的职业发展路径、有挑战的工作内容，从而将高端人才"引进来"，是国内外大都市和知名 CBD

的人才政策着力点。然而，"引进来"的人才如何能够"留得住"，则是容易被轻视的问题。墨尔本之所以能成为全球科技人才向往的城市，最重要的一个原因就是墨尔本的宜居环境。作为全球最宜居的城市，墨尔本充分利用了优越的自然条件，打造了一流的基础设施，为全球各地前来定居的人才提供高品质的生活环境，使得高端人才在墨尔本更好地找到工作和生活的平衡点，既能够从事全球顶尖的科技创新工作，又能够享受全球最宜居的生活环境，让高端人才感受到"归属感"，从而长久地定居于此，这为墨尔本科技产业发展提供稳定的人才基础。除了生活环境，墨尔本还致力于提升城市文化和教育软实力，一方面通过打造全球顶尖教育机构，培养顶尖科技人才，为自身发展提供新鲜"血液"；另一方面通过全民素质的提升，营造科技创新的文化氛围，从而进一步吸引更多的全球高端人才加入。未来我国CBD在人才吸引和培养方面应借鉴墨尔本的经验，提高人才的"归属感"，增强城市的软实力，实现人才"引得来，留得住"。

（三）充分利用城市规划调整科技产业空间布局

作为城市的一个功能区，CBD区域面积通常较小，但是单位土地的经济产出和人口承载量较大。纵观国内外大都市CBD的发展，其均面临着产业用地紧张、交通拥堵、居住成本高、职住分离严重等问题。合理的空间规划可以有效地解决以上问题，为产业发展提供高效的空间利用载体。墨尔本通过多中心集聚发展的方式解决了用地不足的问题，不仅优化了城市空间布局，缓解了居住和交通压力，同时也为不同类型的科技产业提供了充足的发展空间。为打造科技中心，墨尔本的六大就业集聚中心均以大学或科研机构为主，围绕重点科技产业布局就业和居住用地，形成了六个相对独立又相互联通的科技产业集聚中心，组成了优势互补的产业空间格局。我国CBD在未来的科技产业发展过程中，可借鉴墨尔本模式，将CBD规划置于城市和区域规划之中，充分利用科技园区、高新技术产业园区等其他功能区的科技产业优势，形成资金、人才、技术的交流机制，解决因空间不足导致科技产业发展受限的问题。

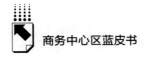
（四）创造低风险的科技创新营商环境

科技产业发展离不开金融产业的支持，CBD 作为城市的金融中心，顺理成章地成为最适宜培育科技创新的区域。墨尔本之所以受到投资者的青睐，得益于良好的金融监管环境和低风险、安全的投资环境。未来，我国 CBD 应着力构建更加稳定的商业环境，提高财务管理能力，加强产权保护，降低金融风险，提高风险抵御能力，为科创企业提供稳健的营商环境。

参考文献

潘教峰、刘益东、陈光华、张秋菊：《世界科技中心转移的钻石模型——基于经济繁荣、思想解放、教育兴盛、政府支持、科技革命的历史分析与前瞻》，《中国科学院院刊》2019 年第 1 期。

韩笋生、凯文·奥康纳、焦怡雪：《城市集约化政策与住宅价格——1991～2004 年墨尔本案例研究》，《国际城市规划》2008 年第 5 期。

大 事 记
Memorabilia

B . 21
2020年度 CBD 发展大事记

一月

1月5日　首届北京 CBD 公共文化发展圆桌会议暨北京 CBD 艺术季启幕仪式在今日美术馆举办，会议聚焦"北京 CBD 公共文化艺术发展方向及举措"进行专题研讨，共议共商共建共谋北京 CBD 未来文化发展之路。

同日　天津河北区政府与南开大学旅游与服务学院战略合作协议签约仪式在南开大学旅游与服务学院会议厅举行。

1月9日　德勤北京分所的第七家公司——华永会计师事务所（特殊普通合伙）北京分所的税务关系正式办理完成，标志着德勤北京分所正式入驻北京 CBD 核心区。

1月11日　广州市委常委、副市长胡洪到广州人工智能与数字经济试验区琶洲核心片区调研。

1月17日　成渝地区双城经济圈江北区形象展示中心建成，展示中心位于江北嘴 CBD 科技金融中心，建筑面积约 1600 平方米。

1 月 19 日　杭州市下城区夜间经济十大示范创建项目启动仪式在武林广场成功启动。活动进一步宣传下城商贸发展成就，发布了下城区发展夜间经济十大举措，旨在加快推进示范创建项目建设，全面促进夜间经济发展，推动建设国际消费中心城区。

1 月 21 日　北京 CBD 核心区 Z2a 阳光项目主体结构全面封顶，预计年底前具备竣工验收条件。该项目总建筑面积约 13 万平方米，建成后将成为阳光保险集团总部办公大楼。

二月

2 月 8 日　北京市政府新闻办召开新型冠状病毒感染的肺炎疫情防控工作新闻发布会，CBD 管委会联合楼宇管理领域专家、协同疾控中心专家，借鉴相关防疫指南及区域内优秀防控案例，并参考不动产管理的行业相关资料与既有楼宇的实践经验，制定并发布了《CBD 商务楼宇及产业园区新型冠状病毒疫情防控工作指南》和《CBD 楼宇联盟关于打好新型冠状病毒肺炎防卫战的倡议书》。

2 月 20 日　虹桥商务区举行 2020 年首批重大产业投资项目网上签约仪式。同日，虹桥商务区举行虹桥国际人才港启动暨 CDP 集团全球总部入驻并服务平台正式运营（网上）仪式。

2 月 24 日　天河中央商务区管委会召开会议通过《天河中央商务区管委会关于做好辖内企业复工复产的工作方案（第三版）》。

2 月 27 日　四川医药健康产业创新发展举办网络推介会，麻醉产业生态链总部项目网络签约。

三月

3 月 3 日　位于重庆江北嘴区域内的重庆 IFS 和财信广场两大综合商业

体正式复工。

3 月 4 日 广州新城琶洲获评国家新型工业化产业示范基地（大数据）。

3 月 17 日 虹桥商务区管理委员会与交通银行上海市分行签约仪式举行，签订了《专项金融服务协议》。

3 月 24 日 虹桥商务区管理委员会与招商银行上海分行签约仪式暨"上海虹桥 CBD 金融服务创新实验室"挂牌仪式在管委会举行。

3 月 28 日 "浙里来消费·万企联动促万亿消费"暨"云购武林"启动仪式在杭州市武林广场正式启动。浙江千亿级武林商圈积极响应实施"浙里来消费双万工程"，在全省率先唱响疫后"浙里来消费"，开展"浙里来消费·云购武林"系列活动。

3 月 31 日 2020 年上海市重大产业项目集中签约暨特色产业园区推介活动在上海展览中心举行。

同日 "全面加快广州人工智能与数字经济试验区建设动员活动"在广州日报报业中心召开。

四月

4 月 1 日 中信保诚资产管理有限责任公司落户北京 CBD，该公司是中信保诚人寿保险有限公司（由中国中信集团和英国保诚集团联合发起创建）的全资子公司，业务范围包括：受托管理委托人委托的人民币、外币资金；管理运用自有人民币、外币资金；开展保险资产管理产品业务；与资产管理业务相关的咨询业务等。

4 月 9 日 商务部会同中央网信办、工业和信息化部联合认定首批国家数字服务出口基地，天河中央商务区与中关村软件园、上海浦东软件园等 12 个园区入选"国家级"名单，成为广东唯一入选区域，也是唯一获批国家数字服务出口基地的商务中心区。

4 月 10 日 虹桥商务区举行 2020 年第二批重点产业投资项目签约（网上）暨投资促进与公共服务事务中心揭牌仪式。

4月17日 北京CBD华贸中心获得美国绿色建筑委员会（USGBC）颁发的LEED既有建筑运营及维护（Building operations and maintenance）铂金级认证。

4月22日 北京CBD金地中心获得美国绿色建筑委员会（USGBC）颁发的LEED既有建筑运营及维护（Building operations and maintenance）铂金级认证。

同日 重庆农商行与四川省农村信用社联合社签署了《共同推进成渝地区双城经济圈建设战略合作框架协议》，该协议是川渝两地金融机构首个联合支持双城经济圈建设的合作协议，将为助推成渝地区双城经济圈建设提供强有力的金融支持。

4月24日 第一太平戴维斯物业顾问（重庆）有限公司正式完成工商注册落户重庆江北嘴CBD，该公司是首家落户重庆江北区的国际商业地产"五大行"① 之一，也是其华西区总部在重庆发展的重要战略布局，业务范畴涵盖重庆、贵州地区。

4月28日 人工智能与数字经济广东省实验室（广州）主任、中国科学院院士徐宗本一行到琶洲调研广州人工智能与数字经济试验区琶洲核心片区开发建设情况，详细了解琶洲整体规划、产业集聚和项目建设情况，以及实验室场地选址、区位优势等相关情况。

同日 虹桥商务区虹桥进口商品保税交易中心二期展销中心等15个2020年首批重点产业投资项目和市政配套项目集中开工。

4月29日 武汉中央商务区智能网联汽车测试和示范应用路段成功通过市专家评审会。

4月底 拉法基豪瑞投资有限公司落户北京CBD，并被北京市商务局认定为跨国公司地区总部，成为2020年以来全市首家新增的跨国公司地区总部。拉法基豪瑞是全球建材行业的领军企业，为全球财富500强之一。

---

① 国际商业地产"五大行"指仲量联行、世邦魏理仕、戴德梁行、第一太平戴维斯和高力国际。

五月

5 月 1 日 银川阅海湾商务区水上公园旅游项目——梦幻岛露营地正式投入运行，一系列新的旅游设施面向游客开放，开启了阅海湾"微度假"新时代。

5 月 13 日 南京市政协领导组织部分市政协委员和相关部门负责人，就南京市区块链产业发展情况开展专项视察，重点走访了位于南京河西金融城的南京区块链产业应用协会，并召开相关企业座谈会，会议指出建邺区将与相关协会继续深度融合发展，充分发挥专业平台优势，在应用场景提供等方面加强合作，促进"金融＋科技"深度融合发展。

5 月 19 日 全球商务区创新联合会发布《2020 年全球商务区吸引力报告》。该报告由安永（EY）与城市土地学会（ULI）共同编写，研究对象包括全球 21 个顶尖商务区，报告显示，北京 CBD 总体吸引力排名较 2017 年排名上升 2 位，位居全球第 7、全国第 1、亚洲第 2；香港中环继续排名第 13 位，上海陆家嘴排名第 18 位。

5 月 21 日 上海虹桥 CBD 举行全球数字贸易港开港暨 2020 数字企业"云开业"项目"云启动"仪式，并正式发布《虹桥商务区全力推进全球数字贸易港建设三年行动计划（2020－2022 年)》。

5 月 22 日 卢森堡签证中心落地郑东新区 CBD。

5 月 26 日 上海虹桥 CBD 管委会会同交通银行上海分行举办交通银行上海虹桥 CBD 支行开业暨跨境业务推介会。

5 月 27 日 CBD 核心区智慧城市建设项目获得立项批复，主要建设内容包括视频监控、信息发布、照明联控、停车诱导等智慧感知基础设施以及后台运行系统等。

5 月 28 日 武汉商务区管委会召开企业复工复产座谈会，对企业提出的问题，邀请相关职能部门进行现场答复，增强企业发展的信心。

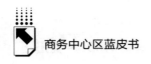

六月

6月1日 北京CBD艺术季分会场——北京环球金融中心举办"不远万里，为爱前行——2020年环保艺术展"。艺术家通过大型折纸作品带来场景化艺术体验，从艺术、办公、商业多个维度探索共建CBD文化生态社群。

同日 为丰富"夜游银川"项目内容，银川阅海湾商务区2020年全面推出了湖城画舫船餐项目，将"夜游"与船餐相结合，将国潮主题元素、茶道、品酒、民乐演奏等丰富文化内涵融为一体，满足市场多元化需求。

6月2日 上海虹桥CBD举行"虹桥商务区移民融入服务站"揭牌仪式。

6月3日 银川阅海湾中央商务区10处5G基站项目全部建设完成，即将进入设备调试阶段，这标志着园区已具备5G基站试点网络，同时也标志着阅海湾商务区着手打造5G智慧园区建设工作进入实质性阶段。

6月6日 "两江四岸"治理提升统筹规划重要民生工程——江北嘴中央商务区滨江公园通过验收，并于6月18日向市民开放。

6月8日 四川天府总部CBD举行四川省服务业"4+6"产业项目集中开工暨招商局集团西南总部和城市综合体开发运营项目开工，百亿项目正式破土动工。

6月9日 北京CBD举办首次"北京CBD人才发展双月坛"，主题为"打造全球商务人才的首选地"。

6月15日 武汉市智能网联汽车道路测试和示范应用管理联合工作组正式下文批复：江汉区全长5.5公里的道路路段被纳入武汉市智能网联汽车道路测试与示范应用路段。

同日 为助力企业复工复产，推动外贸企业产品出口转内销，"七彩夜市 红动武林"直播活动在杭州市武林路精彩开启。

6月22日 南京惟真智能管网科技研究院开展"2020南京创新周分会场活动"——油气管网新技术研讨会。

6 月 24 日 黑石（上海）股权投资管理有限公司北京分公司落户北京 CBD 国贸中心。黑石集团总部位于美国纽约，是一家全球领先的另类资产管理和提供金融咨询服务的机构，是世界最大的独立另类资产管理机构之一，也是美国规模最大的上市投资管理公司。

七月

7 月 2 日 上海虹桥 CBD 管委会与市知识产权局签订战略合作协议，同时揭牌"上海虹桥 CBD 知识产权服务窗口"和"中国（上海）知识产权维权援助中心虹桥商务区工作站"。

7 月 3 日 宁夏回族自治区金凤区企业智慧服务中心揭牌运营。

7 月 15 日 人工智能和数字经济广东省实验室（广州）正式入驻广州琶洲乐天智谷创意园。

7 月 16 日 上海市海外联谊会入驻虹桥商务区海外贸易中心暨海外华商服务进博会促进中心启动仪式在虹桥商务区举行。

同日 APEC 商务旅行卡虹桥商务区受理点签约暨揭牌仪式在虹桥商务区举行。

7 月 17 ~ 19 日 在稳疫情促发展的背景下，为加快形成以国内大循环为主体，国内国际双循环相互促进的新发展格局，由浙江省商务厅主办的浙江省外贸优品进商场暨下城区外贸企业进商圈活动在杭州大厦成功举办。

7 月 27 日 北京 CBD 商务班车核心区线路运营时间及早班运行路线正式调整，早班延时半小时发车，晚班延长半小时运行，着力解决就业出行"最后一公里"。

7 月 28 日 银川阅海湾商务区助力中小企业创新发展"智汇丝路·青年创客大赛"圆满举行。

7 月 29 日，2020 中国国际游戏商务大会在上海虹桥 CBD 成功举行，同日揭牌"国家对外文化贸易基地（上海）北虹桥创新中心"。

7 月 北京中信大厦、北京中国人寿金融中心获得 LEED - CS 金级认

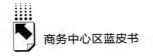

证，是北京 CBD 核心区首批获得绿色认证的项目。其中，中国人寿金融中心项目在 2019 年 12 月已获得 WELL 金级认证，是国内首个 LEED 和 WELL 双金级认证项目。

八月

8 月 6 日 北京 CBD 核心区商圈党建工作联盟十个联合会载体中的首个联合会——北京 CBD 核心区商圈工会主席联谊会成立，会议通过工会主席联谊会的工作职能和运行机制，并选举产生执委会成员。

8 月 11 日 天河中央商务区管委会会同天河区科技工业和信息化局在越秀金融大厦共同举办天河中央商务区高新技术企业政策宣讲暨"足金行动"交流会。

8 月 14 日 北京 CBD 楼宇联盟召开"2020 年 CBD 楼宇联盟理事会"，联盟主席团单位以及 20 余位行业专家参会，会议发布《CBD 楼宇品质分级评价标准 2.0》。

8 月 17 日 上海虹桥 CBD 举行投资促进全球推介工作网络建立授牌仪式。

8 月 18 日 北京 CBD 管委会与朝阳区法院就共同建立"CBD 地区诉源治理机制"暨"无讼商务区"达成合作协议。

8 月 19 日 北京国际 CBD 生态联盟举行生态圈研讨会，多家跨国公司地区总部与会共同探讨如何进一步创新开放、联动共赢。

同日 由南京市建邺区科技局、建邺区金融监管局、南京河西 CBD 管委会主办，奇思汇协办的新型研发机构科技金融对接会暨"奇思创想 触动未来"创新项目路演系列活动第七期圆满落幕。

8 月 21 日 北京 CBD 成功举办"北京 CBD 人才发展双月坛 No. 2"，论坛以"创新人才标准、共建人才生态"为主题进行研讨。

8 月 27 日 2020 中国杭州国际人力资源峰会在杭州市下城区成功召开，此次峰会以"融合共生·聚力同行"为主题。

8月28日 北京 CBD 核心区商圈巾帼精英汇成立大会在中信大厦召开，朝阳区妇联、CBD 管委会、CBD 地区安全管控支队、CBD 核心区商圈党建工作联盟、CBD 核心区商圈巾帼精英汇等单位和组织相关人员参会。

8月31日 第十四届中国国际女装设计大奖赛在杭州武林 CBD 正式启动。

九月

9月6日 2020 北京 CBD 论坛在亚洲金融大厦举办，论坛以"引领国际要素聚集，打造世界领先 CBD"为主题，邀请了来自政、产、融、学、服 5 个领域的权威人士出席并发表观点。该论坛由北京 CBD 管委会主办，北京国际 CBD 生态联盟、全球商务区创新发展联合会、中国商务区联盟联合承办，德勤中国提供智力支持。

9月7日 2020 中国商务区联盟闭门会议在北京郡王府召开，联盟主席龙永图主持会议，北京、上海、广州、西安等 14 家联盟成员单位代表 40 余人参会，会上宣布济南中央商务区正式加入中国商务区联盟并进行授牌。

同日 天津市河北区楼宇办举办楼宇经济管理服务云平台专题培训会。

9月7~8日 天河中央商务区作为全省唯一的国家数字服务出口基地参展 2020 年中国国际服务贸易交易会，设置专区推介。

9月8日 北京 CBD 核心区的 Z13 国寿金融中心大厦储能项目投入使用，该项目是 CBD 核心区第一家通过储能技术为大厦提供补充电源供给的项目。

9月11日 北京 CBD 管委会与高碑店、太阳宫、南磨房、平房和东风五个地区主管经济工作的负责人召开 CBD 功能区"十四五"规划产业定位座谈会，探讨功能区整体定位及各地区产业定位。

同日 天津市河北区楼宇经济商会成立。

同日 虹桥商务区发布十大企业总部成功案例，包括跨国公司、上市公司总部、民营企业总部、长三角企业总部等各个总部类型，涉及多个领域。

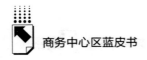

9月15～17日　2020年中国国际智能产业博览会在重庆江北嘴CBD举行。

9月17日　天河中央商务区管委会与英国国际贸易部合作举办新一期中英金融人才教育培训——数字新金融专题班顺利完成。

9月18日　宁夏回族自治区发展和改革委员会、宁夏回族自治区工业和信息化厅、银川市人民政府、宁夏大学主办的宁夏数字经济高质量发展论坛在宁夏大学国际交流中心隆重举行。宁夏大学数字经济与智慧管理研究院为银川阅海湾中央商务区"宁夏大学数字经济产学研合作共建基地"进行了授牌。

同日　为期3天的第七届中国（杭州）电子商务博览会在杭州国际博览中心举行。本届展会重点以"打造全球领先的电子商务博览会"为核心，充分挖掘省市的产业优势资源，促进数字贸易深度发展与发挥一站式电子商务公共服务平台功能输出。

9月22日　第四届全球跨境电子商务高峰会在郑东新区辖区开幕。

9月23日　上海市检察机关虹桥商务区知识产权保护中心挂牌成立，管委会与市人民检察院第三分院共同签署《关于推进上海虹桥CBD知识产权保护机制建设的战略合作备忘录》。

9月24～27日　2020浙江国际进口（武林洋淘）博览会在浙江展览馆成功举办。

9月25日　北京CBD核心区商圈消防联合会成立仪式在CBD核心区中信大厦广场举行。

9月26日　2020年中国金鸡百花电影节闭幕式暨第35届大众电影百花奖颁奖典礼在辖区河南艺术中心隆重举办。

9月27日　2020海丝之路（中国·宁波）文化和旅游博览会在宁波会展中心落下帷幕，省区市三级领导莅临鄞州创意展区参观指导，充分肯定了园区及参展企业的展出成果，并鼓励鄞州文创继续提升能级，引领创意。

9月28日　武汉商务区内中国移动大厦正式启用，湖北移动武汉分公司正式入驻。

9 月 29 日　为期 6 天的第 16 届中国国际动漫节杭州市下城区分会场活动在市级文化产业街区新天地活力 PARK 举行。

十月

10 月 10 日　重庆国家金融科技标准化认证中心落户重庆江北嘴 CBD，该中心系人民银行总行牵头设立的全国唯一负责金融科技标准化认证机构，集检测、认证、研究、服务于一体，提供金融科技检测认证及标准化综合服务。

10 月 16 日　2020 中国商务区联盟年会论坛在西安碑林区举办，中国商务区联盟、中国社会科学院生态文明研究所及社会科学文献出版社共同发布《中国商务中心区发展报告 No. 6（2020）——CBD：引领中国服务业扩大开放》。

同日　由银川市人民政府主办的 2020 银川"产业数字化·数字产业化"高质量发展论坛在银川阅海湾商务区举行。论坛围绕"产业数字化·数字产业化"，全面展现和解读数字化建设为培育经济发展新动能、拓展经济发展新空间、打造高质量发展新增长极过程中的有效实施路径与典型应用案例。

10 月 21 日　南京市建邺区金融人才创新创业论坛在南京河西 CBD 举行。

10 月 22 日　重庆江北嘴 IFS 荣获中购联购物中心行业 2020 年度营销创新奖。

10 月 23 日　北京 CBD 管委会以"构建全球生态圈，提升国际吸引力"为主题举办 2020 北京 CBD 跨国公司创新与发展沙龙。克诺尔、普华永道、亚马逊、西门子、耐克、惠普、思科、国贸中心、银泰中心等区域 30 余家企业代表参加活动。

10 月 29 日　上海虹桥 CBD 举行长三角产业基金服务平台揭牌暨首批入库基金签约授牌仪式。

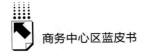
同日 2020 亚洲设计管理论坛暨生活创新展（ADM）在浙江展览馆正式开展。

十一月

11 月 1 日 华夏经济发展研究院和上海西虹桥商务区举办了"第三届中国国际进口博览会溢出效应论坛"。

11 月 8 日 天河中央商务区管委会联合第一太平戴维斯参展第三届中国国际进口博览会，在进博会展馆主办主题为"赋能湾区、前瞻趋势"的推介活动，面向国内外客商介绍天河 CBD 高端营商环境和产业集聚优势，提升天河 CBD 知名度和影响力。

11 月 11 日 宁夏顺亿大厦项目落地阅海湾 CBD 银川丝路经济园。

11 月 17 日 北京 CBD 核心区商圈党建工作联盟"十个联合会"中第四个联合会——"侨之家"揭牌仪式在正大中心举行，旨在为侨商、归侨搭建相互学习交流的平台，增强区域"两个覆盖"工作能力。

11 月 19 日 影视制作和数字经济创新创业园项目签约仪式在宁波国家广告产业园举行。

同日 "新消费 醉杭州"2020 杭州休闲购物节启动暨杭州中国丝绸城省级高品质步行街开街仪式在杭州中国丝绸城正式启动。活动围绕"新消费"的内涵，全面体现新技术、新模式、新场景、新业态，充分展示"醉杭州"的魅力。

11 月 20 日 "论道大虹桥·2020 百家上市公司闭门会——聚焦枢纽·引领经济增长极"在虹桥商务区举办。此次会议以"论道大虹桥·2020 百家上市公司闭门会""大虹桥之夜·商务交流会"两个活动为主体，通过集聚国内上市公司资源，进一步做强虹桥商务区总部经济功能，实现枢纽经济的增长极效应。

11 月 23 日 云上江北嘴 App 在华为应用市场成功上线。

11 月 25 日 天河中央商务区管委会通过在线视频的方式举办云招商活

动，并发布《天河 CBD 数字楼书》及《广州市天河中央商务区楼宇可持续发展指数 2020 版》。

十二月

12 月 7 日　北京 CBD 管委会在 CBD 自贸区招商服务大厅全球连线厅以在线形式参加全球商务区创新联合会 2020 年圆桌会议。会议以"重新思考全球商务区的未来"为主题，邀请全球商务区的管理者、相关机构、地产专家、企业代表，分享各自 CBD 当前现状、面临的挑战以及这些挑战对全球商务区未来的影响。

12 月 11 日　北京 CBD 公共文化发展专家委员会成立仪式暨 CBD 公共文化发展圆桌会在正大中心举办，圆桌会聚焦"公共艺术与公共空间的互融共生"，探讨在"两区"建设背景下，CBD 推动公共艺术的战略思路，谋划北京 CBD 的公共艺术与公共空间互融共生。

同日　赛诺根（中国）有限公司落户北京 CBD，并获得北京市首张加带自贸区标识的营业执照，是首家落地北京自贸区商务服务片区的跨国公司亚太区总部。

12 月 23 日　宁波南部商务区管委会主办"南商邻里日"之走进雷孟德活动，来自园区各楼宇的近 70 位企业代表共同参与了"双循环格局下的跨境贸易 2021"主题分享会。

同日　北京市商务局、市邮政管理局发布《关于认定北京市末端配送创新试点点位的通知》，CBD 核心区中信大厦、中国人寿金融中心两个项目被纳入北京市首批试点点位。

12 月 28 日　继百行征信后，我国第二家个人征信公司朴道征信有限公司正式入驻北京 CBD，成为继赛诺根中国之后，第二家获得带有自贸区标识营业执照的企业。

12 月 29 日　北京 CBD 落户全市首家自贸区范围内专营银行分支机构——中国工商银行股份有限公司北京商务中心区支行，并正式更名为

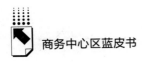

"中国工商银行股份有限公司北京自贸试验区国际商务服务片区支行",成为北京市首家在自贸区范围内设立的自贸业务专营银行机构。同日,中国银行成为北京朝阳地区首批取得监管批复成立北京自贸试验区支行的银行。

12月31日 广州天河区招商引资和企业服务工作领导小组召开第一次全体会议,审议通过《天河区招商引资和企业服务工作领导小组工作规则》《天河区招商引资和企业服务工作领导小组办公室工作细则》《天河区招商引资和企业服务工作领导小组成员单位职责》等文件,同意设立天河区招商引资和企业服务工作领导小组及其办公室,办公室设在天河中央商务区管委会,承担领导小组日常工作。

Abstract

The proposal of the CPC Central Committee on formulating the fourteenth five year plan for national economic and social development and the long-term objectives for 2035 clearly puts forward "accelerating the construction of a new development pattern with domestic circulation as the main body and domestic and international dual-circulation promoting each other". Accelerating the construction of a new development pattern has become the path choice for China to deal with the opportunities and challenges in the new development stage, implement the new development concept and build a socialist modern country. How to actively integrate into the new development pattern and improve the international competitiveness of China's service industry has become an important task for the development of CBD in the new era.

"Annual Report on the Development of China's Central Business District No. 7 (2021)" (hereinafter referred to as "the report") takes "CBD: building a strategic hub for mutual promotion of domestic and international dual-circulation" as the theme, deeply grasps the scientific connotation of building a new development pattern of "dual-circulation", accurately studies and judges the international economic and trade situation and the evolution trend of rules, and combs and summarizes the role of local CBD in unblocking the domestic cycle Participate in the advantages, development achievements and problems of international economic cycle, study and put forward the overall idea, key tasks and Countermeasures of building CBD into a strategic hub of mutual promotion of domestic and international double cycles. The overall framework of the report includes six chapters: general report, domestic circulation, international circulation, domestic cases, international experience and the chronicle of CBD

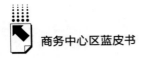

development.

The report points out that with the development process of China's reform and opening up, China's CBD continues to deepen institutional innovation and reform integration, develops into a special economic functional area with international high-end resource agglomeration, prominent factor hub function, perfect modern circulation system and international business environment, and plays a strategic hub role in connecting domestic and international economic activities, It has formed an advantageous foundation for unblocking the domestic economic cycle and participating in the international economic cycle, and has a special position in building a new development pattern of "dual-circulation". However, due to the relatively high barriers to opening to the outside world, the imperfect system and mechanism of market-oriented allocation, excessive internal control of the service industry and other factors, CBD is still facing the institutional and institutional constraints of unblocking the domestic and international dual-circulation, as well as the risks and challenges brought by the reconstruction of international economic and trade rules. The report points out that facing the new situation and challenges, CBD should continue to expand institutional opening and enhance the function of international opening hub; Increase the opening of the service industry to the domestic market and promote the deep integration of domestic and international markets; Strengthen industrial collaborative innovation and enhance the position of Chinese services in the global value chain; Cultivate a fair competition environment, smooth the market system and supply-demand cycle, and further give play to the strategic pivotal role of CBD in the new development pattern of mutual promotion of domestic and international dual-circulation.

Keywords: CBD; Dual-circulation; New Development Pattern; Global Value Chain; Strategic Hub

Contents

I General Reports

Abstract: With the development process of China's reform and opening up, China's CBD continues to deepen institutional innovation and reform integration, and has developed into a special economic functional area with international high-end resource agglomeration, prominent element hub function, perfect modern circulation system and international business environment. It plays a strategic hub role in connecting domestic and international economic activities, forming a smooth domestic economic cycle. The advantageous basis of participating in the international economic cycle has a special position in building a new development pattern of "double cycle". However, due to the relatively high barriers to opening to the outside world, the imperfect system and mechanism of market-oriented allocation, excessive internal control of the service industry and other factors, CBD is facing the institutional and institutional constraints of unblocking the domestic and international double cycle, as well as the risks and challenges brought by the reconstruction of International Economic and trade rules. Facing the new situation and challenges, the report puts forward that CBD should continue to expand institutional opening and enhance the function of international opening hub;

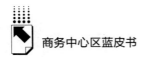

Increase the opening of the service industry to the domestic market and promote the deep integration of domestic and international markets; Strengthen industrial collaborative innovation and enhance the position of Chinese services in the global value chain; Foster a fair competition environment, smooth the market system and supply-demand cycle, and further play a strategic pivotal role in the new development pattern of mutual promotion between domestic and international cycles.

Keywords: CBD; Dual-circulation; New Development Pattern; Global Value Chain

B.2　China CBD Development Evaluation in 2020

General Report Writing / 041

Abstract: Focusing on the core meaning of the new development pattern, based on the advantages and development results of China's CBD integrating into the new domestic and international double cycle development pattern, this paper compares the international first-class CBD, and quantitatively evaluates the 26 CBD of China Business District Alliance from the five dimensions of opening-up system, factor circulation system, new consumption system, market environment system and innovative development system. The evaluation results show that in 2020, China's CBD opening to the outside world will be greatly promoted, and the economic benefits will continue to improve; The innovation ecosystem has been significantly optimized and the leading role of digital economy has been highlighted; The modern circulation system is becoming more and more perfect, and the function of factor hub is gradually strengthened; Remarkable achievements have been made in the transformation and upgrading of consumption, and new consumption patterns are emerging; The market environment has been significantly optimized and further in line with international rules. Looking forward to the future, CBD should speed up adapting to the new changes of international economy and trade, actively integrate into the new development pattern of double cycle, and strive to improve the position of "China service" in the global value chain.

Keywords: CBD; Dual-circulation; Opening to the Outside World; Development Evaluation

Ⅱ Domestic Circulation Chapters

B.3 The Main Experience and Countermeasures of Promoting the "Double Circulation" Development by Improving the Technological Innovation Ability of CBD

Zhang Zhuoqun / 062

Abstract: Speeding up the construction of a new development pattern with the domestic big cycle as the main body and the domestic and international double cycle promoting each other is a major strategic deployment after China has entered a new stage of development. China's CBD, with its outstanding advantages in scientific and technological innovation, has become a "bridgehead" to support the "double circulation" development. It has gained a number of important experiences in strengthening the ability of independent scientific and technological innovation, improving the level of science and technology service industry, building a highland for scientific and technological talents, optimizing the business development environment of enterprises, and widely carrying out international exchanges and cooperation. At the same time, in the "fourteenth five year plan" and longer period in the future, the improvement of CBD's scientific and technological innovation ability still faces a series of challenges. It is urgent to further explore and innovate in deepening the reform of system and mechanism, breaking through the bottleneck of innovation chain, strengthening the construction of talent team, improving the government's governance ability, and enhancing the innovation radiation level, so as to promote high-quality "double circulation" development.

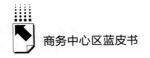
Keywords: Independent Innovation; Science and Technology Services; Talent Development; Business Environment; International Communication

B. 4   Thoughts and Suggestions of Promoting the Opening of CBD

Service Industry to the Outside World   *Tan Hongbo* / 075

Abstract: It is a common sense to academics and policy makers that the level of service sector opening to domestic and the outside world is lower. In recent years, the research about opening to outside world is more and more, but the research about thoughts and approaches of opening to domestic is less. CBD is the important supporting region of modern service sector and play a special role in process of opening to domestic and outside world, so this article analyses the strategic implications, thoughts and approaches of opening service sectors market to domestic. Under the background of building dual circulation development pattern and based on the idea that CBD serves as "development zone" of service sector to open to the domestic, this article proposes some thoughts and specific approaches of prompting service sector to open to the domestic market from the perspective of market integration, the relationship between openness and regulation, the relationship between openness and security and the relationship between opening to domestic and opening to outside world.

Keywords: CBD; Service Industry; Open to the Inside

B. 5   Building International Consumption Center Cities under the

Guidance of CBD   *Hao Qing* / 092

Abstract: Cultivating and building international consumption cities is an important measure to promote high-quality economic development and a new round of high-level opening to the outside world. It is of great significance to expand leading consumption, promote industrial structure upgrading, form a strong domestic market, drive economic growth and better meet people's needs. It has strong attraction to consumer service providers and consumers and has the natural advantage of leading the construction of consumption center. Building an international consumption center city led by CBD can not only meet the high-grade and diversified consumption needs of consumers, but also promote the economic development and lasting prosperity of CBD, and improve the comprehensive strength and sustainable development ability of the city. At present, the CBD of China's cities has the advantages of high degree of opening to the outside world, good level of economic development, complete infrastructure, new means of urban governance, good foundation of high-end consumption and strong policy support. However, there are also some deficiencies and constraints, such as low international influence, low environmental quality, limited expansion of new consumption space, weak regional radiation driving ability and so on. In accordance with the requirements of high-quality development and meeting the people's high-quality life, further improve the supporting facilities of CBD, optimize the land layout and spatial structure, and improve the ability of urban governance. By gathering high-quality consumption resources, create new consumer business circles, promote consumption integration and innovation, improve consumption promotion mechanism, improve consumption environment, expand consumption market, and lead the construction of international consumption center cities.

Keywords: International Consumption Center City; Central Business District; Consumption Environment

B.6 Data Circulation and Scene Application: Practice, Progress and Trend Prospect of CBD

Zhang Tao, Hou Yuheng and Feng Dongfa / 103

Abstract: Under the New Development Pattern, data circulation enables the high-quality development of CBD from both supply and demand sides, which is conducive to playing the engine role of CBD in expanding domestic demand, promoting industrial upgrading and deepening supply-side structural reform. At present, the new generation of information technology in China is still developing rapidly, and the relevant supporting policies are not perfect enough. Therefore, there are still many opportunities and challenges in the transformation and upgrading of CBD relying on digital economy. With the continuous improvement of technology and policies, data elements will give economic and social empowerment and release greater economic effects from accelerating the docking of supply and demand information, promoting the integration of the real economy, smoothing the channels of industrial transfer, and expanding the scale of employment.

Keywords: CBD; Domestic Circulation; Data Circulation; Scene Application

Ⅲ International Circulation Chapters

B.7 CBD and the Opening of Financial Service Trade

Zhang Yu / 116

Abstract: Financial service industry is not only one of the core industries of CBD, but also the focus of domestic reform and opening up. The development of CBD financial service trade plays an important role in the process of China's financial system reform and opening up. Starting from the current situation of the development of China's financial service trade, this paper analyzes the characteristics of the development of China's financial service trade from the aspects such as market share, trade growth rate, industrial status, export market distribution as well as international competitiveness, and discusses the role of CBD in promoting the development of China's financial service trade and financial opening process by means of typical CBD development cases. On this basis, it reveals some of the problems that CBD is facing in the development of financial service trade, such as the disadvantage of backwardness, the lack of policy space, the single business model and low-level agglomeration, the fragmentation and the unfavorable external environment, while the countermeasures and suggestions are given from the perspective of Dual-Circulation Strategy, which includes deepening the reform of the financial system, further expanding the financial opening-up, improving the construction of financial infrastructure, promoting the innovation of financial science and technology in the region, and exploring the financial supervision system under the open conditions.

Keywords: CBD; Financial Service Trade; Financial Opening-up

B.8 The Basis and Strategic Path for CBD to Build as International Operations Research Center under the Background of "Double Cycle" *Dong Yaning / 148*

Abstract: Under the background of "Double Cycle", it is important to strive to build China's CBD into an international operations research center and integrate it into the new development pattern. First of all, this article sorts out the "Double Cycle" development background and finds that with China's economic development and the continuous deepening of its opening to the outside world, China's CBD is playing the role of a bridgehead connecting domestic and international markets. Then, this article summarizes the development basis of Beijing CBD, Shanghai Lujiazui Financial Center, Shanghai Hongqiao CBD and Guangzhou Tianhe CBD, towards the construction of an international operations research center. Finally, this article puts forward the strategic path for CBD to build an international operations research center from the aspects of "central system highland", "consumer service highland", "policy environment highland" and "factors gathering highland".

Keywords: "Double Cycle"; New Development Pattern; CBD; International Operations Research Center

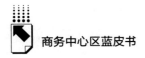

B.9　The Ideas and Suggestions about CBD Promotes the Smooth

Circulation of "the Belt and Road Initiatives" Regional Market

Li Hongyu ∕ 164

Abstract: Promoting the Belt and Road Initiatives, big market circulation and smooth is an important guarantee for achieving "double circulation" . The Belt and Road Initiatives, the Belt and Road Initiatives, the CBD, is the core area of the city's economy. It is also an important engine for CBD's high quality development. CBD promotes the Belt and Road Initiatives, big market circulation and smooth circulation, which has five main advantages. First, the location is excellent, two is the high-end factor gathering, three is the outstanding innovation of science and technology, four is the culture absorb anything and everything, and five is the policy guarantee. CBD should promote the Belt and Road Initiatives, big market and smooth circulation. We should attach great importance to five aspects. First, some areas are unstable politically and socially; two, the level of regional economic development along the line is not high; three, the barriers of regional protectionism; four, the differences between Humanities and languages; five, the compatibility of the system environment and technical standards. The Belt and Road Initiatives, the Belt and Road Initiatives, one CBD, should be the front and core node to promote the "the Belt and Road Initiatives" market. The Belt and Road Initiatives, the Belt and Road Initiatives, the Belt and Road Initiatives, one side, one should be developed. CBD should actively expand the "one belt" economic and trade cooperation, do a solid job in docking high-end financial and business services, accelerate the promotion of "one belt and one way" cultural exchange, and strengthen the CBD's role in promoting the regional economy. These four aspects will promote the "the Belt and Road Initiatives" big market circulation.

Keywords: CBD; "the Belt and Road Initiatives"; Smooth Market Circulation

B.10 Thoughts and Suggestions on Constructing "Four Chain in
One" Innovation and Entrepreneurship Ecology in CBD

Wang Han, *Wang Jiawei* / 183

Abstract: Under the background of accelerating the construction of a new development pattern with the domestic big cycle as the main body and the mutual promotion of domestic and international double cycles, the high-quality development of China's economy and society puts forward more urgent requirements for innovation and entrepreneurship, the central business district (CBD), as the functional core of the city, undoubtedly shoulders the great mission of building a "Four Chain in One" innovation and entrepreneurship ecology. Based on the era background and requirements of building "Four Chain in One" innovation and entrepreneurship ecology, this paper analyzes the advantage basis and development status of CBD in building "Four Chain in One" innovation and entrepreneurship ecology through three typical cases of Beijing CBD, Zhengzhou Zhengdong New Area CBD and Hangzhou Wulin CBD, as well as the key problems faced by CBD in building innovation and entrepreneurship ecology. Finally, it puts forwards the ideas and specific suggestions for the construction of "Four Chain in One" innovation and entrepreneurship ecology in CBD.

Keywords: CBD; "Four Chains in One"; "Double Cycle"; Innovation and Entrepreneurship; Industry Modernization

IV　Chinese Experience Chapters

B.11 Typical Experience and Effectiveness of Beijing CBD in
Promoting the Construction of "Two Zones"

Wu Xiaoxia, *Gao Bo* / 198

Abstract: Beijing CBD has been brought more opportunities and higher

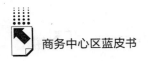

requirements by the construction of the "Integrated National Demonstration Zone for Opening up the Service Sector" and "China (Beijing) Pilot Free Trade Zone". Given full play to the policies and advantages of the "two-zones", Beijing CBD has improved the level of opening up, optimized an international business environment, and promoted a first-class innovation and entrepreneurship ecosystem. Beijing CBD has formed some reproducible and feasible experiences. Moreover, remarkable achievements in economic development, industrial transformation have been made by Beijing CBD. In order to enhance the global competitiveness of Beijing CBD, it is necessary to deepen the opening up of the service industry, enhance the level of international cooperation, build an international talent highland and promote a first-class business environment.

Keywords: Beijing CBD; "Two-zones" Construction; Double Cycle Development Pattern

B.12 Hongqiao Central Business District: Based on Openness and Innovation, Expand Shanghai's Global Urban Spatial Pattern

Zhang Xueliang, Wang Yuzhou / 212

Abstract: The development of Shanghai Hongqiao Business District has experienced the functional evolution from comprehensive transportation hub, business center to international open hub. Closely focusing on the functional construction of "big transportation", "big exhibition" and "big business", the hub function of Hongqiao Business District serving the Yangtze River Delta and connecting the world has been continuously improved, which has made a positive contribution to serving the high-quality integrated development of the Yangtze River Delta and the construction of world-class urban agglomeration. Looking forward to the future, Hongqiao Business District will focus on building a new platform for an open and shared International Trade Center, enhancing the opening hub function of China Unicom at home and abroad, and carry out all-round innovation and high-level opening, so as to achieve the goal of "opening to the inside makes the external circulation more competitive and opening to the outside makes the internal circulation more efficient".

Keywords: Hongqiao Central Business District; Open Innovation; International Open Hub

B. 13　Shenzhen Futian District Central Business District: Ideas and Countermeasures to Support the Construction of International Science and Technology Innovation Center in Guangdong-Hong Kong-Macao Greater Bay Area

Zhang Yan, *Gong Piping* / 228

Abstract: Futian central district is the CBD with the highest maturity in Shenzhen. The new Xiangmihu financial center not far away is a new high-quality development engine that Futian district is striving to build. In recent years, the functional linkage between the two has been continuously strengthened, and they are gradually integrating to form a new Futian CBD, which has become an important part of Shenzhen CBD. At present, the region has the advantages of strong spatial carrying capacity, high concentration of financial headquarters, profound reform and innovation genes, strong modern urban atmosphere and so on. It is an important carrier to provide financial support for the construction of Guangdong Hong Kong Macao Dawan international science and technology innovation center in the next step. In the future, Futian CBD should adhere to highlighting the guidance of science, technology and finance, strengthen the linkage with Hong Kong and Macao, promote internal and external coordination, enhance the image of international window, accelerate the guidance of scientific and technological innovation and the aggregation of financial elements, promote the in-depth integrated development of scientific and technological innovation chain and financial capital chain, and build a benchmark for the integrated development

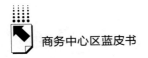

of financial science and technology in Guangdong, Hong Kong and Macao.

Keywords: Shenzhen Futian CBD; Science and Technology Finance; Guangdong-Hong Kong-Macao Greater Bay Area; International Science and Technology Innovation Center

B.14 The CBD of Chang'an Road in Beilin District of Xi'an: Experience and Countermeasures of Supporting Xi'an Deeply Integrated into the Domestic and International Double Circulation

Gong Runa, Zhang Zhuoqun / 243

Abstract: The CBD of Chang'an Road in Beilin District of Xi'an is not only a high-end service industry cluster in Xi'an, but also a city card of Xi'an. Xi'an approved as "National Central City" and builds the Belt and Road comprehensive reform and opening up experimental area, which provides an important historical opportunity for the CBD of Chang'an Road in Beilin District to deeply integrate into the domestic and international double circulation. The CBD of Chang'an Road in Beilin District has carried out fruitful exploration in the aspects of opening-up, business circle construction, business environment optimization, cultural exchange and cooperation, and formed four major experiences of modern CBD integrating into the double cycle development pattern. During the "14th five year plan" period, the CBD of Chang'an Road in Beilin District needs to make full efforts in science and technology, industry, talent, service, culture and other aspects to create a comprehensive open highland in Northwest China, deeply integrate into the double circulation, and achieve high-quality economic and social development.

Keywords: Beilin CBD; Double Circulation; High-Quality Development; Xi'an

B.15 Yuehaiwan CBD: Achievements, Problems and
Countermeasures of Building a Bridgehead for
National Opening to the West

Zhang Shuangyue, Wu Zhanyun / 255

Abstract: Yuehaiwan CBD is the only functional Park dominated by modern service industry agglomeration in Yinchuan, and it is also the bridgehead for Yinchuan to build the country's opening to the West. In recent years, as an important engine of Yinchuan's economic development, Yuehaiwan CBD has made important achievements in opening-up , creating a scientific and technological environment of innovation, creating a new consumption highland and optimizing the international business environment, which is continuing to promote Yinchuan and even Ningxia Hui Autonomous Region to take part in the "Belt and Road", and the new development pattern. In the future, Yuehaiwan CBD needs to build a joint development force in terms of industrial upgrading, the opening-up of service industry, consumption, infrastructure and international business environment, strive to achieve high-quality development and constantly support Yinchuan to build a bridgehead for the country's opening to the West.

Keywords: Yuehaiwan CBD; Business Environment; Opening-up; Yinchuan

B.16 Jiangbeizui CBD of Chongqing: Supporting Chongqing's
Construction of Inland Open Highland

Liu Kuanbin, Zhang Zhuoqun / 267

Abstract: Jiangbeizui CBD is the core bearing area of western financial center built by Chongqing, and it is also a bridgehead for Chongqing to build an inland open highland. In recent years, with the approval of the " China (Chongqing) Pilot Free Trade Zone" and the "Chengdu-Chongqing Twin-City Economic Zone", the development of Jiangbeizui CBD has ushered in huge policy

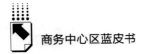

dividends. At the same time, Jiangbeizui CBD, as an important engine for Chongqing's economic development, has achieved a number of important achievements in the development of new modern financial environment, creating a new economy of culture and tourism, building a suitable environment for service companies, and building a new highland for opening-up. Continuous supporting Chongqing integrate into the "double circulation". In the future, Jiangbeizui CBD needs to make full efforts in finance, technology, service, culture, foreign trade, etc. , strive to achieve diversified development, and continue to support Chongqing's construction into an inland open highland.

Keywords: Jiangbeizui CBD; Inland Open Highland; Double Circulation; Chongqing

B.17 Hong Kong Central CBD: Experience and Enlightenment from the Construction of International Consumption Center

Chan Lapfung, Gong Zhiwen / 278

Abstract: After more than 100 years of development, Hong Kong Central CBD enjoys international reputation. Hong Kong inherits the advantages of the convergence of Chinese and Western cultures in the past, but also maintains the competitiveness of a free port. Coupled with the support of hardware and local policies, Hong Kong has continued to remain an international consumption center after the reunification. Although Hong Kong's central CBD has many advantages to build an international consumption center, it has also faced many new challenges and problems in recent years, such as insufficient road carrying capacity, high land cost for space development, lack of industrial logistics support for the economy, fierce competition for surrounding development, etc. The article believes that, as an international consumption center, the experience of Hong Kong Central CBD in many aspects is worthy of reference in the mainland, so as to increase the role of the central business district in stimulating internal and external circular consumption. First, in terms of traffic design, Hong Kong adopts a pedestrian vehicle separation system; Second, an effective free port policy is also an important factor in promoting internal and external circulation; Third, in the future, we should focus on long-term development and construct a diversified industrial structure; Fourth, we can collect public opinion through multiple channels to better integrate the consumer circle into the surrounding communities.

Keywords: Hong Kong Central CBD; One Country Two Systems; Dual-circulation; Consumption Center

V   International Experience Chapters

B.18   Manhattan CBD: Experience and Enlightenment from the Construction of Global Operations Research Center

Gu Yun / 293

Abstract: With the continuous evolution of the global competitive landscape, the vigorous development of the digital knowledge economy and the arrival of the service economy era, building the CBD into a global operations research center has gradually become the path of CBD transformation and development. First of all, this paper explains the management, talent, knowledge, finance, and quality (MTKFQ) ——Five Major cores of the CBD Global Operations Research Center. Then, this paper systematically sorts the typical practices of Manhattan CBD to build a global operations research center from the aspects of operations research management, talent technology, knowledge information, financial services, and space quality. Finally, it provides experience and enlightenment for the construction of CBD into a competitive global operations research center.

Keywords: Manhattan CBD; Global Operations Research Center; MTKFQ; Spatial Quality

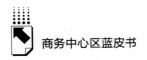
B. 19 The Enlightenment of Experience and Lessons of the City of London to Beijing's Construction as an International Financial Center *Wang Xiaoyang* / 309

Abstract: Network perspective is one of the important methods of financial center research. Network is a social and economic structure, which connects people, enterprises and places, so that knowledge, capital and goods can circulate in space. In the era of globalization and information technology, the financial center is a city in the hub position in the networks at all levels. It is not only its own financial strength that determines the status of the financial center, but its external connection is particularly important. Cities with strong external connection are often in the hub position in the global financial network. Since the 1980s, the practice of neoliberal economic thought, the spread of English culture and global immigration have made London a real global city. The network of world cities and financial centers centered on London has touched the world's major economies. In addition, the establishment of the EU has accelerated the integration process between London and European cities, making London a real financial center in Europe, the European headquarters of many multinational financial giants and the largest trading center of the euro. However, brexit has destroyed the development mechanism of the city of London, cut off many external links and channels, and many financial institutions have transferred jobs to other cities in the EU. London's experience and lessons show that in the context of double circulation, the key to building an international financial center in Beijing is to build a node of domestic circulation and a portal of international circulation with CBD as the core, and form its own financial hinterland and financial network.

Keywords: City of London; Network; CBD; International Financial Center; Beijing

B.20   Melbourne: Experience and Enlightenment from the
Construction of Australia's Science and Technology Center

Geng Bing / 323

Abstract: With the advent of a new round of scientific and technological revolution, the construction of scientific and technological innovation centers has become an important measure for major cities around the world to enhance their international competitiveness. As Australia's second largest city, Melbourne has given full play to its advantages in port trade, has attracted many technological innovation companies and talents with its livable living environment and stable market environment, and has successfully transformed into an Australian technology center. This article summarizes Melbourne's experience in the process of building Australia's technology center by reviewing the development status of Melbourne's technology industry, and on this basis, gives suggestions for China's CBD.

Keywords: Melbourne; CBD; Science and Technology Center

社会科学文献出版社

皮 书

智库报告的主要形式
同一主题智库报告的聚合

❖ 皮书定义 ❖

皮书是对中国与世界发展状况和热点问题进行年度监测，以专业的角度、专家的视野和实证研究方法，针对某一领域或区域现状与发展态势展开分析和预测，具备前沿性、原创性、实证性、连续性、时效性等特点的公开出版物，由一系列权威研究报告组成。

❖ 皮书作者 ❖

皮书系列报告作者以国内外一流研究机构、知名高校等重点智库的研究人员为主，多为相关领域一流专家学者，他们的观点代表了当下学界对中国与世界的现实和未来最高水平的解读与分析。截至2021年，皮书研创机构有近千家，报告作者累计超过7万人。

❖ 皮书荣誉 ❖

皮书系列已成为社会科学文献出版社的著名图书品牌和中国社会科学院的知名学术品牌。2016年皮书系列正式列入"十三五"国家重点出版规划项目；2013~2021年，重点皮书列入中国社会科学院承担的国家哲学社会科学创新工程项目。

中国皮书网

（网址：www.pishu.cn）

发布皮书研创资讯，传播皮书精彩内容
引领皮书出版潮流，打造皮书服务平台

栏目设置

◆ 关于皮书

何谓皮书、皮书分类、皮书大事记、
皮书荣誉、皮书出版第一人、皮书编辑部

◆ 最新资讯

通知公告、新闻动态、媒体聚焦、
网站专题、视频直播、下载专区

◆ 皮书研创

皮书规范、皮书选题、皮书出版、
皮书研究、研创团队

◆ 皮书评奖评价

指标体系、皮书评价、皮书评奖

◆ 皮书研究院理事会

理事会章程、理事单位、个人理事、高级
研究员、理事会秘书处、入会指南

◆ 互动专区

皮书说、社科数托邦、皮书微博、留言板

所获荣誉

◆ 2008 年、2011 年、2014 年，中国皮书
网均在全国新闻出版业网站荣誉评选中
获得"最具商业价值网站"称号；
◆ 2012 年，获得"出版业网站百强"称号。

网库合一

2014年，中国皮书网与皮书数据库端口
合一，实现资源共享。

中国皮书网

权威报告・一手数据・特色资源

皮书数据库
ANNUAL REPORT(YEARBOOK)
DATABASE

分析解读当下中国发展变迁的高端智库平台

所获荣誉

- 2019年，入围国家新闻出版署数字出版精品遴选推荐计划项目
- 2016年，入选"'十三五'国家重点电子出版物出版规划骨干工程"
- 2015年，荣获"搜索中国正能量 点赞2015""创新中国科技创新奖"
- 2013年，荣获"中国出版政府奖・网络出版物奖"提名奖
- 连续多年荣获中国数字出版博览会"数字出版・优秀品牌"奖

成为会员

通过网址www.pishu.com.cn访问皮书数据库网站或下载皮书数据库APP，进行手机号码验证或邮箱验证即可成为皮书数据库会员。

会员福利

- 已注册用户购书后可免费获赠100元皮书数据库充值卡。刮开充值卡涂层获取充值密码，登录并进入"会员中心"—"在线充值"—"充值卡充值"，充值成功即可购买和查看数据库内容。
- 会员福利最终解释权归社会科学文献出版社所有。

社会科学文献出版社 皮书系列
SOCIAL SCIENCES ACADEMIC PRESS (CHINA)
卡号：353522422855
密码：

数据库服务热线：400-008-6695
数据库服务QQ：2475522410
数据库服务邮箱：database@ssap.cn
图书销售热线：010-59367070/7028
图书服务QQ：1265056568
图书服务邮箱：duzhe@ssap.cn

中国社会发展数据库（下设 12 个子库）

整合国内外中国社会发展研究成果，汇聚独家统计数据、深度分析报告，涉及社会、人口、政治、教育、法律等 12 个领域，为了解中国社会发展动态、跟踪社会核心热点、分析社会发展趋势提供一站式资源搜索和数据服务。

中国经济发展数据库（下设 12 个子库）

围绕国内外中国经济发展主题研究报告、学术资讯、基础数据等资料构建，内容涵盖宏观经济、农业经济、工业经济、产业经济等 12 个重点经济领域，为实时掌控经济运行态势、把握经济发展规律、洞察经济形势、进行经济决策提供参考和依据。

中国行业发展数据库（下设 17 个子库）

以中国国民经济行业分类为依据，覆盖金融业、旅游、医疗卫生、交通运输、能源矿产等 100 多个行业，跟踪分析国民经济相关行业市场运行状况和政策导向，汇集行业发展前沿资讯，为投资、从业及各种经济决策提供理论基础和实践指导。

中国区域发展数据库（下设 6 个子库）

对中国特定区域内的经济、社会、文化等领域现状与发展情况进行深度分析和预测，研究层级至县及县以下行政区，涉及省份、区域经济体、城市、农村等不同维度，为地方经济社会宏观态势研究、发展经验研究、案例分析提供数据服务。

中国文化传媒数据库（下设 18 个子库）

汇聚文化传媒领域专家观点、热点资讯，梳理国内外中国文化发展相关学术研究成果、一手统计数据，涵盖文化产业、新闻传播、电影娱乐、文学艺术、群众文化等 18 个重点研究领域。为文化传媒研究提供相关数据、研究报告和综合分析服务。

世界经济与国际关系数据库（下设 6 个子库）

立足"皮书系列"世界经济、国际关系相关学术资源，整合世界经济、国际政治、世界文化与科技、全球性问题、国际组织与国际法、区域研究 6 大领域研究成果，为世界经济与国际关系研究提供全方位数据分析，为决策和形势研判提供参考。

法律声明

　　"皮书系列"（含蓝皮书、绿皮书、黄皮书）之品牌由社会科学文献出版社最早使用并持续至今，现已被中国图书市场所熟知。"皮书系列"的相关商标已在中华人民共和国国家工商行政管理总局商标局注册，如LOGO（　）、皮书、Pishu、经济蓝皮书、社会蓝皮书等。"皮书系列"图书的注册商标专用权及封面设计、版式设计的著作权均为社会科学文献出版社所有。未经社会科学文献出版社书面授权许可，任何使用与"皮书系列"图书注册商标、封面设计、版式设计相同或者近似的文字、图形或其组合的行为均系侵权行为。

　　经作者授权，本书的专有出版权及信息网络传播权等为社会科学文献出版社享有。未经社会科学文献出版社书面授权许可，任何就本书内容的复制、发行或以数字形式进行网络传播的行为均系侵权行为。

　　社会科学文献出版社将通过法律途径追究上述侵权行为的法律责任，维护自身合法权益。

　　欢迎社会各界人士对侵犯社会科学文献出版社上述权利的侵权行为进行举报。电话：010-59367121，电子邮箱：fawubu@ssap.cn。

社会科学文献出版社